总 主 编　李红权　朱宪
本卷主编　李红权　朱宪

近代蒙古文献大系

概 览 卷

◇ 第 八 册 ◇

中华书局

目　录

伊克昭盟七旗志略

谢再善　撰

扎萨克旗

第一节　旗境、人口、交通

扎萨克旗即鄂尔多斯右翼前末旗，达延汗八世孙定咱喇什受清廷封，始建此旗。原来定咱喇什的曾祖乌把什号都噶尔岱青者，系乌审旗（右翼前旗）属下的牧民首长，清顺治六年，额璘臣子大扎木素叛变，不从，特援〔授〕二等台吉。康熙十四年，复从大军平花马池、定边一带诸叛贼，因功晋一等台吉。寻卒，子索诺木多尔济，孙桑忠多尔济，皆袭三等台吉。定咱喇什即桑忠多尔济长子，雍正九年，屡次从军有功，晋一等台吉。乾隆元年，族属繁众，请增设一旗，清廷许之，授扎萨克印，四十九年，诏世袭罔替，佐领十三额，由乌审旗划出一部为牧地。

扎萨克旗的面积在伊盟七旗中最小，南北长约二百里，东西宽约五六十里，位于伊盟的南部，东接准格尔旗，北接郡王旗界，西与乌审相毗连，南与榆林、神木相接。

旗内蒙古人口约八百户，四千余口，汉人人口约三千余口。但以旗地日渐放垦，汉人农民有日渐增加的趋势，而蒙人反有因不惯于农耕，迁往他旗侨居者。

境内交通四达，大道北去经郡王旗、达拉特旗至包头约四百里，可行汽车，南至榆林三百里，去神木亦三百里，东经准格尔旗可至河曲及托县。有三等邮局一所，设于王府附近，无线电台设保安长官公署。蒙政会、指导长官公署均设于此，交通尚称便利。

第二节　盟长沙克都尔扎布

现任伊盟盟长沙克都尔扎布，是扎萨克旗的前任扎萨克。他是蒙旗中唯一的领袖人物，身兼数要职——国民政府委员、绥远省政府委员、绥境蒙政会委员长、蒙旗宣慰使、伊盟盟长、伊盟保安长官，封爵为多罗郡王。由这些官职看来，也可知他一身负荷蒙旗的重任是如何的重大了。现年六旬余，须发苍然，但精神镬铄。原驻鄂尔吉诺尔，现通称扎萨营盘。王府是建筑魁伟的新房屋，七间正房，两旁是两进的厢房，前面是森然的大门。在正房后面有几棵葱茸〔茏〕的榆树，临风动荡。前面是伊盟保安长官公署的房子，右面是扎萨克旗保安司令部，旗政府则位于王府的西方，距约半里。王府的附近是一片平坦的草地，夏天是满生着油绿的牧草，草地的周围则绕着起伏的沙丘。

抗战以来，扎旗已成为蒙旗的政治中心，一是因为沙盟长住在这里，二是因为扎旗也是伊盟的交通枢纽，所以诸蒙旗机关都移到这里来了。现在绥境蒙政会已建有新址，在此常驻，绥蒙指导长官公署也设有办事处，察绥蒙旗党部也是设在这里，可以说蒙旗的党、政、军都以这里为中心向外辐射。同时也因为各机关的林立，商业也活跃起来了，理发馆、成衣局，也都出现在沙王府的附近。

第三节　扎萨克与旗政府

扎萨克旗的扎萨克，名鄂齐尔呼雅克图，字振池，兼该旗保安司令，也是伊盟的盟务帮办，伊盟保安副长官，蒙政会常务委员，爵为贝子，是沙王的长子，现年三十余岁。

蒙〔旗〕政府的组织仍旧，东协理阿穆固朗，汗〔汉〕名万喜，西协理鄂齐尔巴图，汗〔汉〕名振铎，管蒙〔旗〕章京苏瓦第，东梅林巴宝多尔济，西梅林图布升得勒格尔。

蒙〔旗〕政府已将蒙〔旗〕内汗〔汉〕人编成保甲，指挥如意。

第四节　仕官人物

扎萨克鄂齐尔呼雅克图，为人通达精干，擅长国语。蒙〔旗〕下的汗〔汉〕籍职员对之均极敬重。

东协理阿穆固朗，年已五十余，通蒙文，不谙国语，为人深沉持重，蒙政多为所主，为沙王的肱股。

西协理鄂齐尔巴图，管蒙〔旗〕章京苏瓦第，东梅林巴宝多尔济，服从沙王始终如一，西梅林图布升得勒格尔，曾随沙王至重庆，蒙文极好。

白音苍，字福源，东蒙人，虽非旗下仕官，但为沙王所倚重，为扎旗要员。现为蒙政会委员兼财政委员会主任、察绥蒙旗党务特派员等职。

第五节　保安队、税收、教育

扎萨克旗有保安司令部，司令由扎萨克鄂王兼任，属两团，约五百余人，枪马齐全。关于士兵的粮饷，由士兵自备，还是蒙旗的老例子，当兵的马匹也是自己的，保安司令部只发枪弹，有时也发给服装。

旗下的主要税收是地租，就是旗下放垦的地（永租地），每年秋天由租地主收取一定的租税。每年旗政府可收二千余元，王府可收四千余元。另外还有水草捐，收入的数目不详。全旗每年的收入仅有数千元，可见财政的困难了，但沙王每年由政府领取应得的薪给，尚足弥补，在伊盟七旗中，扎旗每年的总收入还算最多呢。

旗下有小学一所，系于民国二十六年成立，"七七"事变后，曾一度停顿，嗣又恢复。现有学生三十余名。校长为节王，教员汉人一名，蒙人一名。校址在旗政府，所用的课本为中华书局版的，学校经费，由教育部每月发给补助费二百元，不足由旗政府筹措。学生的膳宿、服装、书籍、纸笔全由学校供给，教员月薪四十元，办理尚称不恶。伊盟中学也设在这里，旗下也常有学生入该校读书。

第六节　召庙与喇嘛

扎旗共有召庙九座，著名的为扎萨克召、女库哈达庙、阿盖此老庙、千朝庙等。最大的是扎萨召，位于王府西北十余里处，为扎旗的家庙，建筑雄伟，规模宏大。附近有喇嘛屋舍百余间，遥望之，俨然成一村落。绥境蒙政会曾在此办公，现在蒙旗党部住在这里。

喇嘛在这里仍然具有相当势力。沙王是信佛诵经的人，每有事故，辄往喇嘛庙——多半是到扎萨召祈祷，或请喇嘛到王府讽经，所以喇嘛在这里，依然是群众的精神支配者。沙王次子是喇嘛活佛，当沙王入京就国府委员时，曾偕之同行。他的国语也很好，且擅长交际。

第七节　农垦

扎旗放垦极早，清嘉庆、道光、光绪间，便把旗境南部与榆林、神木接界处的地方放垦了。光绪中，绥远蒙旗垦务局成立，遂又正式报垦。现在旗下除去王府附近外，均成垦地了。据调查，旗下的总面积为三千余方里，报垦地为二千一百七十余顷，未报垦地的可耕地约八百顷，不堪耕种的约一千二百顷，已放垦地为二千一百七十余顷，这是扎旗放垦的情形。

旗下报垦地方的农民，除南部早已归属榆林、神木外，均为东胜县属。农民多来自神木、府谷。农产物以糜子为大宗，其他杂粮间亦有之，然不甚多。

因旗地狭小，境内无特产，牲畜的出产也不多。

第八节　对外关系

扎旗的旗地狭小，素尚保守，鲜与人争，在过去一向是与各方保持良好的关系。沙王发迹以后，各旗对他更进一步拱视，所以向来与各旗没有纠纷。旗下的蒙民侨居乌审旗的较多，因是与乌审旗的来往较密，与省县的关系也颇洽，绥远省政府主席傅作义向极敬重沙王，沙王对他也很好。至于对东胜县，以及接界的榆林、神木各县，在友谊上也极融洽。这在伊盟七蒙〔旗〕中是最和洽的一旗了。

抗战以来，扎蒙〔旗〕的地位更见重要，由于过去与各方的感情融洽，曾发挥出极大的作用，这未始不是扎旗王公、仕官们努力的结果。但愿这种友谊的联系，永远与外界维持下去。

郡王旗

第一节　旗境、交通、人口

郡王旗即鄂尔多斯左翼中旗，位于伊盟的中部。现任扎萨克图布升齐尔格勒，系出额璘臣长子。其初世为济农，为鄂尔多斯部的首长。传及额璘臣父博硕克图，林丹汗恶之，夺济农号。满清天聪九年，林丹汗为清军所灭，额璘臣率部来归，复赐济农号。顺治六年来朝，封多罗郡王，世袭罔替，佐领十七额。

旗地面积约八千八百余里，东至准格召六十五里，接准格尔界；南至神木二百里，接边城界；西至察汗额尔吉五十里，接乌审旗界；北至噶赖泉百二十里，接杭锦旗界；东南至贺岳尔门倬克百八十里，接边城界；西南至额苏特准蓝陀罗海六十里，接乌审旗界；东北至噶该罗陀海九十里，按〔接〕东胜县界；西北至桃力庙百二十里，接东胜县界。

人口，蒙人约八百余户，四千余口，汗〔汉〕人约五千余口，蒙人都会国语。位居伊盟中心，交通四达，有大道，北经东胜县，达拉特旗至包头，二百八十里；南经扎萨克旗至榆林、神木，均为三百八十里；东经准格尔旗渡河可至托县，都是大道，通行无阻。王府距扎萨经〔旗〕萨王府六十里。

旗政府设有邮政信柜一所，信件三五日可走一次。

第二节　王府一瞥

扎萨克王府住所原为鄂锡喜峰，现通称王子壕赖，前面是一片平坦的草地，后面是起伏的山丘。王府左侧有小河一道，便是乌蓝木伦河的发源处。在西南十余里处有水淖两处，由王府门前望之如镜，较大的名红海子。

王府翻新，系民国二十四年才重新建筑的，画阁雕梁，龙文凤采，备极富丽，为伊盟最新的王府。房子百余间，分三进，前面为大门，门旁有石狮子一对，中间正房为佛堂，后面正房为扎萨克客室，扎萨克的寝室在中正房院西厢。府外绕以土围子，在土围子里有喇嘛庙一所，位于西南角。扎萨克每日必往跪拜讽经。围子的后向有土房二十间，为旗下保安队的营房，俗称局子。旗政府位于王府的西侧，距约一里，但房屋倒塌不堪，二十六年又于王府与旧旗政府中间新建旗政府房舍一处，亦甚宏丽。

第三节　扎萨克与旗政府

郡旗现任扎萨克名图布升济〔齐〕尔格勒，汉名福亭，通称图王，现年五十余，略谙国语，爵为和硕亲王，为伊盟七旗中爵位最高者，任绥境蒙政会常务委员，守护成吉思汗陵寝的吉农。为人忠厚，对于旗民，素主宽大，旗下的蒙汉民众对之均极敬仰。

旗政府组织仍旧，东协理奇默特喇玛，西协理贡布扎布，汉名孝山，管旗章京诺尔布扎布，东梅林华登，西梅林鄂齐尔布银〔音〕。

旗政府的政务多由管旗章京主持，东西协理亦能指挥如意。

第四节　仕官人物

图王的长子巴图济雅，蒙名正德，年三十余，已袭爵，为辅国公，通称巴公，识国文，通国语，为人聪明通达。近来由于外界之刺激，对于旗政颇有整饬的决心。旗下的军队归其指挥，为旗保安队总队长，军官多信服之。

东协理奇默特喇玛，年二十余，其父为东协理时，颇有声名，父死，图王顾念旧好，不忍弃之，遂以之袭爵。虽属年青，但为人亦颇精干。

西协理贡布扎布，年五十余，为人干练有为，无一不良嗜好，国语流利，不但在旗下最有声望，在伊盟各旗仕官中，也可以称为第一，图王颇信任之。对于旗政，多所主持。成陵奉移时，任护送成陵专员，曾至兰州。深具国家民族观念，重视教育，现任旗下小学校长。

管扎〔旗〕章京诺尔布扎布，年已老迈，通蒙文，谙国语，在旗下资望颇佳。

东梅林华登，又名华登托拉固尔，年二十六岁，通国语、国文。"七七"事变前由德王资送日本留学，去岁由东京归国，潜返伊盟，对抗战□国尽力不少。他的思想正确，不但是郡旗的有为青年，也是伊盟中唯一具有前进头脑的人物，最近充东梅林，伊盟各旗任用青年为仕官，当以此为矫〔嚆〕矢。他是图王、巴公、东协理极信任的人。

西梅林鄂齐尔布音，年五十余，不通国语。

第五节　税收、教育

旗下的税收有岁租、水草捐两种。岁租即放垦旗地，每年向种地主收一定的地租，因旗地系永租的方式租与垦务局，垦务局转租与农民。旗政府每年向垦务局索要岁租若干，但绥远垦务局常不能如数缴出，因而郡旗与局方议妥，两方四六分收，即岁租收入，垦务局收六成，旗政府收四成。是等岁租的收取时间多在秋收以后，由旗政府派人至各地收取，每年可收入八千余元，为旗下一大收入。但以各地户不能按成全缴，或因地户逃亡，田园荒芜，也不能悉数缴纳，往往连一半也收不到。此外扎萨克租出的地，每年也可收地租六七千元。还有水草捐，每年能收二千余元。税租的收入，不论多寡，都划做扎萨克、仕官们的薪俸。

郡旗在伊盟中为办教育（私塾）最早之一旗，旗下蒙民识国文者颇不少。民国二十六年，小学校正式成立，由教育部每月发给补助费二百元，校址在旗政府，由西协理贡布扎布任校长负责办理。"七七"事变后，曾一度停顿，学〔旋〕又恢复，移至旗政府南二十里处甘珠尔厂上课，有汗〔汉〕蒙学生三十余名，国文教员一名，蒙文教员一名，课本用中华书局版的，由学校供给学生膳宿、服装、纸笔、书籍。

旗下中等学生有数人，现在伊盟中学读书，前述之华登曾留学日本，为旗下唯一高级智识分子。

第六节　召庙与喇嘛

郡旗共有召庙四十二处，共有喇嘛一千七百四十七名。最大的召庙为王爱召，位于达拉特旗，但庙的附近土地为庙产，建筑工程颇为浩大。其次的大召庙为棍尼召、乌蓝什利召等，都拥有土地，自己放垦，招集农民耕种，凡在庙地的农民，直接受庙主管辖，旗政府不能干预，很有势力。

喇嘛教的信仰在蒙民中虽未失去，但近来喇嘛自己多"改了行"，大都去种地、经商或当兵了。

第七节　农民与商人

郡旗放垦极早，当光绪二十八年，贻谷到绥远办理蒙旗垦务时，即先报垦。因此农民源源而来，旗地日垦，现在除西部一小部分外，都成为耕地了。全旗面积计为八千八百余方里，报垦地九千六百三十余顷，未报垦地为二千余顷，内有可耕地约八百顷，不堪耕种地约一千二百顷，但这个数字是数年前绥远省政府调查的，现在是只有增加，不会减少的。农民多是神木、府谷人。报垦地已划入东胜县管辖，该旗所属地缩少三分之二，东胜县便是以郡旗为中心设立的。

商人在这里颇为活跃，著名"老财"呼掌财，为旗下的首富，原为神木人，开设商号，名大成号。住赤老图沟，每年在旗下收买大批皮毛，运往包头出售，又由包头运来蒙旗所需的货物售卖，往来获利。家里有自卫步枪三十余支，在旗下极有努〔势〕力。王公、仕官们大半欠他的钱，他不但是富商，同时还是大地主，拥有土地三百余顷。

还有一家大商号，名义聚成，设于王府东九里处，掌柜名王铁闩，亦神木人，在旗内的商业势力仅次于呼掌财，同也拥有大量的土地。

第八节　出产

旗内无特殊出产，只旗境东部产煤，冬日居民以土法开采，售与当地人作燃料。此种煤矿，因未经详细调查，很难知其埋藏量，但相信一定很丰，可惜没有大量开采。

农产物以糜子为大宗，谷子次之。

所产皮毛，每年羊毛约有四十万斤，牛、羊皮各有二万余张，多运往包头销售。

第九节　对外关系

郡旗与伊盟各旗，均保持良好感情，与达拉特旗感情似较密切，对于盟长沙王表示拥护。与绥远省政府过去虽无来往，但抗战以后，则已表示竭诚服从之意。至于对中央政府的拥护程度也很高。此外，对于地方政府如东胜县、神木县，亦和平相处，了无纠纷。

准格尔旗

第一节 旗境、人口、交通

准格尔旗，即鄂尔多斯左翼前旗。扎萨克驻扎拉谷，为额璘臣从子色棱之后，色棱于清顺治六年来归，封扎萨克固山贝子，世袭罔替，现在代理扎萨克为东协理奇文英。

旗境位于伊盟东南部，面积四万五千二百余方里，东至黄河接托县界九十里，南至边城接府谷界百三十里，西至准格尔召百八十里接郡王旗界，北至贺陀罗海百里接达拉特旗界，东南至边城接河曲界，西南至边城接神木界，东北至黄河接萨县界，西北与东胜县接界。

人口，蒙人五千四百户，三万七千余口，汉人约六万余口。汉人较蒙人多的缘故，系因全旗均已农耕。蒙人都操国语，有的已不会蒙语。

旗下交通有大道可通托县，代理扎萨克奇文英曾花二千元修筑汽车路，乘自备汽车往来包头，抗战后暂时停驰了。

自设电话通达全旗，各仕官家，各驻军地，均有电话，总机设于神山奇文英家，通话地点分四路：

东路：由神山至沙克渡、古城巴楞沟，可与河曲通话。

南路：由神山至小火什沟、五字湾。

西路：由神山至暖水、榆树壕、西召，可与东胜、神木通话。

北路：由神山至坝梁、得胜西、新召、万和堂、十里长滩、南平等地。

神山设信柜一所，洽拉寨有军邮，可转寄信件。

第二节　王府一瞥

准旗前扎萨克死后，子布银巴达尔扈，俗称布王，年幼，民国二十四年起，由东协理奇文英代理。奇常驻于己家（在神山，距王府九十余里）。住于王府的是老王爷的太太和她的儿子——布王。

王府的原驻地为扎拉谷，现通称大营盘。王府建筑颇为宏伟，但因王爷死去后，经理无人，已呈倾圮的现象了。王府外面环绕的土围子已倒塌不堪，园〔围〕子里面有喇嘛庙一处。王爷住宅另外有院子，是三进的院落，前面是大门，中院为正房，王爷的太太便住在里面。东西有厢房，厢房的后面是套院。院落宽大，为伊盟各王府所未有。

在王府的北面尚有王府一所，清道光时，公主下嫁当时准旗扎萨克，特令该旗为之独建府第以居。这个府第的建筑的确有王公府第的风格：有正厅，正厅的后面是寝室，寝室的后面是后堂（现已拆除），屋宇高大，飞檐画梁，右侧有花园一处，园中有老树青葱，遮蔽天日。这个房子的主人还在里面住着，从前同仁学校便是设在这里。"七七"事变后，学校停顿，现在是旗政府办事处。

旗政府在王府的西北，房屋也很多，为伊盟各旗政府所未有，但已无人在内居住，只有空房子了。府外榆树成荫，风景颇胜。

王府曾为日伪军一度占领，后被挺进军收复。当日伪军退走时，将旗政府和办公处的门窗捣毁无遗，贵重的物品也抢掠以去。王府里喇嘛庙上的金佛被携走了，大小银佛则溶成银块拿去了。王府损失之巨，实为空前。

这块王府所在地，是一片平滩，四面都为沙丘所绕。据说从前是一个湖沼，清乾隆时忽然湖水流动，一夜之间便成为陆地，水都流走了，王府始迁来此，旧日王府不在这里。

第三节　旗政府

旗政府组织仍旧，但旗政实际上都归代理扎萨克奇文英所掌握，旗政府的存在仅有虚名。现任东协理鄂勒济巴雅尔（即奇文英，字育才），西协理奇涌泉，管旗章京济尔格勒扎布，东梅林奇华甫，西梅林诺尔布宁布。

旗政府对旗内蒙民的管理仍旧，即仍为旧日的扎兰（佐领）制。但旗下的汉人农民则分划为十三排，每排设蒙人达庆一人（有如村长），每达庆属达尔古四人（有如闾长）。这种组织为伊盟各旗中所无，因是种组织较旧日的扎兰制完善，一般蒙人也多愿加入，而不拘旧日的形式了。全旗十三排分里七排（旗之南部），由东协理治理，外六排（旗之北部），由西协理奇凤鸣治理，各不相扰。自奇凤鸣亲伪畏罪自杀之后，外六排遂统一了。

第四节　仕官人物

代理扎萨克、东协理鄂尔济巴雅尔，汗〔汉〕名奇文英，字育才，年约五十左右，出身行伍，性爽直，通流利之国语。他是一个颇有干才的人，代理扎萨克已经五年了。旗下的蒙汉民众对之均爱戴。过去虽然与西协理（奇凤鸣现已死）平分旗政，但对外则代表一切，所以他的声望很高。现在旗下一切，可以指挥如意，政令统一了。现任绥远蒙政会委员，蒙古游击第一区司令，家住神山。

西协理奇涌泉是新任的。旧西协理诚明格纳尔布（汉名奇凤鸣）于今年的春间自杀了。原因自抗战以来他就与伪蒙方面有所来往，他的态度始终是暧昧的。春间挺进军招之前往，有所询问，不料他在途中畏罪吞金自杀了。过去与奇文英对立，今已风流云散。新任西协理奇涌泉，年二十岁，是奇文英的孙子，曾任东协理的手枪队副队长。此后旗政归于一统，东西协理的对立已免。

东梅林奇华甫，为新进青年，颇有作为。

小王爷名布银巴达尔扈，年方十四，因年幼，不能袭职，现由其母抚养。其母年三十余，人甚开通，国语颇好，对于其子，爱护备至，但至今不令其子读书，已流入溺爱。因王府为西协理辖地，过去曾与奇凤鸣极为亲近，现在奇凤鸣死，不知又如何了。

第五节　税收、教育

准旗全境都已放垦，故收入以地租为大宗。地租可分两种，一种为报垦地，已划入县界的地租，名曰岁租，每年秋日派人前往收取。此等地方多划入东胜、萨县、府谷、神木及河曲等县；又一种为旗政府自己放垦地所收的地租。每顷地年纳税产粮十分之六，每年地租共可收入四万余元，所有收入全归东西协理处置。

准旗学校的设立，为伊盟最早者，民国二十二年便于杨家湾（旗政府所在地）设初级小学一所，名同仁学校，有教员三人，学生六十余名，中间虽一度停办，旋即恢复。嗣教育部复按月发补助费二百元，经费充足，供给学生膳宿、服装、书籍等。学生扩及百人，蒙汗〔汉〕均收，成绩极为可观，"七七"事变后停顿，今又恢复，移设于东协理家。然学生只剩四十余名，教员二人，校长为奇宏智。

准旗因放垦较早，故进化亦较伊盟他旗为先，在外读书的学生极多，有在中央政治学校及北平蒙藏学校读书的青年，皆活泼有为。民国二十七年冬由伪满归来之奇丕彰，就是准旗的青年。他是在抗战前去嘉卜寺德王处，后由德王派往日本读书，芦变后，借端归来，回到祖国参加抗战。

第六节　喇嘛庙与喇嘛

准旗共有召庙一十二座，共有喇嘛八百二十名。召庙以准格尔召（一名西召）为最大，建于明崇祯中，民国十八年经前任代扎萨克纳森达赖重修，金碧辉煌，焕然一新，即喇嘛僧舍也壮〔庄〕严整齐，为他旗所未有。

喇嘛在这里已失掉了权威，因为牧人们都变成农民，对于旧日宗教信仰大为减低。他们已明白狂热而盲目的去信喇嘛教，于生活上无何补益。在这种情形之下，准格尔旗的喇嘛教已走向没落的途径。

第七节　农垦

当清康熙三十年时，沿边各县穷苦农民向边外移殖者日众，经清廷饬令旗政府划长城北四十里许汗〔汉〕人来耕，名曰"白借地"。但有规定，只准农人每年三月三日来旗耕种，至九月九日必须退出，不许居留，免与蒙人杂处，并在该区北十里划为"黑借地"，驻兵监视，以防农民越界。但是种禁令，渐趋废弛，渐渐农人便久居不去了，而"黑借地"也印上汗〔汉〕人农民的足迹。光绪二十六年绥蒙垦务开办，旗政府乃将"黑借地"正式报垦，该处遂划为河曲、府谷、神木三县管辖。

现在全旗已完全农化，全旗面积为四万三千二百余方里，报垦地为一万三千四百余顷，未报垦地中可耕地约二千四百顷，不堪耕种地约三千六百顷，已放垦地一千五百八十余顷。

农民大都系由山西河曲、陕西府谷移来，生活极为困难，因为农作物的生产不丰，旗政府税收太重，仕官剥削，官兵征发，幸〔辛〕勤劳动一年，尚不得温饱，生活较帝俄农奴尤为悲愤。

第八节 出产

准旗的煤藏很丰，沟渠流水处，均可看见煤层，但未能大量开采，出产仅供本地使用。旗内有土法开采的煤窑数处，计为：

乌素沟（神山南）	乡板沟（哈拉寨西）
炭窑纳林沟（十队）	黑代沟（南平五队）
腮不拉沟（暖水西）	勉尔盖图沟（暖水西）
沙梁川（沙梁西）	板甲兔沟（西召东）

煤的品质虽不如郡王旗所产者，但也不十分恶劣，如能大量开采，产量定有可观。

石灰石也随处皆有，别无其他矿产。

因旗地都已农耕，牲畜减少，所以皮毛在这里是较他旗为少。

农产以糜子、谷子为多，亦有高粱、荞麦、黑豆，但产量不多，每年的生产额亦不详。

旗内商业集中地为十里长滩、古城、沙克渡、那林、暖水、五字湾、哈拉寨、沙梁等处，然每一地也仅有商号十数家而已，就中以哈拉寨较为繁盛，但现在地已属府谷县了。

达拉特旗

第一节 旗境、人口、交通

达拉特旗，即节〔鄂〕尔多斯左翼后旗。扎萨克康达多尔济，汉名济敏，俗称康王，祖为额璘臣从弟沙克扎的后代。沙克扎于清崇德六年来朝，顺治七年封扎萨克固山贝子，世袭罔替，佐领四十额。位于伊盟东北部，牧地东至黄河百五十里接萨县界，南至罕台川百二十里接郡王旗界，西至拉锡楞召二百里接抗〔杭〕

锦旗界，北至黄河四十里接包头县界，东南至河鲁得勒苏百九十里接准格尔旗界，东北至黄河八十五里接萨县界，西南至哈锡拉克陀罗海百罕〔余〕里接抗〔杭〕锦旗界，西北至黄河二百八十里接五原界。全旗面积为五万八千余方里。地临黄河，土多肥沃，为伊盟七旗中丰富的一旗。

人口，蒙人约一万三千余口，汉人约六万四千余口，为伊盟七旗中人口最多者，原因是地临黄河，土地肥沃，牧草既不感缺乏，耕地也大有所获，谋生极易，无论原有的牧人和移来的农民，都不愿离开他往，所以这里的人口便日在增加中。旗内东部蒙人多谙国语，西部反是。

旗内交通，大道可以四达，由包头西往宁夏，南去陕北都要经过这里，所以这里是包宁、包榆大过〔道〕的枢纽。有公路一段，系由包头去东胜者，由南海子渡口至新民堡约长九十里。通信机关有邮政代办所一处，设于旗政府东五十里的新民堡，无线电交通也极便利，那里的驻军都有军用电台，虽然旗政府是没有电台的。

第二节　劫后王府

达旗王府驻在地原为巴尔哈逊湖，现通称达拉王府，北距包头城仅六十里，为绥蒙各旗距离都市最近的一旗。四面是平坦的草原，如果是在夏天，远望河沿，绿柳如烟，隔河则阴山屏立，南望向哲的①沙丘上点缀着黛黑的颜色，的确与他旗王府不同。

王府的围子是砖筑的，坚固雄伟，为伊盟各旗王府所未有。入内便是王府的大门，朱红油漆，院子是很宽敞的，正房七间，甚

---

① 原文如此。——整理者注

为庄严，东西厢房各七间，屋内的间隔，颇具匠心，令人一见，便可知道这是王公屋室。

　　然而意外的事发生了："七七"事变，绥、包失守，以地区接近的关系，王府一度为日伪军占据，一时旗下陷入大混乱中，康王未能出走，其后挺进军反攻，将日伪军驱走。后日伪军复来，又将所余之笨重东西拉去三十多牛车。当我军再度收复王府时，王府又被敌机轰炸一次，围墙和旗政府的墙都炸塌了，门窗户壁完全破坏，屋中所遗，惟有一部钦定二十四史、一部《古今图书集成》而已。因为书无人要，带又无用，只有委弃于地，任之零乱铺地，昔日的繁华王府，顿成劫余残垣，路过王府的人，当兴无限的感慨。现旧王府已不能居住，迁至恩克背。

第三节　扎萨克与旗政府

　　达旗的扎萨克康达多尔济，对于旗政府的政务素主放任，经常住在包头或绥远。旗下的政务多由东西协理措施，只是偶尔回旗住上几天，视察一下而已。这是"七七"事变前的事。嗣康由西安归来，对于旗政便不像从前那么马胡〔虎〕了。今夏康王由榆林回旗，对于旗政力谋创新，大有兴革。

　　东协理桑达那吗旺楚克因敌机轰炸吓死，西协理庆格勒巴图，已投伪，现在包头。管旗章京图布巴雅尔，东梅林明盖，西梅林补隆巴雅尔。

　　旗政府的组织形式虽仍旧，但康王这次回旗曾谋改为委员制，东西协理一死一去，并未放置，原因是康王有志打破协理非台吉不得充任的旧制。现在旗政府移在柴磴办公，由保安司令马锡代理。旗政府已多恢复，并且把蒙汉〔汉〕民众一同编成保甲，推行地方自治。这不能不说是一个新设施，旗政自动编制保甲，并且蒙汉〔汉〕不分，以此为矫〔嚆〕矢。

第四节　教育、税收

　　旗下的教育一向是不振的。于民国二十六年始设立小学校于树林召，当时由前任管旗章京鄂尔济巴雅尔任校长，汗〔汉〕文教员一人，蒙文教员一人，学生三十余人。学校的经费，教育部每月发给补助费二百元，办理尚有可观。"七七"事变后，停顿。今春又行恢复，移设在柴磴。汗〔汉〕文教员三人，学生四十余人，蒙汗〔汉〕人均有，康王兼校长，经费仍旧。学生的膳宿、服装、笔、墨、纸，完全官费。所用课本为中华书局版《新课程标准适用小学课本》。

　　旗内的教育过去虽然落后，此后当有希望。无一大学生，中等学生有数名，现任第一团团长奇安庆，即系肄业于北平蒙藏学校。

　　旗下的税收每年有五万余元，以地租为大宗。地租的收入每年可得四万元，但不能如数收得，这与其他各旗的地租一样，报垦地上的农民逃亡，不能完税的也有，所以实际仅可收入三分之二。其次是水草捐，年可收三千元左右，还有牛捐、股子等，但为数不多。另外旗内产甘草，每年也可征得收掘甘草的商人二三千元。是等捐税，如能加以相当整顿，必有可观。

第五节　仕官人物

　　扎萨克康达多尔济，汗〔汉〕名康济敏，年三十四岁，爵为贝勒，绥境蒙政会委员，伊盟七旗联军总指挥。识国文，国语更流利，与之谈，不知是蒙人。幼年即在绥还〔远〕、色〔包〕头一带居留，沾染都市的恶习颇深，生活放纵。有聪明的头脑，会开汽车、摄影，且备有大批的照像材料，存储备用。但抗战以来，对于旗政也极思有以改进。而思想之进步，尤为可惊，如主张废除蒙旗奴隶制，协理人选不限于台吉，皆于绥境蒙政会四届常会上提出。可以说是现在王公中的进步分子了。他的岁数还很小，努力下去，前途大有希望。

管旗章京图布升巴雅尔，前为东梅林，年五十余，不谙国语，老成持重，为一好好先生，有蒙人淳厚之风。过去与外界很少接触，所以多不知之，然旗下的蒙民多称颂之。惟已频于老病体弱，于协理繁琐的旗务上，不无阻碍。当康王离旗时，曾与西梅林共同护理印务。

东梅林明盖，年六十余，通国语，颇有办事能力，为达旗驻五原办事处处长多年。

达旗的任〔仕〕官只有上述三人了，东协理已死去，西协理附伪，现均空位。

马锡，字子禧，年四十左右，国语很好，为人忠诚，前为森盖部团长，森叛，马反正，为蒙旗军队争光不少，国人也深为嘉许，得任达拉特旗保安司令。他很有国家民族意识，现在旗下军政由他一身主持。

第六节　喇嘛庙与喇嘛

达旗的喇嘛庙在伊盟各旗中最多，共有七十二座，最大者为瞻旦召，位于王府南三十里，红墙绿瓦，极金碧辉皇之能事。召的左侧有小溪一道，流水淙淙，柳树多株，风景清秀。其他各召的风景也很好，因为达旗的土地好，到处可以植树，草野上的龙宫，点缀上几棵树，当然更为生色了。

全旗共有喇嘛六千一百名，也是伊盟最多者。但喇嘛在这里的势力已渐失坠，因为王爷根本便不信喇嘛了，民众们对之也渐淡泊下去，这情形与准格尔旗一样。

第七节　出产

达旗的特产物为甘草，每年的产量约有二十万斤以上。王府以西直迄杭锦旗一带遍地均生，包头的商人在此设厂采集，运往包头，转销于平、津各地。

境内也有煤产，但产量不丰。昭君坟地方产白土，可以涂墙，其白如粉，有商人租去，每年可采土十余万斤，运往包头销售，获利颇巨。

农产物有糜子、谷子、高粮〔粱〕、黑豆等，产额不详，但以土地肥沃，每项〔顷〕地年可产粮五六十石。

皮毛的产额不详，但西部较东部出产得多，因为东部都已放垦，西部尚为牧地。

第八节　垦地

达旗地频〔濒〕黄河，土质优良，宜于农耕，王府以北至黄河畔是一片平坦的草原。这块草原上现在布满了田亩，由远方移来的农民，已聚居成村，在耕种了。这在伊盟说起来，是人口最密集的地方，同时也是农业经济发达的地方。最有名的两个堡子为小淖、新民堡，都筑有土围子。小淖围子里有居民约三百户，多系天主教徒，因为这里的地为天主教堂所购得，外国人在这里经之营之，招致农民，垦耕草地，三十牛〔年〕来，便成一个村落了。新民堡的兴起是近几年的事，是绥西屯垦军在达拉特旗屯垦部队所建设的堡子。现在堡子里的居民已有七八十家，又有商号十余家，他们的营业也很好。这个堡子北去包头九十里，南去东胜二百里，为包头去东胜必经之地，地居冲要，将来一定能一天比一天发达起来，成为达旗要镇。但是这两个地方因为业已报垦，都划入包头县属了，旗政府在这里是失去了行政权，仅能每

近代蒙古文献大系·概览卷

年来收地租。此外后套地方的土地完全报垦，五原、安北两县治曾有大部的土地是达旗的，但这同小淖、新民堡一样，旗政府只能收租，而无行政权。

旗的面积五万八千余方里，报垦地一万三千四百八十余顷，未报垦地约五千顷，内可耕地约二千顷，不堪耕种地约三千顷，已放地一万一千六百一十顷，已报未放地一千八百七十余顷。据此可知，达旗的报垦地为伊盟七旗之冠，这些报垦地都分别属于包头、五原、安北、东胜、萨县。现在王府以东的地都已放垦，王府以西尚未开垦，在那里还可以看见一两个蒙古包，牧人依然度着牧畜生活。那牧草丰盛的牧地，如果一旦垦为农田，一定能生产出大量的农产物。

第九节　商业

因为临近包头，所以商人在这里较他旗为活跃。境内除有行商外，新民堡有固定商号十余家。他们所卖的物品比伊盟内地商号品样多，有花色的布匹，时式的化装品，入时的日用品等等，很可以反映出农村社会的面影，毕竟是较纯游牧区的生活需要复杂些了。

抗战以来，仇货的贩运者，尤是活跃。奸商们不顾国家民族的利益，由包头悄悄将仇货运过黄河，由达旗转往宁夏、绥西、陕北各地销售，源源而来的仇货，令人吃惊。

柴磴也有商号五六家，有饭馆子、烧饼铺、酒局等等。这是因为那里成为达旗的军政中心点，驻军加多所致。

第十节　对外关系

达旗与盟中各旗均无恶感，惟与郡王旗感情较密，对于盟长沙王，素表拥护，抗战后较前益进。

与接境各县也未发生过严重纠份〔纷〕，虽然抗战后因包头县过黄河设治，不免少有磨擦，但大体尚安静无事。与绥远省政府傅主席有传统的良好关系。康王曾入京数次，对于中央政府情〈形〉颇为明了，与中央无何隔阂。

鄂托克旗

第一節　旗境、人口、交通

鄂托克旗，即鄂尔多斯右翼中旗。扎萨克旺庆扎布，为额璘臣族子善丹的后代。善丹于清崇德六年来朝，顺治七年，封扎萨克多罗贝勒，世袭罔替，佐领八十四额。子索诺木，孙松喇布，俱以经理驿站功，晋封多罗郡王，仍袭贝勒。

旗地面积十七万六千八百余方里，为伊盟各旗面积之最大者。东至察汗扎达海泊七十里接杭锦旗界，南至贺通图山三百七十里接乌审旗界，西至黄河三百里接宁夏，北至马阴山百五十里接杭锦旗，东南至库克陀罗海百里接乌审旗界，西南至横城口三百三十里接盐池界，东北至鄂拜蓝百二十里接杭锦旗，西北至黄河二百二十里接磴口界。

人口，蒙人约一万零三百余人，汉人约二千余人，另外有回民一百余人，藏人喇嘛三千余人。汉人的分布地方为桃力民、城川、荒川一带。境内蒙人大多不的〔谙〕国语。

交通有西去宁夏大道，东北经杭锦旗去包头大道，以及东南去榆林，西南去三边，均可通驮运。

阿利庙设邮政代办所一，宁夏省政府与阿利庙间架设电话线，可以通话。

第二节　寂寞的王府

王府原驻地为锡喇布里多诺尔，现通称鄂托王府。

一片沙漠的草原上，没有树，没有山，惟有几点野生的小草，零乱的随风摇曳。远处既不见归来的牧羊，近边也没有圆穹的蒙古色〔包〕。鄂托克旗的王府便孤独的位于这寂寞的草野上，这在伊盟中，算是最寂寞的王府了。

王府的建筑也很简单，只是一座三进的房子，前面是大门，大门两旁一对旗杆，中门是花厅，再后面是王爷住的寝室。当院中有蒙古包两座，这是王爷的太太们住的，因为她们多来自牧野，自幼习于住包，对于房子的居住有点不习惯，所以王爷特设蒙古包两个，作为它〔她〕们的寝居。

王府的外面也没有围墙，畜养马、牛、羊可以随便到院庭中来，以是前院中充满了牛溲马渤。这在外人看来，也许认为不清洁，但在牧人之长——王爷看来，却不觉得怎样。

与王府作伴的是旗政府，旗政府的房子和王府的式糅〔样〕一样，只是院子里少两个蒙古包，是一同建筑的，位于王府南约半里。王府、旗政府这两座建筑物孤零零的停立在寂寞的草野上，任着西北风吹拂着。

第三节　扎萨克与旗政府

鄂旗扎萨克旺庆扎布，年二十八岁，任蒙政会委员，他的父亲去年死去，袭职未及二年，这正与他住的王府一样，寂寞笼罩着他。

虽然旗下军政多由章文轩主持，旗政府的政令不能实施，但旗政府的组织仍旧。

东协理旺楚克包〔色〕令，汉名包秀山，西协理朝格济尔格勒，管旗章京额尔克木巴雅尔，东梅林孟和鄂济尔，西梅林阿拉坦鄂济尔。

　　这些仕官们仅系徒具形式的值班者，接〔按〕月也到旗政府去上班，但于旗下的军政却不敢有所主张，与王爷一样，怀具着落寞悲哀。

第四节　仕官人物

　　东协理旺楚克色令，汗〔汉〕名色〔包〕秀山，年近七十，国语很好。曾辅佐旺王之父噶王治理旗政，旺王袭职后，得他的助力不少。濒〔颇〕有国家民族观念，令其子入学读书，但以年近古稀，时有退隐之意。

　　西协理朝克〔格〕去〔济〕尔格勒，年已七十余，办事尚称干练，然为人圆滑，既不得罪章文轩，也不得罪旺王，旺王引之为心腹。

　　管旗章京额鲁克穆巴叶尔①（一名达勒麻必勒克），为一白发苍苍的"老汉"，懦弱无主张，曾随老王噶王去过绥远。旺王袭职后，走太原，去北平，彼必相随，常代表鄂旗出外办事。绥远省政府，或蒙政会、绥蒙指导长官公署有事，倘召鄂旗，他必前往，与章文轩很好。

　　东梅林孟和额尔济，西梅林阿拉坦鄂齐〔济〕尔，思想陈旧，对外间情形，茫然无知，只知追随王爷，按时值班而已，同时与章文轩亦保持较好关系，不敢开罪。

　　伊南游击司令竟〔章〕文轩，蒙名为扎木雅沙尔布，年五十七岁，通国语，为鄂旗实际掌握军政大权的人。他幼年即当喇嘛，

_____
　　①　前文作额尔克木巴雅尔。——整理者注

年长漫游平绥路一带，对于外界的情形，颇为熟悉。民十外蒙二次独立，潜赴外蒙，有所活动，回来后，便宣传打倒王公的口号。渐渐的势力增长起来，适逢扎萨克噶〔噶〕五〔王〕昏庸无能，章便把旗下的军队收入掌握了，现在已是各方注目的人物。

第五节　喇嘛庙与喇嘛

鄂旗的召庙共有四十九处，喇嘛约四千一百余名。最大的为新召，是王爷的"膳召"，建筑壮丽，规模宏大。其他各召，则散布于旗内，计有：滴石阿拉庙、乌兰吉尔庙、桃力庙、哈达图庙、毫灰召、乌兰才登庙、察汗脑色庙、朱里图庙、陶赖图、喇嘛庙、阿拉庙、什里庙、召荒庙、巴拉哈庙、喇嘛召、齐老图庙、桃司图庙、捣拉庙、巴彦托罗亥庙、刀老都噶庙、得力斯太庙、上渡口喇嘛庙、阿贵庙、曼头庙、补童庙、哈套庙、归乌素庙、哈拉同庙、什拉乌汗庙、沙玄庙、阿木庙、尔来庙、乌坝洞庙、巴拉庙等，另外还有一些小召。

喇嘛的势力，在这里还未失坠，章文轩虽然曾喊过打倒王公的口号，但因其本人是喇嘛，并死〔未〕反对过喇嘛，而且当他在政治上得权后，更崇信起喇嘛。民国二十四年，班禅过鄂托克旗，章特为建一华丽的召庙，以招待之。班禅住了数日，走后馈送了不少的金银马匹，从此章文轩也当上了活佛。去年去青海塔尔寺朝山，曾带了一百多喇嘛，化了十余万元。鄂托克旗的喇嘛势力在伊盟超过其他各旗，其原因在此。

第六节　税收与教育

鄂旗的租收在伊盟中为第一。因为旗下的盐、碱出产极多，税收也便多起来了。每年全旗的总收入约在七万元以上。大宗的税收盐池捐，每年可收四万元，盐淖的税收可得七八千元，其他则水草捐、地租、甘草厂租等捐也有可观。

甘草为鄂旗产之一，每年可得税收八千元左右。征捐分五等，三〔一〕等为大田秸草，每捆（不及百斤）税洋二元五角，〔分〕五〔二〕等为二田秸草，每捆税洋二元二角，三等为白汾草，每捆税洋二元，四等为黑草，每捆税洋六角，五等杂草，每捆税洋一元。拖草厂按人数、工具多寡分等征捐：六十人以上为一等户，年纳户捐六十元，地盘捐三十元；四十人以上为二等户，年纳户捐四十元，地盘捐二十元；不满二十人为三等户，年纳户捐二十元，地盘捐十元；铁锹一把纳捐四角。

又在石咀子黄河渡口设卡征过渡税，渡客一人收一角，车一辆一元，骆驼一头六角，马、驴一头四角，物品按斤征税，一年的税收也不在少数。

以上各种税捐的收入，除草捐与地租为旺王征收外，余均为章文轩所得。

教育，曾于民国二十五年于阿利庙设小学一所，经费由教育部每月发补助费二百元，韩裕如为校长。当时有学生三十余人。七七事变后，一度停顿，旋又恢复。现有学生三十余人，教员仍为三人，并拟增设小学一所，因经费无着，不能开办。现有学校的校舍是新建的，整齐新洁，所用课本为中华书局版新课程标准适用本。学校供给学生膳宿、服装、书籍、纸笔等。学校办的尚有精神，因为校长韩裕如为一新进人物，颇知注重教育。

旗内无中等以上学生，因为过去无教育可言，这几年来才知注意。

第七节　出产

旗内的出产以盐为大宗，盐淖几乎遍处皆有，现已开发的为"苟池"、"北大池"两池。每年的产盐量虽无统计，然每年税收即在四万元以上，可见出产之富了。其他盐淖如能一一开发，则鄂旗可变成一"盐富之旗"。此等盐多运销于宁夏、甘肃、陕北一带。

碱的出产，可为鄂旗的特产。碱淖与盐淖一样，几乎随处皆有，已经开采的为察汗淖、巴彦淖等地。碱的采掘，多于冬季，由淖中挖出来的碱，便足〔是〕结晶的块碱，像大石头似的，一块均在百斤左右，可以说是取之不尽，今年挖出，明年在原处挖之仍有。经营碱淖的商人（巴彦淖、察汗淖都归宁夏商人郑参议者经营，每年向旗政府缴纳四千元税捐），已大发财源了。销路为包头、晋北、陕北、甘肃、宁夏等地。现在这样碱淖还有未开者，如能尽力经营，用新法开采，富源正未可限量。

甘草的出产也很多。

天发菜亦为鄂旗的特产，遍地均生。宁夏回民，每年春季即开始采集，向不为人注意。及今采者日多，产量亦增，但无产额统计，不知其详。这种菜可做菜食，运往天律〔津〕，每斤可售二三元，菜色黑绿，长细如发。

矿产在这里虽不甚富，但在新召北与杭锦旗交界处之银山，石中含有银质、铁质，埋藏量不详。挑〔桃〕力民西北一带地层中蕴藏着很多的煤炭，均无人开采。

皮毛的出产也不少，因为大部蒙人依然在度着游收〔牧〕生活。

总之，鄂旗的出产较他旗特丰，如能加意经营，遍地可成财富，这只待有心人未〔来〕投资开发了。

第八节　垦地与商业

鄂旗士〔土〕地的放垦，大多是旺王的父亲噶五〔王〕时，欠下了边客们的债物，无法偿还，不得已，以旗地作押还债。边客得了土地，便招农垦耕，渐成田野。绥蒙放垦时，旗政府又把西部沿黄河畔陶乐湖滩的地报垦了。陶乐湖滩地方农民日增，于民国十八年遂成立陶乐设治局。因为农民多是宁夏人，又以接境宁夏，便归宁夏省政府管辖，嗣以伊盟为绥远省属地，陶乐既为鄂旗之地，按理当属绥远省管辖，改名为沃〈野〉设治局。七七事变后，又归宁夏，仍改原名。旗境东北部挑〔桃〕力民地方有一千数百户农民，那里的土地早已放垦了。

在沿边靠长城的地方，城川、堆子梁、小桥畔、二道川、东召荒川、西召荒川、二段地、三段地等处也都阡陌纵横，田园盈野了，但因为旗境广大，境内仍然杳无耕人的影子。

鄂旗的面积十七万六千八百余方里，报垦地一万余顷，未报垦地十万余顷，内可耕地约四万顷，不堪耕种地约六万顷，已放地七百二十九顷，已报未放地九千二百七十余顷。广大的未报垦地的耕地，正待辛勤的农民去开发。

鄂旗的商人活动，大部为边客，来往贩卖蒙人日用品，阿利庙附近有小商号三五家。此外挑〔桃〕力民及沿边垦地内均有固定商号，但边客的对象为农民，不是牧人。

边客多是榆林人，他们经常在这里做买卖，虽然是行商性质，但发财的却不少，因为他们常以"长袖善舞"的经营法来获取牧人以及王公仕宦们的银钱。由边客而变成地主者比比皆是，现在挑〔桃〕力民及沿边垦地都是边客们做买卖得来的。

第九节　天主教堂

帝国主义的侦探——传教士是无孔不入的。蒙古地方也不能例外，早已踏上他们的足迹了。

庚子之役，我国赔款四百兆，蒙古为中华民族的一部分，自应担负若干，所以便开始放垦，招集农民，以地租担负一部赔款。

附带招来的，是帝国主义传教士的足迹。当时鄂托克旗除报垦外，又把沿长城边城川一带周围百里的土地，以三千八百两银子卖给法国天主教传教士。教士们取得土地支配权后，大规模招致农民来垦，一方面利用土地权，从租佃关系上，榨取蒙汗〔汉〕农民的血汗，同时又利用这种关系，发展其宗教势力。现在教堂的势力益增了。在那里已遍立教堂。兹将教堂户口列表于下：

教堂名	教民户数	教民人数	备考
白泥井教堂	一五〇	七〇〇	
黑梁头教堂	六〇	三〇〇	
城川教堂	七〇	二四〇	
堆子梁教堂	一二〇	五〇〇	
仓房梁教堂	八〇	三二〇	
沙路茅子教堂	九〇	四〇〇	
硬子梁子教堂	一五〇	六〇〇	
胡家窑子教堂	一二〇	三〇〇	
毛团囫囵教堂	一四〇	四四〇	
小桥畔教堂	二四〇	八〇〇	
垦修梁教务所	五〇	三〇〇	
总计	一，二七〇	四，九〇〇	

（表据贺扬灵：《察绥蒙民经济的解剖》）

这么多的教堂散布开来，蒙古人竟也有依皈天主教的了，因为入教之后，可以享受耕地的优异待遇，这在牧人们看来，并不为奇。城川教堂亦经常以蒙文宣传教义，备有蒙文铅字，自己印刷宣传品，非常便利。在文化的侵略上，并不减于在我国内地。他们已经根深蒂固在住下去，每个教室〔堂〕所在地，均自筑堡子，自备枪械，即有匪警，他们也能自卫。所以农岸〔民〕们更乐于入教来耕，并不感到帝国主义是在侵略我们。

第十节　对外关系

鄂旗因僻处伊盟西陲，与各旗素鲜来往，唯与乌审旗曾因地界争执，双方开火，现事已平息。与绥远省政府的关系，似不甚好，因为过去的联络不够，但抗战以后，感情渐趋亲密。又以地理及历史关系，与宁夏的关系较密。除此，章文轩与任何方面，皆系漠漠。章文轩与旺王皆未曾入京一次，故对中央情形，也不深悉，颇有隔阂之感。

乌审旗

第一节　旗境、人口、交通

乌审旗即鄂尔多斯右翼前旗，现任札萨克特固斯阿穆固朗是额璘臣从子格琳沁的后代。格琳沁于清顺治六年来朝，封扎萨克固山贝子，世袭罔替。佐领四十二额。牧地东至察汗额尔吉五十里接郡王旗界，南至长城二百三十里接榆林界，西至摩多图察汗泊百二十里接鄂托克旗，北至阿独子脑色百五十里接杭锦旗界，东南至察汗鄂博百里接榆林界，西南至介咯图瑚拉琥二百八十里接横山界，东北至哈达图泊百里接郡王旗界，西北至察汗扎达海八十里接杭锦旗界，全旗面积为四万两千余方里。

人口，蒙人二千二百二十四户，一万一千余口，汉人约八百余口。蒙人有许多是郡王旗和扎萨克旗的侨民，这是因为牧地被垦，不习于农耕而来牧放的，蒙人大多不谙国语。

旗内交通不发达，到处沙丘，开辟大道，亦殊困难，公路更无法兴筑。现有通榆林及东北经扎萨克旗、郡王旗去包头的大道，然往来行人绝鲜。近设邮柜一所，没有电台，交通颇困难。

第二节　王府

王府原驻地为哈巴诺尔，现通称乌审营盘。

起伏的沙丘间，夹杂着野生的红柳，一望是广漠无人的牧野，这是乌审旗境内的景象。但是王府所在地却是一片平坦的草原，前面有满生牧草的牧场，这不能不说是王爷选择居地的煞费苦心了。

王府的房子较鄂托克旗王府略多一些，但建筑得并不"富丽堂皇"，只是三进房子。大门前一对旗杆，两个石狮子，这算是表示王宫府第的与众不同处。大门内是天井，两旁各有厢房七间，进二门是正式院落，七间正房，内供佛堂。扎萨克的寝室在东厢房。王府的外面没有围墙，但已在四角上筑起碉堡了。

旗政府在王府的西侧不远，但房子不及二十间，为伊盟各旗旗政府房子最少、最简单者。但正房是翻修的，尚新鲜可观。王府北五六里处有一土围子，名曰营盘，为旗下军队的兵营，方约一里，里面的房子四十余间。现在西蒙抗日游击第一支队司令部，驻在那里。

王府跟前的草地上有牧放的羊群、马群，出没于黄沙白草间，再加上抗日游击支队的军士每日操练，号音呜咽，王府的寂寞就被遣除了。

第三节　扎萨克与旗政府

扎萨克特固斯阿穆固朗，通称特王，汉名奇德山，年近四十，通国语，封爵贝勒，任绥境蒙政会委员。为人忠厚老诚，有国家民族观念，颇知中华民族是不可分割的。他曾因旗内的变乱，在陕北榆林居留四年之久，与八十六师前师长井岳秀，极有交情。井师长曾助他平定旗下的叛乱，因此与陕北地方驻军的感情尚融洽。

特王对于旗政府的事，差不多全交其三弟奇玉山（东协理）和其妹夫鄂宝山办理，旗政府的组织仍旧。

东协理喇德那班则尔，汉名奇玉山，西协理扎那班则尔（通敌正法），管旗章京图孟巴雅尔，东梅林布音巴雅尔，西梅林瑞格登多尔济克尔济尔。

旗政制度虽仍健全，但以旗民素称强悍，多不遵行，这在施政者，诚多棘手。

第四节　仕官人物

东协理喇德那班则尔，汉名奇玉山，是特王的三弟，年二十八岁，国语很好，崇尚汉俗，少年任事，有志振作，特王依之为肱股，旗下政务，可〔多〕以主持，并任西蒙抗日游击第一支队司令，为乌审旗的首要人物。

西协理奇国贤，谙国语，通蒙文，颇有干才，知教育的重要，极力提倡。前西协理扎那班则尔，勾结敌伪，今春被新编第三师逮捕，奉命就地正法。

管旗章京图孟巴雅尔，年已老迈，对于旗政，不能有所主张。

东梅林布音巴彦〔雅〕尔，西梅林瑞格登多尔济克〈尔〉济尔，均为六十以上的人，追随特王，矢勤矢忠，但遇事则不能主持，不过按时到旗政府值班而已。

特王的妹夫鄂宝山，现任西蒙抗日游击第一支队第二大队队长。他在旗下是一有实权的人物，过去就是团长，握有旗下军权，现在对于旗下的军政，仍能主持大半，特王很倚重他。他的年龄才有三十余，会说国语，有精明的办事手腕。

第五节　喇嘛庙与喇嘛

乌审旗的召庙共有二十座零半，因为有一个召庙是与扎萨克旗共有的。最大的召是乌审召，位于王府东北八十里，建筑工程浩大，金碧辉煌，特王时幸临那里去休息，或者是去诵经祈祷。其次召庙计有察汗庙、梅林庙、班禅庙、桃尔庙、马哈图庙、乌兰图拉亥庙、卜花湖新庙、海流图庙、舍留图庙、哈利庙、班定都棍（此庙与扎萨克旗共有）等。

全旗共有喇嘛四千一百一十名。

喇嘛的势力，仍未稍减。因为特王笃信喇嘛教，时常往各召庙诵经祈祷。而旗内牧人依然度其游牧生活，对于他们旧日的信仰不会骤灭的。

第六节　税收、教育

乌旗境内没有什么特产，土地也不十分好，放垦的地也不多，因而税金的收入也不多。全年共可收地租二万余元，另外还有点水草捐等。税金的收入，多半归特王，其余则分给各仕官。

教育落后，民国二十六年教育部通令各旗成立学校时，乌旗仅将教部所发的开办费、补助费领到，小学校并未成立。迨后成立是由旧日的私塾改设的，现在已正式成立了，设于旗政府南十余里处。东协理奇玉山任校长，汉文教员一人，学生二十余人。土屋三间，弦歌未废。奇玉山颇知教育之重要，曾计划建设新校舍，加以扩充，多招学生。

现在学校经费仍为教育部所发的补助费。

供给学生膳宿、书、墨、纸、笔。所用课本为中华书局版新课程标准适用小学课本，但残缺不完。

第七节　出产

乌旗境内的盐淖、碱淖虽不如鄂托克旗之多，但也有数处，惜未开发。与扎萨克旗交界处的茶干淖，广约二十里，产碱，曾一度租与商人开采，年收租洋一千五百元，现在停办了。王府附近的胡亥陶劳盖淖，广约十五六里，出产大盐，也曾一度开采，而盐质较鄂托克旗产的为佳，但现在因已无人经营而停止了。又莽哈图淖也出盐，但未开采。

乌旗所产的盐碱，品质都比鄂旗为高，在交通上也比鄂旗方便，可以北去包头，南下陕北，路程较鄂旗近，如果能加以经营，必有可观。

境内还有银矿，但无人注意，埋藏量不明。

此外便是皮毛的出产了，但这里所产的皮毛品质不良。所产的马，身体小巧，善走，异于他旗所产。

沙柳，在乌旗产生的不少，是一种丛生植物，生于沙丘中间，到处均有，采作燃料极好。沙柳的枝条上有一层淡薄的白色，取之可以制造金鸡纳霜，这种药材，向未为人注意。

第八节　垦地及商业

在伊盟中，乌审旗放垦是最晚的了。直到现在，旗内大部分人仍保持着游牧生活，并且有些放垦地的牧人还视此为游牧的"乐土"，侨居而来，依然营着旧日生活。这样的迟迟不见进化的另一个原因，是旗内的可耕地太少，遍处沙丘，不能垦殖。靠近长城边界可耕的地已经放垦了，但多划入榆林和横山两县属，旗政府已失去土地所有权，并不能在那里施政。近来，旗政府也知自己放垦招农了，而蒙民由于生活的需要，也有种地的了。耕地日渐增加，移来的农民多为榆林人。

乌旗的面积四万两千余方里，报垦地一千九百三十余顷，未报垦地约两千顷，内可耕地约八百顷，不堪耕种地约一千二百顷，报垦地已经全放了。乌审旗的耕地为伊盟中最少者，在农垦上，无何发展。

乌旗的商业，仅有边客出没其间，贩卖牧人的日用品：茶、布、烟、糖。境内没有聚居的村落，没有固定的商号，有之也不过是边客们搭的一座圆形的土屋，临时居住，或者是边客的"羊场"（边客向旗政府租来的草地牧羊场）所在，才住下来。

来这里的边客多是榆林人，发财的也很多。榆林城里有几家商号是由边客发起来的，近来虽然生意不景气，但边客们的来往，迄未稍减。

第九节　对外关系

乌旗的民风特悍，以是对之均有戒心，又兼多年内哄，人们便以异样眼光视之。但抗战以来，此种态度已变化了。因为特王对抗战的表示较为积极，各方对之大为欣然，与盟长沙王的感情增进，与绥远省方的关系也进一步亲切了。

特王居榆林很久，与八十六师前师长井岳秀颇友善，井师长曾助之平定旗内叛乱，所以与陕北地方驻军有传统的融洽感情。

杭锦旗

第一节　旗境、人口、交通

杭锦旗，即鄂尔多斯右翼后旗。扎萨克阿拉坦鄂齐尔（附敌，现在绥远伪组织中），是额璘臣从子小扎木素的后代。清顺治六年，大扎木素叛，小扎木素不附逆，诏封扎萨克镇国公，世袭罔替。佐领三十额。孙都陵，康熙三十七年，叙从征噶尔丹督护粮运勋功，晋封固山贝子。牧地东至觅毛河八十里接达拉特旗界，南至喇嘛扎喇克百四十里接郡王旗界，西至噶扎尔山百四十里接鄂托克旗界，北至黄河二百六十里接五原界，东南至巴彦泉百五十里接郡王旗界，西南至达尔巴哈图百五十里接鄂托克旗，东北至黄河百六十里接达拉特旗界，西北至黄河二百二十里接临河界，全旗面积八万三千七百余方里。

人口，蒙人一千七百二十二户，八千六百口，汉人二万余。杭旗汉人的增加，是近几年的事，因旗政府曾将旗之东部放垦，汉农来耕者日增。蒙人大多不谙国语。

交通方面，包宁大道东来经过旗之东南部，经鄂托克旗去宁夏。另外有通五原、临河大道，但所经之地，均荒凉无人，且多沙漠，不如包宁大道之平坦可行。其他至鄂托克旗、郡王旗，均可通行。

境内无邮政，王府设有电话，可与各仕官家及保安队营部（四个营部）通话，这是阿王装设的，现已通话。

第二节 王府一瞥

王府的驻地，旧为巴哈诺尔，今通称杭盖营盘。

蜿蜒起伏的沙丘间，突然现出青葱的树林，红砖绿瓦的屋脊接着也现出来了，这就是杭锦旗的王府。旗人到此，没有不惊异杭旗王府建筑雄伟、气象浩森的。王府的外面虽然没有围墙，但庄严的院墙，更表示府第的深奥。前面大门外有石狮子一对、旗杆两枝。正房七间是佛堂，里面供奉着各种喇嘛佛，佛像都是铜制。正房两面，东耳房，为扎萨克的办公室，内有写字台、沙发、弹皇〔簧〕椅子，壁间悬有字画，设备极为摩登；西耳房，为扎萨克寝室，内有铜床、写字台等设备，也很现代化，令人看了，几不以此为沙漠里王公的寝室，一点蒙古包的风味也没有了。两面厢房，屋宇宽大，为从人及妇女们的住所。正房的西侧有二层小楼一座，方不及两丈，内供佛像，据说是班禅来时（民国二十四年），阿王特为他建筑的。

王府的后院满生榆树，已是多年的古树了。后面有喇嘛庙一座，规模也不小。东西有院落一处，是仕官们来时住的，保安司令部在王府的东北，有房屋二十余间，其西侧为学校校舍。北去约半里，有房屋二十余间，是为阿王预备做买卖用的，现在尚有居人，拟将该处辟为市街。又在王府南侧有缸房一处，能酿烧酒。

旗政府在王府的西面，相距不及半里。房子也很多，外绕土围子，但是围子外面的沙丘已比门高了，若干年后有被沙子埋上的可能。现在里面已不住人，因为去年敌伪军盘据时，曾将门窗房壁的木料，都作为燃料烧了，内部已破坏不堪。

杭旗王府及其附近房屋是较伊盟任何旗的为多，当阿王在旗时，这里是很热闹的，但这个地点却不十分好，由北风吹来的沙子，已包围了旗政府，逼近了王府（王府的后面，沙子与墙一般高），这倒是可忧的地方。

第三节　扎萨克与旗政府

扎萨克阿拉坦鄂齐尔，汉名阿宝珍，通称阿王，年五十余，通国语，为人颇精明强干，为伊盟各王所不及，爵为多罗郡王，曾遍游平、津以及南洋、上海、杭州等地，对国内的情况颇有所知。但当去岁敌伪进袭杭旗时，附敌去了绥远，任伪伊克昭盟副盟长。他曾任绥西护路副司令、蒙边第一区防司令，又是伊盟副盟长、绥境蒙政会委员，在绥蒙、在绥西都是重要的人物。在旗时，旗下的军政均亲自处理，不稍假手他人，并严禁种植鸦片，因是旗下的仕官及民众没有吸大烟的，这是伊盟哪一旗也未有的事。

旗政府组织仍旧，东协理鄂勒济巴雅色呼朗，西协理色令多尔济，管旗章京苏木亚，东梅林朝克巴达尔户，西梅林诺尔布桑。

西协理色令多尔济于阿王离旗后，任护理扎萨克，旗政府的政务由彼主持。

第四节　仕官人物

东协理鄂勒济巴雅色呼朗，年已老迈，为阿王的叔父，袭辅国公爵，人称老公爷。不通国语，体弱不能举步，向不到旗政府办公，在旗下没有什么力量。

西协理色令多尔济，年六十余，略通国语。现任护理扎萨克，蒙政会委员，但无固定主张，虽护理旗务，遇事则推诿不前。

管旗章京苏木亚，年四十六岁，国语很好。曾追随阿王遍走各地，为人奸猾，有做事魄力。当阿王离旗时，他的态度颇暧昧，但旋即恢复常态。现在旗务多由他处理，是旗下的一个重要人物。

东梅林朝克巴达尔户，年五十九岁，通国语。他的家住在临河境内，有不少土地，家道颇丰。对于旗政，向不积极过问，为一好好先生。

西梅林诺尔布桑，年六十七岁，不谙国语，为人耿直。任第四营营长，在军队里颇有声望，但以年迈，逐渐消沉了。

第一营营长补林托克托户，为旗政府秘书长。这是一个不可不述的人物。年近四十，身体肥硕，操着流利的国语。他是阿王办外交唯一的人才，曾充杭旗驻京代表，在南京居留颇久，对外界大势颇有所知。阿王去后，旗政府的政务，由他和管旗章京分别处理。

第五节　税收与教育

杭旗的税收每年约四万余元，大宗为地租。五原、临河境内的放垦地，年可收地租三万余元，由东梅林朝克巴达尔户经手。旗内又有甘草厂捐、盐淖捐、水草捐、碾磨捐、房捐等。是等捐税均系征自汉人商人及农民，尤以后三者，更为苛重。水草捐每年羊一只，捐五角，牛、马一头，捐各一元，猪一口，不论大小，捐一元。碾磨损〔捐〕即汉人农民如有碾子或石磨一盘，每年均得纳捐六元。建房一座，纳捐六元，名曰房捐。

　　教育不发达。民国二十五年教育部通令设校时，阿王将开办费、补助费领去后，始成立小学一所，设于旗政府左侧，由第一营营长补林托克托户任校长，学生三十余人，汉文教员一名，蒙文教员一名。七七事变后停顿，虽有恢复之议，但仍未实现。

　　旗下曾有在中政校包头分校读书的学生，但均在小学部，没有一个中学生。

第六节　喇嘛庙与喇嘛

　　杭旗全旗召庙，以布克提辖拉召、辖拉庙（即东、西莎拉庙）及壕沁召为最大，共有五十九座。其在河北者，有兰扎巴庙，隶安北境内，大梅林召、大苏召庙、小苏召庙、苏龙贵庙、魏羊庙、甲登羁庙、其占庙、章嘉庙（即张家庙）、察汗淖庙，隶临河境内。在河南者，旗府北有莎林庙、土格寺庙、什克乌素庙、乌鲁贵庙、请拉力庙、苏太庙、苏北汗庙、什拉召。西北有雅西拉图召、哈拉才登召。旗府东北有乌兰伊力更召、胡鸡太庙，旗东有察哈井庙，旗东南有拉不楞庙、条贵庙，旗南有毕亥庙、阿马汗庙、哈拉扎哈庙，西南有壕沁召，距旗府皆近。又在盐海子北偏西，有阿善庙、苏毕海庙、八废苏庙、百勒脑包庙、神纳敢庙、亨歌庙、都棍庙（此庙有三，皆名都棍，东、西、北鼎足对峙，相距不远）、代废召、小召托更托亥庙。盐海子西北，有伊肯乌素召、乌兰阿贵庙、纳林庙、什拉其各免召、罗补庙、鄂勒者伊召

（此庙有二，一偏东北，一偏西南，相距不远），均在旗府之大西北。盐海子西有壕废召、黄盖庙、保拉格斯太庙。盐济〔海〕子西南，有和罗太庙、傲龙巴拉召、得其气庙、东莎拉庙、莎拉庙、素土庙、乌拉素庙、壕沁召（此召有三，皆在旗之西，距旗府皆远）。惟各召庙圮毁者甚多，其完整者只有三十六七处。

各召庙共有喇嘛一千七百三十名。

杭旗的喇嘛势力尚未稍衰，因为大部牧人仍度其游牧生活，而扎萨克阿王也笃信喇嘛教。这当然仍可使日趋没落的喇嘛教活跃于旗下。

第七节　出产

杭旗的出产有甘草、盐、碱、煤，及牲畜、皮毛、谷物等。

甘草产于旗境的东北沿黄河一带，每年的产量不详。

盐是杭旗最多的出产，在旗政府西北八十里处有白盐湖，广二十余里，产天然盐。当伊盟各旗还未发现盐池时，这个盐池便为供给伊盟食盐惟一的来源。大半是在清初的时候罢，七旗议定，杭旗的盐产，伊盟七旗可以自由前来驮运，每车或每驮给杭旗政府交银五分，但驮运的盐只准自用，不许出售，相沿至今，七旗仍可自由去驮盐食用，而杭旗也不能出卖，或租出哪个盐池。

碱产于旗境北部碱湖，又管柜也有碱淖一处，但所出之碱必须熬后方可用，与鄂托克旗的天然块碱不同。

煤产于旗境东南部，土人以土法开采，供作燃料，埋藏量不详。

牲畜和皮毛，每年出产的数字，没有统计，但以大部蒙人均营牧畜生活，出产当不会少。

谷物的生产不多，因为旗内的垦地太少。产品有糜子、谷子、高粱、荞麦等。

第八节　垦地与商业

杭旗的境内是一片未开垦的处女地，在那里几乎全是牧野，所见到的是数十里一座蒙古包和俯食野草的牛羊群，然而杭旗的垦地也有一些。

现在临河县全部，五原县大部，安北设治局一部的土地，原都是杭旗的牧地。那里的地在贻谷办理绥蒙垦务时便报垦了，现在都划入县属，已非旗府所辖之地。

在旗内阿王一向是不放垦，不愿招致汉人来耕。可是时代的进步，牧地终于不能永远封锁，民国二十四年，阿王便把旗境东南与达拉特旗、郡王旗接界的地方放垦了，接着与鄂托克旗接界处的地方也放了。现在那里已布满农民足迹，而阡陌纵横了。

杭旗面积八万三千七百余方里，报垦地一万余顷，未报垦地约六千余顷，内可耕地约二千四百余顷，不堪耕种地约三千六百余顷。

旗内的农耕可有发展，除了西北边境有沙梁一道外，其他各地大致均可耕耘。

商人在这里不见活跃，有之，则为行商边客，都是从包头来的。阿王曾有心经营商业，在王府的北面半里处，开地一方，建房二十余间，预备作为商市之地。从前曾有商号三家，抗战后移去，现在王府跟前只余一家买卖，掌柜为山西人，姓王，出卖食品及日用物品。

第九节　对外关系

阿王在旗时，以身为副盟长，且旗内实力雄厚，对于各旗，不免有傲视气概。抗战以来，阿王去旗，旗政府乃转变过去态度，对于盟长沙王，颇致敬意，表示拥戴。与绥远省政府的关系一向良好，绥境蒙政会之成立，阿王出力不少，因为阿王对百灵庙蒙政会素主反对——这可概见阿王的雄心。与接境各县——五原、临河、东胜，由于垦地关系，来往频繁，一向保持着良好感情，从无纠纷。

阿王两度入京，对于中央的情形较其他各旗王公知道得多些。

《西北论衡》（月刊）

西安西北论衡社

1942 年 10 卷 1—3、5—6 期

（李红权　整理）

阿拉善旗小志

王建章　撰

一　总说

　　阿拉善旗亦名西套额鲁特部，位于宁夏省西北部，东与古宁夏府边地接界，南与古原州府、甘州府边外地接界，西至古尔鼎与额济纳土尔扈特旗接界，北至瀚海与喀尔喀扎萨克图汗接界。全境地势崇高，号称蒙古高原，境内最低之吉兰泰盐池，拔海亦在三千一百尺以上。旗内沙漠横亘，几遍全境，素有"沙窝"之称。最大沙漠有腾格里沙漠及巴丹吉林沙漠。池沼星罗棋布，尤以盐池为最多。境内山脉多为幼年山脉及中年山脉，其最大者，东有贺兰山，与宁夏相隔，北有土克木山，西有大花山，南有合黎山。旗中地质多为花岗岩、沙岩、卵石、盐土等。其最大河流一曰沙河，发源于甘肃永昌县，注入玉海（一称鱼海），二曰水磨河，发源于龙首山，流归昌宁湖。全旗面积纵横各约七百余里。人口迄无确数，据说约有三万人。阿旗气候，纯属沙漠性，寒暑均烈。十一月至次年一月，天气最冷，温度时在零下二十五度左右。五至七月，天气渐热，最热时期为六月中至七月底，温度时在九十五度以上，唯夜中则又非裘不暖。终年气候干燥，雨量稀少，春季常有大风，飞沙走石，天昏地暗，行旅多苦之。

二　物产

阿拉善旗，为内蒙古诸蒙旗中出产最富之区，不仅畜产丰富，即其他植物、矿物，亦颇不少，兹分述之。

（一）动物

家畜　骆驼为沙漠居民主要之家畜，兼之阿旗水硬草碱，甚宜饲驼，故全旗产驼数，约有十二三万只，每年驼毛产量颇富，约有五六十万斤。牛、马因水草不适，产额甚少，羊只约有百数十万头，每年产毛亦不下六七十万斤。自抗战以后，平、津沦陷，皮毛无法输出，现已由财政部委托宁夏省银行统收，运往兰州，经甘新公路出口，据统计，二十九年一年中，运往兰州之驼毛约有三十三万六千余斤，羊毛六十四万三千余斤。

野牲　阿旗狐、狼、獐、鹿均多，尤以贺兰山中为甚，狐皮及麝香，为两大特产。

（二）植物

木材　贺兰山中树木丛生，松、柏、榆、桦均有出产，惟因运输不便，未能大量采伐，现在虽由宁夏省建设厅设局收运，然其采伐量仍极有限。

药材　产量最富的当推苁蓉，系寄生植物，茎为肉质，长尺许，作短柱状，叶细如鳞，味甘，为补剂。每年出产价额约为十万元，向由巨商恒庆公（广恒西与吉庆厚二商号合名）包采，但最近旗府当局有收回之意。此外如甘草、黄耆之类，亦有大量出产。

（三）矿物

食盐　食〈盐〉为阿旗唯一特产，不但盐质优良，而且开采手续简易。其种类大致由色泽而分，如青盐（最佳）、红盐（次之）、白盐（下者）三种，均为半透明之结晶（盐由水中捞出，即成天然结晶，不须煎晒，故取制手段极为简易）。阿旗到处盐池，星罗棋布，其最大者有吉兰泰盐池、和屯池、同福池、察汗布鲁克池、昭化寺盐池、白音布鲁克池、白音达赖池、札克土池、那林哈格池、大鼓海池、角鹿沟池、雅布赖池、布鲁尔池，蕴量之富，难以数计，惟因运输不便，未能大量采取。据二十九年之统计，和屯池共产盐十二万担（每担计司码秤百斤），运出者约四万担，察汗盐池运出约三十余万担，同福池运出约二万［担］余担，昭化池运出约三万余担，吉兰泰池运出约五千担。

煤　煤为国家轻重工业及交通上决不可缺少的动力原料。贺兰山中蕴藏煤量颇丰，其所产之煤，可分三类，即有烟煤、无烟煤及末煤。惟因运输不便，亦未能大量开发，故街市煤价仍颇昂贵。

其他　贺〈兰〉山中尚产有石棉、石墨、铁及贺兰石，贺兰石为有名特产，可供雕刻及制砚之用。

三　居民

旗内住民大多为额鲁特蒙古（天山北路四卫拉特之一），民风朴实，均以游牧为生。食品以米及羊肉为大宗，服装多尚黄、红、黑诸色，着红、黄色者为喇嘛，着黑色者为平民。境内寺庙林立，喇嘛约占旗民五分之一，此为人口减少之主因。此外旗民又多嗜吸鸦片，不讲卫生，死亡率极大（如二十九年市区白喉流行，死亡率约占百分之十）。以上种种原因，实为阿旗人口不繁殖之重要原因。此外旗内尚有万余汉人及极少数之包夜〔衣〕人（历代公主下嫁及与京内显旗通婚，所派遣男女随从之后裔，京师派遣官员之后裔），回民、藏民则为数极少。

四　贸易

阿拉善旗对外贸易，输出以皮毛、牲畜、盐、药材为大宗，输入以食粮、布匹、茶叶、烟、酒等杂货为主。当地经济大权，多操之于晋商之手，最大商号如祥泰隆（晋商），积资百万，分号几遍全旗，成立迄今，将二百年，故有"先有祥泰隆，后有定远营"之谚。其次有永盛合、万泰永、兴泰隆、兴泰合、万兴德等不下十数家，资本由数万元至数十万元不等。此外旗内小商约有三百余家，其贸易方式，大都系商人于春期携带商品深入草地，沿户兜售，由蒙民住户任意取用，讲明秋季以若干皮毛或牲畜抵偿，因蒙民多贪图近利，故至收账时期，价格甚大，蒙民吃亏不小。

五　定远营市区

定远营有"小北京"之称，为阿拉善旗亲王府所在地，市面繁华，依山为城，树木丛茂，细流交错，园圃林列，实为沙漠里的胜境。街市上新旧现象，杂然并陈，居民贫富的经济情形，相差也很悬殊，所以定远营实在是一个畸形的社会。市面以城外南街及西关最为繁华，全市人口约七千余人。

定远营现有旗、省及中央直属机关，不下二十余单位，地方虽小，然颇重要，假使将来更能作进一步之建设，未来的定远营，一定会变成更加繁华的都市。

六　亲王及政治

（一）亲王

阿拉善札萨克和硕亲王，其先世于康熙二十五年，赐顾实汗孙和罗理牧地于宁夏边外，三十六年，封和罗理为札萨克多罗贝勒，四十八年第三子阿宝袭，雍正元年晋〈多〉罗郡王，七年降贝勒，九年复郡王爵，乾隆四年，次子罗布藏多尔济降袭札萨克多罗贝勒，二十二年晋多罗郡王，三十年晋和硕亲王，四十七年诏世袭罔替，四十八年长子旺泌〔沁〕班巴尔袭，嘉庆十年胞弟玛哈巴拉袭，道光十二年子襄都布苏龙袭，二十四年子贡桑珠尔默特袭，光绪二年子多罗特色楞塔达袭，至民国十九年旺宝尔罗银达理札雅，凡历九传。其中以阿宝及罗布藏多尔济二人战功最著，阿宝曾从年羹尧大将军征服西藏，罗布藏多尔济亦曾随军西征平阿陆尔萨拉，阿拉善旗之所以得清廷之优遇，其因即在此也。初以定远营赐阿宝，继以娥掌郡主配罗布藏多尔济，晋升亲王，建王府于北京。

（二）政治

蒙旗只有健全之军事组织，政治设施并不完全，所以地方行政，多由军人兼理。然而阿拉善地方面积辽阔，庶政较杂，其行政区划有"巴格"之分，每"巴格"并设有边官、总管、大目等官，处理区内较小之政务。全旗共划三十六"巴格"，曰沙金陶海、沙拉和尼图、多伦素海、磴口、准比利、乌图、布古图、巴伦比力、山根达赖、好雅尔呼图、同福、扎哈导兰、图兰泰、艾尔哈和什霍、古〔吉〕兰泰、察汗布鲁克、克白那木朵、库克布里都、沙拉布力都、苏木图、克布尔、红古玉林、哈鲁乃、巴音乌拉、巴普诺洛公、搽汗脑儿、土克不、宗沙拉寨、巴龙沙拉寨、宗乃、拐子湖、巴丹吉林、树贵、雅布来、巴音布鲁都、艾利不盖。

　　此外旗政府组织与其他蒙旗无异，唯因亲王关系，其中略有不同，兹列表如次：

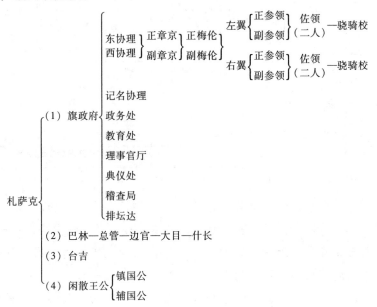

　　札萨克为一旗之长，总握全旗军政大权，并由东西协理辅佐执行，以下章京、梅伦、参佐领，均分掌旗内军政事务。政务处、教育处，为新设之机构，专司行政、教育等事，与前列各官似有砥〔抵〕触。理事官厅为最高司法机关，司民刑诉讼等事。典仪处，司一切大典之布置及旗府、王府之庶务事项。排坛达一名（满人），有监督王公之权，并兼理王公之账项，为一般蒙旗组织以外之特设官。稽查局负有稽查及收税之责，闲散王公居超然地位，形式类似在野之人，不负旗政实际责任，为前清朝廷所封。

台吉约分为三等，曰头等台吉、二等台吉、三等台吉，均罗姓，与札萨克同族，如镇国公、辅国公、正副协理，亦须具台吉之条件，方能充任。此为阿拉善旗现有政治组织及阶级之大概。

附现任阿旗官员一览表

官名	蒙名	汉名	附注
札萨克和硕亲王	旺宝尔罗银达理札雅	达巨苏	即达王
趋〔协〕理	达都罗旺舒克		现札萨克胞弟
协理	罗恩凯巴图	罗云卿	台吉
记名协理	罗巴图孟轲	罗相承	台吉
正章京	陈艾尔得尼巴图	陈宝峰	
副章京	段巴图尔		
正梅伦	蔚劳布尔巴图		
副梅伦	罗晋格图盖立拉		
排坛达		张仁	满人

政务处事务由协理、章京担任，教育处由罗保迪萨拉主持，理事官厅由排坛达张仁兼理，稽查局由李树德负责。阿旗政事之处理，其情节较大者，唯王命是听，其情节较小者，则由协理执行，或召集旗务会议处理之。教育方面，自二十九年教育部设立实验小学以后，旗内教育即呈蒸蒸日上之势，现该校有学生一百五十人，经费一万八千元，该校校长薛恭五及教职员，大多为政校学生，除办理学校教育外，并推广社教，颇有成绩。此外有旗立简易师范及附属小学各一处，师范生约二十人，附属小学生约三百人，教职员共十余人，经费无定额，教育部每年对于旗校补助，约有七千元之多。

七　结尾

阿拉善旗在形式上说，东连已陷之乌拉特蒙古，北接外蒙，并握新、绥交通之要冲，在国防上占极重要之地位，而且土地辽阔，物产丰富，在今日抗战建国的时候，这一个宝藏丰富的地方，正需要我们去建设呢。

《西北论衡》（月刊）

西安西北论衡社

1942 年 10 卷 8 期

（朱宪　张婷　整理）

抗战中的乌兰察布盟

韩泽敷　撰

一　弁言

我们展开地图一看，在外蒙古东南，锡林郭勒盟苏尼特右旗以西，宁夏阿拉善，额鲁特旗以东，伊克昭盟以北，扼察、绥、宁三省北境的一片广大土地，那就是乌兰察布盟。其地北达库伦，西通新疆，介于锡、伊两盟之中，面积共计四十余万方里，占全绥远省领土三分之一强。土地多沙漠，雨量稀少，气候较寒，谚有"早穿皮袄午穿纱，怀抱火炉吃西瓜"，可见乌盟早晚温度变迁剧烈之一班〔斑〕。全盟为四子部落旗、达尔罕旗、茂明安旗、东公旗、中公旗等组织而成，蒙民约三万余人，在交通上、国防上、政治上，均占极重要之地位。新绥汽车公路在乌盟境内，而商贾至甘、宁、青、新之驼运，亦威〔或〕取道于大青山后草地。物产尤以乌拉特三旗之炭矿、石棉、绿苏，四子部落旗、达尔罕旗之盐、炭，尤称富庶。

达尔罕旗之百灵庙，建筑宏伟，可容喇嘛三千人。民元玉录哗变，曾被于火。德逆倡议高度自治时，该召成为内蒙政治之重心，其后德逆甘为日寇傀儡，密谋不规〔轨〕，经傅宜生将军指挥驻军，于二十五年十一月收复。绥陷后，又成为敌伪屯储军火重地。

汪逆伪组织划界，察、绥归汪伪，伪盟政府一度有移百灵庙说，近又沉寂。自德苏战起，敌为便于趁火打劫计，除在伪满及乌得、漾江一带布置重兵外，复在百灵庙驻正规军一师团以上，以为掩护张库军事之准备，并积极遣派汽车，在四子部落旗、达尔罕旗、茂明安旗、中公旗接近外蒙边境地带，分头调查水井及军事□隘，一面敌并将乌盟各旗驼马帐幕悉数搜罗征用。乌盟附逆王公深悔受敌利用，极盼我军出击敌伪，以便将来相机反正。现在乌盟不仅成为我抗战游击部队活跃的根据地，亦已成为日寇将来拉苏联后腿，进兵西伯利亚、库伦的导火线。所以乌盟在今日抗战中，其重要实为〔不〕减于全国各战场任何一点！那们〔么〕抗战中的乌盟，更有研究的必要。笔者服务绥边，十有五载，对盟〔乌审〕旗军政、人事、物产、教育，颇知一二。兹特分述于后，以备关心边事者之参考。

二 乌兰察布盟

"七七"到现在，已四年零两个月了，乌盟沦陷，亦已三年零十个月了。回想未沦陷前的乌盟，与沦陷后三年零十个月的乌盟，军政、人事经过了许多的变化。在今日收复失地的神圣抗战中，我们对于过去的固然不能放弃，现在的变化，尤须把握住她的核心来研究。一事一物，必有深确的了解，将来以政治配合军事，才能顺利的收复乌盟，予敌以北进的制命打击。

乌盟在二十三年百灵庙高度自治发生，即已震动中外视线。当时国内外论者，皆认为是蒙人要求自治的局部问题，殊不知背后早有敌关东军特务机关长盛岛居中导演（盛岛在高度自治未发生前，冒充喇嘛，往来嘉普寺、百灵庙两地七年之久，蒙人皆知其为东蒙人，而不知其为日本特务）。德王为其主要木偶演员之一，他如补英达赖、吴鹤龄、包悦卿、卓什海、陶克陶、丁俊愚、赵汇川、程绍武、沙拉布多尔济、亢仁等，均为甘心为敌作伥之配角，云王等不过摇旗呐喊之傀儡角色。二十四年，傅宜生将军认为危机迫切，不容再于姑息，秘密运用绥蒙分区自治，给敌伪以制命打击，因是能够延续乌盟三载之寿命。

"七七"变起，傅宜生将军被留蒙督战，蒙绥骤失重心。于二十六年七月十三日，因绥远守军薄弱，乌盟相继沦陷，二年有余，政府与乌盟消息隔绝。二十八年，绥蒙驻军第二区司令陈玉甲（字云岚，五十三岁，河北丰润人，历任师长、警备总司令等职，与绥蒙□有三十年之深长历史，为吾党革命先进，辛亥起义，任革命军京北部总司令）、乌氏率部深入乌盟运用，巴盟长与其子中公旗札萨克贝子林庆僧格，派梅楞巴图那僧（字永寿）代表到五原，谒傅主席，表示拥护中央。傅对巴、林两王代表，亦恩礼有加，由此乌盟与政府才算恢复了明确的联系。二十九年收复五、临、厂罕格庙之役，陈玉甲氏率部能顺利完成任务，克复据点，多赖蒙民暗通声息。陈氏率部距庙百米处，敌伪始由梦中惊醒，起而抵抗，大部卒为我军扑灭，残余夺路溃窜。去岁中秋，四子部落旗伪札萨克索那木卓克尔珠、东协理旺吉德旺根栋，因不堪敌伪压迫，派代表密向我方输诚，经陈玉甲氏带领谒见傅宜生将军，对其代表亦恩礼有加，从此乌盟与政府之联系更进一步。

清季各旗会盟于会蒙察布河①（乌兰蒙语为红之意，因以是命名）。河发源于大青山麓，北流经乌胡克，适当武川县赴乌蓝花大道之东，全盟北界外蒙三音诺颜汗部，西北界宁夏阿拉善额鲁特旗，东界锡林郭勒盟旗苏尼殊〔特〕右〔左〕旗，西南界伊克昭

---

① 原文如此，应为乌兰察布河。——整理者注

盟，东南界武川、固阳二县。

前任盟长为达尔罕旗郡王云端旺楚克（字吉农），为人刚愎自用，因其年近古稀，在乌盟中颇有声望。德逆倡议高度自治时，为易于号召西蒙各旗，曾拜此老为干父，其后自治蒙中央许可，云则备位委员长，大权悉为德逆窃持。廿四年西公旗叛党大喇嘛依喜达格登，因与其侄巴图白彦尔争继王位，缠讼未能获胜，勾结西公旗革职东协理、台吉额勒克多尔济（字宝齐，年六十岁），及额子曼头、梅勒更召改改活佛、队长红克尔等，在百灵庙蒙政会控诉石王十大罪状。德逆为在各旗树立声威，争取党羽，排除异己，一再鼓励云王，以盟长及委员长资格免石王职，委巴图白彦尔回旗继任，并由庙蒙会派兵赴西公旗，以武力协助，夺取石王政权。因是惹起乌、伊两盟王公之反响，均以盟长无权直接任免王公，蒙会不过是各盟旗自治之枢钮，更无任免王公之权限，今云王以盟长资望及自治委员会首领，竟敢越权擅免王公，此端一开，各旗王公，人人自危。达拉〈特〉旗康王、东公旗额王等，首先通电反对，并指责云等处置失当，偏袒叛党，云受德怂恿，偏执一见，毫不为动，并派日人至西旗指挥军队，增阔飞机场，围攻石王府。省府以事态扩大，恐危及地方治安，密令包西驻军〔师〕王靖国部，协同石王将反叛解决，而绥蒙分至〔治〕，亦于此时告成。云深悔受人挑拨，自讨无趣，引咎电辞本党各职，中枢亦恐其在〔再〕受敌伪利用，特擢升其为国府委员，所遗蒙会委员长及盟长两缺，由锡林郭勒盟盟长素诺木吨〔拉〕布坦与乌盟副盟长巴宝多尔济分别继任，此一段轩然大波，始告平息。不仅德逆之野心为稍戢，而倭寇之阴谋计划亦告失败。

现任盟长巴宝多尔济（字今声，年七十八岁），为人老成持重，素抱保境安民主义。虽任盟长、绥省委、绥境蒙政会副委员长、绥北护路司令等职，除民元张绍曾主持之西蒙会议，氏曾亲往参加外，此后概未莅绥述职。因其年迈好静，不乐多事，对外一切，均由伊子林庆僧格代表。"七七"变起，敌伪威胁利诱，促氏赴绥参加伪组织，氏以年迈无能，严词拒绝，迄未就伪职。其后因敌伪频派官兵往来王府，监视包围，不胜其烦扰，氏又避居距外蒙边境六十里之拨拉合哨。

副盟长潘德恭察布（字崇仁，年五十四岁，为四子部落旗机〔札〕萨克，前任盟长勒旺诺尔布之长子），为人昏庸，凡事咸取风头主义，不务实际，专以名利为取舍。绥远沦陷时，彼则改衣喇嘛服，穿翻底东蒙式皮靴，首赴绥远迎敌，人以其善变，呼之为"毛三爷"。在彼为竭力趋奉，讵敌侵绥后，先向其勒索枪马金钞，并将其绥远九龙湾私邸，没收得〔作〕日本妓馆以辱之，后又以辣腕毒毙潘王（潘患花柳病，二十七年在伪区毙，敌用毒针注射毙命），可为朝一暮四、盲从附逆者之殷鉴。潘死后，因乌盟反正王公资望尚无其选，我政府为争取王公计，故悬缺以待。敌伪趁潘死后，委达尔罕旗东协理、贝子沙拉布济为伪副盟长，沙兼伪蒙军警备总司令，为乌盟亲德派之主要分子。

三　蒙政系统组织

蒙古以其环境特殊，所以政治组织亦与内地不同。元初即寓政治于军制之中，其军制恒视兵卒人数之多寡，而定爵秩之尊卑，有万户、千户、百户等职之分，万、千、百户，均有封地，皆隶于大汗。及满清入关，采分治政策，蒙政组织，遂由部落改为盟旗，隶属理藩院，旗为蒙政最小单位，合若干旗为一盟，盟为蒙古最高行政组织。清季每届三年会盟一次，由清廷派绥远城将军为钦差大臣，负监督指导会盟任务。会盟时，仅清理刑名、编审丁籍等事，盟长直接不得干涉各旗行政，除会盟期间，王公不准越境私相会晤，盖防其结合反叛也。旗有札萨克为一旗之首长，由世袭王公兼任，总览全蒙军政事务。盟设正副盟长各一人，由理藩院就札萨克闲散王公中有资望者任之，仅有监视责任而已。洎乎辛亥鼎革，因其制度相沿已久，一时骤难改变，但其组织仍因时制宜而存在。以故蒙古社会，迄今仍未脱去游牧封建社会，蒙民久处于封建势力之下。近年因受新思潮之覆荡，对阶级制度，极端反对，惟因政府尊崇王公，民间权利薄弱，表面仍隐忍服从。王公愚昧，养尊处优，奴隶其民，一如往昔，毫不顾忌潮流，一思改善其环境，敌人趁机以奴化教育麻醉蒙民，王公如不觉醒，急起考〔改〕革其政治，未来事变之隐祸，将不知伊于胡底。

乌盟设盟长一人，职司总理盟务，并监督所属各旗，由副盟长升任之。设副盟长一人，辅助盟长处理监务，由各旗札萨克升任之。全盟共辖六旗，各设札萨克一员，综理旗务，督率所属官吏，系世袭职（清制，札萨克犯罪，有罚俸、降级、革级等处分，札萨克革职后，由本族台吉或闲散王公择任。民国二十四年，西公旗石王曾有停职八月之处分）。札萨克之下，设协理台吉二员，辅佐札萨克处理旗务，由闲散王公、台吉中选任。协理之下，设管旗章京一员，受札萨克、协理之命，办理旗务，由台吉、平民中选任。设梅楞副章京二员，受札、协、管之命，办理一切旗务，由台吉、平民中选任。梅楞之下，设参领若干员，各旗多寡不均。清制，每六佐领设一参领，为直接办理地方事务，由台吉、平民中选任（计四子部落旗参领四员，达尔罕旗参领二员，茂明安旗参领二员，西公旗参领三员，中公旗参领三员，东公旗参领二员）。参领之下为佐，每佐设佐〔旗〕领一员。清制，每一百五十丁编一佐，各旗多寡不均，为组成旗之单位，受参领之监督，直接管理地方事务，由平民中选任（计四子部落旗佐领二十员，达尔罕旗佐领四员，茂明安旗佐领四员，西公旗佐领十二员，中公旗佐领十六员，东公旗佐领六员）。每佐设领催校一员，辅助佐领办理佐内一切事物，由平民中选任。比〔每〕佐设领催六名，视佐内事务之多寡，增减设置之。领催之下，每佐设什长十五人，不以官史〔吏〕待遇，为直接管辖属丁者。每佐设马甲五十名，马甲之下即兵丁。清制，蒙古壮丁年六十岁以下、十八岁以上者，皆编入丁册，有病者开除。每三丁披一副甲，遇有出征事，以二丁差遣，一丁留家。十丁设一长，专司稽查约束。此外如闲散王公、贝子、台吉，清制，台吉，〔清制台吉〕每族设族长一人，稽核本族内一切事务，闲散梅楞、参领均为无定员定职者。设白通达、副白通达各一员，亦名拜生达，亦称长史。设大德木奇、小德木奇各四员至六员，均不属正式组织内之官史〔吏〕，为管理王府、衙门一切杂务人员。设笔帖式一员至四员，类似汉人衙署之书记长，专司文牍事宜，地位与梅楞相等，由台吉、平民中选任。空衔笔帖式，为无定〔定〕职之额外人员，辅助笔帖式办理文牍事宜。各旗衙门内另设印务处，置梅楞、参领各一员，职司典守即〔印〕信，监校印文事宜。设屯达若干员，类似汉人之村长，直接受札、协、管之命，办理村内一助〔切〕事务。设塔哈拉若干名，专司遽〔递〕传任务，腰际带一木质银包皮虎头牌，上刻有蒙文，所至之处，蒙民俯首听命，需索供应，不敢稍抗，类似汉人之司法警、承法史〔吏〕，伊盟称之为保什号，其性质则同。包衣达，为王公、台吉家中之世仆，俗称之为奴才，与美洲之黑奴相似，祖孙世袭为奴，家有美貌妇女，则为新管主人召去役使奸宿。近年伊盟准旗之黑人，已无形解放，而其他各旗与乌盟则仍旧，可谓之桎梏终身，甚愿政府对此一加注意。兹将乌盟行政系统组织表列左：

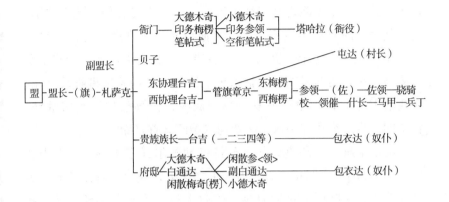

四　各旗王公事官

　　四子部落旗　未事变前，札萨克为副盟长和硕亲王潘德恭察布。潘之为人，业详前述，其间尚有一段笑料。二十五年绥东吃紧，当局以其地当冲要，电请中枢任潘为蒙边第二区防司令，兼太原绥靖公署顾问、四子王旗剿匪司令、绥蒙会副委员长、蒙会保安处处长等要职，月入四五千元。潘不知整军布防，体念政府抹〔扶〕植之恩德，听信左右帮闲汉员之播弄，日以请饷索械为务，稍一不遂，即以赴嘉普寺、长春等处附伪为要挟。当局初以其头脑昏庸，勉强敷衍，后以其嚣张日甚，予以严厉警告，潘始俯首敛迹。最可笑者，莫如潘之自命为陆军骑兵上将，颠倒军制，妄自尊大，其举动幼稚，诸〔诸〕如此类事件尚多。潘死后，伪方委其嗣子石塔（亦名索那木卓克珠尔，年二十三岁，足有奇疾，绰号石拐子，为潘王胞弟四喇嘛之子）承袭伪札萨克，而军政大权，则操之东协理台吉德旺根栋（字忠正，年六十岁）之手。因德旺在旗内威望素著，颇有左右全旗官民之力量，与德王谊属姻娅。上年潘王之死，二德不能辞其咎。潘生前一切措施，亟为德旺所不满，久蓄废除之意，徒以政府关系，未得其便。此次绥陷，适逢其会，潘犹冥不畏死，诚可笑而可怜！西协理台吉德立格钟鼎（字干臣，年五十二岁），为人昏庸，在旗内无信仰，管旗章京涛德布、东梅楞恭机布、西梅楞色登巴雅尔，均系随班听鼓之流，在政治上亦无甚力量。去岁西协理病故，伪方已任贡杰布继任，贡年四十岁，为德旺一派，一切均以德旺马首是瞻。

达尔罕旗　札萨克贝子车苏特巴勒球尔（字永寿，年二十四岁），于民国二十四年袭职，为云王之侄孙，现尚在就读期间，名虽札萨克，实际尚未过问旗事，旗政大权，悉操东协理、贝子沙拉布多尔济（字寿丞，年四十六岁）之手。沙为云王之侄，与车为堂叔侄，云王无子，任盟长时即将札萨克推任伊侄根栋札布。二十四年春，根王病故，旗政一度由沙拉布多尔济护理。沙为人颇具干才，云任国委时，沙任军事委员会参议，月给薪金三百元。惜其思想乖胶〔谬〕、在庙蒙会代表云王，兼任民治处长，与德王交称莫逆，当护理札萨克时，颇存兴除可能，后以事官反对，未能实现。二十四年，绥蒙分治，中央发表之二十九个委员中，沙亦在内，并兼任参事处长。按其余十八人，非现任札萨克，即总管，仅伊一人为协理。绥陷，云与沙贝子又为敌伪之傀儡，丑剧重演，真不知此辈之心肝矣。云任伪联盟自治政府主席，旋病故，此老晚节不守，深堪痛惜！沙任伪乌盟□副盟长兼伪蒙案〔军〕警备总司令。西协理台吉色楞多罗玛，为人老迈无能，徒有其名。管旗章京拉希色楞（字福仁，年三十九岁），人颇精敏，为沙之亲信助手。东梅楞阿希稚、西梅楞达密令葆，均系诚实奉公事官，颇不直沙之所为。

茂明安旗　札萨克贝子齐密将凌庆胡尔罗瓦（字德民，年三十二岁），青年不讲政治，旗务由其姊丈西协理台吉贡色楞札布

（字戒之，年四十五岁）负责。贡为人随风转舵，善于应付，惟体弱多病。绥陷后，齐随其舅云王投伪，贡亦极端赞成其主张。敌伪因齐为云王之甥，为结其欢心计，一次发给六五步枪三百支，并令贡〔乌〕盟各旗警备队归该旗节制。去岁十一月，贡患肺炎病故，遗缺伪方有令齐弟二等台吉那齐刀尔继任说。东协理台吉补音图（年七十余岁），日以念佛为务，对旗事多不问。管旗章京阿德亚（年四十岁），为贡协理之助手，为人稳健老练。东梅楞那奇多尔济（年三十五岁），青年有为，为事官中后起之秀。西梅楞凌当固禄（年四十七岁），小有聪明，视财如命。办事处长舒增启（字东宸，年四十岁），绥远满洲旗人，颇识大体，拥护政府最力。

西公旗　札萨克贝子石拉布多尔济（字宾临），为人多疑，不善御人。二十三年，因曼头诱奸其夫人（曼头汉名金子钧，上年为骑七师击毙），石兼怒其父鄂勒克多尔济（字宝斋，年六十岁，曾任东协〈理〉台吉，系曼头之父），鄂惧加罪于彼，密与大喇嘛依著达格登（为石王之堂叔）合作倒石，假德王之援助，在旗叛乱二年余，幸当地驻军为之敉平，始能相安。讵旗乱甫平，石于二十五年因积势患伤寒病故。石生前所宠之郑玉山、色尔固令（字云乡，年五十二岁，任参领），拟推前任管旗章京四等台吉萨克都尔札布（字子七〔岁〕，五十七岁）承袭札萨克，当时因石之如夫人奇俊峰（字尔芬，年二十七岁）怀有身孕，明知郑等阴谋，遂与四等台吉兼全旗保安总队长色令布（姓都，字子扬，年五十岁），坚持反对，嗣经绥省府前参事兼蒙务组长陈玉甲（现任绥蒙游击军第二区司令），会同巴盟长秉公处理，任萨克〈都〉尔札布为东协理台吉，护理札萨克印务，色令布为西协理台吉兼全旗保安总队长，色纳孟为管旗章京。石如夫人奇俊峰，旋于二十六年四月二十日产一子，名阿勒腾鄂齐尔，今已五岁，为该旗记名札萨克。包头沦陷，额宝斋又挟德逆余威回旗，与萨克都尔札布合作，因萨子在德王处任队长，密谋相〔除〕色令布，因色反对德逆甚力，西旗内乱，曾经色氏率郭与驻军勘平。当时将德逆派助叛党之蒙军，悉被色氏歼灭，德逆对色含恨甚深。因西公旗事件，德逆之威信扫地，以致引起绥蒙分治运动。当时倡议最力者，以达拉特旗札萨克贝勒康达多尔济、东公旗札萨克贝子额尔克色庆吉巴拉等为首。康与石谊属姻娅，鉴于石之受德压迫，振臂起为之援。色于事变时任东北挺进军马占山部××司令，副〔额〕、藏〔萨〕两逆意在如〔以〕色向敌伪邀功，并可遂其借刀杀人之愿，旋色被扣，访色部无一降者，一部归奇俊峰，率赴五、临，经中央委奇为西公旗防守司令，月给经费五千元；一部由郝清克等率领投×游击支队。德逆为利用色收罗所部计，初仅软禁，未予加害，后经王逆英保荐为谈〔该〕部总参议，色因身家均陷伪区，不得不虚与委蛇，待机反正。去岁萨逆病故，伪方委台吉阿雅尔机拉（年二十一岁）继任伪札萨克，大权则操之额宝斋手。奇于五原同义隆，组织西公旗政府，由管旗章京敖德很、东梅楞朝忽得力资、新委参领阿拉所此老（汉名郑玉山，为石王之包衣达）、那僧巴图、古楞加布等五人值班，不负实际责任，大权则操于防守司令部主任参谋李隽卿手。李为河北人，善逢迎，工应付，颇得奇之欢心，过去奇之一切，均由其姑母诺月明为之策划，自得李后，对其姑母亦渐冷淡，以是其部属，议论纷纭，咸表不满。

中公旗　札萨克贝子林庆僧格（字寿山，年四十余岁），为盟长巴宝多尔济之子，为人稳健沉默，对事多取维持现状，及冷淡态度。在乌盟中为一独立区域，经济充足，消息闭塞。绥陷，敌伪曾以汽车一度将林王劫持赴绥，自后林亦往来绥、包、百灵庙、北平，时与敌伪周旋，一改沉默为活动，添购汽车十余辆，经营旗合作社。揣其用意，非甘心附逆，盖为应付敌伪耳。东协理那僧敖齐尔（年五十余岁），于二十九年秋病故，以记名协理补银巴达尔户（年五十岁）升任。补银，山后贵族，在旗内颇有声望。西协理台吉巴图必勒克（年五十岁）、管旗章京奇补哥（年四十二岁，因前任管旗章京若什于二十九年冬病故，奇以东梅楞升任）、东梅楞那洛（年三十一岁）、西梅楞敖拉布（年四十岁）、参领达瓦五素（年四十九岁）、寿头（年四十二岁）、副章京梅楞巴图那僧（字江寿，年□十九岁）等，均为忠实事官，在政治上无甚力量。王府大德木奇土木耳居（年五十岁），为林巴〔王〕亲信，颇有言听计从之力。驻包办事处长德力格森（字诚斋，年四十九岁），在［巴］林〈王〉前无甚信仰，不过传递消息、收缴岁租而已。

　　东公旗　已故札萨克贝子额尔克色庆吉巴拉（汉名奇鸿勋，字敏伯），喇嘛出身，为人忠厚。二十四年因奔走绥蒙分治，由太原返绥，车过阳明堡，颠覆受伤，返绥后病故。遗子贡噶色楞，现年十四岁。绥未陷时，旗政由额之胞弟奇穆达林沁多尔济（汉名奇天命，字寿亟，年三十岁），以西协理资格，护理札萨克印务。东协理台吉乌清山（字北屏，年三十余岁），在旗内颇有信仰。管旗章京贡布札布（年四十余岁），人颇诚实。东梅楞那逊阿奇尔、西梅楞乌拉吉德力格、参领恭木素克等，均为唱名应卯之流，在旗内无大作用。绥陷后，奇与前任管旗章京赵太保附逆（赵为亲德分子，破坏绥蒙分治最力）。额福晋巴云英（年三十九岁），携其幼子贡噶色楞蒙会科长史钦房，于二十七年六月十二日到达五原，经傅宜生将军电请中央破格正式任命贡噶色楞，承袭札萨克，兼乌拉特后旗防守司令，由伊母额福晋监护主持一切。巴虽系旧式妇女，颇识大体，富实干性，时教其子，勿以王公自居，努力求学，以为将来在社会上求生存，时代已不许封建制度存在，王公已在淘汰之列云。贡经其母亲指导，颇知刻苦求学，乘马射击，无一不能，诚为未来王公中之杰出人才。本年绥西燃料缺乏，巴则督率官兵收割芦草八十万斤，而西公旗俊峰，则出重价收买，一重实际，一务表面，观此可知巴之能方优胜于奇矣。东协理台吉乌清山，于二十八年夏病故，遗缺巴已保荐台吉吉林太继任。管旗章京贡布札布，庸懦不堪任职，巴已另委奔贝接替。奇天命近与伊嫂通讯，遇绥即行反正，绝不甘心作叛国逆行。

五　乌蒙军事一瞥

乌盟军事最高领袖，为保安长官，由盟长兼任。各旗设保安总队长，由王公兼充。保安长官有名无实，形同虚设，因旗自为政，统治权亟〔极〕脆弱，实际大权掺〔操〕诸札萨克手。惟系统紊乱，编制庞杂，既乏训练，又无饷源，分子良莠不齐，染大烟嗜好者十之八九，名虽旗军，实际干部，均招募汉人充任。往年恃清丈烟亩青苗，及人民设〔涉〕讼传呼两造时索马工（亦名鞋脚费）、吃烟为浥〔挹〕注。事变后，一切均被敌伪统制，各旗蒙兵，日有逃亡，或参加我游击部队，甚有挺而走险者，甘为敌伪作伥者。今后为争取抗战胜利，必须深入加强乌盟军事组织，统一指挥，应由中央遴派大员，负责统率，或归绥蒙游击军第二区司〔令〕负责，以期建立乌盟游击兵团，发动蒙兵助国军积极抗战。上年收复绥西厂汗戈庙①之役，绥蒙游击军第二区司令陈玉甲氏，即能利用西公旗部队及反正蒙军配合作战，因陈氏与乌盟官民情感素洽。我们为事实上的需求，必须放弃任用私人或团体分子的观点，使乌盟军事工作得有调整刷新之机，以收间接抗敌效率。兹将乌盟各旗保安队及保〈安〉支队以外之组织分述于后。

---

① 原文如此。前文作厂罕格庙。——整理者注

　　四子部落旗　未事变前有保安队三百人，枪马齐全，油〔由〕潘王任绥远蒙边第二区防司令（中央月给经费三千元）、四子王旗剿匪司令（省府月给补助费八百元）等职。参谋长黄文锦（字绣斋，年三十八岁，为管旗章京铁盐之弟），副官长李文盛（山西人），主任参谋陈镇波（现任盟旗参谋长，军政部联络参谋）。组织散漫，毫无训练，潘之一切，皆由黄、李二人策划。绥远沦陷，陈氏出走，黄、李怂恿潘赴绥迎敌。潘死后，由黄文锦任保安大队长，下设六中队。敌伪在二十八年又升黄以乌蓝花守备司令伪职。上年春敌伪又将黄部改编为警备二十七团，委黄为团长，归沙拉布多尔济指挥，驻大庙子（即锡拉穆楞召）、百灵庙之间，黄部敌人并派有伪指导官监视。旗府仅驻保安警察二十名。伪札萨克索那木照卓克珠尔与东协理德旺根栋，因不堪敌伪压迫，于上年夏密派代表向我政府输诚，我政府已任命旗〔索〕、德为××正副司令。将来我军大举反攻，该旗必能反戈杀敌。现大庙子驻敌军一联队，伪军一团，归蒙疆驻屯军司令官节制。

　　达尔罕旗　二十六年，有保安队一队，计一百五十人，由车文瑞任队长。车系汉人，原为达旗与绥远间之经纪小贩，颇为沙贝子宠信，专负护路保商责任。事变后，沙逆任伪蒙军警备总司令，积极收编各旗叛军，由敌方补助杂色枪三百支，扩编伪警备军二十五、二十六两团，由拉希色楞、达密令山保分任团长。车则改为保安警察队长，每团两连，共计人数四百五十名。百灵庙驻敌正规军两联队，伪军两团。敌给沙逆派顾问一、指导官四，实权均掺〔操〕顾问、指扬〔挥〕官手中，沙逆不过虚领其衔而已。

　　茂明安旗　原有保安队一百二十人，由东〔西〕协理贡色楞札布任队长，二等台吉那齐入〔刀〕尔济任队附。绥西沦陷，齐、贡投伪，曾由敌方补助六五步枪三百支，委齐札萨克为保安警察总队长，乌盟伪保安警察，皆归其节制指挥。贡任总队附，现任本旗保安警察队长。分编两中队，由东西梅楞兼任，人数三百五十名。上年伪蒙军改编，敌又将前发之六五步枪收回，换发韩麟春式步枪。旗扩驻敌军一联队及白逆凤翔部，旗府驻顾问一、指挥官三。

　　西公旗　保安总队长，原由西协理台吉色令布兼任，事变时曾协助马占山部袭击敌伪，其后色氏被叛党扣获，解送伪宪兵大队部。保安队一部投某抗战游击支队，一部由石王如夫人奇俊峰率领反正。敌以色部无一降者，为利用其收罗旧部计，授意王逆英，保色为逆部总参议。色因环境关系，待机反正，对敌伪方面大有徐庶"终身为曹不设一谋"之态度。奇俊峰反正后，经中央任命为乌拉将〔特〕前旗防守司令，月给经费五千元。下设两团，补充队、游击队各一，共计官兵三百名、乘马二百匹、枪二百五十支，官兵四分之三为汉人，战斗兵不足百人。内部编制名称复杂，八人号称一队，五十人号称一团，虚编番号，不务实际。上年经傅宜生将军派绥蒙游击第二区司令陈玉甲氏整训后，官兵种〔精〕神、纪律，稍见振奋，编制亦见画一充实。今后欲使其效忠国家，尚有待于根本之调整。奇部分驻狼山前同义隆一帮〔邦〕，司令部驻临河平理乡贾枢。谈〔该〕旗投伪队长色令彭斯格，一连连长金宝山驻罗布三庙，人、马、枪各约三十余。二连连长红占元驻代拉盖庙，人、马、枪各自二十五。三连连长厂汗此老，住小庙子，人、马、枪约二十余。伪保安警察队长太保、分队长红克尔，住〔驻〕东白银不浪沟，人、马、枪约二十余。分队长公七克色楞（系大喇嘛奴才），驻可可浪沟，人、马、枪各约二十余。分队长色不力，驻东大沟，人、马、枚〔枪〕各约十数。四连长色多济，驻乌兰以力更（中公旗旧王府），人、马、枚〔枪〕各约十七八。各连队归额逆宝斋节制指挥，伪警队归日〔日〕人指挥。梅勤〔勒〕更召驻日军百名，各连队均有敌指导官监督。

中公旗　原有保安队三百人，由林王自兼总队长，枚〔枪〕马齐全。下俊〔设〕团长一，由额勒克巴雅尔充任，团以下分两队，前山队长由王府大德木奇土木耳居兼任，护路队长以韩葆充任（年二十八岁）。通常王府驻保安队三十名，衙门驻〔夹〕十名，厂汗戈庙东南十数里驻二十名，巴图那僧营子驻十五名，胡芦素召东南二十余驻三十名①，也马免驻五十名，东乌隆驻二十名，西乌盖驻二十名，黑沙免驻三十名，流动部队三十余名。事变后，旗内保支队尚无大变更，惟旗境志虎口内驻日伪军百余名，王府后十里本巴庙驻日伪军百名，王府常驻敌顾问一、指导官四、电台一部。敌伪汽车不时往来王府、百灵庙间，护路队长韩葆代表林王常驻百灵庙。

东公旗　保安总队长由额王自兼，有保安队一团，约二百五十人，原由史钦房、贺得功等率领。敌伪铁蹄深入东公旗后，巴同史钦房率众退入拉拉山达布厂沟，扼要防守，敌伪屡次进袭，均未得逞，前后坚守七月，卒以弹尽粮绝，于二十七年六月，率部属七十余人到五原谒傅宜生将军。经傅电请中央委令福晋巴云英子贡噶色楞为乌拉特后旗札萨克兼防守司令，由史钦房任副司天〔令〕，实际一切均由巴主持，共有官兵二百余名，枪马齐全。上年傅将军派陈玉甲整训该部后，官兵纪律、精神异常振奋。旗内自西协理护理札萨克印务奇天命附逆后，原有保安队，除一部份由额福晋带出外，余均星散。现奇天命掌握者，仅为保安警察队五六十人。奇胆少〔小〕，虽投伪，亦不敢与敌伪亲近，以故不为敌伪重视。旗境驻日伪军二百名，日顾问一、指导官二。

---

　　①　原文如此。——整理者注

六　各旗教育设施

教育为国力构成之基础、民族生存之要件，教育兴，国与民族强盛，教育废，国与民族必衰弱，此为自然之定理。蒙旗官民因受清季极端愚民政策的影响，对教育均抱冷谈〔淡〕态度，甚〈至〉有少数王公地〔对〕教育缺乏根本认识，存着恐惧心理。在他们狭隘的观念中，以为人民有了智识，王公位便要发生动摇。近年中央对蒙古教育事业，虽积极提倡奖励，而王公则抱敷衍宗旨，领教育费不设学校者，所在多有，将政府颁发之蒙汉合璧〔璧〕教科书及宣传品，均束之高阁，不使蒙民阅览，此为各蒙旗普遍现象，乌盟自不能例外。七七事变前，仅三公旗设有完全小学校一所，其他各旗，均有名无实。在厅署因陋就简，设类似私塾之蒙古学校。敌伪侵绥后，伪民生所，拟订奴化教育计画，编制日文日语教材，以蒙古文为国语，内容充满亲日思想。历史之中，更无中华字样，不惟阴谋毁灭我国之文化，且欲毁灭我国之历史，使蒙古儿童，根本不知中华民族为何物，不知中华文化为何事，其用心之毒，诚举世所无。我军退却，各旗学校，多半停课。敌伪复迫之开学，由敌伪办理之师资讲习所，遣派教员，分赴各旗，代敌伪灌输麻醉思想，奴化蒙胞。在〔在〕百灵庙设乌盟青年学校，以日语为必修科，用以奴化我蒙古青年，复在各旗遍设日文日语补习学校、妇女防共团等，并于归德设立蒙古学院，内分税务、行政、教育三科，三月毕业，勒令各旗保送学生。此种借刀杀人之侵略，较之飞机、大炮，尤为残狠。我蒙胞多误中其奸计而不知，可怜孰甚。兹将各旗学校变迁情形，分述如〈左〉：

四子王旗　二十五年秋，在旗署设一类似私塾之蒙文学校，有学生二十名，由该旗笔帖式轮任教习，潘王向绥省府捏报骗领补助费，事变后，一度停办。二十七年春，由敌方遣派教员二名，赴该旗筹设初级小学校，及日文日语讲习所一处，迄今仍旧。学生多半强迫入校，自动就学者，寥若晨星，两校学生不足二十人。

达尔罕旗　旗署前设□似私塾之蒙文学校一所，有学生十五名，由笔帖式愉〔轮〕任教员，待遇无给制，而车王向中央冒领教育补助费，悉数私吞。学生半日捡柴，半日就读，精神松懈，死气沉沉，抗战发生，一度停课。二十七年春，敌伪派遣教员六名，占旗境百灵庙设乌盟青年学校一所，有学生十二名。另在旗署设初级小学校、日文日语补习所各一处，两校情形与四子部落旗相同。

茂明安旗　因旗内瘠苦，人民居家及王府，均系蒙古包，并无教育可言，仅贵族子弟，由旗署笔帖式为之教读，平民之受教育者甚鲜。绥陷，敌伪于二十七年四月派教员二名，在该旗设立初级小学校及日文日语补习所各一处，迄今两校学生仅有十四名。

西公旗　于民国十五年与中公旗、东公旗合资创设三公旗公立两级小学校一所，共拨学田一，五〇〇顷，将收入地租作为学校基金。在包头园子巷建筑校址，规模宏大，由前管旗章京贺级三（蒙名刘保）兼任校长。贺氏惨谈〔淡〕经营，粗具规模，后蒙藏委员会月给补助费二百元，学校经费，更形充裕。蒙汉学生不下三百余名，教育成绩甚佳，为乌、伊两盟开兴办教育之先声。不幸贺氏于二十一年六月患虎疫病故，继起长校此〔者〕为西公旗西〔东〕协理台吉鄂勒克多尔济。鄂对教育事业本无兴趣，因垂涎学田基金，勉强继任。初则存中侵蚀，继则押质学田，未及两载，学款遂告缺如，即蒙藏会之补助费，亦为鄂旗〔氏〕独吞。教职员因薪俸积欠不发，相率怠工，名虽学校，形同虚设。其后西公旗纠纷突起，额宝斋出亡，于是此最有希望之三公旗两级小学，遂于二十三年停办。二十五年，石王自兼校长，一度复课。不幸石王病疫〔殁〕，由石之如夫人奇俊峰继续办理。七七变起，又复停课。敌军侵估〔占〕包头，将校址改为伪伊盟青年学校，并在三旗各设初级小学校，及日文日语补习所各一处，三旗学生不足百人。奇俊峰反正后，于五原同义隆设初级小学校一所，由奇自兼校长，聘蒙汉教员三名，现有蒙汉籍学生二十名，月由中央补助经费三百元。

东公旗　前后教育情形，业已前述。二十七年，额福晋反正后，即在五原简设初小一所，近又移自〔至〕临河太成乡，由额福晋自兼校长，聘蒙汉教员四人，现有蒙汉学生三十名，月由中央补助经费三百元。

七　乌盟物产

乌盟介于锡伊两盟之中，地大物博，蕴藏丰富，实内地所弗及。廿六所〔年〕以前，敌人之特务工作人员往来于西盟，虽为探求我军政之实况，而我地〔年〕蕴藏之资源，亦不时暗中调查、测量，以为实际掠夺之基础。惟其时国交尚未破裂，未能如〔明〕目张胆，任意攘取。绥远不守，敌乃进掳〔据〕乌盟。始则派遣调查团，继即设立大蒙、蒙疆二公司，企图统制开发我乌盟各旗之资源，并定有蒙疆四年产业计划，积极进行开发。所幸四年来，经我游击队，出没于大青山、乌拉山内，不时予敌以制〔致〕命打击，敌虽有巧谋，亦不能公开全部实施，仅掠夺少数木材、碳矿、水晶、石棉、皮毛而已。兹将各旗物产分志于后：

四子部落旗　北部多为沙漠，南部肥沃，农牧咸宜。近年由该旗招徕汉人，私自垦荒，不下万余顷，其余荒地触目皆是。农产，小麦、荞〔莜〕麦、谷、糜、马铃薯为大宗，荞麦、高粱次之。

年产仅敷本旗食用，其可垦地亩，尚有十五万顷。

药材：有黄茂〔芪〕、甘草、防风、大黄、山豆根之类。

矿产：有盐淖二，一名皋陶亥，在王府东北二百余里；一名察素齐，在王府西北一百八九〈十〉里，面积各三四方里不等，盐质平常，产量甚多。距武川县境新地，有速力免煤窑，质量平常。

畜牧：该旗畜牧，远不如昔。民国二十五年，因雪灾死亡，超过现有牲畜两倍有奇。全旗有羊三万□五百余只、骆驼三千头、牛五千头、马五千八百余匹、骡七千头、驴八百余头。年产绒毛十万余斤，皮一万七千余张。

达尔罕旗　土质澎松，不适于耕种，全旗河流，无一适于灌溉，植物各赖天成，若能兴修渠道，可增垦地十万顷。农产有小麦、莜麦、高粱，皆为大宗，糜、荞麦、马铃薯次之，年产不敷本旗食用，须由武川县采购。

药材：有甘草、防风、黄芪、锁阳、大黄、苦豆根等类。

矿产：距王府西南百八九十里，有毛打不素盐淖，距王府西北百九十里，有三打不素盐淖，面积各四五方里大，质量颇佳，并有小规煤〔模〕炭窑多处，质量均佳。

畜牧：该旗畜牧，因受雪灾影响，死亡数量，四倍于现有数。全旗有羊一万五千只、骆驼一千头、马一千匹、牛一千二百头、骡三百头、驴三百头。年产绒毛二万三千余斤，皮四千三百余张。

茂明安旗　地质烧〔硗〕薄，且多沙碛，因乏河流灌溉，天然雨水甚少，不适于耕种，仅恃牧畜以维生计，食粮均仰给于固阳县，无农产可言。

药材：有甘草、大黄、锁阳、苦豆根之类。

矿产：距固阳新地有盐淖二处，面积不大，约二三公里，质量平常。王府东北七十里窝心壕，产有烟煤，面积一〇平方籽，煤层两米厚，月产十五吨。旗东北百五十里赛林忽峒，有宝石矿，异常丰富。

畜牧：因历年受匪、旱、雪灾，牲畜死亡甚夥，繁殖数量，远不如昔。全旗有羊一万七千只、牛一千五百头、骆驼八百头、马一千匹、骡三百头、驴二百五十头。年产绒毛二万八千余斤，皮五千张。

西公旗　多山地，肥沃宜农，山湾私垦地，不下三万余顷，如能广兴水利，可增垦二十万顷。农产有小麦、荞麦、麻、糜、谷、胡麻、高粱、黑豆、莞豆、马铃薯为大宗，扁豆、大豆、大麦等次之，年产除本旗食用外，行销于包头附近乡村。

药材：有甘草、锁阳、枸杞、大黄、黄精、麻黄、黄芪、蒲公英、山豆根等类。

矿产：以拴马庄、乌不浪等处之碳矿为最佳，面积各一·八平方料〔粁〕大，煤层各二米厚。拴马庄为无烟煤，乌不浪为有烟煤，月产二十余吨。山珍有发菜、蘑菇。

畜牧：全旗有羊一万余只、骆驼五百头、牛三千五百余头、马二千五百匹、骡三百七十头、驴二千三百头。年产绒毛六万八千余斤，皮九千余张。

中公旗　西南多山沙，东北较肥沃，沿乌拉山山阳、山阴，均有河流，以资灌溉（即乌加河、乌拉河之水），农牧咸宜，全旗有私垦地三万顷。如就现有河流，增加支渠，可增垦地二—五万顷。农产有小麦、糜、谷、胡麻、高粱、荞麦、莞豆、马铃薯等为大宗，荞麦、黑豆、麻、大麦次之。年产除本旗食用，尚有余粮屯积。

药材：有甘草、大黄、野人参、党参、苁蓉、野红花、锁阳、黄芪、枸杞、木通、黄芩、木赋〔贼〕、荆芥、防风、薄荷、血见愁、车前子、透骨草、苍耳子、麻黄、柴胡、蒲公英、山豆根等类。山珍有发菜、蘑菇。

矿产：距王府正南四十里，那勤更产煤，面积一五平方粁大，煤层三米厚，月产四十吨，为有烟煤。近大余太乌拉山产石棉，质量均佳。乌不素南，山之西麓，产陶土颇多，可以烧制磁器。在长牙店山麓附近，有面积约八百余平方丈之盐滩一处，居民掘土炼盐，每掘土一石，可出盐七斗，洁白如雪，味咸而正，销售于本旗。其余如硫磺、水精、玉石、宝石之类，均产于乌拉山脉。

畜牧：本旗畜牧，繁殖数量，为乌、伊两盟各旗冠。全旗共有羊十万头、骆驼一万五千头、牛一万头、马三万五千匹、骡一千头、驴八百五十头。年产绒毛二十一万斤，皮四万七千余张。

东公旗　山地多沙碛，西面土地较佳，仅西南部有磨棱河一，稍资灌溉，因水流不畅，所浇之地有限，其余均不适于耕种。农产有小麦、谷、糜、荞〔荍〕麦、马铃薯等为大宗，荞麦、高粱次之，仅敷本旗需用。

药材：有甘草、防风、黄茂〔芪〕、大黄、镇〔锁〕阳、车前子、柴胡、苦豆根、荆芥、枸杞等类。

矿产：距王府西数十里，习思太山产丝荪，其次水精、石棉、石炭等，亦均为该旗出产。

畜牧：全旗有羊二万二千只、骆驼四百头、马一千二百匹、牛二千八头、骡五百余头、驴一千二百头。年产绒毛六万斤，皮七千余张。

其次为东、西、中三旗公有之乌拉山大森林区，久游西北者，皆曰西北童山濯濯，树木寥若晨星，殊不知乌拉山中，尚有苍翠蓊郁、蔽日凌云之繁茂森林。全山森林面积，占乌拉特全境三分之一，约三万方里以上，以榆、杨树为最多，约占全山树林百分之六十以上，大者经〔径〕逾四尺，高达数十丈，以经〔径〕逾二尺上下者居多数。其次为松柏树，大者经〔径〕逾数抱，高耸入云，均为五百年前物。山之南麓，梅力更召附近，松柏树曲

〔面〕积，约占三万六千平方尺，皆老树参天，粗可数抱，而松柏之种类十余种，其余柳、柽、槐树等，无不遍地丛生。此外尚有天然孳生之果树，如山查、山桃、酸枣、山奈、野葡萄、山桃、山苹等，无不适口可食。情〔惟〕因蒙人狃于积习，禁止采伐，以致大好森林，不能供应社会需求，殊为可惜。敌侵乌盟后，在包头设有木料公司，招雇工人，强迫采伐，蒙人对之亦无可如何。

八　全盟人口之没落

乌盟人口，据二十五年冬雪灾赈灾调查确数，无一旗够万人数。统计全盟僧民三万一千九百四十二口，以面积计，平均每一方里半仅有一人，以为是稀少之人口，几占绥远省三分一之领土。兹将各旗人口数目列左：

旗别	户口数	普通人口数	喇嘛人数	总人口数
四子部落旗	一，一二〇户	六，一〇〇口	二，八七七口	八，九七七口
达尔罕旗	九〇〇户	四，二一〇口	二，六一〇口	六，八二〇口
茂明安旗	二〇〇户	八五二口	一五〇口	一，〇〇二口
西公旗	一，〇〇二户	五，一〇〇口	一，四五七口	六，五五七口
中公旗	七二一户	五，〇一三口	二，〇〇八口	七，〇二一口
东公旗	二五三户	一，〇五三口	五一二口	一，五六五口
总计	四，一九六户	二二，三二八口	九，六一四口	三，一九四二口

因上述人口稀少，同时其财力、军力亦极脆弱，如上述茂明安旗户数仅二〇〇户，东公旗户数仅二五三户，不及内地一镇或一大村庄人口之多，全盟又位于绥远北部，与外蒙接壤，实觉空虚异常。乌盟人口减少，固由气候寒冷，生活困难，诸多天然原因，然重要者，亦惟人事问题耳。如蒙胞之不讲卫生，不知种痘，以预防其疾病，有病不求医药，徒颂〔颂〕佛消灾，以致加速其死

亡率。其次宗教禁制欲，喇嘛不准结婚，亦是人口减少的症结。回忆二十八年笔者参加某军事团体工作，驻防准旗，因公赴哈镇，道经准旗柳树召，该召大汉喇嘛（人以其体格高大，呼之为大汉），即为打破宗教禁制欲之提倡者，大汉虽为喇嘛，已娶妻二十五载，生有一子一女，女已出嫁，子现从军。笔者询其结婚原因，彼云辛亥革命，阎锡山率军经过准旗时，有一军官为彼讲述喇嘛不结婚，五十年后，蒙古人口，有灭亡之虞。嗣后彼玩味某军官之语，确有至理，其后因恋爱某贵族妇人，不幸半途失恋，且染花柳病，亦感觉喇嘛不结婚，将断送毕生之幸福。与其偷偷摸摸，假充正经，弗若公开娶妻成家，以免沾染梅毒，遂决意娶妻，享受人生快乐，虽有多人反对，彼亦坚持到底，并以其经历劝告同道，当时颇受不少人之讥讽。吾人以〈大〉汉喇嘛以〔之〕经过，今后由政府致力于繁殖人口，灌输卫生知识，广设医院，劝告喇嘛结婚，相信二十年后，蒙古人口必然有增无减，过去"有土无政、有政无人"之诮，亦可不解自息。同时杂交性病，亦可消戢。本篇所述，仅以蒙借人口为纪录，其寓居乌盟之汉人，尚未刊入。只西公旗汉人，已达两万余人，中公旗一千人，东公旗一千九百人，四子部落旗一万二千人，达尔罕（军）旗三万人，茂明安旗二千人。大青山内，我抗战游击部中即有不少寓乌盟汉人参加，政府能大规模深入发动组训，将来□益抗战前途甚大！

　　　　三十年十月十日，国庆纪念，作于□西族〔旅〕次

《边事研究》（月刊）

南京边事研究会

1942 年 13 卷 1、2 期合刊

（朱宪　李红权　整理）

内蒙古高原之生活

唐敬杲　撰

一　序言

在大兴安岭以西、阴山山脉以北的蒙古高原，为平均标高一，三〇〇公尺的大台地。由其内部绵亘着的大沙漠，二分为漠北，即外蒙古；漠南，即内蒙古。察哈尔、锡林郭尔、乌兰察布等地域，是属于内蒙古高原的。居住在这高原的蒙古人，不待言是营畜牧生活的。规定他们生活内容之要因，即他们之生活环境，有次列的两个重要作用：第一，蒙古高原之自然；第二，他们所居住的地带之为纯蒙人地带抑为蒙汉人杂居地带，换言之：前者为地理的生活环境；后者为历史的生活环境。由着这两个主要的生活环境，内蒙古高原之蒙人生活，发生着地域的和季节的两种变化。

内蒙古高原之自然——地理的生活环境　内蒙古虽缺乏河川，树林极稀，惟真实的沙漠地带却仅局于比较的狭隘范围，大体上为最适于游牧的水草丰芊的平原及低的丘陵地带，可以说是天然的大牧场。于此，渺茫的苍海似的大草原，所在而有，迤缓的丘陵波浪般地起伏着。处处有盐湖、咸湖散布，泉水和井也不少。夏季，在这些水际，可怜的草花乱开，水上有无数的候鸟浮游群翔。草原上马、牛、羊、骆驼之群，嚼着新草，自由地游行、孳乳。深碧的天空，［人道］云从地平线上腾，夜则无数的星低低地辉闪着，这是夏天的蒙古高原之美景。在盛夏（七、八月）之日中，酷热最高竟达华氏一三〇度，早晚则降至华氏六〇度上下，极为凉快。这时节为所谓降雨期，时时降着少量的雨，惠泽水草，而为家畜之肥腯、孳殖的时候，也为以畜牧为唯一生业的蒙古人最忙碌、最快乐的季节。

反之，在朔风豗飚的冬季，绿野忽变为灰色的旷野，天地寂寥，只是冲着严寒而夜行的骆驼队的铃音在雪原上响着。气温降至零下三十度以下，牛涎为长的冷柱下垂，家畜之群在雪中为饥饿的挣扎，往往毙死。这样每致蒙古人忽地酿成大饥馑的时候，亦数见不稀。冬季的蒙古高原，实在是够凄惨的。如上所述，蒙古高原上夏季和冬季的气候和景观之相殊异，真是十分厉害。而在其中间的春、秋二季节，在蒙古是极短促的，可以说是自夏即入于冬，自冬即入于夏。夏为生产和社交之季节，冬为消费和蛰居之季节。蒙古高原之生活正应于夏冬之二季节而变化。

蒙古人地带和汉人地带——历史的生活环境　蒙古高原其初原是全由蒙古居住的。清朝也禁止汉人移居蒙地。汉人之越阴山山脉而向蒙古高原进展，即始自清初，他们差不多都是农民，持锄锹而独力为蒙地之开拓。这移住者的人口逐渐增加，至今内蒙古高原的南半部，多伦、沽源、商都、安北一线以南的平地，差不多全有汉人耕作。在那里到处散布着汉人的大小部落，呈着和河北的农耕地带一般无二的状况。在这杂居地带的蒙古人，其生产技术、生活样式也为显著的汉人化，渐失蒙古人本有的特质。

对之，蒙古高原的北半部，即锡林郭尔、乌兰察布北部等的地域，为游牧地带，全由蒙古人居住，放牧牛、马、羊、骆驼等，全然不从事耕作。在这地域，为季节的移住的畜牧生活，所谓游牧生活，从古以来照样地赓续着，保持蒙古人本来的生活样相。

要之，在同一的内蒙古高原上，北半部为全然蒙古人的游牧地带，南半部为于汉人的农耕地点缀着蒙古人之牧场的蒙汉人杂居地带。在这两地带的蒙古人生活，自为显著的相异。

这样内蒙古高原的蒙古人生活，应于这地理的及历史的环境，而有地域的跟季节的变化。以下就于他们的主要样相，为一瞥地叙述。

二　生业

蒙古人的生业，是畜牧。在蒙人地带，行极粗放的游牧方法，蒙汉人杂居地带，行集约的市场方法。

游牧方法，是无一定的牧场，无收容保护家畜的围槛，也不贮藏为饲料的干草，只把家畜放牧于旷野，随水草所在之处而移住着的原始的、幼稚的方法。因之，在行着粗放的畜牧的锡林郭尔、乌兰察布北部，在夏季久旱的时候或冬季大雪的时候，家畜每多饿死，酿成蒙古人的大饥馑。一九三六年冬的大雪灾，锡林郭尔及乌兰察布北部的蒙民罹害最惨，是以他们的畜牧行着这种原始的游牧方法为主要原因。即在平常年成，也因冬季下雪之故，要失去二成以至三成的羊群的。这种游牧方法，仅在夏季新草萌长的时期增殖、孳乳，其生产的期间颇为短促，不能不认为是个比较上非生产的方法。然而在蒙古高原之北半，却迄今还在行着这种原始的非生产的畜牧法，这其原因是由于那地方是个天然的大牧场，富于水草，最适于家畜之放牧；同时也由于蒙古人之经济生活，以自给自足为根本，不很需要商品之生产。蒙古人在一户五口的人家，有了羊五十头，牛八头，马二匹，便可营着最低的经济生活，因之，有着百头内外的家畜群，委诸自然的增殖，一

个家族就得优裕的度日。为此，他们从古以来，不放弃安易的游
牧方法，袖手旁观地把自己的经济生活托诸游行旷野的家畜群。
可是，他们至少在初夏和初冬，各移动一次其所居住的所谓蒙古
包，迁换居地。即夏季，有相当多数的蒙古包，集于湖畔、河边
等，形成小聚落；在冬季，则分散，各自在山麓等，张着孤独的
天幕。这因为在夏季，青草萌苗，可在一处饲养数多畜群；在冬
季则为枯草，非各自分散，不够饲食家畜。又把家畜编成适当的
头数——大坻〔抵〕马约五百头，牛二三十头，羊二三百头——
之群，随逐青草茂生之处；有时集于井边，于饮水之外，夏季挤
牛羊之乳，春、秋各剪一次羊毛。这个程度的家畜之照料，畜牧
的生业，普遍地行于他们之间。说他们的经济生活托诸家畜，并
非言之过当。即于游牧以外所行之制造，燃料用兽粪之采集加工
等，其原料也一切仰诸家畜，在家畜自然地供给原料的时期——例
如乳制品在夏季，毡在春秋季——专事制造；至于怎样使这原料为
量之增加，质之改良，则殆非他们计虑所及。商品之生产，仅注
意生产之时期，不关制品之质量，其所以然者，要因所制造的，
全为自家用品。内蒙古高原北部的蒙人经济生活，为在畜牧经济
中最近于自然经济的阶段，在这一点上也足以窥知。但是说他们
全然不为商品之生产，也是不对的。在家畜中，尤于马、骆驼之
畜牧，不少为商品之生产的；又羊毛、羊皮、牛皮、牛骨等，也
以为商品，为交易之主要对象物。不过这些商品之生产，也如上
述，全然委诸自然；他们经济生活之根本，不能不认为极近于牧
畜中心之自然经济的自给自足的生活。

其次，在内蒙古高原之南半部，即蒙汉人杂居地带，因农耕地
之错综，牧地受有限制，发生许多大小牧场的区域，不能再为如
游牧的自然的畜牧，必须在各自之牧场内，行着固定而集约的畜
牧法。于此，设置保护羊群或仔牛的围槛，有时还建着泥盖的棚

帐，并贮藏以为冬季饲料的干草。由是，实行不论季节的家畜之增殖孳乳、兽畜、毛皮等，于〔与〕其说是为供自用，无宁以为商品而专事生产。这是因为他们和汉人杂居，他们的经济生活，从自给自足的自然经济，入于交易的商品经济之阶段。

这样，蒙古人之牧畜及以之为中心的经济生活，内蒙古高原之北半部和南半部，为判然的殊异。从事这生业的，两地均以女子为主，男子不过为助理的操作。男子为战士，女子处理家庭之经济的往年游牧民的习惯，迄今依然还存着。

家畜以羊为最多，在绵羊群中往往杂着山羊。马、牛占次多数，两者大抵以同数饲养。骆驼通常居最少数。然亦视地域而不一律；如西苏尼特以西的蒙古高原，骆驼比马、牛为多，似乎是由于在那里所茂生的草之种类的关系。猪和鸡全然没有，因为这两者不能用草喂养的。狗每户至少有一两只，多者竟至养着数十只。蒙古狗之狞猛，是很出名的。

三　季节的移动

于内蒙古高原的季节的移动，现在仅于北半部的游牧行之。在那里，初夏和初冬各移动一次。雪解，湖沼水满，初夏新草萌苗，人人移住于湖边、河畔、泉旁、井沿，形成集合的、一时的游牧民之聚落，这季且为骑着马驰骋于草原的最适宜的时候。于是蒙古的游牧民，开始为集团的社交的生活，从事野外的活动。人人出草原，驱牲畜饮水，剪取羊毛，造毡，共同为野〈外〉的操作。在阴历六月，有打鬼之庙会，举行鄂博（蒙古人祀天神地祇的祭坛）之祭，为角抵、赛马等的竞技以为余兴。总之，在夏季因为牧草茂生，使拥有多数家畜群的游牧民之集合生活，在某程度上成为可能，同时于特定位置的水源之存在，得预定集合地，由是才发生着夏时特有的季节的聚落和季节的活动。

然在短促的秋间，草便枯死，初冬一度下雪，季节的聚落便就解散，张着孤独的包，各自移动分散。这冬季之分散，在没有干草贮藏的粗放的畜牧，是不得不然的；一方面，却因下雪之故，在蒙古之旷野除〔随〕处有饮料水可得，使这分散成为可能。在蒙古高原，下雪之次数虽少，然一度下后，殆经冬不消，故得用之不衰。这样，冬之蒙古包，为了避西北风之故，全散在于山阳，凡数里以至数十里，相距建着，为旷野中的独家，以入于孤寂的蛰居的生活。其时畜群，彷徨雪原，饥觅雪下之枯草，嚼雪疗渴，立卧于寒夜烈风之中。人们也度着冬眠的生活，只看着围炉之火，喝奶酒，弹马头琴，载歌且谣，悠悠地过日。

在游牧地带，于自己旗内，任何地方都可移住，实际上各自决定其夏和冬的一定移居地，两地之间并不过远，普通为四五十华里的距离。迁移之际，少则仅用两架牛车，分载着蒙古包之骨干和毡被；多则用几十架牛车，迤逦地涉行旷野。

于内蒙古高原的移住，在冬、夏二季以外，原则上是不行的。如往昔为着久旱，大雪或家畜□疫等而致的突发的亘于广大地域的大移动，在现在的时势，大概不会有吧。

四　家族、财产

蒙古之家族，大抵为夫妇本位之小家族制，以一夫妇成一家族，夫妇二人有着小孩子一二人，为最普通的家庭，然在蒙汉人杂居地带的富裕的蒙古人间，有以几代的夫妇或以同世代的几组夫妇同居为一家的，也往往有之。不过，这是由于在那地方的蒙古人之经济生活、文化生活，全盘地汉化之结果；本来的蒙古游牧民，原是小家族制的。现在内蒙古高原北半部之游牧地带，以一夫妇本位之家族为普通，就是老〔与〕父母同居的，也极少；但为家长的夫之姊妹或妻之姊妹同居的，却数见不鲜。这其原由，是因为蒙古游牧民之生活，专依据着粗放贫弱的牧畜经济，为着家畜和牧草之关系，势非为散居的生活不可，自然趋向一夫妇单位之小家族制。加以，蒙古之游牧经济和后述之旗地制度，却不许一家内之所有男子，独立形成各自之小家族。因为分家时，父母势须分与和小夫妇居住的蒙古包相当的家畜群，而在一般贫困的蒙古游牧民之间，长子自当别论，使次子、三子等分家独立的经济力，一般以没有的为多。一方面清朝以来立着旗地制度，牧场之范围固定不变，不许增殖新家族，开拓新牧场——换言之，既定的牧场已达于人口之饱和状态。在这两宗情势之下，自然发生着使次男以下的男子尽为喇嘛，为蒙古特有的人口调节法，同时使不嫁的女子们寄食于其父母或兄弟或姊妹之夫处的结果。因着这样的情况，在内蒙古高原北半部的游牧地带，户数及人口有减无加。使游牧地带人口减少的直接原因，为经济生活固定，致次男以下不得不出家为喇嘛僧以外，厥惟卫生思想之阙乏（营养不良，性的放恣）和民族的意识之沉退。

一方面，在蒙汉人杂居地带的蒙古人，行着集约的牧畜，比较上经济优裕之结果，并无调节人口之必要。因之次男以下，多各各独立成家，和父母同居，组成所谓大家族的，也往往而有。其卫生思想，也较游牧地带的蒙人为发达，于肉类、乳制品以外，也摄食蔬菜类之结果，营养状态比较良好。因着这些情形，于蒙汉人杂居地带的蒙古人人口稠密，并不减少。

关于结婚，则娶妻、赘夫，和合并成家三种形式，都有行着〔者〕。在以前，对于婚姻当事者之自由意志，比较的蔑视，把婚姻当做全家族的事、全氏族的事而决定；现在则不然，婚姻当事者只须取得父母同意，无父母时，取得亲戚中尊长之赞词，就可。

换言之，一般多以自由恋爱为结婚之前提，这在男女交际极自由的蒙古人间，那是当然的吧。一方面，所谓离婚，却几于没有。这因为在结婚后的恋爱并不成为问题，于生活上各人差不多平等的蒙古社会，也实没有离婚之必要。婚姻虽以一夫一妇制为原则，然在贵族之间，往往有一夫多妻的。虽为父权制，然于经济生活为生产者的女人之位置并不低亚，于实生活上，女子比男子更活跃于各方面。那是因年岁大抵妻比夫为长，也有关系吧。

于内蒙古高原的游牧地带，还没有土地所有的事实。在自己的旗地内，无论哪里，谁都可以自由平等地游牧。蒙古游牧民，对于土地所有的观念，可以说是全然没有地稀薄。就是土地私有所较早实现的宅地权，也因为季节的移住之故，也不易发生。然决非共产制，各家明确地认着其私有财产。即家畜和由之生产的乳制品、毛皮制品、采集的兽粪、蒙古包和日用器具，有时奴隶等也当做财产。其中尤其以家畜为主要财产，在牛角、马股或臀、驼腹等上面，印着表示所有者的印记（ㄕ△△⊠）等形之印）；羊群则大抵在尾巴上染着记认。他们以所有家畜数之多寡为贫富之差；家畜之繁殖和减少，是决定蒙古人各家族之生活的。因之，对于抢窃家畜的盗贼，从古以来，是课着最重的刑罚的。他们有所谓"查干古尔"（白家）"哈拉古尔"（黑家）之语，同时有"富家""贫家"之意，漠然地显着富者阶级和贫民阶级之差别。富者之包所被之毡，因为常常更换，故显色白；贫者因为不容易掉换，故污旧成为灰色；是这两语之所取义。这样，在游牧地带，各家私有权之确认的另一方面，牧畜之作业和交易时，每有共同操作，食物共同消费等之习惯存着，于往时氏族内之共同经济生活，或在特别时期（战争、饥馑等）一时的共产制之存在，也不乏其例，还是很可注目的事。

其次，在内蒙古南半部之农耕地带，蒙人的牧地有了限域，各家族定居于一定的土地，每年继续着在那里牧畜的关系上，土地之继续的使用助长其私有的倾向。在那里，宅地权多已经发生。我人屡屡看见有很好的土墙筑绕家之周围，划为一区域的。又因和汉人接触之结果，也往往有土地卖买——名义上多为永租地契约——的义。这牧场之私有化、商品化之倾向，在蒙汉人杂居地带，将来还要愈益显著吧。

五　阶级

内蒙古高原之蒙古人社会，迄今犹有贵族、平民、家奴三阶级存在。在这游牧地带的贵族，有出自元明时代之蒙古名族，由清朝赐以亲王、郡王、贝勒、贝子、公（镇国公、辅国公）等爵位的，至今还世袭着的贵族，和各寺院称为活佛、呼图克图等高僧们非世袭的贵族两者。这些贵族形成消费阶级，有奴隶之司配权，其牧畜使用平民或奴隶，不自直接生产。世袭贵族专处理旗内之政务，官吏差不多为他们所独占，其官吏之长官即管旗之王公，称为"札萨克"；不任命为札萨克的王公，称为闲散王公。

札萨克之居处，是所谓王府或贝勒府、贝子府等的，通常场所移动为夏之王府、冬之王府；不移动的也有。夏之王府，普通周围没有围墙，在解放的草原上，列着王及妃、姜之居室、佛堂、应接室等大包；稍离开，并排列着为役吏及兵士之居处及厨房等的蒙古包及中国式房屋。冬之王府，大都围着泥筑或木板排着的低墙，于方形围墙的中庭，整齐地并列着数个大包。称北亚游牧民之王府为"王庭"，中国人的表现实在是很巧妙的。于这围墙之外，有为役吏和兵士集合处的两三个蒙古包和庋置器物用的中国式房屋一两幢。另外有卫士张着天幕，担任警卫。

旗之官署，所谓衙门，大抵距王府五华里以至十华里，以五六个蒙古包〈组〉成，驻有以托西摩利为长官的四五人以至十数人的官吏，处理旗内之征发、课役之记录、裁判等事务，间有拘留犯人的。官吏在旗内各自有包，系轮值出仕于王府及衙门的。

因着一旗之王府和衙门有和他旗联络的必要上，于其间设置驿舍，公用人员无论何时，得在那里换马、进食、宿泊。一驿间的距离，大概是八十华里，为骆驼的一天行程，骑马两小时可到。餐膳、面是常备的，若有王公及其他公用人到时，则和羊肉一同煮着端出；食后为之换马，出发次一驿舍。这种驿传之制，是蒙古自古以来有的，现在仅于内蒙古之游牧地带，还遗存着。

一方面，于内蒙古高原之农耕地带，尤于察哈尔，以从清朝时候，不置王公，以都统执掌旗务的关系上，没有王府；至今亦无如驿传之制。虽然没有如游牧地带那样贵族阶级之彰明较著地存在；只是都统及其他官吏，却依然构成一种世袭的贵族阶级。

平民（哈拉□）为各旗之民众，是代表旗内之生产阶级的，对于札萨克及其他官吏，负有绝对无限之服从义务；代代为王公之家臣，尽着赋役、赋课、征兵等之义务。因之王公和平民之关系，一面为封建的，一面也为氏族的。尤如于阶级的格式之相异及服从关系以外，感情上，王公和平民差不多平等，没有差别，可知是显现着氏族的倾向的。王公，不特于食料、燃料、劳力等都征发平民，即如驿舍之勤务，也由平民轮班当值。

家奴为全然奴隶的阶级，属于王公及富裕的平民。他们无户，无兵役义务，只对于自己的主人负有无限的义务。换言之，全为主人之所有物，其生杀与夺之权，全握在主人之掌中。

这样，内蒙古高原之蒙古人社会，今犹大体继续其先前的封建的，身份固定的社会，但在农耕地带，却早已伴于经济生活之变化而为社会情势之变化，身份之解放着着地实现着。

六　衣食住

住居　于内蒙古高原的游牧地带，在季节的移动之必要上，是用着运搬轻易，架设简易，对于风的抵抗最少，为草原上住家之理想的天幕——所谓蒙古包（古尔）。其大小略有出入，普通为内径十尺余，高七八尺。其构造，以围圆周壁的骨干（哈那）和伞形屋顶的骨干（乌尼）两部分成，其上覆着厚毡之外罩，用马尾或骆驼毛的绳，从外面押着。包顶之中央，设着拉窗似的可以开闭以透明兼出烟的天窗（挨尔该），周壁之骨干（哈那），为纵约四尺余，横约六尺之矩形竹栅似的，八根以至十根，连续为圆形，于其交叉处扎以皮带的，伞盖之骨干（乌尼），是于对劈为二的圆木之椓〔垛〕，作幅射状附接多数之伞骨的。这些骨干，均以柳条为材，折叠，支架，都颇简便。外被的毡，普通为白色，无花纹；王府之包为赤色，其他贵族之色为青色，对于其顶上及边缘饰以蒙古文。入口的门，或是用着小的两块板双开的，或挂着有刺绣的厚毡之幕的，或是两者并用的。特别考究的包，也有于其入口之前附设木造的小屋以为门的。包之内部，大多数是骨干任其露出的；惟如王府之包等，用毡或红布加以覆蔽的，亦殊不乏其例。地面敷着毡或毛皮，于其中央设着方形的炉；大的包也有于炉之四隅，立着四根木柱，以支包顶的。贵族的包，通常于其底边之外侧，排列红的小木丬。大体上这样构造的蒙古包，蒙古人只须三四十分钟加以拆卸或架设。在夏季，择水边或丘陵上通风的地方，朝东南张设，把外被的毡之裾部上卷以通风；冬季则于山阳南向张设，放下毡之基部以御寒风。这样，蒙古包夏季很是凉敞，冬季颇为温暖，对于四时之强风抵抗最少，可以说是适应于蒙古高原之自然的理想的住宅。因之于喇嘛庙、王府等定着的建筑物，很讲究的砖瓦造房屋，也和堆栈同样，于其中庭或前庭张着蒙古包，以为僧侣、贵人们日常起居之所。

于内蒙古高原的游牧地带，这蒙古包没有何等的围子、墙垣，秃翯翯地建立于空旷的草原中。二个家族，大抵有两个以至三个包。其中的一个是备着客人来的，平常大多以度〔庋〕置器物等；有旅人来访时，把那里收理一下，留他居住。富有人家，也有多至七八个包的。王府等，是以七八个以至十数个包群为中心，王日常也起居于包内；在附近的中国式房屋，大都以为役吏之伺候室或堆置器物之用。如西苏尼业〔特〕的德王府那样堂皇的中国式宫殿之例，那是罕有的。

一方面，于内蒙古高原之农耕地带，蒙古人在定着于各自之牧场的关系上，连蒙古包也是固定不动的；基土筑坚，形成圆的土坛，内部设泥灶。普通是蒙古包和中国式上屋（巴伊辛）并用的。就是以为家族之居室的两三个包和以为客人住间，婢□下处，堆物间的一二幢土屋，合着以形成一家之住宅。于其东、北、西三面，筑泥垣或牛粪堆成的垣墙围着。其单有蒙古包，不筑围垣的，那只限于十分贫苦的人家。他们这种蒙古包，因为不须移动的缘故，实际上差不多已为固定的房屋化，渐失其移动轻便之机能，而仅具蒙古包之形态。

衣服　关于服饰，内蒙古高原之游牧地带和农耕地带，也大相殊异。

在游牧地带，其蒙古服和汉人的衣服形式略同而较为宽缓，色彩用红、黄、深青等刺戟的原色，没有花头。蒙古服之特征：第一，衣袖比手腕还长得多，这长的所谓"诺托拉卡"的部分，夏时衩起，冬天则放下，笼着手背，以为手套之代用。第二，腰际必束着带子（部赛），这腰带的右后，挂着餐用的蒙古刀（霍托加），左后佩打火用具或银之乖饰，左前背着有刺绣的布袋（达林）——其中放着鼻烟壶——，怀着木碗。妇女的衣服，和男子没有多大差异。已婚的女子，有时于上衣外面，更穿着有似西装背心的短衣（奥□），有不束带的。因之，说"无带的人"（部赛康伊丰），是"人妻"之意。蒙古人是不洗衣服的，从穿新以至着破，一直地穿着，积累垢腻至于乌黑发光，一般人都是这样，他们是夷然不以为意的。更有趣的，蒙古对于自己的衣服，很能巧妙地利用：兜起他长的衣裳裾，带走肉、牛尾等，以为包袱之代用；那比手腕长得多的叉起的袖子，擦拭食器以为灶布之代用，揩洗脸儿以为面巾之代用。

喇嘛是穿着黄色或红色的所谓喇嘛服的，颈带数珠，腰挂那叫做"那夫萨"等。

头发，男子除了喇嘛，都拖着辫子，辫梢也有更结着黑条，长长地垂着的。女子未婚的，把头发在前额左右分开，在后头结扎，辫着下垂，末梢结以红条等；已婚的，把发左右分开，各各卷之，以象嵌玛瑙、珊瑚或碧玉等的银饰，沉重地簪在上面，更垂着以真珠或料珠编成的额饰。

男子的帽，用青黑、褐色等的布制的阔幅蒙古帽，或用红色和黄色的布制的尖头作圆锥形的冬之蒙古帽，或清朝官吏的帽子等，应于时节、身份而各各戴用。在夏季，多数人是不戴帽的；单用布缠头的，也不少。女子差不多都用红色或青色的布卷在头上，而在后头都用结着的；但在秋冬的季节，普通都和男子同样，戴着圆锥形的防寒帽。贵族妇女在礼装的时候，戴着黑色特异的冠帽。这或许是承袭着古时姑姑之冠的系统，也未可知。喇嘛剃发无发辫。高僧戴黄色毡制的鹅冠帽；下级的僧用布缠头或无帽。

男女都穿长统靴，兽皮制，染黑，鞋头上跷；侧面有用着红色、青色等的线丝，刺绣出蒙古的花纹的。这靴颇沉重，鞋头上跷，步行不便；但因蒙古人不论远近，都骑着马□，故无甚关碍。

他们把长的烟管插在靴统〔筒〕中,夏季赤脚穿靴,冬季着了毡袜穿。

其次,在农耕地带的蒙古人,汉人化,男子都剪去辫发,衣裳也穿纯然的华装,不束带;其色也或黑或深褐色,全然不用红、青、黄等原色。帽子也普通和北方华人所戴的一样,夏季戴麦秆帽,冬季戴反折于两耳边的中国式御寒帽。只是妇女还挂着发饰,殆为和汉人不同的唯一之点。

食物 食物和嗜好品,于游牧地带和农耕地带,也有多少不同,不过不像住居和衣服上的相异那样显著。

以畜牧为生业的蒙古人,以家畜之肉和其乳制品〈为〉主要食物。肉以羊肉为最普通,在冬季尤所常食。蒙古人不论男女,都擅长杀羊,用蒙古刀在腹部略一剖割,从割处伸进手去只把心脏一捏就轻易地杀死,由是一滴血也不外沾地处理完结。羊肉之烹饪法,不论胸肉、脚肉,全部连着骨头切大块儿,放在大锅中白煮,不很熟便就撩〔捞〕起,盛于木□,各自用蒙古刀,出去骨头,盐也不□地吃着。骨中的髓,也敲出啜着。牛、马之肉,当做奢侈品,很稀罕地吃着。猪、鸡不饲养,当然不吃的;即如野禽、野兽之类,在今日因喇嘛教信仰之关系,不打猎的结果,也不烹食。

乳制品主用绵羊、山羊之乳,放入大锅中煮沸后,移盛木桶,静置待冷,脂肪质浮于表面凝固,其他则沉淀于下。这上层的脂肪质,即为奶皮子;下层沉淀的,烘干为奶饼子。奶皮子呈黄白色,制为方形或带□子,也有作浆糊状的。奶饼子制为方形或圆形,干固者呈白色或狐黄色,颇富酸味。蒙古人把奶皮子当点心吃;奶饼子用刀切细,放入茶中喝,说是其酸味可以解渴。又用乳酿造的奶酒（阿拉希①），为无色无臭的蒸溜〔馏〕酒，普通含酒精量极少，然也有很烈性的。这些乳制品，专在夏季产乳时期制造，因之夏季差不多以乳制品为主要食物，但在冬季，也是常吃的。

以上家畜之肉和乳制品，在内蒙古高原，无论游牧地带、农耕地带，同样为蒙古人之主食物。他们同时从汉人方面，购入若干谷类以供食用。这谷食的程度，两地带间当然是不同的。即在农耕地带，嗜食切面之风差不多普遍化；而在游牧地带，则仅为王府、喇嘛庙等贵族阶级所食用。又在农耕地带的蒙古人，有时候以蔬菜佐餐，在游牧地带则绝然不吃。然在两地带，对于炒小米而成的炒米——蒙古语叫做"霍雷·巴他"或"蒙哥尔·阿姆"，则同样地爱吃。这炒米当做早餐，放入茶中喝，约吃一碗许。在蒙古高原，早餐是极轻便的膳食，其主食为晚餐的肉食。要之，谷类不过是补助的食物。

其次，嗜好品是茶和烟。这两者都是蒙古人的酷爱物。他们一有暇空便就喝茶，有客人来，必以茶款待；因之各自备木碗，常放在怀中。这茶是购自汉人的砖茶，作黑褐色之坚板状或块状，搁在衣裾上削，或放入木臼中打碎为粉末，入水烹，加盐，也往往加着牛乳喝的。这乳茶叫做"施他伊·却伊"，蒙古最所爱饮。烟也从汉人那里买得，都是烟丝，用长烟筒吸。酒在农耕地带，多少喝着中国烧酒（帕伊卡儿）；但在游牧地带，差不多完全用自制的奶酒（阿尔希），男女相共鲸饮，很是宏量。

什用家伙，蒙古人各家所备的什用器具，大抵很粗劣，很简单。这是充分地表象他们之贫乏的经济生活和移动生活的。但在

① 后文作"阿尔希"。——整理者注

游牧地带和农耕地带的蒙古人间，也略有不同。

　　蒙古包内部之中央，必有方形的炉，其上置圆形的铁制锅架（托拉卡），架着大而浅的铁锅。近旁安这〔置〕以盛牛马粪燃料的木箱及火钳（哈伊契）等。又在农耕地带的蒙古人之家，也有备着叫做"哈蓬"的铳子架等的。包之右侧的灶间，放着一切烹调用具——盛食物的黄铜制筒壶（同菩），盛奶茶等的铫铫子多部尔，盛乳、水的木制手桶（索拉卡），酿奶酒的高大的桶（萨伊卡拉、索拉卡），盛肉的木盆，舂碎湖盐或砖茶的木臼，搅和奶酒的木棒（布利幼尔），用柳条编制的汲水吊桶，毡制的盐包、斧头等，或排列木架上，或放在地上。这些什器中铜、铁制品，是在大同地方出产，经山西商人之手，运售给蒙古人的。在贵族之家，也有备着银制的铫子，银饰的筒壶等的。

　　这样，在游牧地带的蒙古人之家，仅备金属制品及木制、毡制的什器，笨垂〔重〕易破的陶磁器全然不用。在农耕地带，因为没有移住的必要，不用铜制的筒壶，木制的桶，而代以陶制的壶和钵。

　　其次，在包之正面，安着普通为衣柜之用的方形木箱。这木箱的侧面有锁，也有朱漆施绿色彩文的。又有在那里不安木箱而堆置被褥的。包之左侧里面，有为佛坛的木箱，安着供小佛像的佛龛和金属制之供馔具等。也有在其近旁排着低的木桌的。

　　蒙古包内的家具摆设，大略如上所述。但也有把盛燃料粪的箱子及木杵放在包之外侧的。也有在靠着包之入口的外面，设着木制抬〔台〕子，以置烹调用具的。

　　总之，蒙古人的家具，仅备着日用所必需的，很是简少，并且罕有施以特别装潢的。他们自身对于家具，有不当做家财而加以重视的倾向。

七　交易　交通

在内蒙古高原的商贩，都是汉人。他们在农耕地带，杂于农民中为聚落，住着土屋，主贩售杂粮、布匹、丝绸、金属器物。其店铺，有专售某一货物的小商店式的，有兼售各种货物的百货店式的。蒙古人到这种汉人店铺中，购买帽子、靴、布、线、针、首饰、佩饰、数珠等的服饰品，锅、碗、壶、刀等的餐具，面、炒米、烟、茶等的嗜好品，主为现钱之交易。

一方面，为蒙古人之生产品的马、牛、骆驼、羊毛、牛皮、牛骨等，亦由中国商人用现钱收买。尤其在喇嘛庙的庙会，鄂博之祭等的时期，为着蒙汉人交易而成立着盛大的马市及其他市集。这样在农耕地带的蒙汉人交易是以现金制度为基本。货币，在现在，普通行用钞票。

但是在游牧地带，汉商人不过在大喇嘛庙附近成立蒙古包之小聚落，开设简陋的杂货铺子。蒙古人趁着拜庙之便，在这些铺子中采购必要的杂货。他们间的交易，不用货币而为物物交换，例如用羊毛换布匹，用奶饼换炒米。一方面，王府及喇嘛等，和汉商人之间，行着规模相当巨大的交易。那是清朝时代以来的惯事。蒙古的王公、活佛等，到归绥、张家口、平、津等都市之际，向那里的汉商人，以信用，一时采购了许多货物，各自携归王府、喇嘛〔寺〕等后，汉商人时时赴蒙古，大规模收受牛、马、羊毛、湖盐等以为其代价。这样交易之结果，据说现在尚有若干王府、喇嘛寺，对于汉商人负着相当债务的。总之，这种大规模的交易，也是物物交换。

这样，于内蒙古高原之农耕地带和游牧地带，蒙汉人间的交易方法，一方是用着货币的交易，他方是物物交换，两地带有着根本的相异。

其次，于内蒙古高原的物资运输，专由汉商人以队商的形式行之。其交通路，有从张家口越神灵台之崄巇，以一直线纵贯内蒙古之高原而达外蒙古库伦的所谓"库伦大道"，和从归绥经百灵庙，横绝内蒙古高原而至于新疆省哈密的所谓"新绥汽车路"的两大干线，钉〔连〕接连络各王府、大喇嘛庙的孔道。为其交通工具的，于原有骆驼、牛车、马车等之外，最近有汽车盛行。骆驼仅于秋冬季应用，其运货物专以夜行。蒙古人旅行用麻制的天幕，这不但〔不〕足以御寒，且对于风的抵抗力也相当地强。

八　礼俗信仰

蒙古人快活、真纯、亲切、勇敢。旅行蒙古高原的人，没有不深深地感铭他们之天真烂漫的人间性，感谢他们的厚遇的。

在蒙古，是沿〔没〕有所谓旅馆的。无论哪一家，对于全不认识的旅人，都欢喜留宿，立刻端出奶茶，煠羊肉备食，劝奶酒，诚心款待；以客人为中心，围着炉子，男女相共热闹地谈笑。客人告别出发时，往往远送引道。

他们的应酬，在野外相会时，在下马，对坐地上，各出布袋（达林）中的鼻烟壶，交相敬献嗅着之后，开谈"从哪里来？到哪处去？有什么事情？"等。造访人家的时候，从远处喊着"请看着狗"（诺哈伊，哈雷），待家人出来制止着狗，然后走进蒙古包，坐在左席，和主人交敬鼻烟，寒暄"你好吗？"（阿摩尔罕，萨伊痕，巴伊诺），于是从怀中摸出木碗，受斟的奶茶喝着。看谒贵人的时候，弯左脚，屈膝跪坐，呈布帛（哈他）为礼。

蒙古人最尊中央，右次之，左为下。因之在蒙古包内，中央的里面是主人的座席，其右侧即入口所对向的左侧为客人席，主人的左侧即入口之右侧，为妻子之席。佛坛在于客席，厨所在于妻子之席，亦同此理由。

蒙古人的勇敢，是有名的，他们爱好勇武的赛技，角力、拉棍、赛马等，不仅俗人，即喇嘛之间亦盛行之。他们能忍耐困苦缺乏，这是游牧民之特征。例如，在吃的时候能狠命地吃一饱，几天不吃也可以。关于他们的出生、疾病、死亡等之习俗，因为没有直接看到，不能确言。但综合传闻和间接之观察是这样：于内蒙古高原，生着的婴儿育于母怀，不像在热河的蒙古婴儿那样，一直睡在摇篮中的。其名字，或取蒙古式的名字，或取西藏式的名字。在有病人，则请为医生的喇嘛为之诊治或祈祷。又蒙古人相信来世，不怕死，能够从容就死。死者之处置，在农耕地带，烧尸体，把尸灰纳于壶中埋葬，在游牧地带，今犹有所谓"风葬"的委弃尸体之葬法。就是通常把尸体载以马车或牛车，委弃于一定的弃尸场而去；又或驱车疾驶，任尸体坠落于任何草原上，供野兽、野禽啄食，白骨一任风吹雨打的最原始的葬法。

蒙古人之信仰，现在表面上，是一色为黄教派喇嘛教。从王公以至庶民，同样为其热烈的信者，常参释喇嘛寺院；喇嘛教之护符，各家的蒙古道〔包〕以至王府，都是一律张贴着。我人屡见敬虔的信徒，在寺庙门前或照墙前，不知多少观〔遍〕地匍伏叩头，遥拜本□内的诸佛而祈愿，宁至伤额也不顾，这样地热烈信仰的他们，以到喇嘛教圣地青海的古姆布姆或西藏的拉萨去巡礼，为其一生之大愿；三三五五以至二三十人结伴，担着野营最简单的用具和大水筒，牵□马，或乘骆驼，以就巡礼之长途。说到过西藏或说能念西藏字，都是蒙古人所最夸口的。这样以喇嘛教为纽带的蒙藏关系，迄今依然很密切着。现在内蒙古高原的诸寺院，也有着不少的西藏人。

那样蒙古人的信仰，表面上是喇嘛教一色；但内底里，古来黄教的信仰今犹根深蒂固地传承着——虽则在很多地方已和喇嘛教相融合。例如在蒙古高原各地的鄂博，虽其祭礼由喇嘛僧值场，鄂博之木杆也多挂着佛画、喇嘛教的符箓之类，然作为祭天地的祭坛的黄教之原义，还是没有忘掉。于鄂博祭，自昔着供家畜之牺牲，众人回烧〔绕〕于其团围后，以举行角抵、赛马、较射等为通例。

蒙古人于旅途，讳说山河之名，他们相信如果说了，要遇恶劣天气，并且要发生灾难的。此外折木、掘土，也所禁忌。一方面，观于他们先洒几滴乳汁以供天地，投一片肉于炉火中后，方始饮乳食肉，可知在他们之间，黄教的精灵信仰的自然崇拜，今犹根深蒂固地支配着。

要之，蒙古人是一面畏敬雄大的蒙古高原之天地，一面秉赋丰厚的人间性而生育着自然儿。其本然的姿性最可明确地窥知的，是游牧地带的蒙古人。至于农耕地带的蒙古人，因和汉人密切地为经济的、文化的接触的结果，礼俗、信仰上也有汉化的倾向。

九　旗地和喇嘛庙

清朝以分杀蒙古人统一的势力为目的，设定数多的旗地。在一旗地内的住民，不许轻易地迁徙到别的旗地内。现在汉人之杂居蒙地，不啻把清朝的旗地制度加以破坏。只是纯蒙人地带的锡林郭尔、乌兰察布北部等，今犹严格地保持着清朝以来的旗地制度。每一旗地有札萨克（旗长）。锡林郭尔以十旗合成锡林郭尔盟；乌兰察布以亦〔六〕旗成乌兰察布盟。盟为蒙古最大之政治的军事的单位，设盟长和副盟长，由所属旗之札萨克中选任〔中〕。

旗民在自己所属的旗地内，无论何处均得自由游牧而不许移住于其他旗内。即旗地为政治的一区划，同时为牧场的一单位。

　　一方面，蒙古高原到处有华丽壮大的喇嘛寺院，僧侣即为喇嘛，为数很多，约当全住民的三分之一以至四分之一。锡林郭尔的贝子庙、乌兰察布的百灵庙、三往庙等，是规模最为宏大的，一庙拥有数百喇嘛。从建筑的样式上看来，锡林郭尔、察哈尔的伽蓝，是中国式；乌兰察布的，是以西藏式为多，在［有］碧空和绿的地平线之间，红色或白色的堂宇僧房相连接的光景，与旅人以非常深刻的印象。这样宏伟的寺院，固非蒙古人贫弱的经济力所能筑造，乃是清朝为欲怀柔蒙古人，软化其精悍的本质之故，利用喇嘛教，特营建以赐与之。然而这些无封的寺院之维持，和无数的僧侣之徒食所需莫大的经济之负担，结果还是课诸蒙民的身上。他们所有极微少的余剩生产物，差不多悉数举以捐给喇嘛庙，因之他们永远不能脱去穷困的境遇。

　　而这种喇嘛寺之存在，是和旗地制度有密切关系的。为什么呢？是因为他们被束缚于一定领域之旗地内，不能找求其他的牧场，人口也不能增加，不得不使次男以下出于做喇嘛之一途。就是喇嘛寺存在之理由，第一是当做人口调节的机关。又以牧畜为生业的蒙古人，对于老人、病人、残废人、狂人等，很感得为难，大概把他们寄养于寺院中。这样在蒙古高原——至少在游牧地带，现着犯罪者，失业者，乞丐差不多完全没有的为举世所稀的和平安乐境地。即喇嘛寺院之存在理由，第二在社会净化之点。由这两个理由，喇嘛庙固然为蒙民所感念；然而为□组持它的缘故，不得不举所有的经济力量悉数为之牺牲。到了现在，显着两者共倒的倾向，蒙民愈益贫困，喇嘛庙亦，衰替，至于荒废无人的伽蓝，在各地很多的存在着。

　　译者谨案，本文原著者江上波夫，是日本著名的考古学家，曾于一九三一、三五年，两次率领了东亚考古学会的蒙古调查班，到内蒙古锡林郭尔、乌兰察布等地方，为地质、人类、古文化之调查研究。本文为其实地考察和深切的研究之结晶，很是精卓确实，附载于去年九月出版的《蒙古高原横断记》，因亟译出以增益我国人关于边疆的知识。又括弧中的蒙古语，系以商务〈印〉书馆出版的外国地名、人名表所用的国音字译出。

《大亚洲主义与东亚联盟》（月刊）

南京大亚洲主义与东亚联盟月刊社

1943 年 2 卷 6 期

（李红权　整理）

土尔扈特与杜尔伯特民族之由来及其生活状况

王金绂　撰

一　额鲁特蒙古之概观

蒙古民族，为亚洲最重要之民族，又可区而为四：在大漠以北者，称北蒙古人，或称外蒙古人，或称喀尔喀人（即哈尔哈人——Khalkha）；在大漠以南者，称南蒙古人，或称内蒙古人；在内外蒙古以东者，称东蒙古人；以西者，称西蒙古人。所谓额鲁特民族（Eleutg or Olots）者，即西蒙古人也。其领域，北界唐努乌梁海，南达天山，东及外蒙札萨克图汗部、贺兰山，东南接巴颜喀喇山麓，凡湖谷盆地、准噶尔盆地、柴达木盆地、青海盆地及嘎顺塔拉（Gaschiun Tala）等地之蒙古人，皆属之。在苏联境内喀尔穆克（Kalmuck）、鄂伊拉特（Oirate）两自治州之人民亦属之。

额鲁特，《元秘史》、《蒙兀儿史记》与《元史·氏族表》，皆作斡亦剌；《元史·太祖本纪》作猥剌或卫拉特；《朔漠方略》与《钦定西域图考》，皆作厄鲁特；《辍耕录》作外剌歹；《元史语解》与《元史译文证补》皆作卫拉特；《圣武亲征录》作猥剌；《明史》作瓦剌；《新元史》作卫拉特或外剌，皆系一音之转。波斯人拉士德（Rashid Eddin）之《蒙古全史》作 Ouirate，多桑

（D'ohsson，B. C.）之《蒙古史》因之。欧洲人亦称喀尔穆克人
（Kalmuck or Kalmuk or kulmyk）。所谓喀尔穆克者，盖由土人所戴
之冠而得名，此族人所戴之冠，称曰喀尔穆克。据旅行家费徐尔
（Fischer）、任京孙（Jenkinson）所述，住于阿尔泰山德林古兹人
（Telenguts）之白帽，称曰 Chagan Kalmuks，即 White Cap 之意也。
赫尔兹（Howorth，H. H.）之《蒙古史》亦引用之。由一般人所
著之冠名，日久遂成为民族之名。亦即拙赤系之蒙古汗所支配土
耳其系一支族之名也。拙赤系之客里木囊吉第一世，一四二〇年
（永乐十八年）于窝瓦河（Valga）之河口，置阿斯特拉干
（Agtrakan）治所，至第四十六世沙升，为俄国所并，时西历一七
八一年，即乾隆四十六年事也。国虽亡，民族犹在，今之窝瓦河
下流流域之喀尔穆克草原（Kalmuck or Kalmyk Steppe），尚为此族
蟠据之所。以民族之血统论，喀尔穆克人属土耳其种，与中国北
部之额鲁特人迥不相同。俄人夫拉几米尔错夫与格什迈洛就语言
及形态方面之研究，亦作如是之主张。在明崇祯间，额鲁特族之
翁罕裔和鄂尔勒克与准噶尔不相能，挈部走俄罗斯，居于喀尔穆
克草原一带，与土著发生婚媾，是以喀尔穆克族最初与额鲁特人
无关，今则连系密切矣。但谓喀尔穆克人即额鲁特人，则不周
延矣。

　　额鲁特之名，来自兀鲁黑塔黑。兀鲁黑塔黑，始见于《元秘
史》，《元史》作乌尔图山，《圣武亲征录》作兀鲁塔山，《元史译
文证补》作兀鲁黑塔山，即今图之 Eloni Tag，土耳其语谓山脉为
Tag，亦即 Eloni 山也。此一带之民族，蕃衍生息，部族日隆，遂以
山名名族，辗转而为额鲁特。此族初属乃蛮，乃蛮者，蒙古语
"八"也，即由八部族所成立国家之意也。额鲁特即其八部族之
一。多桑《蒙古史》称："乃蛮部领土广大，西以阿尔泰山脉并

Eloni Serass 为界，额尔齐斯河流灌其间。东至杭爱山脉，北接启尔吉斯，南邻畏兀儿部。"乃蛮酋长殂后，二子分领其地，兄太阳汗于阿尔泰山之阳建牙，弟古出克敦于阿尔泰山西北兀鲁黑塔黑之地建牙。成吉思汗出，擒杀古出克敦，而兼并其地，此民族亦随之而隶于蒙古。额鲁特原为一小部族，以后与异族杂居，区域渐广，亦统名为额鲁特族，或称额鲁特蒙古。今额鲁特蒙古约分四大部：其血统则准噶尔与杜尔伯特为近，和硕特、土尔扈特、辉特较疏。即一族之中，亦未必尽相一致也。清儒张穆《蒙古游牧记》"额鲁特蒙古总叙"称：

　　额鲁特，旧分四部：曰和硕特（Khoshods），姓博尔济吉特；曰准噶尔（Dsungars），曰杜尔伯特（Turbets），皆姓绰罗斯；曰土尔扈特（Turguts or Torgod or Tourgouths or Tolkut），姓不著。部自为长，号四卫拉特，统称额鲁特，即《明史》所谓瓦剌者也。有辉特者，姓伊克明安，最微；初隶杜尔伯特，后土尔扈特徙俄罗斯境，辉特遂为四卫拉特之一云。

其治所各有不同，其民族亦前后多变。据魏源《圣武记》称：

　　初分四卫拉特，绰罗斯（即准噶尔）治伊犁，和硕特治乌鲁木齐（今迪化）；杜尔伯特治额尔齐斯，土尔扈特治雅尔（在塔城之西）。土尔扈特北去，辉特治之。和硕特固实汗东徙青海，乌鲁木齐之旧地，遂为准噶尔诸台吉之牧所。……和硕特、准噶尔、杜尔伯特、土尔扈特，此明以来之旧四卫拉特也。和硕特、准噶尔、杜尔伯特、辉特，此新疆未辟以前之四卫拉特也。杜尔伯特、和硕特、辉特、绰罗斯，此高宗所建之四卫拉特也。嗣天山底定，乌巴锡复还，游牧星罗，数其名则有六：厄鲁特也，和硕特也，辉特也，绰罗斯也，杜尔伯特也，土尔扈特也；核其实不过三：和硕特也，杜尔伯特也，土尔扈特也，要其种则自明及今只一，曰额鲁特而已。

俄人格兰格什迈洛（G. Grumm, Grshimailo）所著《西蒙与乌梁海》（Western Mongolia and the Uriankhai Country）称：

> 西部蒙古，现为下列额鲁特民族所居住，即杜尔伯特、贝特、土尔扈特、和硕特、辉特及厄鲁特诸族是也。

各家对于额鲁特蒙古之系别，虽主张不同，然重要之族派，当不出土尔扈特、杜尔伯特、和硕特、绰罗斯与辉特族。在此数派中，尤以土尔扈特、杜尔伯特两族为最盛。兹特分述于次。

二　土尔扈特族（Turguts）

土尔扈特者，即蒙古语"转徙无定的商人"之义也。其族派甚繁，据俄人伊万诺夫斯基所著《土尔扈特人系族之渊源》，波塔宁所著《西蒙古一瞥》，与美赤尼科夫所著《蒙古标准人种喀尔穆克族一览》诸书，谓此族可大别为塔尔巴哈台土尔扈特与阿尔泰土尔扈特两派。分布于塔尔巴哈台者，为混合种，系由察哈尔种之喀尔穆克族及散居帖克斯河下流，吐鲁番种之阿尔班苏曼族混合而成。伊万诺夫斯基云，乃系蒙古时代，杂居小民族之团体。又分美吉特、纳木贾金、哈固尔、斯木纳兰、巴隆、巴宗、贺述特、伊吉宗诸小族。据波塔宁所述，美吉特人较普通人为高，巴隆人最矮，平均高一·六公尺。此民族有厚待宾客与自由婚配之特习。俄人聂非德夫氏称："女子获得完全之自由，与喀尔穆克人对于良善青年配偶之恶批评，均不足为破坏其民族幸福之理由；反之彼处亦无显然侮辱人之贞节，不许男女公开结合之事。在他族则适与相反也。总之，喀尔穆克族，属半开化之民族，因其非法无礼，作恶多端故也。"在古代喀尔穆克族男女间之关系极严，凡男子对女子有非礼行为而犯罪者，或罚金，或受刑，与塔尔巴哈台喀尔穆克人则大不同也。

阿尔泰土尔扈特族，为土尔扈特民族中比较优秀之民族，亦属混合种。又分贺图特、瑞林固特、巴戛斯、布鲁特、萨尔努特、格利特、贺通、克勒特、萨拉斯、托玛时、布图特、美基特、贺特诸小族。此族中国人呼为新土尔扈特人。据《蒙古游牧记》载，此族后裔曾随首领策凌泰治之后出走俄国，远赴富瓦河流域，后又随首领返回旧地，惟去富瓦河畔者，除土尔扈特族之外，尚有杜尔伯特、辉特、和硕特等族。其留居于准噶尔领域内伊犁河谷之土尔扈特，又可分无数之小民族团体，复吸收复杂之民族于其团体内，布鲁特族之羼入，即在此时。据俄人波塔宁、夫拉几米尔错夫之调查，知其种族之组织与人民之性质缺点甚多。即如上述十三族中，贺图特、布图特、瑞林固特、格利特、萨拉斯五族之来源，尚在不知之列，其余诸族之组织与民俗，亦未可视为已发达健全也。阿利斯托夫氏独重视秋尔克族，谓为西部蒙古民族中最优秀之民族。在准噶尔游牧民族中，阿氏曾发现有巴戛斯族，而在艾克腾族中，则发现有秋尔克族之阿尔根族。至于中国从事边地转徙经商之后裔克勒特、美基特诸族及阿斯特拉干之克勒特、艾克腾、特楞固特、乌兰胡斯、阿布干纳尔诸族，阿氏亦视为秋尔克族。即土尔扈特族名称之由来，亦认为系由现存于阿尔泰、喀喇启尔基斯之秋尔克族名转呼而来。格什迈洛氏亦称，西部蒙古人，确混有秋尔克族血统。额鲁特族人中多为蒙古人，亦可得一确证也。

此族服饰因与外界隔离，多保守原始状态，殊为美丽雅观。惟在阿斯特拉干之土尔扈特人则受俄化较深，已易俄国式样矣。皆着花边之冠与衣服，而摈弃土产黄绒制四角圆顶冠于不用。所着之履亦然。其游牧地，多在下成吉里河流域，布鲁公河中游、下游右岸诸地。由布鲁公河下游右岸向南直达拜突克、博克多山脉间，皆为此族足迹所及之地。但与和硕特、扎哈沁（Djakchins）等诸游牧民族间之确实界限，则不显明。在二十世纪之初，布鲁公河河谷地带，与勒因郭尔河口稍西地带，哈萨克游牧民族所居帐幕，栉比相望，皆属果因诺昂和硕部之扎哈沁民族也。阿尔泰土尔扈特族，为金旺及贝塞二僧侣贵族所组成。金旺辖一苏曼族，贝塞则辖二苏曼族。其与和硕特人混合之土尔扈特族，俄人拉德金氏称为札萨克和硕［硕］特。在每一苏门族中，均混有札萨克和硕特人种。

土尔扈特族之世系，据中国史乘所载，系翁罕之裔，自翁罕九传至和鄂尔勒克，居塔城西亚尔之额什尔努拉地方，因与准噶尔不相能，挈部去俄，居额济勒河流域，史称旧土尔扈特部。嗣因与俄风习不同，感情隔阂，内向之心甚切，一六五五年、一六五六年、一六五七年，和鄂尔勒克子书库尔岱青、伊勒登诸颜、罗卜藏诺颜相继遣使，奉表贡。其后朋楚克、阿玉奇，世为土尔扈特部长。至阿玉奇始自称汗。一七五六年，其汗惇罗布喇什遣使假道俄罗斯，三载方至。一七五八年伊犁平，有附牧伊犁之土尔扈特族台吉舍棱等奔额济勒河流域，未几惇罗布喇什卒，子乌巴锡嗣为汗。一七七一年率诸台吉及舍棱等并全部三万余户内附，诏以新旧别称，各设札萨克，异牧而居。一为乌纳恩苏珠克图盟旧土尔扈特部，以乌巴锡领之。分赐牧地，区为东、西、南、北四路，皆和鄂尔勒克裔，即乌巴锡所属旧部也。一为青色特启勒图盟新土尔扈特部，以舍棱领之，皆卫衮察布察齐裔，从舍棱去而复还者。兹列表于次：

盟部	旗分	所在地
乌纳恩苏珠克图盟	南路旧土尔扈特汗旗	
	南路旧土尔扈特中旗	
	南路旧土尔扈特右旗	
	南路旧土尔扈特左旗	焉耆县
	东路旧土尔扈特右旗	
	东路旧土尔扈特左旗	乌苏县
	西路旧土尔扈特旗	精河县
	北路旧土尔扈特旗	
	北路旧土尔扈特右旗	和什托
	北路旧土尔扈特左旗	罗盖县
青色特启勒图盟	新土尔扈特右旗	布尔津
	新土尔扈特左旗	

额济纳旧土尔扈特部，在阿拉善旗之西，一旗。初书库尔岱青第四子纳木策棱生纳札尔玛穆特，子曰阿剌布珠尔，尝假道准噶尔往唐古特谒达赖喇嘛，以准噶尔道梗，留嘉峪关外，遣使至京师，乞内属，一七〇四年，清帝封固山贝子，赐牧色尔腾，地在布隆吉河流域之西。旋卒，子丹忠袭，一七三一年惧准噶尔，请内徙，命徙牧额济纳河流域，遂有是称。青海土尔扈特部，分四旗，与和硕特同牧。翁罕裔贝果鄂尔勒克子四，其第三子保兰阿葛勒琥、第四子莽海，始游牧于青海，一六五一年莽海次子博第苏克始通贡于清，自称土尔扈特长，初隶和硕特，一七二三年脱离和硕特，一七二五年设四札萨克。兹列表于次：

盟部	旗分	所在地
	额济纳旧上〔土〕尔扈特旗	居延设治局
青海右翼盟	土尔扈特南中旗（俗称永安札萨克旗）	都兰县
	土尔扈特南前旗（俗称河南札萨克旗）	同仁县
青海左翼盟奇勒部图	土尔扈特西旗（俗称托尔和札萨克旗）	
	土尔扈特南后旗（俗称角昂札萨克旗）	

附表一：土尔扈特部族世系表

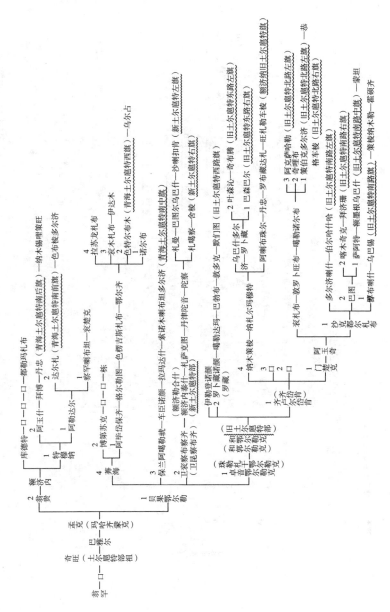

附表二：杜尔伯特部族世系表

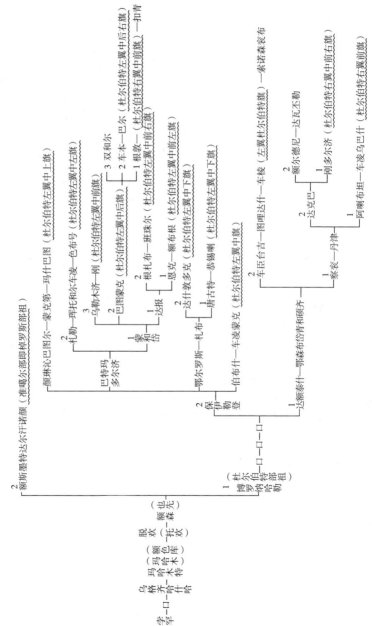

三、杜尔伯特族（Turbets）

杜尔伯特族，多分布于科布多一带，天山附近亦有。此种人近似乌梁海人。其头骨端方适度，面部扁平，一如欧洲人头骨。其颊骨丰瘦不一，面长，腮尖，尤多鼻端隆起尖锐者。前额广阔平坦，两目间距离甚近。目深黑，间有斜视者。口小，成年男子唇薄而干燥，两耳微小。多数人齿小，排列均匀，颈项细而短。多为中等之身材，肩及腰部宽广，足短而手较长。皮肤多白色，目作深碧色，其人蓄长须者甚少，即蓄髭，亦不蔽其上唇。在杜尔伯特人中，亦有时发现异民族，就其身材、体格、面貌观察，系属贝加尔湖附近之布里雅特人（Buriats）。俄人夫拉几米尔错夫所著《一九〇八年夏季访问科布多杜尔伯特族旅行记》云："科布多之杜尔伯特人几遗忘其种族之组织，惟尚保存其种族名称于苏曼族中。在杜尔伯特族中，勉足支持之赫尔赫斯人，虽为数甚少，然在三音扎加图系之其他杜尔伯特族中，尚为孤独生存之人种也。"科布多之杜尔伯特人与辉特人，及贝特人，同为构成三音扎加图系之二主要民族团体，即俗称"北方十六和硕特族"民群也。计有杜尔伯特族达赉汗及札萨克组成之左系团体，与贝勒、亲王、札萨克——贝特族组成之右系团体是也。达赉汗计可分为三部族，每族中并辖有苏曼支族。计扎呼斯族，包有葛纠特、斯纳尔、沙楚干三支族；科硕敦族，包有鄂错斯、杜拉尔、波罗秋特、狄斯四支族；科赤聂尔族，包有康诺尔、错和尔、布里琛三支族。和硕亲王，亦分四部族，各部族并辖有苏曼支族。计鄂尔哥族包有雅尔戛、巴戛图克图、贺瑞三支族；巴隆族包有塔尔嘉特、狄斯、伊奇图克图三支族；琮族包有沙哈斯哈、兹特鲁克、哈达三支族；科特赤族包有车赤戛、洪铎戛、藏布三支族。此外尚杂有辉特人及科什克腾、错和尔、雅尔戞三族；此三族则系蒙古族。科什克腾，乃内蒙之游牧民族，且为极复杂之人民团体，系成吉思汗之嫡系。所谓"科什克"者，乃幸福之义也。其参加杜尔伯特民族团体内，在十六世纪下半期，大约当东西蒙古战争之时。错和尔族，亦接近南部蒙人，并为构成昭乌达盟左翼部落之主要民族。其参加杜尔伯特民族团体，乃在准噶尔灭亡之时，与自天山伊犁河谷逃往北方之辉特民族同时。吾人往往误解辉特族为杜尔伯特族之苗裔，据《蒙古游牧记》云：当准噶尔叛乱时，辉特族王公达玛林与其家属游牧于远方，而其族人则逃亡于伊连哈毕格山；清平定伊犁之后，诸杜尔伯特族均沦于各地，达玛林闻讯，率其族属六十余户，窜乌里雅苏台，请求编入杜尔伯特策凌所属游牧群中，错和尔族之活动亦在是时。今天山东部犹保存杜尔伯特民族之苗裔。其民奉回教，服从鲁成汗命令，已忘其系族由来及语言。一七五五年策凌蒙克率兵留居伊犁河谷，其后并有一部人游牧于科布多。总之，杜尔伯特族常变更其游牧地，最后乃蕃殖于科布多及乌苏诺尔河流域。凡诸组织复杂之苏曼族与他族相并之新旧各民族，其游牧转徙之情形，大率皆相同。雅尔戞族即扎尔克族，乃游牧于布塔玛河流域，玛喀库里伯、纳曼族之一种。据俄人拉士艾德丁氏言，扎尔克族来源甚远，属于蒙古人尼隆族努库兹种人。又言，海都汗次子哲克林功所辖部族颇多，在杜尔伯特族中之雅尔戞族，乃其主要民族也。

　　杜尔伯特人与蒙古人相较，其容貌、性质，实多优异之点。其民性活泼，喜交游，尤嗜各种娱乐。其衣服与哈尔哈稍异，帽与靴之形不同。其帽有属绢织圆形平顶软帽，此平滑可折叠，由杂色绢缝织之，中部缀有红色丝条，丛集各球状，普通多为黑羊皮所制，帽缘宽，两侧垂有细长帽巾，下系钮扣，其后垂有披肩。并有于帽后裂口，下垂深红色绦带二于背者。此种以羊皮揉〔鞣〕

制之帽，凡科布多之杜尔伯特人，不问其为男子、妇女、王侯、喇嘛、平民等均着之。杜尔伯特族所着之靴，酷似中国式，靴三底重，缝以俄国制之牛皮，其下层底部略较宽，靴端翘起，靴筒多革制，内衬以毡。妇女所着之靴与男子异，乃纯为红山羊皮所制成，轻软而易于行动。据夫拉几米尔错夫氏言，此种鞋靴原为土产品，仅男子着之，今则为女子常用之物，且已渐为中国本部与哈尔哈外来之品所代替矣。所着之裙，视哈尔哈族人所着者为长，直等于套衣，且缝有襟袖。其妇女皆梳发为二辫，垂于胸际，束以黑帕。发辫末端系由锡箔制小珠石饰品二。又有一种哈尔哈式发辫，惟不多觏。杜尔伯特人冬季着毡制长袜，与素阿特人同。袜为精选柔毛所制，颇坚致适用。妇女所着之衣，多绣为花纹，殊为雅观。又据夫拉几米尔错夫考察，杜尔伯特族之马鞍，以细小坚致著称。鞍之前部，弯曲较大，鞍身短，而其后部鞍弓，较中国及蒙古所制者为高峻，因此其乘马之法，亦异于哈尔哈，而近似哥萨克焉。其鞍皆涂深红色，外加漆，颇为鲜艳。鞍褥为双层毡绒所织，外覆蓝色按〔鞍〕被。其王公则用雕鞍，多购自中国。天幕纯属蒙古式，惟略较低耳。冬季张毡幕以御寒，夏季仅张薄毡，毡幕多长不及地。科布多杜尔伯特人与俄境内阿斯特拉干人所制之天幕不同。阿斯特拉干人所居之天幕，因幅较短，几于终年张幕，而伏居其中，又为天幕之坚牢计，常将外层帷幕箍圈，引绳紧系于地。诸王公亦建有高楼大厦，惟不问在夏季或冬季，仍以天幕中之生活为最尊贵。科布多人所居之天幕，皆有窗帘，窗帘亦用毡制成。其天幕内部之布置与哈尔哈人、喀尔穆克人同。陈列之器具，则彼此互异。杜尔伯特人天幕中则有花纹高大木制之茶壶，美丽砂制之锅，此种锅系由准噶尔携来，此族人视为珍品。此外尚有雕刻花卉之瓦坛，颇美丽雅观，杜尔伯特人多用此器榨取火酒。摇篮亦系特制之品，此物用落叶松树枝制成，其形似深可没膝之水槽。其用于男孩者，则枕边常置银制小弓一，箭三。摇篮底部敷有软毡，用以覆盖婴儿。又用革条束于摇篮上，俾免婴儿堕地。

科布多杜尔伯特人之疆域，介于唐努山、阿尔泰山之间，属于湖谷盆地（Valley of the Lakes），为西部蒙古游牧最盛之区。冬季则庐舍星布，有如图画；夏季则牧场散布于丛山原野之中。计每年此族人自谷地迁往丛山地带约有两次：即六月上旬及八月。亦有有田产者，多由奴仆代为耕作。当耕作时期，恒留其眷属伴随主人，相与自冬居庐舍，徙居于夏季庐幕中也。在杜尔伯特族耕作地中曾发现不饲牛、马之贺敦族贫民甚多。其迁徙游牧者，有时深入塞留格穆岭，择群山南坡冰雪稀少处居之。每届冬季，乌苏诺尔湖畔洼地，则呈荒凉之象；此湖冻结时期较短，冬季在湖之上空，往往厚雾凝结，常阻碍冰雪之融解与蒸发，并使日光不能直射于多石之土质上。因此冰雪厚结于田间，空气寒冷刺人。在湖畔之杜尔伯特人，不论王公、庶民，均离此而迁于日光温煦群山之南坡。在杜尔伯特领域，人民丛聚之地，为乌兰固穆及肯特林河畔宽谷翰诺夫庙二处。《蒙古游牧记》中亦曾述及。当一七五七年杜尔伯特诸王公，在策凌领导之下，曾请求移住于乌兰固穆，俾使辟其地为农业耕作区，策凌自身则迁徙于科布多伊贺阿拉湖畔，嗣邀清廷允诺，遂成为杜尔伯特人永久游牧移殖之地矣。在阿尔泰努鲁群山之西北有沙斤察刚诺尔洼地，最高处达三，二〇〇俄尺，农作业亦甚盛。《蒙古游牧记》称在茂密察干苏地方，易于采伐森林，故筑有察刚索尔城，即其地也。又据一七三一年傅尔丹将军之报告，科布多距察刚索尔城一千四百里，难于视察；又据一七六三年泊兹得涅夫氏所著《北部蒙古城市记》一书，称其地约在科布多城北四十俄里。在旧科布多与察刚索尔城之间，设有十一驿站，于此区段间，最短距离，亦在一千四百里或俄六百里左右。

科布多一带宏大之寺院有三，即乌兰固穆庙、杜尔伯特呼勒庙、与旺呼勒庙是也。乌兰固穆何时建筑寺院，史无可考，其庙颇崇隆伟壮，庙之四周，绕以青石砌成之高垣，四方各有洞门一，门前则高竖冠铜球之柱。庙祀布尔罕神、甘珠尔神及丹珠尔神。垣墙环绕，中有广场，为祈祷跳舞之所。主殿称苏默，由青石及砖筑成，上覆铁瓦，纯为西藏式建筑。僧侣住所，皆丛集于庙垣南北，与垣墙作平行式。其附近有华人所居之房屋，累累相连，而成村落。其居住之人，或经商，或营园艺，或从事农田耕作。杜尔伯特呼勒庙与旺呼勒庙皆在纳美河谷，此二庙之建筑基金，均由和硕僧侣、贵族筹措而来，僧侣逾千人，名额既多，经济则殊不充裕也。此外在康德林河流域尚有诸汗所居之庙宇，其建筑亦极伟大。喇嘛之入寺庙，多在八岁。幼童之列名僧侣者，其第一级称"班的"。班的皆居庙中，数年后移居于故乡。又数年，再入寺庙，为第二级僧侣，呼为"格策"，乃依从年长喇嘛居住，有如厮隶，自此时起，开始研究西藏文学。即不欲终居"格策"阶级僧职时，藏文之学习亦不能舍弃。喇嘛握有宗教上之最高权，呼为"格伦"，多受人民之尊崇，然于此阶级中之富有资产者，极少执行与僧侣职务有关之工作，又因常受人民馈送祭礼，生活颇为优越。杜尔伯特族僧侣与家族永不断绝关系，每逢春秋两季，多数僧侣均各返其家乡天幕中，而从事播种谷类及收获食粮工作。年达高龄及在寺庙中位居显要之喇嘛，依一般规例言，亦为一家之主脑，得以操纵家族之一切事务。总言之，僧侣之生活，确较其余杜尔伯特人为优，而其居屋及陈设亦较精雅也。瀚博喇嘛寺庙长老，系由王公命令派完〔充〕之，就此一事，可知王公实为寺庙之权威者。寺庙中日常生活，当太阳初升时，举行晨间祭神，在九时左右，诸喇嘛举行会餐，分赐马乳、面包、茶及肉等，皆为"叶卫"喇嘛所司之事。"叶卫"者，即蒙古语"慈母"之义也。其第二职务，即将茶送入诸庙宇，凡喇嘛均应参加此饮茶会。于日间多数僧侣举行之公式祭礼完毕后，得以利用余暇时间办理私事，如接见宾客等。"格伦"阶级之僧侣，在夏季于居宅附近，恒供献各种祭物。冬季寺庙中生活较为岑寂，此乃"格伦"阶级喇嘛潜心读书及教授青年僧侣之时。在科布多杜尔伯特人各寺庙生活过程中，可发现在阿斯特拉干地区及哈尔哈庙中所未睹之特别情形，其地举行多次之祈祷礼，并不如阿斯特拉干地方喀尔穆克人所采每日绕庙巡行之风俗。于祀神时，僧侣麇集，以击鼓为号，然不吹法螺。又有一种肩巾，在此地为"格伦"阶级喇嘛所服衣服不可或离之附属品。而在阿斯特拉干地方，则仅于出发祀神时服用之。在乌兰固穆寺庙区域内，诸喇嘛盛行于冠上佩带首饰，而在康德林河流域，则仅执行僧侣职务之喇嘛，有戴冠者，因冠帽乃系权威之表现。至于其余僧侣，仅于修道院境外，得戴用首饰冠帽也。

泊兹得聂夫氏于一八七二年探访科布多杜尔伯特民族之报告中，言在诸寺庙中，不但无王公学校，即寻常喇嘛学校亦无之。然据夫拉几米尔错夫氏言，在今日不特于乌兰固穆已有组织完善之王公学校，足以吸引远道如乌梁海各地寺庙之僧侣来此就学，即在其他小寺庙中亦开设僧侣学校，是征西部古喇嘛教发达之盛也。同时泊兹得聂夫氏在所著《佛教寺庙生活概状》书中言，科布多杜尔伯特人自十九世纪起喇嘛教始渐形稳固，寺庙亦日渐增加，"呼毕勒罕（即转生之意）"之举，亦盛行境内，现今在诸僧侣中已有呼毕勒罕者。康德林河谷之达赖汗寺庙中有活佛，相传即为多尔治森柏神转生之库伦哲卜尊丹巴活佛也。除上述呼毕勒罕活佛外，在杜尔伯特族中，尚有呼为"达喇嘛耶克"女活佛者，据泊兹得聂夫及泊塔宁二氏言，此女活佛实为处女，即俗尊为圣母者是也。然据夫拉几米尔错夫氏言，此种推断乃属错误，在蒙古人目中之视为出嫁，毫无损其宗教上之价值，即转生之女活佛亦可有夫也。凡遇达喇〈嘛〉耶克女活佛死亡，未觅得新转生者，其代理者发觉有疑问时，则须通知西藏达赖喇嘛及库伦博多格根，俾得证明新降生达喇〈嘛〉之形貌，而昭示于人民也。其转生之形貌恒具白、绿、蓝、黄诸色，在蒙古、西藏最重白色及绿色，因具有此二种变态异像之达喇〈嘛〉耶克女活佛，乃为西藏王斯郎庄甘博之妻，又为在西藏树立佛教主义之人也。今则此风已渐泯也。

杜尔伯特人昔日主要之事业，为牧畜业，以畜马业为尤重。近则农业经济渐居主要之地位矣。其农作多集于乌苏诺尔西南部，每年八月诸王公常莅临其地。杜尔伯特人曾于贝康摩连河流域试行开辟耕地，均归失败，即由气候不良之故。盖当禾黍成熟之七八月间，常降朝霏、霜雪，为害极大，是以此业虽未完全毁灭，然究难望其发展也。波德韩河谷地带，谷麦种植甚旺。杜尔伯特人所播种者，多为小麦及粟，乃适应气候之故也。在乌兰固穆仅华人拥有制造精良之火磨，杜尔伯特人利用发动机之火磨，有二：一在康德林河畔寺庙附近，为格根活佛所有；一属汗王所有。至于人民则多用手磨机磨谷，并用木杵在特制之木臼内杵米。其地多产马、羊、骆驼、牛等，王公所畜骆驼，多在二千头以上。其马大多发育不健全，筋肉多枯萎。其俗产马驹，则另列栅为一小马群，因马营养不良，交尾期过早，故马种日渐衰弱。如马之前额及颊宽广，目微小，两耳微长，颈短，鬃毛长而不甚密，尾亦如之。马之肩骨、臀部不甚高耸，胸部宽广，而背多直，肋骨不若素阿特马之峥嵘，腰骨不甚突出，蹄骨甚粗大坚强，大致与素阿特所产者多相类似。至马之毛色，以黑者为贵，亦有灰褐色、浅白色者，间亦有马背现赤褐色条纹者。马普通高二俄尺，长二俄尺有奇。杜尔伯特所产之牛与蒙古牛相类似,头部大,角不甚长,且向两旁突出,乳量不甚多,性颇粗蛮。其运转货物,多用牦牛,以海纳克、霍托玛两杂种牦牛为最多。科布多一带所产之绵羊,多为蒙古种,较天山所产,形体略小。牝羊产量不多。羊与骆驼,在西蒙各地皆能见之。除农业、牧畜之外,狩猎业亦盛。其地盛产灰鼠,人民以猎此为业者较多。每年经过科什嘉赤运往俄国之鼠皮,数逾十万。此外即为猎取獐、麝、狐、狼之类。总之,杜尔伯特人之狩猎业,所入无几,于其国民经济无重大裨益也。手工业甚发达,铸铜业、木制业、雕刻业、衣履制造业、毛织物业等,皆为其著名工业。其所制之毡,较乌梁海所出为精美。

杜尔伯特人秉活泼之气质,与素阿特人同。喜娱乐,爱交游,常举全家,或三家、四家为一小团体,而逐水草游牧,此族唯一娱乐方法,为角力与赛马。角力游戏无论何时均可举行,每逢庙会或纪念日,游人麇集之时,必有角力以佐兴。普通均行于僧侣、俗人间,当举行之时,皆恪守其固定习俗与礼节。一时观众与达官贵人皆莅场,达官贵人坐天幕中,观众则席地坐,围绕作大环形,其后留拴马隙地。当角力开始时,有马夫于场上大呼曰:"教中及世俗勇士,其速集齐。"其监督角力秩序之喇嘛首将俗人与僧侣勇力二人提出,二人即各按规定步程前进,膝不〔部〕微屈,脚互蹴,并挥手按节拍而舞。其后有督场者及助手蹑足随行,其人皆由小官员中选出,手执杆棒,乃当比赛角力时,用以责打鼓舞较懦弱之斗士者。遇角力场后,角力勇士对立,相距差远,此后步行至天幕前,向王公行敬礼,王公即以所持马乳赐饮,此亦为对勇士祝福之意也。勇士退立于平地,相对立,以手触地互行敬礼毕,已而挥拳如疾风,以手自击股部,始进而互相搏击。亦有裸体角力者,率以腰带束肋骨间,以油涂周身。其猛击敌方手部,感觉器官,咬伤或抓破其肢体,均为严禁之事。其胜者,乃以力能三次绊倒敌方于地者为定。其赛马举行之时期，与角力同，皆于广场中举行之。

据中国史乘所载，杜尔伯特族出元臣孛罕之裔。由孛罕六传至额森，子二：长博罗纳哈勒，即为杜尔伯特特〔族〕之祖，次额斯堂特达尔汗诺颜，为准噶尔族之祖，是以杜尔伯特与准噶尔支派颇近。初与准噶尔聚牧于阿尔泰一带，一七五三年畏准噶尔逼，率族内附于清，依内蒙例，编置佐领，以札萨〈克〉领之。兹列表于次：

监〔盟〕部	旗分	所在地
三音济雅图右翼监〔盟〕	杜尔伯特前旗 杜尔伯特前右旗 杜尔伯特中右旗	科布多
三音济雅图左翼盟	杜尔伯特汗旗 杜尔伯特中旗 杜尔伯特中左旗 杜尔伯特中前旗 杜尔伯特中后旗 杜尔伯特中上旗 杜尔伯特中下旗 杜尔伯特中前左旗 杜尔伯特中前右旗 杜尔伯特中后左旗 杜尔伯特中后右旗	

参考书：

1. 张穆《蒙古游牧记》

2. 傅恒《皇朝〔舆〕西域图志》

3. 丁谦《元圣武亲征录地理考证》

4. 钟广生《西疆备乘》

5. 何秋涛《元代北徼诸王传》

6. 初〔祁〕韵士《皇朝藩部要略》

7. 王金跋《蒙古部族之系别》

8. 中山久四郎《塞外西域兴亡史》

9. 羽田亨《西域文明史〈概〉论》

10. 须佐嘉橘《西北外蒙之今昔》

11. 满铁产业部《西部蒙古及乌粱〈海〉地方自然地理》

12. 须佐嘉橘《西蒙古部族考》

13. D'Ohlsson. B. C. ，*Histoire des Mongots*

14. Howorth，H. H. ，*History of the Mongols*

15. Kransse，A. ，*Russiain Asia*

16. Bookwalter，J. W，*Siberia and Central Asia*

17. 伊万诺夫斯基《土尔扈特人系族之渊源》

18. 泊塔宁《西北蒙古一瞥》

19. 泊蒲夫《窝瓦河附近喀尔穆克人种简单报告》

20. 聂波信《和硕特游牧部落风俗概览》

21. 乌司宾斯基《青海区域志》

22. 亚琴甫《额鲁特族史的解剖》

23. 夫拉几米尔错夫《一九○八年调查科布多杜尔伯特人种报告》

24. 格雷马诺《西部中国旅行记》

25. 泊兹得涅夫《蒙古与蒙古人》

26. 泊兹得涅夫《蒙古佛教僧侣与寺庙风俗一瞥》

27. 泊兹得涅夫《蒙古族民间文学之程式》

28. 莫洛托夫《莫斯科商队蒙古旅行纪》

29. 喀鲁特斯《神秘蒙古记》

30. 格什迈洛《西部蒙古与乌粱海》

《真知学报》（季刊）

南京汪伪中央大学研究部

1943 年 3 卷 2 期

（朱宪　整理）

布利亚特·蒙古自治苏维埃共和国

雷卡巧夫　作

　　布利亚特·蒙古自治苏维埃社会主义共和国，伸展在东西比利亚大湖巴克尔湖岸上。这一片水，当地的人民称为是他们的海，它横在布利亚特·蒙古土地中，犹如镶嵌得很贵重的一颗珍珠。它确实像海，有的地方有七十公里阔，长短等于莫斯科离列宁格勒的距离，深度达一公里半以上，并且居有鱼与动物。

　　自周围的山岭有三百六十条河与溪注入巴克尔湖，山上有贵重的矿物。

　　布利亚特·蒙古是苏联最为温暖的地方，这地方所获得的日光抵瑞士著名山地疗养所代弗斯一倍半。

　　在四分之一世纪以前，这光明兴旺之地一直是贫困荒芜所在。它的人民渡着元始酋长制度的游牧生活，带了兽群从这个共和国这一头流浪到那一头。目不识丁是常事，并且缺乏医疗术，因此疾病蔓延，人口逐渐毁灭。

　　土地的富源犹未开掘，虽然人民是赤足踏地的。因此，巴克尔湖水和疾流的水力都荒废了……

　　这是它的本来面目，但是在四分之一世纪前，俄罗斯人到布利亚特人的地方来了，使它的社会与经济结构起了历史性的改革。

在一九二三年，布利亚特·蒙古自治苏维埃社会主义共和国擢升而加入苏维埃社会主义联邦。三次五年计划把太平洋化的苏维埃联邦变作了大西洋化；使布利亚特·蒙古的生活奋起，把它从退化的半游牧国家变作了工农共和国。

一九二〇年来，第一架机器在这里出现，而现在工业生产已占全国总产量百分之七十一。工厂、动力站、矿场、磨场、制革厂等等，满布全国。人民以前对于最简单的机器丝毫不知，而现在爬上最近代化工程的尖端，学用最复杂的机器工作。二十五年以前他们根本不知所谓工程师、医生、农业专家、技师、作家、戏剧家、教师等等是什么东西，现在他们都有了。

这个共和国人口现在约六十万，有学校一千余所。一九三五年时已有百分之九十五青年入学，一九三六年实行强迫教育，建立七级学校，并有若干大学校、专门学校及科学研究所等等。

牵引机代替了古时耕种方法，收获农作物均有联合组织，农事实验系统包括改良并驱除害虫逐渐成立。

大多地方都有良好的公路系统，河流交通亦大加疏通。

这个共和国工业化之后，使城市的居民大大激增，现在城市的居民已占全人口百分之七十。

专制时代逐渐减少的人口，由于良好的公共卫生机关的设立，现在已经在相当地增加了。

以前在这儿野地所常见到的居所，仅有覆以羊皮的贫穷游荡的篷帐，现时美丽的集体农场的建筑完成了。

在市镇里，居民在良好的砖瓦的房子里居住。

战事发生以后，布利亚特人尽力动员国民送他们的子弟去前线。他们有步兵队、骑兵队、坦克队、空军队与其他苏联人民并肩英勇地为祖国作战。

　　他们是为二十余年来在新苏维埃国土上锻炼着的、无我工作的幸福而争斗。

塔斯社莫斯科廿六日电

《时代杂志》（周刊）

上海苏商时代杂志社

1943 年 3 卷 21 期

（侯超　整理）

蒙古人民共和国近况

［日］石田喜与司　撰　　　张铭三　译

外蒙成为蒙古人民共和国而出现于东亚政治舞台，系由于一九二一年的民族民主主义革命。当时蒙古民族革命的有意识活动分子，虽只不过二十名，但由于第三国际的指导及苏联赤军的武力援助，此次革命遂顺利完成。

苏联容易"赤化"外蒙的原因有下列各点：第一是为外蒙国民生活基础的牧畜，由于气候、家畜传染病等，易于决定消长，极不安定。第二是外蒙国民由于中国商业资本的榨取，每户均有约五百两白银的负债，卒至陷于类似他人家畜牧者的地位。第三是国民除了服务驿递外，还要被课以十余种的纳税，甚至在连带保证制度之下，有偿还王候〔侯〕债务的义务。

而使此种积年的经济艰苦越发加深，将蒙古民族完全追入死地的，便是外国军队的蹂躏外蒙。中国方面乘着俄国参加第一次世界战争，对于外蒙的政治影响力弱化，遂企图恢复由于蒙古自治一度被取消的主权，而加以猛烈的压迫。其后徐树铮将军以武力侵入外蒙，未几白卫军之骁将温盖伦，率大军侵入哈尔哈，企图于萨拜加尔树立白色政权，苛敛诛求，无所不用其极。民众不堪此种压迫，遂于一九二一年三月一日在贾夫塔结成人民革命党，以民族解放、外蒙独立为政纲，在苏联赤军援助之下，对敌人开始斗争。网罗王侯、喇嘛、牧民全社会层的民族民主主义革命，所以能形成统一战线，完全是基于此种理由。

人民革命党击破了温盖伦，于七月八日入库伦城，十一日确立以包古德·盖根为君主的人民政府。然而第三国际的指导方针，是企图使此种斗争成为国内反封建主义的社会主义革命，所以先使政府对国内中国商业挑战，同时对喇嘛教及封建阶级开始政治斗争。

即包古德·盖根，虽被认为宗教界的支配者，但已无政治权力。又以发觉政权指导者丹桑的反革命阴谋为契机，封建阶级或被肃清，或使其不得已而自动放弃其特权官位。

一九二四年五月二十日，活佛迁化。六月十三日党及政府决议使政府保管包古德·盖根的印玺，且宣言于国内实施共和制。其后政府于同年十一月召集第一次国民大会，二十六日制定宪法。其第一条系：“蒙古人民共和国为独立国家，政权属于勤劳牧民。”又规定共和国的根本任务如左：

（一）废弃封建的神权制度。（二）收全国土地，地下资源，森林，河水等为国民公有，不认有私产权。（三）废弃个人及政厅所负在外人霸权时代，以连带责任缔结的外国高利贷债务。（四）集中经济政策于国家之手。（五）解放民众。（六）确立民权。（七）为解放国民大众，实施国营外国贸易。

由是年至一九二八年，对维持私有财产有绝对利害的党及政府部内旧封建分子或上层喇嘛，与受了苏联共产主义思想的急进社会主义革命分子之间，为夺取政治指导权，左右两翼展开了炽烈的抗争。

于外蒙实现共产主义，乃一九二五年人民革命党第四次大会所决定，其政纲第九条载有：

人民革命党，以集中一切金融及经济的活动于国家掌中为方针，且拟实现含有游牧生活形态习惯的国民国家资本主义，展协同组合，遂行其他等等政策，而向绝无虐待阶级及被虐待阶级的社会组织，即共产主义国家迈进。

使外蒙向共产主义迈进，乃系苏联与以武力援助，使之扫荡国内外国势力时的既定方针，其所以不能立即移入实行者，乃是因为经由国内旧王侯及宗教，具有伟大的民心支配力的上层喇嘛和寺院等势力，依然根深蒂固之故。

而此等势力的根本原因，已胚胎于蒙古革命性格之中。总之，一九二一年的革命，虽剥夺了上层喇嘛等所有的政治权力，而对彼等所有的经济力（多量的家畜）则毫无影响。关于此事，观当时外蒙的所有关系，即可明了。

当时一〇〇博德（博德系家畜估价的单位，牛或马一头各为一博德，骆驼每只为二博德，绵羊七只或山羊十四只各为一博德）以下的家庭（贫农及中农），占全户口的百分之九十五，仅其余百分之五被旧封建贵族、富豪、寺院经济所占。由人口观之，贫农、中农占全人口之百分之八十三。在他方面说，财产在一〇〇博德以下的家庭占国富的百分之四十五，财产在一〇〇博德以上的富豪占国富的百分之五十五。因而占共和国全人口百分之八十三的贫农、中农，在户口数虽占百分之九十五，而财产仅相当全体的百分之四十五，反之，旧封建阶级、寺院、喇嘛，虽然仅占户口数的百分之五，人口数的百分之十七，而却拥有外蒙家畜总数的百分之五十五。

封建阶级的政治积极性，便是立脚于此种经济力，因此彼等虽然积极参加民族解放革命，却仍与未必希望社会主义革命的政府及党内民族民主主义分子勾结，阻碍政策的遂行，以致酿成政治的危机。丹桑的阴谋事件，包古德·盖根第九世的再现运动，以及拒绝对寺院家畜课税等，便是很好的例子。

为夺取政治指导权而发生的左右抗争，在一九二八年十月末至十二月上旬约五十日间举行的第七次党大会席上，决定了左翼一派的胜利。丹巴·德尔基、贾·丹巴、贾姆查拉诺右倾指导者，大部分由政界退出，政治指导权一转而移入根德文、巴达尔赫、爱利德威布·奥奇尔等亲苏派尖锐分子之手。

由是时至一九三二年的上半年，没收封建阶级、喇嘛等的财产，强化苏蒙友好关系，创设牧民的生产协同组合，使农业共营化，确立国家工业，贫民牧畜的集团农场化，弹压宗教，压迫私商人，强化扩张国营商业，强制设立苛酷的累进课税而压迫富农等，以使外蒙脱离社会的，民族的、经济的、文化的各种条件，一举而实现社会主义社会为目标，强行极左的政策。

此种极左政策，由于一九三二年五月至八月殆亘外蒙全土所勃发的牧民叛乱（贵族上层、喇嘛等所指导），经济方面家畜显著减少，以致遭受了大众的抗议。是时正值满洲事变勃发，蒙古人民革命党，遂于一九三二年六月三十日召集第三次临时总会，决议中止极左政策，渐次移入社会主义。七月二十日举行之第十七次国民临时会议，将外蒙规定为"为渐次移入非资本主义的发达之路，正树立基础之新型民族革命的，反帝国主义的，反封建的布尔乔亚民主主义共和国"，决定实行下列左倾的新政策：

（一）不加以何等限制使之发展个人经济，但以渐次抑制榨取分子为方针。（二）图谋占绝对多数的中产、贫民阶级的个人经济改善向上，以期增进物质的幸福。（三）讲求所有手段通融资金，以期发展个人的牧畜经济，增加家畜及其利益，改善物质状态。（四）废止社会所有等级区别。（五）撤废集团农场政策。（六）

废止乌尔顿义务。（七）许可国内私营商业。（八）中止以政治手段弹压宗教。（九）诱导组织单纯的生产协同组合。（一〇）废止累进课税。（一一）整备卫生文化设施。……其他。

人民共和国政府，由于施行此等迎合牧民的政策，已暂时免除危机。人民共和国的政治、经济最安定之时，便是一九三四年至三六年，新政策着着收到成果，经济力也略达极左政策实施前的水准。然而此种政策，无论如何也是将来移入社会主义经济的前提，所以除了涵养民力外，同时在他方准备着新的斗争。

在强行极左政策时代，政府及党所犯的一大失态，除了一般的政治误谬外，就是过小评价寺庙有力喇嘛等所有的民心支配力，而加以行政的压迫，以致引起牧民反政府的敌忾心。贵族、王侯等完全没落后，所有反政府运动的温床，便是寺庙和僧侣阶级，虽说数已减一半，可是仍有八万喇嘛，拥有相当的经济力。于是政府遂策划喇嘛内部的崩坏，对下层喇嘛赋与选举权，结成还俗喇嘛的生产组合，贷给营业资金，并以其他方法奖励脱离寺庙，且于库伦创设各种工厂，努力吸收喇嘛为其工业生产劳动者。对寺庙财产亦加倍课税，禁止未满十八岁之青年充当喇嘛。对喇嘛之不愿服兵役者，每年课以六〇特古利克的兵役税。在此期间，为政治反动势力结成母体之喇嘛组织民众力，已完全被破坏了。戈壁大寺院的喇嘛，为反抗此等政府的内面压迫，遂与外部勾结，企划反政府的阴谋，但不久即告平息了。

一九三七年七月的中日事变勃发，日本政府虽坚持不扩大方针，但华北的日本军事行动却不得已而益加扩大了。苏联遂借口一九三六年三月所缔结的苏蒙相互援助条约，使多数赤军进驻蒙古东部及中南部，完全视为自国领土。此事给了人民共和政府及军队中一部民族民主主义分子一个很大打击。因此自一九三七年中日事变勃发以至一九三九年三月，以乔伊巴尔桑为首领的追随苏联派，和由于苏联对蒙政策而民族民主主义的意识形态益趋鲜明的一派，展开了同类相残、惨不忍闻的大斗争。

即中日事变勃发不久，代密特元帅应莫斯科之邀，于西伯利亚途中被戕后，首相根德文，东部军司令官丹巴将军，马尔某参谋总长，及诺伊丹等军政要人十四名，东部爱马克·由戈兹尔庙的有力喇嘛二十三名，及政府机关协同组合地方机关、军党机关等约数百名，都不知道被弄到哪里去了。

点缀这一场血的历史最后的，便是在人民共和国政治上遗留了很大功绩的阿摩尔首相。他和根德文同是缔结苏蒙相互援助条约的主角。然而命运〔和〕永远是好愚弄人的：他是亲苏派的首领，政治完全是受苏联指导，而以民众政治家自任的。但他决非用冷笑看着多数同志无辜被戕，和为民众祭祀中心的寺院日趋没蓄〔落〕，而漠然无动于衷的。

他是个彻头彻尾的民族民主主义政治家，他被处死的理由，据乔伊巴尔桑说是："阿摩尔是庇护反政府的阴谋分子，反对逮捕彼等，防备国境怠忽，出卖祖国的反革命者。"

这是一月二十七日，诺孟汉国境监视哨附近外蒙兵不法越境，逮捕指挥官，袭击满洲国监视哨，硝烟将起前三月的事。苏联赤军的进驻外蒙，不得不以某种事物对外蒙国民证明其正当，于是诺孟汉事件扩大了。

一九四〇年六月国境战云终了，举行确定满蒙国境的交涉，于库伦召集过去六年未曾举行的第八次国民大会，国民才知道舞台里的情形了。同时制定新宪法和新国旗。一言以蔽之：该宪法乃是把握住蒙古人民共和国采用右翼政策后，已相当顺调发展正沿着非资本主义的发展路线进行的特质，而加以修正的。其第一条是："蒙古人民共和国，是为打破帝国主义及封建主义的压迫，且移入将来社会主义起见，正确保国家非资本主义发展路线，勤劳国民（牧民劳动者、知识阶级）的独立国。"

新宪法比较旧宪法特别惹人注目的，便是明文规定了人民对劳动、文化、教育、卫生、社会保证的享有权。又外、陆相兼摄首相的乔伊巴尔桑，对蒙古人民共和国的现在发展阶段说明如左：

> 我国已完成伟大的进步。现在吾等已确信屹然站在非资本主义的发展路线上。我国的经验实具有伟大的世界意义。因为我国是首先由于社会主义国家苏联的援助，脱却了封建主义和奴隶制度，正向社会主义迈进的国家。我国正回避着资本主义的奴隶制度惨祸，发展国内的社会生产，且创造不许榨取及虐待存在的新社会关系。

我想这话可以充分说明蒙古人民共和国的现在动向和苏蒙特殊关系了。

以上虽极简单，但已将戈壁沙漠地方直至今日所发生的事件，大体记述了。

一如世人所知：一九四一年四月十三日在莫斯科缔结了《日苏中立条约》，该条约已将近年动辄恶化的日苏国交，加以全面的调整，确立了善邻友好关系，颇值庆贺。我们除了对松冈外相并建川大使的努力以及苏联最高首脑的对日认识，表示很大的敬意外，该条约并于言及"满洲国"及蒙古人民共和国的附属声明中，规定"日苏两国互相尊重两国领土的保全及不可侵"，使吾等衷心颇觉愉快。

由于该条约的缔结，"满洲国"及蒙古人民共和国，实际已被相互承认，将来无益的国境纷争等也可防止。进而可以确定两国全面的国境，创造开始通商的转机。又现在日本正以不退转的决意，一直向建设迈进，对于东亚共荣圈的确立，中日事变的处理，或东洋和平的维持各点，不无裨益。

但是现在蒙古人民共和国和苏联的友好不可分关系，及蒙古国民国家社会意识的觉醒，乃是亘过去二十年间，中伤诽谤敌视日本的结果，欲发挥《中立条约附属声明》的精神，真正确立相互亲善关系，吾等不得不特别对蒙古期待今后真挚积极的协力。

（译自《大陆》第四卷第七号）

《国际新闻》（月刊）
北京国际新闻社
1943 年 4 卷 2 期
（朱宪 整理）

蒙疆最近的概况及其资源

伊　人　撰

关于蒙疆的事情，现在渐次给人们忘掉了。但是蒙疆的近况是怎样，相信有许多人是渴望知道的。蒙疆不特是我们中国的一个特别区域，同时在建设"大东亚共荣圈"当中又是一个协力者，总是比较其他的地方密切关怀的吧。笔者把《经国》十一月号里面《蒙疆的资源》全篇翻译过来，却又感觉到蒙疆的近况有点儿不明白，又在里面的《跃进的蒙疆自治》与《蒙疆地势概况》二篇当中，选采一些资料，写成一段蒙疆的概况。在蒙疆各种消息缺短的今日，聊作一个简单的介绍。

一　蒙疆的概况

一

通常所谓蒙疆，是指外蒙及满洲所领有的西南地方的蒙古民族定住地带，但自中日事变以后，蒙疆的概念有了一点儿的变化，所称蒙疆是指蒙古联合自治政府统治下的地方。蒙疆的位置，东以大兴安岭为界与"满洲国"接壤；西与宁夏、甘肃为邻；南以内长城线为界与中国本部接境；北控戈壁沙漠，邻接延续漠北的置在苏联势力之下的外蒙古。

民国二十六年，因芦沟桥一发的枪声而引起中日事变，八月二十八日，即日军入城之翌月，德王与李守信率军入张家口，九月四日成立"察南自治政府"。至同年十月十五日，在大同又成立"晋北自治政府"。蒙古军更乘势向绥远蓦进，组织"蒙古联盟自治政府"，推戴云王为主席，德王为副主席，并任命李守信将军为"军政部长"。

以上三个自治政府的目标，都是以"亲日防共、民族协和、民生向上"为鹄的的。后至十一月十二日，这三个自治政府，为着要促进善邻的关系，和处理产业、金融、交通的必要而且重大的事项的原故，成立了一个"蒙疆联合委员会"。至民国廿七年九月一日，又将蒙古、察南、晋北的三个自治政府统一起来，产生了一个单一政权的，现在统治的"蒙古自治政府"，那政府是由"蒙疆联合委员会"改组而成的。这"新政府"的主席，是"蒙疆联合委员会"总务委员长德王，副主席是"晋北自治政府最高委员"夏恭，与"察南最高委员"于品卿。

二

蒙疆的住民，大抵以蒙族、回族、汉族为主。其数目大概察南有一百五十万，晋北一百五十万，旧蒙古联盟地域二百五十万。察南和晋北地域大抵都是汉人，旧蒙古联盟铁路沿线也大概是汉人居住的地带。铁路沿线，今已不见有蒙古的游牧生活了。

整个"蒙古联合自治政府"辖下的蒙古人，约计有三十万，大多数退入阴山山脉的北方地域，继续着昔日的一点儿不变的游牧生活。此外有十五万左右的回族，住在铁路沿线的西端地方，他们是土耳其系统的鞑靼，称为白鞑靼。

蒙疆的言语，沿铁路一带以中国语为通用语。铁路沿线地带的居住者，虽然是蒙古人，也不使用蒙古语，差不多连蒙古语全都是遗忘了。但是在与外蒙古交易的时候，却盛用蒙古语的，今日许多商店的招牌还有蒙古语遗留着。在"蒙疆政权"成立以后，承认以蒙古语为公用语。蒙古语与汉族语，完全是异样的言语。它的散在的地域非常广泛，即东至满洲，北至西比利亚，南至察哈尔、绥远、宁夏，西至甘肃、青海、新疆各地，更远而至于苏联之里海及其他各地。

三

"蒙古政府"自民廿九年三月以后，曾进行调查户口，除纯粹蒙古地带的锡盟、乌盟、伊盟及察盟之外，其他各地的调查大致完了，同年七月由治安部发表，人口总数如下：

种别与人口

种别		
日本人	一四，四七四	三六，四二〇
半岛人	一，四三三	四，一二三
汉人	九五六，五五七	四，八三四，九五八
蒙古人	六，三五四	二九，八七九
回人	八，二九三	三七，一五五
满人	一，七九七	五，八五三
外国人	二二六	四六三
无国籍者	四	八
合计	一，〇六三，三五二	五，一一四，四八七

政厅与盟别人口

户数		
察南	三二六，七五四	一，六一九，七五四
晋北	二七七，八八五	一，四二一，七六八
察盟	一三一，一九一	六〇七，八九一
巴盟	三二四，六九〇	一，四五〇，〇七二
伊盟	三，三二四	一五，四八三

其他人口调查仍未完竣的纯粹蒙古地带，其人口推算如下：

锡盟	一〇〇，〇〇〇人
乌盟	三五，〇〇〇
伊盟	三六〇，四三八
察盟	五〇，〇〇〇

　　蒙疆人口总计为五百六十五万四千九百廿五人，与调查以前推算的五百五十万人数大略相近。蒙疆内的人口大约还有一部分避居疆外的，若是治安安定，则不久快要回来了。

二　蒙疆的资源

一

　　若说到蒙疆，就很多人感觉到，在一望平坦的草原当中，与七百年前的昔日成吉斯汗崛起，建设一个历史上所未见的大帝国当时一样，羊群还是游行着，与所谓资源的科学的近代语，距离还是很远的。但是事实上却不是那样的了，蒙疆的资源很是丰富的，在亚细亚北边的昔年的草野的国家，已经给人们遗忘了的蒙疆，自"满国事变"以后，已迅速的跃出于世界之前了。蒙疆是近代国家成立所必要条件之一的一个天赋产业资源的"国家"，又是"大东亚共荣圈"之一环的重要资源"国家"，那事情已给人们明白了，又引起世界人们的注意了。蒙疆不只是资源的"国家"，又可以建设做工业国的蒙疆，有确实质地的，现在着着建设发展的，是一个可喜的现象吧。

二

　　天赋资源的蒙疆而又还未开发的蒙疆，畜产是现在蒙疆的第一

产业。在甘美的牧草青绿繁生的夏季，蹲在水边咬食牧草的羊，
要是到了全土冰闭的冬期，那么就要啮食冰下枯草的残骸，吸收
自己体内夏季贮藏的脂肪，很挣扎的求生命的继续，只有强者得
到生存，弱者就要死亡。这个优秀性更与近代的良种交配，又改
善饲育的设备，蒙疆的羊便充分具有冠绝亚细亚的素质。年产三
千五百万斤的羊毛，相当全中国百分之七十，看这件事情，便可
以证明了，要是加以改良，则可以得到更大的期待可以充分满
足的。

　　蒙疆不单只羊是这样，其他的畜产牛、马、豚等也是这样。民
国二十六年畜产的头数略记如左。不消说，蒙疆家畜的总数，不
容易得到正确的数目字的，下列的数字还有多少的变化罢：

牛	五六〇，〇〇〇头
马	五〇〇，〇〇〇
骡	九六，〇〇〇
驴	二七五，〇〇〇
山羊	
绵羊	三，九五五，五〇〇
骆驼	五二，六〇〇
豚	五四〇，〇〇〇

　　又以上的畜产畜毛输出数量如左：

羊毛	一二，二六八，一〇〇公斤
驼毛	一，七四五，〇〇〇
马毛	二二，五〇〇
豚毛	三三，〇〇〇

　　又畜皮的输出量如左：

牛皮	四八、五〇〇张
羊皮	七八六、〇〇〇
犬皮	三五、九〇〇
马皮	一五、一〇〇
其他	二一七、二〇〇

又事变前蒙疆羊毛的出产量为三千五百万吨，毛皮类为五百万圆，事变后减少，是值得注意的事情。

蒙疆的畜产，当着高叫蒙疆产业化的今日，依然是蒙疆最重要的产业，即蒙疆经济的基础没有一些的变化，克服阻碍牧产发展的诸困难，计划他的改良，使蒙疆的经济开发，那是最迫切的办法。对于蒙疆畜产的发展，应改良之各点列举如左。

一、防止墨守以前的原始的放牧法，避免冬季期间没有干草饲料时毙死的危险。

二、计划防止兽疫的灾害。

三、对于蓄殖的考虑。

四、对于因农耕面积增大，使到〔得〕牧畜地带渐减的补救方策。

五、对于因物价腾贵，无考虑的出卖家畜以求购入生活上的必需品的对付方策。

六、畜产价格与其他的产业价格的平衡问题。

七、小畜产家的保护问题。

三

矿业与工业本来是互相依倚而发达的，蒙疆因为工业不大发达，所以矿业也是因而不振。但是如果一看龙烟的铁矿和大同的煤炭，则蒙疆的资源还是很丰富的。煤铁之外，还有云母、石绵、黑铅等，殆可以说是无尽藏的罢。

给第一次世界大战当时铁价昂贵的刺激，首先开发的龙烟，是宣化、龙关、怀来各地全部总称的名称。于民国二十八年由"蒙古政府"及"华北地方政府"合办创立龙烟钢铁公司。铁矿区计有三处，面积十五万公亩。含铁的成分为百分之四十乃至百分之六十。龙烟钢铁最初的收买，是跟着民国廿六年十二月，因为由山脚通至京包线宣化驿的矿坑专用铁道路的完成，由日本日铁、八幡制铁所开始运货而正式开始的。但是到了最近，则铁矿送往北京的石景山制钢所，产矿愈见增加，大规模的制铁事业在该地的开始，是很有希望的。此外在武川、固阳、萨拉齐、清水河、包头、阿尔多斯等地亦有矿脉。就中，据说固阳县有七十万吨、武川县的白云山有三千二百万吨。不过因为是旧式制炼法，直至前年的年产额只有一百吨，所以仍有开发的必要。

就煤矿来看，蒙疆的煤矿是非常丰富的，可是地方僻远，运输不便，为了这个，所以丰富的资源依然放置未开。

从大同原野的西边，迄口泉山脉以西的大同，跨过怀仁、左云、布玉、平鲁、朔县，延长而至东北——西南一百零十公里、西北——东南十七公里，面积绵亘一千八百七十平方公里的大同煤矿，其埋藏量据称有四百亿吨。前年由大同炭矿株式会社采掘，不过现在还未至正式采掘的程度，炭层、倾斜度、涌水量等还不致发生爆发性瓦斯气，条件好，同时炭质也极优良，其埋藏量充分保有世界炭矿的素质。

此外，蒙疆有数的炭矿，有下花园炭田、大青山炭矿等，其埋藏量与炭质都是有将来性的炭矿。

蒙疆因为空气干燥，蒸发力旺盛，湖沼与河川没有连络，各处都有盐产生。他的主要盐湖有达赖那尔、塔布斯那尔、哥尔班那尔、哥布罗斯马达那尔、大哇那尔、塔斯班等。蒙疆生产的盐就是一般的蒙盐，此等蒙盐在市场上因产地的不同，又分为吉盐、鄂盐、苏盐、青盐。

现在蒙疆的生产约七十五万担左右，还有增产的必要。倘若整理设施，同时改善运输机关，大量蒙盐的生产是可以期待的。除了民食利用以外，还活用之为工业盐，这个不是为着现在工业未曾发达的今日的蒙疆，而是为着将来的大大利用的时期的。

此外蒙疆的矿产资源还有曹达，这个多是从盐湖那里出产的。事变前只旧察哈尔及绥远两省，已经出产的曹达有九千七百万吨。

此外在大青山山脉一带出产良质的石绵，只在这个地方的埋藏量，据称有六十八万吨。又在察南地区宣化县王家楼及胡壮子附近，年产硫黄一千八百斤。在旧绥远省大青山侏罗纪炭层中亦产生硫黄。

蒙疆的矿产资源还包藏有黑铅矿、石灰岩等，仍然死藏着还未开发。

四

蒙疆的农业是汉族移住后的事情。以掘锄土地为禁忌的蒙古人，以不为土地所束缚的夸称为强者。除掉这个的习惯原因之外，还有另一个原因，他们喜欢率领数千百的羊群在草原上追逐，享乐自然。纵使蒙古人能够做着劳苦的生活，破除祖先传来的习惯，开耕草野变为田地，但是那干燥的土壤，要过二三年间，农作物才能够成长，要是在肥料与灌溉不充分的时候，数年以后就会化为沙漠。化为沙漠的土地连野草也不能生植的。

话虽如此，要是一看到民国二十六年后蒙疆的农产物生产量及输出额，则有如下的丰富量，这个多是政府的指导得来的：

种类	生产量	输出量
糙米	一三，七五三石	二，一九〇石
小麦	四八五，三八八	九〇，一〇〇
粟	一，四七三，六九四	五〇，四四七
糜子	一，一四九，八二〇	一五七，三九七
燕麦	一，三八一，一六四	三二一，八〇〇
大麦	五六〇，二五六	一七三，二二三
高粱	八〇七，二八一	二九三，三九六

续表

种类	生产量	输出量
豆类	六八六，七〇八	一八九，四一四
荞类	一五六，三二〇	七一，七五〇
粟	一二四，二四八	二七，三一五
杂谷	四三五，五八〇	四五，七四九
合计	七，二七四，一七五	一，八七五，七八一

据上表列，蒙疆地域内不只食粮充足，而且每年有三千万吨，即三千八百万元的输出。

蒙疆的农产除掉没有水利的地方以外，统是干地农业，他的种类，有小麦、糜子、燕麦、大麦、高粱、豆类、荞类、杂谷、麻子、菜蔬等。

五

蒙疆的农业专是阴山山脉南方的地带，特别是面向黄河流域的伊〈克〉昭盟的东、西、北方地带，及察哈尔的桑干河流域，其他的地带农耕非常的困难。农耕地带在一世纪乃至三世纪以前，这个广大的地域完全是蒙古人游牧的地方。清初，因为汉族的移住，这个游牧的草原才变为耕地。现在汉族的居住地，大体上是以百灵庙、多伦为境界线。在"大东亚共荣圈"建设当中，"中日、满蒙结成一体"的今日，绝不是什么汉族与蒙族的问题。但从民族的历史与素质及经验上说，汉族的农耕者确比蒙古人优秀。

即如上所述，耕耘草地使变为耕地，若放置不理，则数年之后必化为不毛的沙漠，所以在那一点，对于现在蒙汉两民族特异性使之发展，那是指导者最重要的事情。

又如果奖励蒙古人半耕半牧，那么会使牧畜和农业二方面都有减少的危险，所以暂时对于蒙古人要使之在喜欢牧畜的当中去改善，更着目善导他们职业的意识，及指导他们将来对于工业的发展。

　　现在外蒙已有数万的外蒙人成为很熟练的工人了，从事产业获有高度的能率，若知道这个事情，会使我们有深刻的感觉吧。

《新亚》（月刊）
广州协荣印书馆
1943 年 9 卷 1 期
（朱宪　整理）

后套特点的介绍

乔允中　撰

后套的特点颇多，最显著者如哈木耳栅坝，草坯砌井，人受水管，房随人行，沙头扑河，汽船用羊，老楞积麦，靠河不靠天，丈青定纳赋等，兹分述如下。

一、哈木耳栅坝

哈木耳系一种荆棘性的木本植物，生长沙中。油性颇大，燃烧性最烈，虽在大雨中取回，立即可燃，此其一特性也。最显著之功用，则为栅坝。后套地带系由冲积层土质所构成，一块石头也没有。大小水渠的堵口材料全凭哈木耳。大小渠合龙口时，水流湍急，除了用哈木耳外，其他东西都不成功。每届合龙口时，渠夫、渠头三五十人，聚集渠的两岸，一面布土，一面布哈木耳，由两岸向中流累积，至相距五六尺或七八尺时，水愈急，土柴都不能停留，此时将预先捆扎好的哈木耳大圆棒由多数渠工高高抬起，几倍的提土筐的工人贴着挺立，渠头将口令一发，扎捆一落，土筐倾盆而下，一声成功，龙口就合着了。如果捆扎差点，或土筐倾倒时，不十分集中，马上就被水冲刷丢了，岂但口不能合，简直连人的性命都难保全。哈木耳入水后，与土缠在一起，立即凝固，虽经多年亦不腐坏。其功用较之石闸并无不及，真是后套的一种天然石头。有石头的功用，而无石头的笨重。不然黄河九曲，仅水闸问题，亦无法能解决矣。天生哈木耳，乃所以解决后套无石头之困难也。上天独厚后套之言，信哉。

二、草坯砌井

后套井浅，寻常皆是七八尺，渠深亦不过丈余。因当地无石头，木料亦缺，砌井时倍觉困难。捆枳艽草根可以代替，但是日久就把水变坏了，当地老百姓体验有年，将未开放之草地皮，用锹砌成车轮似的小块，叫作草坯。砌成后，反过来，过些日子干好以后，很结实，放在水中，亦不溶化。因草根互结，自然凝固也。用以砌井，三五年内，丝毫不动，水味亦无变化。取材简易，人工又小，故乡人多乐用之，亦最好之代用品也。

三、人受水管

后套人少地多，农夫辛苦差池，水利甚溥，几乎到处可以灌溉。水流到哪里，就种在哪里，水不到的地方，就无人播种了。浇水通常叫作淌地。彼比〔此〕相谈，常拿"淌过了没有"为题相问。尚未淌过，即将该段地遗弃，另觅别的种地去了。修渠打沿的工很少。小畦简直没有。水已流到地边，稍差三二寸即可浇灌，但也不肯用工具打一下，老等着水自动汲上来灌地。纯粹是水管人，人不管水的习惯，故云，人受水管。

四、房随人行

后套人烟稀少，木料缺乏，村落不集中，高厦大屋很少，三家一村，五家一村，地在哪里，就住在哪里。就地盖房，异常简单。墙高达七尺，房大约七八尺，五六根细椽，就可建一间房屋。当地取土，都是□土，非常方便。把土坯墙修好后，上边架几根椽，覆点红柳把子，敷上泥土就成了。秋收后，将粮食存窖中，将房上的椽拆下来，或用车拉上，或用人背上，就迁到别的地方去了。第二年种地时，再将椽带回来，盖在旧墙上，一半天的工夫，即将房子盖成了。故曰房随人行。

五、沙头扑河

沙头扑河的景致，更见鲜明。自石嘴山起迄西山咀止，均可看见，而尤以磴口县附近为最□。因贺兰山脉至石嘴山止，山脉平伏、西套流沙，直接扑来，毫无阻碍。流沙日夜向东滚滚，沙梁密集，方位莫辨。高者数十丈，最低者亦在七八尺之□。流沙至黄河岸时，直扑河中。河水汹汹，如同虎噬，沙头直奔，婉〔宛〕似冲锋，沙头扑黄河，黄河吞流沙，沙也填不满河，河也吞不完沙。一方是蜂拥而入，毫不退避，一方是张口猛吞，岂肯示弱，终年拼斗，无日或息，浑浑然，诚大观也哉。由后套至宁夏之车道，即由此沙丘中穿行。水靠东岸时，可由西岸平地通过，还省点劲。水靠〈西〉岸时，即与沙头直接冲突，致丈高之沙丘，直投河中，行人车马不能靠岸，须绕入沙中，另觅道路，或十来八里，或三二十里。既无车辙，又无遗痕，方向不辨时，即须升至沙顶遥望河道。一日之内，多则行三二十里。笨重车马，无法通过，旅客之困苦可知矣。

六、气船用羊

黄河水运，一往无返。水势汹，坡度太大，船只能顺驶而上〔下〕。逆流上返，纯恃人力，舟子恒以为苦，遂有羊皮筏子代替品出现。其制法最为简单，把活羊的皮整整的脱下来，把毛翻里去，皮翻出来，抹上点油，用时吹起来，捆在木架上，投入河中，即可乘坐。每筏子用羊皮十四个，分三排，前后各五，中间四个，捆好后，把气吹足，下半入水，上半现于水面，气羊上铺些柴草或席片，人即坐其上，顺水直下，速度很快，仅用一人驾驶，无风之日，可驶二百里左右。由兰州东下之客商，多乘此物。送到目的地后，驾驶者将羊皮中的气放了，按成板片，捆成一捆，或用驴驮，或用肩背，而向他的原籍返回去了。资本小，功效大，运用简捷，装备省工。因其特点多，故乘坐者亦多，因为靠岸行，故出险者甚少。真乃是最简单最适用，亦发明最旱〔早〕之汽船也。

七、老楞积麦

谈到老楞积麦，更可见后套之丰富了。老楞者，黄河岸上未经人工修筑之自然土上堤也。水利溥□，产粮丰富，粮价低减，供过于求，五谷之不知珍惜，已有年矣。后套产粮以小麦、黄米为大宗，销路以包头为最大。陆运工具比较困难，故以水运居多，小麦运输，不用袋装，由各处将粮运至岸时，不能当时装船，就随便倒在老楞上，待等够了一船时，才把船调来装运。船舱内铺点柴草，将小麦倒入，在河中行进间，水常浸入，麦粒经湿，颗粒增大，下船时往往较上船时增多。故包头商人来后套买粮时，首先就要说明是船麦或车麦。船麦较车麦价格减低，原因即在此，盖地中所产无甚差别也，所差者即运输工具问题耳。

八、靠河不靠天

后套天雨较少，种地全靠黄河，一年四季都可灌溉，头年浇好，第二年必定丰收，初不必计及天雨之有无也。四季水各有专名：曰春水，曰热水，曰秋冬水。以热水为最好。又分为桃花水（三月），哈木耳水（四月），麦芒水（五月），伏水（六月）。今年伏水如果浇足，明年小麦必能丰收，热水浇足，当年的黄米子必能丰收。抗战以来六七年间，后套雨量太少，而产粮很多，靠河不靠天的话，已经有事实上的证明了。

九、丈青代纳赋

丈青制度，也是后套地多人少的现状中鼓励耕种的一种方策。因后套地广人稀，需〔税〕赋制度，未经确定。领土权虽属国家，所有权则归盟旗王公，种地的多系佃户。政府收田赋，须以地中有无收成为标准。青苗出土，才负缴纳责任。种多少，缴多少，不种就不缴。每年青苗出上〔土〕时，政府即派人丈青。丈完，依照所得数字，摊派一切。故名曰丈青代纳赋。

《绥远文讯》
归绥绥远省文化运动委员会
1944 年 2 期
（李红权　整理）

抗战建国中的蒙古现状

鹤 天 撰

一 政治

自绥蒙政会分出，移设伊盟后，伊盟和乌盟土默特旗未沦陷区域的政治，在绥远蒙政指导长官公署指导之下，由绥蒙政会负责推进。兹将两机关之组织及人物，略述如下。

绥远省境内蒙古各盟旗地方自治政务委员会（简称绥境蒙政会）原设归绥，事变后，一时停顿，于民国二十七年五月，在伊盟扎旗恢复，暂设五处办公。二十八年春，沙委员长入都，呈请增设三常委，并恢复事变前之七处、三委员会，机构乃益健全，组织大纲亦略有修正，于二十九年三月五日，由国府公布，举其要项：（一）国民政府为促进绥远省境内蒙古各盟旗地方自治事业起见，设立绥远省境内蒙古各盟旗地方自治政务委员会（以下简称本会）。（二）本会办理乌、伊两盟所属各旗及归化土默特旗、绥东右翼四旗之地方自治事务。（三）本会直隶〈于〉行政院，并受中央主管机关及中央指导人〔大〕大〔员〕之指导，遇有关涉〈省之〉事件，应与首〔省〕政府会商办理。（四）在抗战期间，会址暂设扎萨克旗。（五）本会设委员十九人至三十四人，由行政院就绥境蒙古各盟旗之盟长、扎萨克或总管及其他相当人员遴选，呈请国府派充之。并于委员中，指定委员长一人，常务委员三人。（六）每四月开会一次。（七）委员长执行前条会议之决议，因事不能执行时，指定常务委员一人代理之。（八）略。（九）本会分左列各处、会，分掌各项事务：秘书处、参事处、民治处、实业处、教育处、卫生处及建设、赈济、财务三委员会。（十）略。（十一）略。（十二）本会设参议十八人，就各盟旗佐治人员中派充之，常川驻会，代表各盟旗接洽并办理一切事务。（十三）至（十六）略。

　　会中重要职员：委员长仍为以〔沙〕克都尔札布（伊盟盟长），常务委员为荣祥（土默特旗总管）、图布升吉尔格勒（郡王旗扎萨克）、鄂齐尔呼雅克图（扎萨克旗扎萨克）。委员除伊盟各旗王公外，在乌盟中仅加入东公旗贡噶色楞、西公旗奇俊峰等。秘书处处长荣祥兼任，参事处处长康达多尔济（达拉特旗扎萨克），民治处处长特固斯阿木固郎（乌审旗扎萨克，最近逝世），教育处处长图布升吉尔格勒兼任，实业处处长阿凌阿（镶蓝旗总管），保安处处长乌勒济巴雅尔（即奇文英，准噶尔旗护理扎萨克），卫生处处长色登多尔济（杭锦旗护理扎萨克），建设委员会主任委员奇俊峰（乌盟四公旗扎萨克），委员有康济民、任秉钧等。赈济委员会主任委员旺庆扎布（旗〔鄂〕托克旗扎萨克），委员有白音仓等。财务委员会主任委员鄂齐尔呼雅克图，委员有阿凌阿等，民三十年新任青年委员经天禄（原秘书处主任）、胡凤山（原参事处主任）、贺耆寿（原民治处主任）、白音仓四人。

　　至绥远省境内蒙古各盟旗地方自治指导长官公署（简称绥蒙指导长官公署），原设归绥，事变后，迁榆林。二十八年秋，为加强工作计，由中央决定加派副指导长官一人，其组织条例亦经修正，其要项：（一）绥远省境内蒙古各盟旗地方自治指导长官，承行政院之命，指导该省境内蒙古各盟旗地方自治事宜，并调解省县与盟旗之争执；（二）指导长官二人（特派），副指导长官一人（简派）；（三）设参赞一人（简派）；（四）略；（五）绥远省境内蒙古各盟旗地方自治政务委员会开会时，指导长〈官〉或副长官应指导；（六）略；（七）绥远省境内蒙古各盟旗地方自治政务委员会处理事件，或发布命令，指导长官认为不当时，得纠正或撤消之；（八）（九）略。现指导长官仍为阎锡山，副指导长官为朱绶光，下设三处。

在抗战中，绥蒙政会最显著的工作，可分为下列几项：（一）肃清敌探汉奸。敌成立傀儡伪蒙自治政府后，对蒙古抗日根据地的伊盟，想用政治阴谋，完全并吞，或暗中派人赴各旗秘密活动，或诱各旗人员渡河参加伪蒙，故旗〔绥〕蒙政会特别注意严查，虽未能完全绝迹，但都有所顾忌。（二）统制皮毛、药材。敌在伪蒙区内重价收买皮毛，伊盟一河之隔，大利所在，奸商趋之，多以皮毛资敌，故绥蒙政会设法统制。又奸商不免以药材运至伪蒙，换购仇货，因得重利，故各旗对药材□一律统制，虽未能完全禁止，而效大著。（三）整理保安团队。要保卫伊盟，不能不增强武力，要增强蒙民抗日武力，不能不整理各旗保安队。设有伊盟保安长官公署，长官为沙盟长兼任，参谋长诸大光，为中央所派，曾拟有整编各旗保安队办法。各旗之保安司令由旗扎萨克兼任，直属保安长官公署。其编制拟定扎、郡、乌三旗各编二大队，达旗三大队，抗〔杭〕、鄂两旗各四大队，准旗编五大队，统计二十二大队，将来每大队改为一团。至整训步骤，第一期二个月，由各旗保安司令部参谋长先召集大队长、分队长等，施以训练；第二期三个月，由各旗已训练之干部，召集士兵，施以训练。第一步中央业已派员点验，闻新增副司令，由绥远傅主席方面派定马秉仁充任。（四）推进各种教育。除整顿各旗小学、设立民众教育馆外，最显著而最有成绩者，为创设国立伊盟中学，闻近又拟设一国立小学，业得中央允许。（五）办理急赈。抗战以来，黄河西南岸驻军增加，各旗民众一切供应繁重，加以连年荒旱，生活为〔维〕艰，曾屡请中央拨给巨款赈济旗民。（六）推进交通。数年以来，伊盟交通事项大进，电报除东胜电报局外，有旗〔蒙〕政会并其他各军政机关之无线电台，邮政除东胜、扎旗等外，又新增乌、鄂各旗之邮政局，榆林经伊盟至五原之直达邮路已通，又有通讯网，惟道路因沙漠关系，未能积极修筑，闻近由各方拟□设驿站，通行大车，不久或大有改进。卫生方面，蒙旗卫生极为需要，中央原设蒙古卫生院，绥、包沦陷后，移宁夏，蒙政会对卫生工作，注意推进，现蒙古卫生院已有伊盟卫生队，常驻扎旗，分巡各旗。

又有一事足述者，即成吉斯汗陵寝之迁移。成陵原在郡王旗之伊金霍洛，二十八年春，忽由敌方传来消息，说德王想盗移成陵，各方都很注意。时沙委员长适在行都，乃商请中央将陵寝迁移内地，以免为敌伪窃据利用。中央准其所请，当派蒙藏委员会蒙事处处长楚明善为专员，到伊盟会同郡旗协理贡布扎布，主持移灵事宜，于同年八月中，将成陵移至甘肃兴隆山，伊盟人心，益为安定。

至乌、锡各盟、归化土默特旗、原察哈尔部各旗等陷于敌伪，名义上由伪蒙自治政府领治，据其所宣布之施政纲领为：（一）宣扬东亚道义，期其实现；（二）使诸族大同协和，以人民之本义为基础，大施经纶；（三）新兴民生，确保安宁，以完全人民之幸福；（四）由共产主义毒害中解放诸族，以资强化世界防共阵线；（五）以盟邦相结，同志相契，以协助东亚新秩序之建设。这五条和察南伪自治政府的四大纲领，大同小异，而意义更扩大，词句更含混，阴谋更毒辣。原察南伪政府之四大纲领，第一为"日、察为一"，据宣布为"融和日、察，结成一体，永久不可分离"，即所谓"盟邦相结，协助东亚新秩序建设"，就是要把伪蒙土地变为日本的土地，等于日、韩合并，成了永久不可分离的一体。第二是"铲除共党"。据宣布为"歼灭共党维持道义，拯救人类覆亡"，即所谓"由共产主义毒害中解放各族，实现东亚道义"，就是要借"铲除共产"名义，来歼灭我抗日的游击军，维持礼让为国、不抵抗的东亚道义。第三是"民族协和"。据宣布为"敦睦民族无分畛域，协力共图和平"，即所谓"使诸族大同协和"。就是要伪蒙人民变成日本的奴，让日本的人民到伪蒙来居住管业，作官吏，做伪蒙政府的太上皇，充各村各户的乡长、家长，大家不分畛域，认为一家人，一切压迫不要反抗，要敦睦，要和平，不可把日本人当做异族外人，非我族类，一切忍受，不可排外。所以报纸上、文告中，往往说"日、满、蒙、回"四族，把汉人除外，或说"日、蒙、回、汉"四族，要把固有的住民，蒙人、汉人和日本人拉在一起，好像察、绥内蒙原来也有日人居住，并要硬把回教徒拉入，列为四族，想分化我民族，于蒙古伪组织外，并企图成立回回伪组织，真可说是毒辣卑污、腼颜无耻。第四是"民生向上"。据宣布为"改善民生开发产业，造成王道乐土"，即所谓"新兴民生，确保安宁，以完全人民幸福"，就是要把我察、绥的富源掠夺，工商业垄断，交通统制，察、绥人民的农产、畜产、矿产，完全归于日本人，由日人霸占，或者运往日本，或者供给日军，你们蒙、汉人民的粮食、煤炭和皮毛衣料，不得自由使用。有了这个施政纲领，伪蒙的一切政治，便随着这个大目标实施，土地成了日本的殖民地，人民成了日人的奴隶，一切成为日本所谓建设东亚新秩序的利用品，即由征服中国进而征服世界的一个"外府""根据地"。兹再把他根据这个纲领而设施的政治分述如左。

关于所谓实现东亚道义、"铲除共党"者，如日军分驻张家口、归绥、包头及平绥路沿线各地，给养由人民供给，运输由人民劳动。修筑营房、飞机场，发动人民全体工作，美其名曰"勤劳奉仕"，限期完成，予以一纸奖励状，并因修筑营房、操场、飞机场，把人民房屋和市街商号拆毁无数，并强拉民夫永久为日军服役。为防我方破坏铁路，令沿平绥线的各村人民负责看守，美其名曰"爱路村"，一遇我方炸毁或破坏，即任意杀戮该村人民。为防我方人员秘入伪蒙境内，遍布日警、伪警，人民须一律有良民证，并附像片，随时随意入人民家内检查，衣物任取，妇女任污，或驱全村人民至乡公所点名检查，任意侮辱，稍涉嫌疑，即拘留审问，非刑拷打，或灌口鼻以煤油、辣椒水，或十指下竹签，甚至割去四肢、耳鼻，或装入口袋内，用汽车送入黄河，因无良民证或嫌疑而死者，不可胜数。又于二十七年八月，令各县组织宣抚班，由日顾问率领下乡工作，其宣传要点：（一）严防共党之煽惑，并拒绝售与粮秣；（二）保护公路；（三）协助皇军歼灭党军及自卫军；完全在防我方军队之攻击，或工作人员之潜入，以及伪方人员之反正，这便是"铲除共党"。

关于所谓诸族协和、无分畛域者，要蒙、汉人把日本人看做父母一样，无论进城门，上火车，凡遇日本人，必须鞠躬行礼，无论何人家屋，日本人任意居住，并要把日本人看做蒙古人，且是蒙古人的领袖，伪自治政府下的大小机关内，日本人充当次长、厅长、署长、院长、局长，蒙古大小官吏，受他指挥，这是自治，是民族协和。一方对汉人和蒙人、回人却要分化，挑拨蒙、汉感情，说汉人从前霸占了蒙人土地，唆使蒙人索还，说汉人从前欺侮了蒙人，唆使蒙人欺侮汉人，并用其他种卑鄙方法，如见一蒙人，问你是真蒙古、抑假蒙古，如说真蒙古人，则特别表示亲热，说我们是一家人。遇蒙、汉争执，辄偏袒蒙人，使蒙、汉人自相摩擦，彼此仇视，一方并挑拨回民和汉人、蒙人分离，于伪蒙政府外，再成立一个伪回回国，以便占据我西北各省。极力拉拢回教同胞，每施小惠，使其自相宣传敌人德意，如敌在绥、包各地统制米面、煤炭，限制人民用数，而回教同胞不在禁止之列，反特别优待，每由日方赠送面、煤若干，以施殊异。并利用回教同胞中不肖分子，组织各种团体，为西北回教联合会（正副会长为吴桐、曹英），各地设有分会（包头分会长为吴耀宸）。归绥有回民联合委员会（正、副委员长为杨觐光、曹玉泉）。归绥、包头、大同等地均设有回民青年学校（归绥校长为马康，大同为马孝）。又设西北护路保商督办公署（督办为姜文焕），西北贸易促进会（会长马福田），一方收运西北各省皮毛输入绥、包，一方把仇货运出，输入西北各省，同时刺探各方军情，宣传敌人德意，并暗中联络回教同胞中不肖分子，其谋甚阴，其计甚狡，挑拨分化，反说是民族协和。

关于所谓新兴民生、开发实业、完全人民幸福者，农业的米粮，初则用纸票把人民存粮一律掠去，继则在收获场中，除若干给人民外，即全行归公。人民计口授粮，只许食杂粮，不得食大米、白面。第一年曾贷给农民牛、马，以后把人民的牛、马和畜产品，大量运入平、津，转运倭国。矿产由日人开采，运入日本，人民限制使用煤炭，购买须得许可。种鸦片，以平绥线为种植鸦片区域，强按亩收税（一九三九年收烟税至四百二十三万元之多），遍设烟馆、鸦片公卖，设土药公会，并有吗啡、金丹、海洛因等毒品，令日、韩浪人到处售卖，他如赌场林立，妓院遍布，人民米、面，食不得饱，鸦片毒品，尽量供吸，赌场妓院，任幸〔意〕出入，便是所谓"民生向上、完全人民意〔幸〕福、造成王道乐土"。

关于所谓"盟邦相结，以协助东亚新秩序之建设"者，亦即所谓"结成一体，永久不可分离"。日本不特想成为东亚的盟主，

且欲成为东亚唯一的帝国，伪满洲国成了朝鲜第二，事实上结合
为一体了，伪蒙自治政府，又成为伪满第二，并在伪蒙报纸中天
天鼓吹日、满、蒙、回四在〔族〕，或日、蒙、回、汉四族的结
合。时时企图西〔在〕包头一带，再组织伪回回国，以便和〔合〕
族〔西〕北各省的土地人民，完全和日本结成永久不可分离的一
体。不特要满、蒙、回成立伪组织，和日本结和〔合〕，并注意到
远方的西藏，也是由蒙古着手，即由"满"而蒙，由蒙而回，而
藏。民国二十五年，绥远某机关侦悉有日本间谍混入西去的驼商
中，将往西藏，经详细侦察，确有其事。这个日本间谍，名劳卜
生沙密笹月，在蒙古地方居留有年，此次奉百灵庙日本特务机关
之命，携款二十万元，前往西藏煽动成立"西藏国"。某关系机关
得报后，密令在西去的路上，予以捕获，所谓"西藏国"的阴谋，
未能实现，但可知倭寇的计划，要东亚有许多伪组织，都合〔和〕
日本结成永久不可分割的一体，方算是"东亚新秩序的建设"。倭
寇为达到这个目的，在伪蒙区内有什么"善邻协会"、"兴亚协
会"，用怀柔方法、羁縻手段、同化方法，使永久结成一体。九一
八事变后，善邻协会即在西蒙一带大事活动，设学校、医院，从
事笼络和麻醉蒙古人，所设立的学校，计有锡林郭勒盟阿巴喀贝
子府一处，百灵庙一处，招收蒙古儿童，供给服装、书籍等，课
本是日、蒙合璧，强迫学习日语，便是要日、蒙结为一体（闻在
伪满用的手段，男学校旁有一日本女学校，平日有各种联合，毕
业后，彼此结婚，要达到日、"满"一体的目的。伪蒙日本居留者
多，将来进一步，必也用此巧妙手段）。同时又诱骗各旗王公，选
旗中青年可资利用者，资送日本国内留学。善邻学〔协〕会在东
京特为蒙古学生设一"善邻学寮"，以备蒙古学生居住和初到时学
习日语。该会当时在察北和百灵庙□设有医院，免费施诊，又经
常派人至各旗流动□医。蒙人不知卫生，患病的甚多，尤其性病，

日人用新法治疗，蒙人不知不觉感激日人的恩德，认为确是善邻。归绥沦陷后，该会设于归绥，会长为日人前川。至兴亚协会与善邻协会之直以日人为会长者，形式上略有不同，而其阴险则又过之。因他和倭寇政府的兴亚院相呼应，而为笼络各地绅商、诱惑我各地民众之总机关，其在察、绥的本部，则设于伪自治政府及伪盟公署之所在地，各县各旗也皆遍立分会，举凡各地之政治当局、封建王公、宗教领袖、大绅巨商，以及一切稍有知识的人士，都在网罗之列。其中组织表面上虽由我察、绥人民负责，而幕后运动者，完全为敌方的顾问和特务人员。这个组织不仅伪蒙区内，凡我沦陷各地都有，便是所谓建设东亚新秩序的一个特务机关，一种巧妙的方法手段，虽然表面上属于行政范围，事实上是利用政治力量，达到他施行纲领的设施之一，所以在这里一并述及。

由上所述，可知所谓蒙古联合自治政府者，完全为一个傀儡机关，为替倭寇施行诱惑欺骗、掠夺压迫蒙、汉民众之机关，敌人想要他如何便如何，所以一再改组，各傀儡一再调动，以期适合倭寇的需要。三十年六月一日又加改组，除主席、副主席等仍旧外，把原民政部与保安部合并为内政部，部长丁其昌，产业部与财政部合并改为经济部，部长马永魁，总务部改为总务厅，厅长关口保，交通部改为交通总局，局长金永昌，司法部改为司法委员会，长官杜运宇，并设兴蒙委员会、回教委员会及助力委员会，其中兴蒙委员会，关系蒙政尤大，特详述之如次。

据敌伪宣称，兴蒙委员会系合并牧业总局与蒙政审议会，更加以扩大强化，以期蒙旗行政之综合运营。又说："兴蒙委员会，由官制观之，直属于政务院，承政务院之命，掌理主管事务，但委员长关于主管事务，认为有制定、废止或改正法律、教令及院令时，得向政务院长提议，要求举行政务会议。又关于主管事务，能以职务或特别委任发出命令，因而能指挥、监督盟长及各政厅长官，于违背法令或侵犯公益时，得停止或取消之。"又说："一般人动辄将该委员会认为伪中央计划机关，且系执行及指导机关，从此行政机构与旗民组织，已进为表里一致。"又说："关于牧业，并不限于蒙旗地带，且包含农耕地带，一切牧业政策，均由该委员会立案指导，下级机关执行。该委员会之主管事项，为关于民政、教育、实业及保安之事项，置总务、民政、教育、实业、保安等五处，使之分别掌管所管事项，则为前牧业总局、蒙政审议会之全部所管事项，及原民政部、保安部、产业部并其他关系机关所管事项中关于蒙旗之事项。"据此，可知兴蒙委员会的内容一班〔斑〕。

至内部组织及各首逆，松委员长下分五处，总务处处长为乌勒吉图（北京蒙藏学校毕业），民政处处长吉尔格郎（前伪伊盟民政处长），顾问本村祐次郎，教育处处长陶克托胡（前伪民政部教育科长），顾问暂由本村兼，实业处处长瑞永（南京中央政治学校毕业，曾入日本早大），顾问石井三郎。委员有察盟特副盟长、乌盟林副盟长、锡盟补副盟长、巴盟默副盟长、伊盟阿副盟长等五人，及其他政务院雄□□等五人，又有连络委员二十二人，由盟旗土官中选出。

内蒙六盟，除伊盟完整，锡、乌各盟陷归伪蒙处〔外〕，哲、昭、卓三盟，原在东北四省内，九一八后，次第沦陷。敌在伪满国内设一伪兴安省，内分为伪兴安东、西、南、北四分省，东、西布哈特各旗为伪兴安东分省，省会设雅鲁；昭乌达盟各旗为伪兴安西分省，省会设巴林右翼旗；哲理〈木〉六盟及索伦未设县之各旗为伪兴安南分省，省会设王爷庙；呼伦贝尔各旗为伪兴安北分省，省会设海拉尔。至卓索图盟则直属伪兴安省，仅设一业务局，原有各旗，虽大半仍旧，但扎萨克已改为旗长，不必世袭，甚至不必蒙人，日本人也有代为旗长者（各分省伪省长，表面上北分省以前呼伦贝尔副都统贵福之子凌陞为省长，东分省以布特哈王鄂伦恭为省长，南分省以图什业图国王延喜海顺为省长，西分省以昭盟盟长哈尔为省长，事实上，一切政权全由日人主持，省长完全傀儡）。

伪兴安各分省在伪满洲国内，可说是划出一个蒙古特别区，但一切行政，仍不外怀柔羁縻、诱惑欺骗、威挟压榨等手段方法，与伪满固为一体，与乌、锡各盟的伪蒙政治，也大致相同，兹不赘述。

外蒙古自民国十年独立后，成立国民政府，十三年，哲布尊丹巴逝世后，改为蒙古人民共和国。其政治组织为苏维埃式的共和制度，最高权力机关，属于大国民议会（蒙语名大波拉尔登）。其议员由各都市、各乡村和各军队中选出。每年开会一次，其下设小国民议会，等于苏联的中央执行委员会，在大国民议会闭会期间，行使职权。其委员由大国民议会选出，每年至少开会二次，每期选出五名常务委员，组织常务干部会，并选出政府阁员，组织国民政府。其组织及阁员自一九二四年以来，屡有变更，兹将一九三五年三月小波拉尔登所选出的阁员，□之如下：

主席	阿莫尔
国务总理	根顿
第一副总理	省伊巴尔三
第二副总理	德米特
军政部长兼总司令	德米特（兼）
外交部长	根顿（兼任）
牧畜农业部长	多布金
教育保健部长	□河
工商邮电部长	威□伊伯托
司法部长	都引寝伊兹布

内防处长（即苏联的隔别屋）　　刺吾萨拉

据最近由外蒙来人云：外蒙古于民国二十六年十一月□□生□□变乱，系日人诱惑旧日之王公、喇嘛，拥国务总理根顿及副总理兼总司令德米特为领袖，□欲推翻库伦政府，失败□□杀，改组政府，现内阁重要人员如下：

主席	乔普鲁桑
副主席	普□乐
国务总理	脱思拉格倾
副总理	燕济玛女士
军事委员会委员长	乔普鲁桑兼
军政部部长	扎拉巴图尔
航空司令	夏多苏龙
蒙古国家警卫司令	扎拉作斯夫（俄人）
中央党部书记长	华登巴拉（兼教育部长）
工业部长	巴拉策三登

至地方行政组织，把从前"盟旗"制度改为"爱马克、候雄、司蒙、巴克、阿尔班"五级行政制度。第一级的爱马克相当于内地的省，即外蒙旧日的汗，分为五部（即原四汗及科布多），惟改为汗肯特乌拉部、博克多汗乌拉部、齐齐尔里克满达林乌拉部、汗台希里乌拉部、杜尔伯特部等新名，每一"爱马克"分为二十至三十"候雄"，外又有市，蒙名"候德"，现仅库伦一市，地方各级行政，亦均有议会和政府。

外蒙古的政治，可在他的宪法中看出慨〔概〕要。宪法中规定政府的根本任务，在打破封建神权制度，依照人民利益，驱逐外国资本，故其内容，可分为：（一）废除王公贵族的称号；（二）政、教分离，喇嘛不得干涉政治；（三）王公、贵族、喇嘛及商人、高利贷者等，没有选举权；（四）土地、矿产、森林、湖川及一切富源，收归国有；（五）经济的国管，确立外国贸易的专卖权；（六）组织国民革命军，武装劳动者和青年，消灭一切国内外的榨取者和复古者；（七）言论、思想、集会、结社的自由；（八）民族平等，男女平等，宗教信仰的自由权。

关于财政方面，征税制度，时时变更，最初除关税外，有营业税、基本资本税、收益税、商店税等，旋为促进商业，废止营业税及商店税。一九二四年国会议决：（一）征收直接税，以免人民负担；（二）征收累进税，实际救济灾民；（三）为抑止私人商业，课以重税。一九二五年，为保护外蒙产业，又改为差别税的关税，以商品等级的不同而征税。家畜为蒙人主要财产，一九二七年又实施家畜税法，其要点：（一）寺院家畜与一般人民同样征税；（二）从事驿递的马匹，亦不得免税；（三）税率概由政府决定。

外蒙的政治是以国民革命党为推动机，该党不是共产党，但派有代表在第三国际出席会议，接受其指导。该党附属有青年党，其对国民革命党，相等于共产党青年团之于共产党。据说是完全一致而工作，但据笔者民国十六年在库伦时所观察，当时国民党倾向中国，青年党倾向苏联，听说国民党以后也左倾，现在大概一致了。该党领袖为土本巴托尔与哈恩西斯夏巴尔，现有党员二万多人，青年团有一万多人。

二　经济

内蒙地处塞外，一般人或以为沙漠不毛，无经济之可言，实则土地半系肥沃，物产亦颇丰饶，惟富源尚多蕴藏，地力未尽，人工未施耳。抗战以来，次第进展，除已沦陷各地，由敌伪极力发展搜索外，以硕果仅在的伊盟说，地居河套，土地甚沃，不宜于农，即宜于牧，且西部多湖泊，咸产碱、盐，如鄂托克旗有盐池

六处，以苟池、北大池、察罕达布素池为最著。碱淖七处，以察
罕淖为最著，大小纳林淖、巴彦淖等次之。杭锦旗内盐池有固山
班图池，哈纳□□池等处，皆盛产盐，又名锅底池者，周二三十
里，质大色青，俗名青盐。碱湖有五处，年产约二万担。乌审旗
尚有昌汉淖等碱滩，久未开采，近拟着手。神不瑶镇以碱著名，
实则原料皆产自伊盟蒙旗，不过运至瑶镇制造而已。据日人调查，
伊盟之碱，年产九千七百五十万吨，伊□二盟之盐，年产共八千
万斤，实则盐产以伊盟为最多，抗战以来，因盐、碱价值日昂，
采掘亦随之日盛。此外矿产，如鄂旗内有辉铅银矿，在王元地以
南，红白刺湾以上，清贻谷在绥时，曾聘俄人开采，因运输不便
中止。据云每百斤矿石含纯铅百分之五十五斤，每千斤矿石含纯
银一斤，蒙人多取之以铸铅丸。又有赤铁矿，在二子渡口，据云
矿层浮于山面者，约二三尺至五六尺，长约三十余里，太平天国
时代，曾以土法开采。附近又有煤矿（在王元地东卓资山、老实
黑山一带），产量甚丰。且各旗均有煤矿，而达拉特旗尤随地皆
是，东胜一带，更有极佳之无烟煤，到处可取。扎萨克旗，近亦
有数处采掘，尚不大丰。畜牧以鄂托克旗为最盛，年产马、牛、
羊、驼等在二十万头以上，马尤优良。乌审旗之马，亦以善走著
名，数量且多，惟躯较低小。羊毛、牛皮也是鄂、乌两旗最多而
较好。达、准两旗则垦地较多，农产较丰，谷物中以糜谷、荞麦、
莜麦、高粱、马铃薯等为多，小麦、青稞也有。药材中有甘草、
枸杞、苁蓉、黄芪等，亦以鄂旗为最多。乌审旗又产磨菇，虽不
及外蒙之佳，亦甚可口，抗战以来，因张家口、库伦道不通，乌
旗产量日多，价亦日昂。至工商业均不发达，手工业仅有毛毡、
栽绒毯、毛编〔织〕物等。商业大半为汉人，且多行商，遇庙会
最盛。交通，抗战以来，也渐渐增辟，除各旗互通道路外，由包
头至达旗和杭旗王俯〔府〕有公路，可通汽车。其他主要干路有

三：（1）为包榆路，由包头经达、郡、扎、乌四旗，至榆林，俗称线一马路；（2）为包磴路线，由包头经达、杭、鄂三旗至磴口；（3）为包东路线，由包头经达、郡二旗至东胜。邮电方面，通邮者有扎旗王府、郡旗王府、准旗□山、东胜县城、新民保五处。最近闻乌审旗王府、鄂旗阿拉废、杭锦旗王府、桃力民亦通。通电者有东胜电台，现移扎旗。

　　至锡、乌各盟的经济，现归伪蒙，完全由倭寇统制侵略。金融机关有伪蒙疆银行，妄称为伪蒙自治政府之国家银行，二十六年十一月成立，资本额定一千二百万元，总行设张家口，分行有大同、归绥、丰镇、怀来、宣化、涿鹿、包头、平地泉、北平、张北、多伦等地，可知其势力之深入。此外又有伪蒙联盟、伪察南、伪晋北三实业银行，系属于地方性质之银行，分行更遍于各县，于是发行伪钞，管理外汇、贸易，一面禁止我法币的通行，复设法套取法币，一面又搜括民间所藏之银块、银币和银首饰，由汉奸任意诬报，商民因受严刑而死者甚多。矿产则由日人经管，如包头西北石拐沟煤矿，二十八年四月专建筑一包石铁道支线，宣化之龙烟铁矿，于二十八年六月设立龙烟铁矿有限公司。又调查得石拐沟煤矿油页岩，年可产汽油一万三千八百万吨，乃于二十八年二月设立蒙疆煤炭液代〔化〕厂，以提炼汽油，近又在大青山开采石棉矿。农产则因倭国内食粮缺乏，对察、绥粮食极力统制搜运，在张家口设有蒙疆粮谷组合总部，归绥、包头各设支部。对人民按口计粮，不许私存，且强摊硬派，搜查收没，违者处以死刑。民三十一年以来，更于收获时，各乡设一公共场所，由敌统计分配，除若干外，一律归公，每月每人分配食面，原规定七斤半，后又减为六斤，距城镇十里以内者，按人口计准买一日之粮，三十里外〔张〕者，准买三日之粮。畜产则在家口设有蒙疆畜产有限公司，统制一切，至皮毛，则统制尤严，凡伪蒙区内皮毛，由三井、三菱、钟纺、日毛、兼松、满蒙毛产、满蒙畜产及大蒙等八大公司垄断，他人不得收买。各公司于二十七年一月共组一蒙疆羊毛同业会，以重价收买，并奖励甘、宁、青羊毛之运入。工商业完全垄断，在张家口设有大公毛织厂，在归绥设有蒙疆毛织厂，在包头设有蒙疆制革株式会社及钟纺蒙疆制革厂等，收取皮毛，就地制造。又如蒙疆公司为倭寇统制伪蒙经济及经营一切商业之主要机关，其业务分烟土、皮毛、杂粮、铜货四大部。大蒙公司经营日本及伪满砂矿、煤油、酒类、杂货、烟草、纺织物等之向伪蒙输入，及平绥线粮食、蒙盐、皮类、牲口等之输出。此外有由蒙疆、三井、大仓三公司所组织之出口公司，专经营平绥线之驼、羊毛、皮革、蛋、粉、油脂等原料对欧美之输出。有蒙疆商业株式会社，专运销日本物于伪蒙。又有蒙疆木材公司，垄断建筑木材。有蒙疆石油公司，包办石油买卖。有蒙疆运输公司，操纵运输事业。有蒙疆电气株式会社，统制电气事业。财政则肆意罗掘，税及猫狗，据说箱中的衣服，也要估价上税，真是世界奇闻。交通则平绥铁路由敌军铁道部队管理，仅张家口至包头一段，伪蒙交通部得参与营业而已。除原路外，新建有包头至石拐沟煤矿二路，民三十年完成。为图军事迅速，防我游击，并掠夺物产运输便利计，抗战以来，公路建筑甚多，现计已成及将成公路，在绥远境内者共十五线，在察南者，万泉县新筑四线，宣化县新筑十七线，涿鹿县六线，怀来十二线，怀柔十四线，延庆十三线，龙关二十二线，由敌设立蒙疆汽车股份有限公司，往来北平、天津、张家口、张北县。察南十县均有飞机场，及各重要城市和乡村，都有电话，防我游击队的袭击，或军民的反正，张家口有放送局，收传各方消息，诱骗边民。

　　外蒙经济，十余年来，长足发展。就畜牧说，外蒙人口百分之九十以上是业畜牧的，据一九二七年统计，即笔者在库伦时的调查，各经济部门的收入，牧畜占有百分之五八·五，其余各部门共占百分之四一·五（农业六·八％，牧草一·五％，狩猎及家庭工业三·〇％，商业二·二％，运输业〇·二％），可知畜产在外蒙经济上关系之巨。当时牧畜数共约二千万头（二〇，一四一，八六五），至一九三四年增加为三千一百余万头（羊一五，九四八，四〇八头，牛七，八五〇，一三五头，马四，六二一，八〇二头，驼二，八六二，六三七头），即增二分之一以上。还有一重要的变化，在一九二八年，占全蒙古人口百分之一七的王公、贵族、喇嘛、富户等却占有家畜总数百分之五五，即半数以上，到一九三五年，王公、贵族的畜业完全消灭，喇嘛寺院的牧畜数目，由一九二五年的二，六四九，〇〇〇头，减少为二二四，〇〇〇头，最近不到百分之一了。其畜产品每年也很多，如羊皮年产三百二十万张，牛皮四十五万五千张，马皮四十二万张，牛羊肉八十八万担，羊毛十八万担，驼毛一万六千五百担，马鬃一万四千担。又外蒙牧畜现采共营制度，一九三一年，全外蒙有七百四十所共营牧场，参加人员达十七万人。

据外蒙《民权报》内有《蒙古革命二十周年牧畜之发达》一文，据载外蒙牧畜总数：在一九二四年为一三，七七六，〇〇〇头，至一九二七年增至二〇，七八三，〇〇〇头，到一九三六年增至二一，四二〇，〇〇〇头，到一九三九年增至二六，〇〇〇，〇〇〇头，马增二千六百万头。并谓第十次全蒙代表大会议决，到一九四五年全国牲畜总数，应增至五千万头，到一九五〇年，应增至二万万头。又载外蒙纪元二十七年，苏联史达林助外蒙割草机器十具，由此外蒙畜牧得甚大利益，其割草面积在一九二八年为一四，〇〇〇格，至一九三九年增至一〇九，二五八格。并谓外蒙畜牧原无厩棚，以后逐渐增多，在一九三五年有二六，五七二棚厩，到一九三六年复增五五，三〇九，到一九四〇年又增至一〇〇，七九〇，可知外蒙畜牧之概况。

就农业说，外蒙农业近年始渐渐发达。其农业中心地带，在库伦北部鄂尔浑河、土拉河、色楞格河附近各地，逐年增加。据一九二八年统计，已耕农田为一〇五，〇〇〇英亩，不及外蒙总面积五千分之一。一九二五年为二万五千公顷，一九三〇年增至四万一千多公顷，民三十年增至四万三千多公顷（内汉人经占有三万九千多公顷）。同时也渐渐社会化，共营和国营的农场面积，逐年增加，个人经营的逐年减少，据一九三五年统计，外营〔蒙〕十六万五千农户中，已有九万二千多户加入了集体耕作制。寺院农场因限制和课以重税之故，更大减少。如一九二四年，寺院农田计有四千公顷，到一九二九年减为七十公顷了。外蒙农业政策有九〔六〕点值得注意：（一）蒙人从事农营，经官方许可者，政府允以无代价租予土地；（二）蒙人业农者，在三年内，免纳任何租税；（三）承租期满的汉人，不得再租与耕地；（四）设置国营农场；（五）设农业讲习所，研究改良农业方法；（六）贷款、贷粮，以鼓励蒙人从事农耕。这个政策可说是奖励蒙民从事农业，排斥汉人。外蒙五年农业计划，在一九三五年完成，农产品以小麦、大麦、青稞、豆类为大宗。

就矿产说，外蒙矿产很富，有金、银、铜、铅、铁、石炭、岩盐等。外蒙金矿已知的有二十多处，都由苏联开采，著名的如土谢图汗部巴图贝勒旗的蒙古诺尔金矿，三音诺颜汗南部的拜达里沙（据测有二万五千普特的埋藏量），及阿尔泰山麓，并库苏古尔湖东岛里河本支流一带（据云占苏联所产金额百分之六十）。石炭矿据苏联地质调查所探测所得，有三大产地：一是库伦附近的拉喇赫炭境〔矿〕，其下层埋藏量约三万普特，一九二八年开始采掘，一九三五年产三十万普特，投资至六十万蒙元，工人有二七五名，并敷设库拉铁道；二是东部克鲁伦海沿岸，一九二七年发现，厚度达二十六米突；三是西部科布多一带，因分布散漫，尚未开采。铁矿亦多，据日人满铁会社的调查，外蒙铁矿的种类，多为赤铁矿及格鲁莫铁矿，在车臣汗一带最多，库〔车〕臣汗和土谢图汗并各有银矿，已成立采银公司，从事采掘。铅矿也不少，已发见土谢图汗部两处，车臣汗一处（为王铅矿），库苏古尔湖方面一处。库苏古尔湖畔的达尔哈图，并有两山，全部蕴藏最良的石墨□有开采者。

就工业说，外蒙十余年来，积极提倡，一九二五年在库伦设立一大发电所，能发五百基罗瓦特的电力，一九三一年续设第二发电所，并先后设立制革工厂、砖瓦厂、木林〔材〕、机器、酒精等工厂。兹将一九三一年底各工厂的资本金及各种生产品的总价格列表如下：

工厂别	资本（单位蒙元）	生产品价格（单位蒙元）
拉喇赫煤矿	八三，九九〇	八五，〇〇〇
木材工厂	一四九，九三五	五二，八六〇
砖瓦工厂	二五〇，〇九五	一七五，〇〇〇
机械工厂	四一四，一四〇	二五二，八八五
制革工厂	八九二，三五〇	四九三，五〇〇
酒精工厂	一，五八六，五七〇	八一一，〇一五
共计	三，三七七，〇八〇	一，八七〇，二六〇

此外并有汽车厂、印刷厂、面粉厂等。家庭工业也很发达，并构成三十三个组合，拥有一千多组合员，一九三四年生产额达五百万蒙元。

就商业说，外蒙商业，从前大半是汉商经营，自民国十三年后，对汉商限制、排斥并苛待，外蒙商业遂全由苏联经营了。且逐年向上，据统计苏蒙贸易，一九二四年输入一，五〇四，〇〇〇卢布，输出一，九七〇，〇〇〇卢布，合计是三百四十七万四千卢布，到一九三六年输入四九，二〇二，〇〇〇卢布，输出二二，八五二，〇〇〇卢布，合计竟达七千二百零七十万四千卢布，增加了二十多倍。一九二七年又创设苏蒙贸易公司，是苏联把他在外蒙古经营的各种公司合并起来，和外蒙的中央消费合作社（系外蒙政府设立，总社设库伦，各地有分社，现职员六百余人）互相联络，专作出口商业。又一九二八年至一九三一年间，外蒙商业渐渐社会化，私人的商业的势力，逐渐减退，如一九二八年至一九二九年蒙古中央消费合作社的交易，占全国商业的百分之三五，至一九三〇年达百分之七二，闻最近私人的商业，可该是等于零了。

就货币金融说，外蒙自一九二四年设立蒙古银行，资本二百万卢布，一九二六年铸造银币及铜币（其银币单位，名脱格里克，即蒙元）并发行纸币（分一元、二元、五元、十元、二十元、五十元及百元七种），其基金初向苏联借得一百万卢布，后向人民征集价值二百万两银的家畜，把一部输入苏联，作为归还苏联借款，其余一部分划作新货币的准备金，交归财政部保管。

就交通说，外蒙交通前仅有库伦通张家口的公路和电报，近年则积极进展。张库公路在原路西又辟大道，长二千五百余华里，库伦至恰克图长八百多华里，十六年笔者由库伦去苏联时，即通汽车，现已有铁道。库伦至乌里雅苏台长一千一百二十公里，乌里雅苏台至科布多四百八十公里，科布多至乌梁海七百多公里，均通汽车。又库伦至克鲁伦长七百二十俄里，可通汽车，并由克鲁伦向东，可到满洲里及海拉尔，也通汽车。邮政在民十前，库伦有一等局一所，乌里雅苏台、科布多、买卖城各有二等局一所，乌得及扎音库伦各有三等局一所，统辖于北平邮政局，民十后全撤消，旋外蒙在库伦设邮政总局，除以上各地外，又添设东库伦、西库伦、赛尔乌苏、卡体尔、波尔沙洛局，经苏联与各国邮政相通，但库、张间反不通，全由商人携带。电政则库伦、恰克图、科布多、克鲁伦、伊林霍罗等地均有无线电台。库伦、恰克图间，并设有有线电话，又库伦至苏联的伊尔库次克有定期航空，可载旅客和邮件。水运在色楞格河及其支流与鄂尔浑河间，有轮船公司，经常通船。由各方面看来，外蒙古的经济，已渐渐现代化了。

三　文化

蒙古文化，向集中于寺院，可说是仅有宗教文化，自民国以来，逐渐进步。内蒙各盟旗自北伐后，分隶各省，学校次第立设，现除沦陷盟旗外，伊克昭盟自抗战以来，各知识分子，集于绥盟〔蒙〕政会，文化随之大进。就学校说，伊盟各旗早均有小学一所，而准旗较多，且有一同仁学校，系民国十七年奇子俊最初设立者。学生每校最少三十余人，多至六七十人，教员普通二人或三人。校长除扎旗外，皆为各旗土官，经费由中央补助，每校全年三千元。又有国立伊盟中学一所，现有初一、初二两班，并附设补习班及战区班，一切官费。学科除普通各科外，加习蒙文，最近中央又决定在伊盟设一国立小学，各旗于十三年又筹添小学十余校。兹据绥盟〔蒙〕政会兼教育科长康济民君所开调查表，录之如下：

绥境蒙政会所属各旗现有学校一览

旗别	学校名称	全年经费	学生人数	所在地址
郡王旗	国立伊盟中学	九四，六四〇	一八四	栽生召
扎莎〔萨〕旗	扎旗小学	三，〇〇〇	三三	蒙政会附近
郡王旗	郡旗小学	同	五〇	王府附近
准噶尔旗	同仁小学	同	七四	鞍子壕
鄂托克旗	鄂旗小学	同	三二	耳林图

旗别	学校名称	全年经费	学生人数	所在地址
乌审旗	乌旗小学	同	六一	旗政府
杭锦旗	杭旗小学	同	二八	旗政府
达拉特旗	第一小学	同	五三	腮五素村
	第二小学	同	四〇	城塔乡
西公旗	旗立小学	同	五八	同义隆
东公旗	旗立小学	同	七一	五原
准噶尔旗	暖水镇小学	四〇〇	二九	暖水镇
	五字湾小学	同	四六	五字湾
	那公镇小学	同	二三	那公镇
	纳林镇小学	同	三四	纳林镇
	德胜西小学	二〇〇	四二	德胜西
	东四队小学	二〇〇	五〇	东四队
达尔扈特部	达尔扈特小学	五〇〇	四五	伊金霍洛
乌审旗	霍吉图小学	同	三〇	霍吉图
	西公爷商小学	同	三一	西公爷商
鄂托克旗	王府小学	同	三八	王府
郡王旗	台吉召小学	同	一八	台吉召
杭锦旗	苏汇川小学			苏汇川
	大庙子小学			大庙子
	鹰老儿小学			鹰老儿

　　上表所列，大多已由教部核准有案，即在筹备招生□亦已列报，至经费均请由教部补助。又最近中央在伊盟设国立小学六所（每旗一所，郡王旗早定），三十二年，经费共一百五十万元，业已派员筹备。至社会教育，有民众教育馆及蒙藏委员会绥蒙调查组所设之通俗图书馆，均在扎旗。报纸有绥蒙党部所办的《民众日报》，及绥蒙青年团所办的《蒙旗青年旬刊》，均半为蒙文。此外遇各地庙会时，蒙民聚集，绥蒙政会和绥蒙党部每有图书、文

字等宣传品，并有讲演。抗战七八年来，伊盟蒙旗的文化，确是长足进步，一般人民生活习惯等，也大改旧观，渐渐向现代化方向前进。

锡、乌各盟伪蒙区内的文化教育，完全在倭寇奴化政策之下，近世所谓"灭人之国，必先灭其文化，根除其爱国思想"，倭寇对伪蒙更是无所不用其极。自二十六年敌据察、绥后，首先搜查有关党义和国耻纪念等的书籍，一律焚毁，事变前的报章杂志，悉数运走。原有各学校的教员、教本完全更换，一面由日本人、东北人充当教员，一面成立师资养成所、日语讲习所，造就大批汉奸教育人材。一面把伪满教科书拿来暂用，一方面又成立教科书编纂委员会，着手编辑适于奴化蒙民的教本。其教育方针，一方分化我民族，便〔使〕不知有中华民族，一方要把我边地民族，完全亲日，和日本民族为一体。试看伪蒙自治政府所宣布的教育方针，对蒙、汉、回各族而异，对蒙族者有四："（一）彻底实施产业实务教育；（二）彻底推行体育、卫生及宗教教育；（三）日本语及其文化之彻底吸收；（四）常识之养成及生活之改善。"对汉族者有三："（一）彻底实施日本教育及其精神；（二）培植日、满、支协同体之基本精神；（三）彻底恢复礼教，并施产业教育之训练。"对回族者有二："（一）除前述外，彻底实施道德教育；（二）树立亲日思想，逐渐陶冶于日本教育之训练。"一则曰彻底吸收日本语及其文化，再则曰彻底实施日本教育及其精神，三则曰逐渐陶冶于日本教育之训练，是完全要同化我同胞，变为日本奴隶。又一则曰培植日、满、支协同体之基本精神，再则曰树立亲日思想，要使我汉、回同胞亲日，不排日，与日本渐成为协同体，而蒙族则已与日本为一体矣。又一则曰彻底推行宗教教育，再则曰澈底恢复礼教，三则曰彻底实施道德教育，要使我边地同胞，永久保守旧宗教、旧礼教、旧道德的旧文化，不要有新思想。

看他这个方针，可以知日人的毒辣政策和阴谋诡计。所以在实施方面，小学校里日语占大半时间，国语便仅是蒙古话，历史中有日本史、满蒙史，却无中国史，直欲使中国儿童不知有中华民国与中华民族。

伪蒙古内的学校情形，据倭寇所发表，各盟旗、各市及善邻协会所设立的小学，计巴盟二五八所，学生共一四，四六六人，察盟二三三所，学生七，九四三人，锡盟十所，学生三五〇人，乌盟六所，学生一九〇人，伊盟七所，学生一四〇人，厚和市八所，学生二，一〇〇人，包头市八所，学生一，〇一三人，实际恐不及二分之一，如伊盟并未沦陷，当属子虚。中等学校新设者，巴盟有盟立师范学校（在归绥），察盟、乌盟、锡盟各有一市立青年学校，察南有师范学校及农业学校各一所（旧有中学恢复四所），中等以上学校，最高者为蒙疆学院，系伪蒙的最高学府，院长关口保，副院长田边孝利，都是日人。察南有察南学院，晋北有晋北学院，归绥有蒙古学院。

至社会教育，在各地设民众教育馆，配合其宣传班、爱民班，作亲日的宣传。并令各校学生参加所谓"防共青年团"、"少年团"、"儿童团"、"妇女防共会"等，以"防共"为烟幕，使中国人反对中国人，消灭我同胞的国家观念。新闻机关有《蒙疆新闻》（日文版）、《蒙疆新报》（伪蒙政府办）、《察哈尔新报》（察盟公署办）、《蒙疆晋北日报》（晋北伪府办）、《蒙古民声报》（归绥），以上各报，均归伪蒙疆新闻社统辖，由日人细野繁藤负责。虚伪宣传，专以诱惑欺骗为目的，又张家口、归绥、包头均有电影院，专映日本影片，借事宣传诱惑。此外更利用纪念日、座谈会等机会，作欺骗讲演。

至外蒙文化，从前可说是全由喇嘛教寺院包办，除宗教寺院外无变化。一九二一年后，学校教育与社会教育始渐渐发展，就学校教育说，从前仅少数贵族略受教育，一九三四年国民教育部设立后，始渐渐普及。当时部长受鲁登巴杜罕在第三次党大会中，提出国民教育大纲：（一）国民教育，不分贫富，一律平等；（二）教科书由国家编辑发行；（三）男女同学；（四）小学一律国立，私人不得设置；（五）提倡体育；（六）派遣海外留学生；（七）广设工业学校；（八）设师范学校，研究教育理论和方法；（九）设文化局及编译委员会，提高学术文化；（十）改良印刷；（十一）各民族（布里雅特、巴鲁宁、伊齐亚哈鲁等）均有享受就学的权利。根据他的大纲，外蒙小学全是国立，学生衣食全由学校供给。教科书全由编译委员会编译，且都是蒙文的。一九二六年，笔者在库伦时，据统计，外蒙小学校共七十六所，学生达一千一百余人，中学一所，学生六十余人，到一九三二年，小学增加到一百五十多校，学生达七千三百多人，中学校增至十四所，学生达二千人。一九三三年改革教育的结果，到一九三四年小学减为五十九所，学生三四千人，中学减为五所，学生五六百人，设国民大学一所，学生数十人，此外又有补习学校、各种职业学校、党务学校、士官学校、戏剧学校等，学生数千人。外蒙青年，可说是无一不识字了。至社会教育，有国民党组织的地方文化普及宣传队，携着电影机、乐器、无线电、收音机和戏剧队游行各地方，尽量宣传，鼓励大家识字读书，破除迷信，为社会国家服务。教育部设有民族教育科，于各学校，设平民夜校，经费由开通民智科支给。库伦有蒙文日报五种，杂志九种，各机关、学校都有壁报。一九三二年外蒙国民党八次大会，议决学术委员会的几种重要工作：（一）扩充国立图书馆；（二）编辑《爱玛传》（即外蒙古志）；（三）增加博物馆的动植物标本；（四）编纂蒙古历史地理；（五）扩充库伦天文台；（六）增加汉、满、英、法等文字翻译员；（七）扩大矿、植物研究及考古调查等工作，并于各地遍设俱乐部，内有图书、体育、讲演、壁报等设施。

外蒙对于戏剧运动，特别提倡，一九三二年国立剧场成立，同时设立戏剧学校。剧本都用蒙古语编成，以布英诺米□的《维□》（真理之意）与《过去、现在及未来》为最有名，此外有明□□《□成吉斯汗的睡狮》、《卖国贼的报应》等，都是代表革命运动的作品。一九三二年布英新作《黑暗的努力》，更有价的。各部各旗人都有新剧的组织和演出，笔者前初入外蒙境内，留郭尔班赛恒旗时，便有到一次最单简的排演，即在月夜沙地上试演，观众围坐沙中，后在库伦也看过几次，都是形容旧日王公和喇嘛的腐化，与其对人民的压迫剥削，当时虽系雏形，非常简单，但得感恶人心。

外蒙独立后，对宗教喇嘛，碗心反对，无论新剧、书报，无不特别形容。笔者在外蒙时，曾看见一画报，一面画着〈革命〉前喇嘛人〔大〕张其嘴，人民用车驮载金银，送其口中，一面画革命后喇嘛嘴唇封锁，金银不能入。又于一九三〇年实行反宗教运动的五年计划，办法是：（一）劝年长的喇嘛遵守教义，不准接近妇女；（二）对青年喇嘛讲述喇嘛教的种种黑幕，使他们觉悟还俗，从事生产；（三）严禁十八岁以下的青年充当喇嘛；（四）凡喇嘛赴各地，须领执照，不得自由行动，违者征〔惩〕罚；（五）限制喇嘛的畜牧；（财产）超过定额□没收；（六）喇嘛的土地，概须纳税；（七）禁止宗教书籍流行；（八）对民间作反宗教、倡科学的扩大宣传。在这种反宗教路线之下，喇嘛实力渐渐减少，一九二七年外蒙喇嘛数为一一六，三七〇人，到一九三二年减为八二，〇〇〇人。近年外蒙青年□□迷信宗教为耻辱，喇嘛可说是成为历史下的残迹了。

四　战后的蒙古

如上所述，征服蒙古为倭寇征服中国的起点，我们则要以恢复蒙地并建设蒙古为抗战建国的最后据点，现在未沦陷的伊盟，固为蒙民抗日根据地，而已沦陷的内蒙其他各盟旗，无论暂属伪满、伪蒙，经过近十年来倭寇的蹂躏、掠夺、压迫、剥削，人民大半觉悟，即各傀儡也渐渐醒悔，倭寇欺骗蛊惑的手段，因图穷匕见而失效，边民都盼望国军早临，中华民族精神未死，不久必起而共□倭寇。至外蒙之脱离中央，由于痛恨军阀的压迫和防御帝国主义的侵略，抗日精神年来已大表现，向心力量最近已大增强，到中国抗战胜利、三民主义实现之日，不特中国境内各民族一律平等真正自由，并进而连合世界被压迫民间〔族〕共属〔同〕解放，外蒙自然重归中央怀抱，共负实行国父大理想之责任。外蒙领袖对国父的崇拜，不亚于普通蒙民对释迦牟尼之信仰，抗战胜利之日，即整个蒙古问题解决之时，为期已在不远！

《思潮月刊》

西安新中国文化出版社

1944 年 12 期

（李红权　整理）

伊克昭盟人民之生活

曾庆锡　撰

际兹科学昌明之时代，世界各民族之生活，莫不力求改进，入于适者生存之域。伊克昭盟人民之生活状况，自亦为人所注意。兹就其职业、经济、宗教、风俗等，分述于左。

一　职业情况

伊盟地处边陲，教育不振，农垦停滞，工商未兴。蒙民之所谓职业，游牧而已。以其土地性质效用而言，非不可耕也，惟蒙胞不习于耕作，除杂居之汉民外，鲜有以耕种为业者，遂致肥腴之地，弃之于无用。即以畜牧而言，果能力求改进，大量生产牲畜、皮毛，发展对内地之贸易，则蒙民之生活水准，亦未始不可赖以提高；奈蒙胞迷信过深，关于畜牧改良等事宜，均置不研究，一遇疾病死亡，恒认为天罚，但请喇嘛祈祷而已。近年因天候□□，牲畜大受损伤；而游牧之业，式微矣。

二　经济问题

基于以上所述情形，经济问题遂为伊盟之中心问题。良以蒙胞受满清二百余年愚禁之结果，迄今尚囿于游牧生活之域，入其境，荒凉满目，问其财富，但数畜以对。贫乏之家无论矣，即富裕之家，除牛、马、羊、驼而外，再无他项财务可言。对于畜牧事业，蒙胞又未能运用现代科学方法，从事选种，改善饲料，与防疫、治病等，一切均听其自然，不思研究改进，坐视其牲畜退化、衰病、死亡。据三十一年调查，全蒙牲畜之生产率，较五年前，减少百分之十五，而其死亡率，即增加百分之二十五，更兼抗战军兴以来，百物昂贵，生活指数，骤然高涨，蒙胞所依恃为生之牲畜、皮毛，虽经一再提高价格，而其值仍不能与其他生活之必需品平衡。□接近内地各旗，虽入于半游牧、半农业之状态，顾多数蒙胞，因不善耕作，用力多而收获少，食粮仍缺。至汉民之居住于各旗者，率皆充任佃农，既纳土地岁租，又负军、杂各款，适值此年荒旱为灾，经济枯竭，较蒙胞为尤甚焉。总之，全蒙人民之经济情况，无分蒙、汉，均极困难。改良伊盟之生产，促进伊盟之经济，实为蒙政当务之急，亦为伊盟人民迫切之需求也。

三 宗教情况

全盟喇嘛人数，一万一千三百九十，占全人口数八分之一，男子壮丁二分之一；凡家有子二人者，即令其一人为喇嘛，足见蒙胞侍奉喇嘛教之笃。各旗召庙，多则数十，少则十余座，其建筑之华丽雄伟，迥非内地寺庙所可比京，召庙大者，有喇嘛数千，小者数百或数十。服色均用红、黄，由于逊清时所题准者。其等级至繁，曰班第、格隆、格斯贵、得木齐，为下级品秩；曰拉喇嘛、达喇嘛、札萨克喇嘛，为中级品秩；曰札萨克大喇嘛、堪布大喇嘛，为上级品秩，再其上为呼图克图，俗称之曰活佛。逊清利用宗教统治蒙胞，推崇活佛，提高喇嘛待遇，并免去一切差徭，故人民咸以遣送子弟充当喇嘛为荣。呼图克图之封号，本以待道行高深之喇嘛，及以后各旗王公子弟，充当喇嘛者多，乃以其自然之优势，掌管一旗之教务，亦恒尊称之曰活佛。蒙胞无分贵族、平民，对喇嘛、活佛，均视同神圣。活佛所到之处，皆致送觐见礼物，对于随从人员之供应，亦必丰必厚，不敢稍有怠慢。其往西藏拉萨，或山西五台等处拜佛者，恒不惮跋涉疲劳，满载而去，徒手而回，皆为常事。凡有疾病，不求医药，必请喇嘛祈祷；凡有婚丧等事，亦必请喇嘛诵经，以为不如此，则不吉祥也。充当喇嘛者，既如彼其多，信奉喇嘛者，又如此其甚；驯至多数人民，入于不能生产之途，而仍以所有金钱，供信奉喇嘛之用，并以有用之光阴，用于迎神拜佛。且喇嘛已禁娶妻，而逞性纵欲之事，在所不免；乱交遗毒，防害生育；蒙胞人口，几何其不日见减少？

四　风俗概况

风俗包括至广，兹就其交际、装饰、饮食、居住、婚嫁、丧葬、竞赛、祭祀诸端，分述之。

（甲）交际　蒙胞交际，至为周妥，接待来客，普通以奶蛋子，富有之家，则以鼻烟壶。无论熟识与否，对行人夜皆留宿，遇饭随食，亦不论值。其台吉以上之阶级，饷贵宾恒用全羊，食以刀叉，谓之羊背子。惟平民居舍逼狭，客与家人，往往同在一包休眠，设备完全者，上悬有蓝布，各将蓝布放下，以为界限，无蓝布者，则将裤带置其中间，以为鸿沟。客如初来，必由门之左方启帘而入，至室之右方休息，马不得系于户外之木杆，马鞭或类似马鞭之竹木棍，不得携入户内；否则视为不知礼，即不以礼待之。

（乙）装饰　王公与汉人接触时多，其服装与内地无大差异。

一般平民，寻常皆着棉布无岔〔衩〕长袍，腰束布带，足穿长靴，概系鼻烟壶、荷包、火石、烟袋、刀筷、木碗等日常用品。富者于鼻烟壶、刀筷之上，饰以金银，珊瑚，木碗之表，套以银□。冬季多穿老羊皮不挂布面之皮袍，遇天阴，则翻毛向外，以御雨雪。贫苦人及喇嘛，四季均有袍无裤，因其无岔〔衩〕，一衣可以蔽全身也。妇女头饰，多用珊瑚、珠宝，重者五六斤，轻亦二三斤，往往一贵族妇女之头饰，恒值巨万金。均着瘦袂无缘之长袍，外套以花缎或花布缘边之坎肩；惟闺女无头饰，并不套坎肩，以示区别。

（丙）饮食　蒙胞饮食，以肉、乳、炒米、茶、酒为主，王公、活佛、大喇嘛等，亦有以面粉助食者。日必三餐，其次序，先饮乳茶，次食炒米或肉粥，有时并佐以奶皮、奶蛋子等食品。煮茶之法，先将红茶捣碎，抛入壶中，煎成浓液，和以盐，加生牛乳一杯，再煎少许时，即成乳茶。乳茶成熟，倾一杯供佛后，蒙人乃分而饮之。每日饮茶六七次，因蒙地多风，早晚寒气侵人，又因食肉过多，必须红茶助消化、抗寒气也。乳有牛乳、羊乳、马乳三种，制成食品，可分九类：（一）酥油，（二）奶皮，（三）乳酪，（四）酸乳，（五）奶蛋子，（六）乳豆腐，（七）乳酒，（八）乳茶，（九）白油。此九类，家家都有生产，酥油、奶皮、乳酪，味最佳，马乳酒，醉力甚大，蒙胞多嗜之。

（丁）居住　蒙胞住宅，可分两种：一、房屋，二、蒙古包。各旗札萨克及喇嘛住宅，均系砖瓦木料建筑之优等房屋，平民则多住于蒙古包，间亦有土丕〔坯〕房屋，则皆矮小不堪；如乌旗因产红柳，恒束红柳，曲成半圆形，两端插地，外用草坯涂泥，以为住室，甚不舒适。蒙古包易于移动，其构造，于地上树立十余根木柱，用木棍或柳条，纵横组织成格，以钳各柱，柱顶架木为梁，构成如伞形之盖，高一丈至一丈五尺之间；全部用布或毛毡一层乃至数层包裹之，顶上留一天窗，另覆以活动圆毡，系绳司启闭，以为通空气之用。门向南，门外栽木杆一根或二根，上挂红、白布，印经咒，名之曰嘛呢杆。包内门对面为上，右上方供佛，右下方为宾客坐卧处，左上方为主人卧榻，左下方为厨所。妇女负有架包之专责，若当地水草已竭，则卷移地方另架，男子不参预也。

（戊）婚嫁　平民论婚，由男家请媒，以马二、牛二、羊二十作聘礼。婚约既成，女家先拜男家，以羊头、乳、绢供佛。结婚日，新郎腰悬铜镜，乘马执弓矢，往女家迎亲；女家初闭门，不许径入，并故意与门外人斗嘴，最后讲和，然后开门纳入；新郎持哈达拜岳父母，岳家宴以全羊酒席。宴毕，新郎先返，新娘继出上马，于马上巡行住屋三周，即随往男家，行参神交拜礼后，喇嘛为之诵经，由福寿双全之老人，为新娘行分辫梳头礼，再拜见翁姑亲戚，礼毕设宴。戚友以胡琴、三弦、长笛等乐器，通宵吹弹助兴。贫者热闹一二日，富者至于四五日。夫妇离婚甚自由，如意思出于男子，则无任何问题，如出于女方，必须退还男子聘礼之半而后可。

（己）丧葬　蒙俗葬式，约有三种。一、火葬，为喇嘛与大富贵者之葬式，即置尸于枯薪，举火焚之，薪尽，尸骨成灰，则欢欣庆贺，谓死者有善行，得超升极乐界。焚已，家人检视骨灰，请大喇嘛之许可，再和面于灰，制成饼形，藏之塔内，或送五台山之灵塔供奉。二、土葬，即棺葬，多行于王公富有之家，及与内地接近之蒙胞。三、野葬，亦名天葬，用牛马车载死者，急驰旷野，或深山空谷，委而弃之，任令鸟兽啄食。弃尸三日，乃往视之，如未尽噬，则请喇嘛诵经，祷其早日噬毕。至其服制，子于父母，妻于夫，皆为百日，平人为四十九日。服制期间，不着鲜服，不梳发，不宴会，不嬉游，必服满而后出门。亲殁，无坟祭，乃庙祭，忌日则至召庙，燃灯焚香祝拜，并请喇嘛诵经超荐焉。

（庚）竞赛　蒙俗竞赛，有摔角、赛马两种。一、摔角，每届祭祀或会期，由王公悬赏举行，参加人东西分列，以服色区别之。赛时，二人跃出，先至王公前行半跪礼，然后入场，举空拳持博，牛奔虎角，互奋威力，如将对方摔倒，即为胜利，必胜十人者，方受上赏。但胜者恒扶负者起，于斗力之中，仍寓亲爱之意焉。二、赛马，蒙胞惯长马术，平时均能骑无鞍之马，飞驰旷野，不以为倦，亦不以为险。赛马时，群马并列，号令一发，风驰电掣，以二十里或三十里为一程，先至者为上选。专期赛马外，另有射猎演习；依其范围，有个人射猎、局部射猎、一旗射猎、一盟射猎四种。其目的并非弋获禽兽，盖重在骑射；所以有"追逐狡兔，跑死骏马"之谚。民国以来，射猎制度，逐渐废弛，仅个人射猎仍旧，有民族尚武精神耳。此外又有跳鬼之习，由召朝〔庙〕喇嘛着各色绣衣，戴各种面具，并插雉鸡尾，先单人跳舞，继而双舞，最后群起跳舞，演以牛、鬼、蛇种种荒诞故事；若能利用而改善之，亦社会教育之一端也。

（辛）祭祀　最隆重之祭祀，为夏历三月二十一日伊金霍洛成吉思汗灵寝之祭典。成灵本已移往兴隆山，但蒙胞仍以苏尔锭为神物而奉祭祀于此。是日，远近蒙胞咸来集会，所谓伊金霍洛大会，由吉农主祭，各札萨克陪祭，其他依次行礼。祭时，选牡马一匹，迎灵而立，利斧斫头，以鲜血直喷为敬。同时，于其前面掘一坑，絷乌旗某家一人，使之□立，祭者咸掷财物于其旁，候晚，纵之使拾财物，而又多人迫追之。相传其为盗汗马者之后裔，祭必如此举行，以示不忘先德，并戒不法也。次为鄂博之祭，每年于春秋二季举行。蒙胞于大路高处垒石，或以杂柴、马骨等，堆成塔形，以为神所凭依，谓之鄂博。祭时，附近男女老幼毕集，由左而右，结队绕鄂博，一步一诵，群相唱和，以事祈祷祝福，绕竟，众皆伏跪，听喇嘛诵经。平时，行人过其侧，亦必跪祷，并加垒石块以致敬。再次为各家神龛之祭。各家门首，均贴有经咒，室内均供有佛像，晨起漱口，即□佛前顶礼，默念经文三数遍，日日为之，终其身不怠。于其祭祀上观之，蒙胞心性之虔诚，行为之纯一，洵非一般民族所可企及者。

《边疆通讯》（月刊）

重庆蒙藏委员会编译室

1944 年 2 卷 4 期

（赵红霞　整理）

内蒙特约通讯——蒙古人的生活概况

宗丕城　撰

　　大自然随处限制着生长在其中的生物，万物之灵的人类也不免要受这种环境的束缚，所以人类中就不免分成若干生活方式，决战不同的部落，如自去创造适应自己环境的文化。然而生存竞争，可谓开始于有人类以来，因此在文化上，遂形成进步与落伍两个不同的现象，优胜劣败的结果，落伍者乃不得不俯首于文明者之前。

　　如果"文化即系生活的结晶"这句话是不错的话，那么蒙古民族的落伍于今日，正是非常自然的事。固然喇嘛教和封建制度给与蒙古人的恶影响是极大的，可是蒙古人的生存竞争不激烈也要算其主因之一。试观热带民族，他们尽可以躺在椰子树下，度其悠闲岁月，既不像温带民族的生活困难，自不会向生活去极度钻研。草原民族的蒙古人，也不免有这种趋势。大自然给与草原民族的，虽不像热带民族那样丰富，而生活毕竟较其他地域容易得多，所以这曾一度强大的民族，至今不免陷于落伍状态中。不过，蒙古人的生活中，也有不少独有的特点存在而已，虽然概括起来他们是脱不开"野蛮"这两个字的批语。

　　既存的蒙古人底生活方式中，固然有不少其他民族的生活习惯搀入，但大部分仍保持着他们数百年来的独特习惯，这种固步自封，不能大量采纳其他较好的习惯，一方面使自己落伍了，另一方面也保留了不少淳朴的天性。

这里仅就笔者此次旅行内蒙的实地观察，将现在的蒙古人生活的概况，报告在这里。

一　服装

蒙古人的服装，大别之，分为一般人及喇嘛二种。此外，蒙汉杂居地带和纯蒙古人地带也迥然不同。大抵蒙汉杂居地带的蒙古人，已受汉人的同化，在服装上已分不出民族的畛域来了。这里所说的只限于纯蒙古人地带，即游牧地带者。

这地带的蒙古人，一切生活习惯，完全是千年来的特异风格，自然服装方面也不能例外地保持着数百年来的规制，极少变更。

蒙古人的衣服，颜色全都是红、黄、紫等浓厚刺激的颜色。无论男女，都穿着肥大的长袍，右衽，袖子的边端呈喇叭型的挽起来，行礼时，必需放下，名"马蹄袖"者是。腰间系一条腰带，颜色和衣服相同。右方的背后，在腰带上挂着蒙古刀，也就是吃饭用的家具，一双筷子外，还有一柄锋利的刀子，阔人并且钻〔镶〕着金银和珊瑚、玛瑙等。左后方挂着火镰及其他金银的佩带品。大襟内容纳着刺绣的布袋，内装鼻烟壶，吃饭、喝茶用的木碗也放在那里。妇人的衣服和男子无大差异，只是既婚的妇女尚着用一件马甲似的上衣，像《四郎探母》剧中公主所着那样，平常也有不穿的，这好像是由旗人习惯中学来的。

喇嘛则着用红色和黄色的喇嘛服，样式差不多，只是益发肥大，颈悬数珠，腰挂用一块长方红布垒起来，而毫无作用，蒙名称为"那敷萨"的东西。

头发除去喇嘛外，男子皆辫发，辫端拖着甚长的黑穗，与三十多年前的满汉民族无大差异，只是不干净些。女子未婚的也垂一条发辫，前额分开，辫端系着红色的纽结；已婚的则没有发辫，将头发分开后，梳成像髻似的，戴上用珊瑚、玛瑙、珍珠、花钿之类〈制成〉的头饰，而且有很多是成为冕旒状的一串串地垂在头部的左右及后方，即便贫家妇女，也戴着伪质的这种发饰或额饰。

　　帽，在男子是用青、黑或褐色的布做成，上幅甚广，有些类似缨帽，冬天则是圆锥形的，有些像旧剧中苍头所戴的形状。有职位的人则仍然戴着满清的官帽，用顶子和花翎表示出他的爵位来。此外，一年四季之中，也按照四季的变换着。一般在夏季不带帽子，仅仅用布缠起来。女子在春夏之季，大都不戴帽子，差不多都是用布缠头，在脑后挽一个结，颜色亦颇鲜艳；冬天亦颇多戴用与男子同样的尖帽以防寒冷。贵族妇人在特殊场合，则戴用黑色的特异的冠。喇嘛僧因为秃头故，所以不戴帽子；下级喇嘛也有用布缠头的，只有在念经和佛事时，一律戴着黄色的鸡冠帽。鸡冠帽可以说是喇嘛僧的特异装束，但第一太重，第二戴在头上需时常防掉，所以很少有时常戴的。至于高级喇嘛，冬天也戴一顶像四块瓦的皮帽，夏天戴着平顶圆形，四周垂以黄丝或黄毛，类似凉帽的"尔里肯木机"，以示区别。

　　靴的方面，无论男女僧俗，一律是牛皮制的长统靴子，尖端向上扳起来，侧面有着赤青色的缝纹。这种长靴非常重，且又不便于步行，不过蒙古人远近概以马匹代步，这种靴子在骑马上倒颇适合。

二　饮食物

　　在饮食物方面，大别为食用品、饮料、嗜好品等三项。

A、食用品

游牧民族的食用品，当然以乳、肉为主。在今日的内蒙地带，蒙汉杂居处所的蒙古人，和汉人已无甚差别。即便纯游牧地带，杂粮和白面也成为不可或缺的东西了。大别起来，大致是这样的：

甲、炒米　大约是为了储藏便利之故，把小米完全炒成八分熟，泡在茶里吃。这样不仅携带便利，而且随处可以充饥。现在的内蒙人民，早餐便一概是奶茶泡炒米。

乙、羊肉　蒙古人的食用肉类，以羊肉为最普通。在宰羊的时候，他们也有特异的手法：用刀把羊的胸部切开，再攒〔攥〕住羊的心脏，这时羊腔内的热是不在乎的，这样为的是一滴血也不流出来，据说这样的肉才能嫩；其次对羊的肠胃，并不详细洗涤，满存以血，即和肉一块煮，在半生状态时，即取出食用。此外在锡盟南部与察哈尔盟（旧察哈尔省中部）接壤地带，尚有一种名"班格勒赫宁底塞特那"的东西，类似肉丸子，不过不常食用。普通蒙古人的吃饭习惯，大率是这样的：清晨时用茶，或奶茶泡炒米，及奶食等充饥，午间也是这样，晚间煮羊肉吃。有时把剩余的肉晒干，在放牧时嚼食。

丙、挂面　挂面完全购自汉商，用作待客的点心。煮食用奶，或与羊肉一块煮，除去贵客外，有时也作羊肉的代用品，不过不常食用而已：

丁、乳食　乳食可以说是蒙古饮食中的大宗，简略分之，约有以下几种：

1. 黄油　煮沸的乳上所凝聚的奶油，蒙古人除用作调味品外，几乎全部卖给汉人，换取日用品。

2. 奶皮子　蒙名"郝勒特"，在奶食中味最美，一锅的奶中，只能凝聚厚约二三寸的奶皮子一张。蒙人除去富人外，大多舍不得自用，冬季张家口一带能买到的奶皮子，全是贫寒蒙古人家的产品。

3. 奶豆腐　除去黄油以后的奶所凝成，淡黄色，无味，虽不香美，但颇充饥，一称奶饼子。

4. 腐乳　和酪的作法同，味极酸，且都〔多〕渣滓，在张家口所能买到的奶豆腐，大率系腐乳所代替。

5. 酪　蒙古人酪的作法，与汉人不同，在乳发酵以后才动手，味极酸，精良者无色，半透明，乃待上客的东西。

B、饮料

草原上的饮料，除去水以外，以奶为大宗，所以蒙古有一句俗话说："有一匹牝马，就可以使三个人不致饥渴。"

蒙古地方水是缺的，但家畜却解决了这个问题，牛羊乳是不待言的，尤其马乳，更是夏日的恩物。砖茶泡着炒米、干肉、乳食等，既解渴，又充饥。马乳则不仅解渴，更是很好的清凉剂，溽暑里饮马奶，有如汽水然，只是味既酸，且有骚味，而胃肠弱者，饮之每致泻痢而已。

C、嗜好品

在嗜好品方面，大约可分作茶、鼻烟、烟草和酒等四种。

1. 茶　茶即所谓砖茶，完全购自汉商，过去旅蒙商人，销路每年最多的即砖茶，如今这种营业已大部归入大蒙公司和东蒙公司之手，汉商已成零星的小卖了。在每一个蒙古包里，铁锅中的茶水，老是不停地沸腾着，砖茶被熬成黑褐色才喝，喝时并搁食盐，味咸涩。清晨时，并以之泡炒米或干肉以充饥。有客人时，则搁些乳以佐味（蒙名郝特琴，即有奶的茶之意）。这是蒙古人最大消耗之一。

2. 鼻烟　鼻烟的普遍，可以说和砖茶相同，任何一个蒙古人身上，除去极贫者，都有一个烟壶，尤其喇嘛僧们，价值巨万的烟壶极不稀奇，而且闻鼻烟的程度，更使人咋舌不已。在见面时，并互相换着闻一下，已成为一种极普通的礼节了。

3. 烟草　行路经过有居民的地方时，可以常看见男女的蒙古人们，坐在包外，叼着烟袋在悠闲地抽着、谈着，于是装着皮丝烟的荷包，也便成为烟袋上的装饰品之一了。现在内蒙交通逐渐便利，卷烟也渐次输入，除皮丝烟外，更添了纸烟的吸食者，不过偏僻地方，仍以皮丝烟为最普遍。

4. 酒　酒在蒙古人心目中，可以说是极好的东西。在汉蒙接壤地带的蒙古人，有时向汉商购买白干外，游牧地带则完全是自酿的奶酒，遇有宴会或婚嫁时，男女共醉，极显淳朴。

奶酒，蒙名"斯委乃依阿鲁黑"，用牛乳酿造者，名"震薯机"，马乳者，名"阿鲁黑"。制法大约是这样的：把脱脂的牛乳或马乳，放在温度适宜的地方（大约在摄氏十五度至二十五度之间），约需四五日，乳即发酵，发出酒精的泡沫。这时用蒸馏法蒸馏，即得第一酒，无色透明，略带骚味，含有酒精百分之十二至十五之间，普通一斗五升的牛乳，可得五斤左右的乳酒。在内蒙地带，所饮的酒，十之九是这种第一酒，仅有西苏尼特附近的大马群场，尚传有再度蒸馏的方法，所谓第二、第三酒等，骚味既小，而力量亦大，颇适宜汉人们饮用了。

三　居住

蒙古人是生长在沙漠地带的民族，为了适应自治〔然〕环境，固定的居室殊不可能。在季节移动的必要上，运搬轻便，组立简易，对风压的抵抗最少的理想的天幕——蒙古包——遂成为草原和沙漠地带的蒙古人最优良的住室。

　　包的大小虽不一，但在构造上却大都相同。普通的内径在十尺左右，用柳木做成的网状壁——蒙名"哈那"——圈成円形，在壁上架起放射形的伞形椽——蒙名"唐诺"——外被厚毡，捆以毛绳，顶部开天窗，取光兼出烟，司天窗的开闭的绳，系在包壁的外部，可自由开闭。所谓"哈那"，是用径寸的柳木组成纵约四尺、横约六尺的矩形，微带弯曲，运搬时，可折成席状的片，拉开时，有八枚至十枚的"哈那"，即可围城圆的墙，木条与木条成为若干的菱形孔，交叉处系用皮纽连结着，极轻便而坚固。外覆的毡，普通无色无纹，王府的赤色，一般贵族的青色，顶上及侧缘饰以蒙古文的花纹，入口的门极短，有二枚或一枚的扉，垂以极厚的毡幕，上绣吉祥字样的花纹，有很多不用蒙文而用汉式双喜字，或者五福捧寿之类的。在包内，"哈那"是露着的，王府或贵族的豪华包的"哈那"漆成红色，也有用黄绫或红布隐蔽起来的，不过极少。地上铺极厚的毡毡〔毯〕，中央在四根木柱的天井中间，置四角铁炉。这样的建筑，在三四十分钟即可拆卸了事。夏季建设在丘陵上或水边等通风处，将外覆的毡卷起来，让风由下部通过包内；冬季设在山阴的南面，入口差不多都是向东南而开的。这种居室，夏天很凉快，冬天亦颇温暖，对四时强风的抵抗最少，可谓为蒙古高原上适应自然环境最理想的居室。

蒙古包内家具配置图二例

A 食［棚］器〈柜〉　　　　B 酿酒用桶

CD 箪笥　　　　　　　　　E 蒲□

F 炉　　　　　　　　　　　G 土制灶

H 容水之罐　　　　　　　　I 盛乳之桶

J 酿酒用桶　　　　　　　　K 粪筐

A 粪筐　　　　　B 粪箱
C 食器柜　　　　D 捣茶之桶
E 木质箄笥　　　F 佛坛
G 念经筒　　　　H 旅用水桶

此外，喇嘛庙和王府，则以固定的汉式建筑为主。不过喇嘛和王公的起居，却大都在包内，一般僧侣和王公，许是因为习惯的缘故，总不愿意在汉室房屋内起居。普通的小型喇嘛庙，除殿宇和客室、厨房外，都有几个包的宿舍。一般王府也大率以十数包所组成。所有的汉式建筑，只做为放置雅室或下人居室等，像西苏尼特的德王府那样宫殿式的建筑，在内蒙可算绝无仅有了，而德王府的会客室却仍旧是很大而豪华的包。

其次在与汉人接壤地带，因为蒙古人都有其各自圈定的牧场的缘故，故包亦成为不动形。床铺和灶，完全是用土建筑起来的。以蒙古包和汉式土屋并用的则更普通，不过在锡盟地带，可以说是纯蒙古风味的。像热河蒙古，草茸包和土造包已甚多，业已趋向于固定家屋的趋势了。

四　交通与交易

内蒙高原的交通，截至现在止，仍以马、骆驼及牛车为最普通。

物质文明虽已渐次传入内蒙，但尚未能普遍，利用汽车是最理想的，因为在草原上一望无际，缺少坎坷，根本不必修筑汽〈车〉

路，即可随意行驶。现在由张家口至西苏尼间，由西苏尼至贝子庙间，由贝子庙至东西浩齐特，至东西乌珠穆沁，东西阿巴噶，东西阿巴哈那尔，至热河的林西、赤峰，以及多伦和直通张家口等，都有汽车路。由张家口至贝子庙、东乌珠穆沁，和热河的林西，尚有定期的航空线。如今，张家口至多伦间的铁道建设亦已开工，将来的便利自意中事。

其次，由张家口出发，越过神威台，纵走内蒙高原，尚有所谓库伦大道；由绥远出发，经百灵庙，横断内蒙高原，至新疆哈密的所谓绥新汽车路干线；不过现在都断绝了。

在过去的物资运搬，完全操在汉人手里，以牛车、马等，形成所谓队商，蒙古人则以驼群为主，结队而行。近十年来，汽车大肆活跃，队商已成没落状态，一般旅客和货物，也都舍弃了牛、驼而利用汽车了。只是最近因汽油缺乏，家畜等又应时而兴。至于以马代步，乃蒙人的习惯，无论远近，总是骑马去的。

其次在交易方面，再试做一简单的分析。

内蒙高原的商人，完全是汉人，以土屋和蒙古包作为家室，在比较中心地带，或大喇嘛庙及王府附近，结成小的部落，蒙古人称他们为"买卖家"，以晋商及蒙汉杂居地带农民出身的为最多，河北一带的布商也占其次，贩卖杂谷类、布丝类、金属类等商品。普通的蒙古人们，到这些小商店中去购买帽子、靴、布、丝织品、针、首饰、数珠、哈达等服装品，铁锅、木碗、铜壶、刀子、箸等饮食用品，以及面粉、炒米、烟草、砖茶、糖等嗜好品。蒙古人则以家畜、羊毛、牛皮、骨等卖与汉人，特别在喇嘛庙会及鄂博祭时，尚有所谓蒙汉大规模交易的马市。这些比较小规模的交易，过去以现金为主，如今纸币也流通了。

其次像在贝子庙、百灵庙、多伦等地的大商家，普通货币的交易固有，而物物交换的交易亦盛，以杂货换取家畜、羊毛、奶皮子等。一方面王府及喇嘛庙和汉商店，大量的交易甚多。过去，蒙古王公、活佛等，旅行于绥远、张家口甚至北京等地之际，常向汉商以信用购物，大量持归，随后由汉商到蒙古，以家畜、羊毛、池盐等为代价取归。现在大规模的汉商和蒙古人间，这种赊欠交易仍极多，向汉商负债的蒙古人也不少。大抵蒙古人比较诚实，汉商不讲信义的行为极多，故演变到现在，汉商在蒙古人的心中已失却信用，蒙汉交易的权威已不再握在汉商之手了。

此外，尚有所谓"豪利希亚"的产生。

"豪利希亚"的组织，和合作社相同，如今汉译为"生计所"，由旗及旗民出资，贩卖一切货品。如今，一切物资都被统制，内蒙的牲畜、皮毛、蘑菇、碱、盐等，完全由大蒙公司、东蒙公司、兴蒙公司所包办。汉商以缺乏物资，更失却经商的自由，大规模的商号已倒闭不少，只有小本经营的商人，尚勉强维持而已。

五　礼俗

蒙古人的礼节和习惯，有许多是非常特别的，由这些特殊的礼节中，也可以略看出一些蒙古人崇拜自然的心理，请试分条叙述如下。

A、一般礼节

蒙古人在简单淳朴中，十分亲切而富有热气，无论对同族或异族人氏，莫不像家人般的看待。这一般因为地形寥阔，以致养成这种天真烂漫的态度。

1. 投宿时　勿论是否是蒙古民族，在旅行期间，只要明白蒙古人的习惯和语言，天晚时可以随便向任何一个蒙古包的主人，请求借宿。这时该包主人必至诚招待，敬如上宾，宿食问题，迎刃而解。即便小户人家，主人家的妇女亦不回避，如家人父子然，甚至情愿自己挨冻而不欲投宿客人受到寒冷。这虽然一半是因为内蒙过分荒凉所造成的习惯，但蒙古人的天性淳厚，亦可见一斑了。

2. 拜访时　拜访的时候，远远的即需要招呼："请代注意些狗——诺哈衣哈来。"等主人出迎后，再一同进到包里，这时坐在主人右侧的客席上，和主人交换鼻烟壶，然后说句"你好啊，忙不"之类的寒暄话，这时客人需由怀中掏出自带的木碗，请主人倒茶。如果谒见的是贵族，坐时要屈左膝，压着左脚，然后请安，"贵体康宁，公事忙碌，宝眷安好"等等要说上一套，然后主人回问些比较不客气的寒暄，而且都是有公式可寻的，不过不是久在蒙古居住的人，不易了解而已。

3. 递哈哒　"哈哒"是一句藏语，原意不详，是一种用极薄带皱纹的绢，宽六七寸，长三尺左右，多青、白色，淡青色者，亦间用，也有织就佛像在上的，是蒙古人认为最高尚的礼物。谒见贵族和活佛时，多递上哈哒。在王公的客室内的佛座前上方，活佛座上，佛像的手印上①，大率悬有此物，俱系一般民众及信徒所献。普通酬答，用哈哒的也有，而最感光荣的，莫如活佛所赐。盖非贵族或特殊场合之下，轻易不能得到这种活佛下赐哈哒的恩典的。

4. 嗅鼻烟　鼻烟是蒙古人极普通的嗜好品，上自王公、喇嘛，下及一般黑人，莫不有鼻烟的嗜好。烟壶亦多精品，男妇身上都有这种设备，遇着平辈的亲戚和朋友时，寒暄毕，便掏出来，递给对方，互相放在鼻端嗅嗅，作为寒暄的一种。最初大约是应酬，

———————

① 原文如此。——整理者注

互让对方嗅自己的鼻烟，如今也有倒出来闻闻的，不过大率已成为形式，只连烟壶闻闻就算了。

照片说明

蒙古人的嗜好品，最普通的要算鼻烟了，近来纸烟虽也曾传入，但总不若鼻烟的普遍，而且喇嘛僧在戒律上是不许可抽烟的！以此，每一个蒙古人的身上，差不多全有鼻烟壶带着，相见的时候，除去问好以外，递鼻烟壶也是最主要的一种礼节。两个人全把自己的鼻烟壶掏出来，用右手递给对方，同时递接过对方的来，各自于鼻端嗅嗅，再反递回去。这其间只用右手，绝不许用左手来帮忙，最初大约是请对方嗅鼻烟的意思，不过现在已成为一种形式了。

5. 见面时的礼节　蒙民的见面礼，有许多是清制的遗型，有许多礼节很合于现代的文明礼节，普通朋友见面后，"门德门德"或"塞，塞，塞白那"——您好啊，即继之以握手，或类似拥抱的寒暄礼，随即继之以嗅鼻烟的礼节。假如是着官服或带佛帽的，则互相打签，普通单膝着地。双膝着地为最敬礼，谒见王公或活佛时用之。

此外，"家属安否"、"家畜安否"等等用语也常说。其他入包时必置马鞭于包外，或与门的方向相同的地方。入室坐于客席，不蹲踞，客去，举家送出包外，起不裸裎，不出足向人、向火、向佛，不向有佛及有庙宇之方向大小便。入室不能坐粪筐上，烟袋不能在"突勒格"——四角主炉——上敲灰。拜佛或拜活佛时，五体投地凡数十次以至数百次。旅行之先，畏说山河名字，否则，非天色不良，即不祥；忌讳折木、掘土。宴会饮食时，先向天地散乳数滴，向围炉中投肉一片。这种种都是蒙古民族所特有的习俗。

B、婚礼

蒙古人有早婚陋习，十二三岁即结婚者甚多，惟近来风气渐开，已不若过去之甚。其结婚过程，颇遗有抢亲型式。以父母主婚者为最多，间亦有彼此钟情而实行自由结婚者。其仪式大略是这样的：

最初男女双方之家长，互央亲友代为作伐，类似求婚。求婚以后，即由男方以数十头乃至数百头的家畜，作为聘礼。这数目系斟酌双方情形，如女家较贫时，男家虽富，其数亦不多，因为在聘女时，陪赠家畜数，需与男家聘礼数相同之故。自此，双方即互相筹备婚式。结婚之前一日，新婿先至女家住一宿，由新娘之姊妹行陪新婿吃饭，肆意调笑，新娘则隐身于暗处，不令婿见。亲迎之时，女方则拒而不纳，此时男方请善言令者二人多方关说，始得入岳家门。新婿在岳家吃饭时，必暗藏道具一二于怀。饭毕，新娘由其舅抱上马背，于嘤嘤哭泣中，驰赴新郎家来。至后，先拜佛及天地，继向婿方家长拜见。礼仪毕，乃张开喜筵。此时女方家长及近亲俱来赴宴，以人类〔数〕之多寡相夸耀。至此，新娘向新郎之亲友席上把盏礼拜，新郎向新娘之亲友席上把盏礼拜，最后新夫妇共向新郎及新娘之直系尊亲属行拜见礼，乃由所谓盘头妈者，送入洞房。盘头妈者，乃一善言令之老姬，在洞房中替新娘向亲友说情，待亲友散尽后，再为彼此关说，恐伊等羞而不合故。至此婚礼乃告完毕。

C、葬礼

蒙古人的葬礼，大别分为风葬、土葬、火葬三种。

1. 风葬　一名天葬，是普遍的一种葬法，一般黑人——普通平民——多用此种方式。在人死以后，不用棺衾，载以牛车，向草原之上奔驰，以尸体之坠落为止，不顾而回，任其为鸟兽啄食。阅三数日，家人再度前往观看，如已被鸟兽食尽，则认为系死者无罪，业已升天；如未被啄食，则召集喇嘛诵经祈祷；若仍无效时，则再度载于牛车之上，奔往他处，俟尸体之入于鸟兽之腹为止。一般以一度弃置为光荣，因为死者有罪，上天不收，故鸟兽不食云。

2. 土葬　为蒙汉杂居地带之习俗，普通与汉民无异，惟王公或富人，则以白布缠尸，坐于棺中，以砖石砌成塔形，纳棺〈其〉中，塔高有致〔至〕丈余者。

3. 火葬　除黑人外，喇嘛或王公，大多用火葬，于喇嘛诵经声中，举行葬礼，与佛教徒之火葬略同。妇女痨病或产病死者，认为不吉，亦用火葬。王公或大喇嘛火葬时，尸上更缠以白布，涂以黄油，投诸烈火，拾其灰烬，和麦粉制为饼形，送入大喇嘛之宝塔，或奉入五台山圣域，则认为系无上光荣。

照片说明

　　草原内，至今仍然是以日光来观察早晚的。本图乃草原驰名的日晷，建在贝子庙的崇善寺内。

　　直径在三尺左右的铜盘，铸着蒙文的十二个时辰，斜立在木台之上，利用日的移动，由盘上的指针指出时刻来，和北京故宫博物馆所藏者，原理完全相同。它虽然不像钟表那样的便利，但准确上是毫无逊色的。

六　宗教

　　在内蒙的蒙民宗教，大约可分做两种，一种是黄派喇嘛教，占最大势力，百分之百的蒙古人，都是喇嘛教信徒；另一种是萨满教，是蒙古民族的古教，尚在残存。

甲、喇嘛教

　　喇嘛教本属佛教的一派，"喇嘛"字样系由梵语译为藏语，有教师及导师的意味，但喇嘛教徒本身，却自称其教为"萨该刻顿巴"、"博罗汉香经"，意即佛之教，或佛陀之教，或谓藏语上曰喇，无曰嘛，喇嘛即"无上"之意，犹中国教佛徒称之为"上人"同样。一般人呼之为喇嘛教，乃以为喇嘛系"具有指导无知大众到达彼岸之灵力之上人"，亦可谓系喇嘛万能之宗教。西藏有句谚语说："假如没有现在的喇嘛，我们何由得见佛陀？"由此可知，他们对于喇嘛的信仰了，这里试就该教略作叙述。

　　A、喇嘛教的起源　七世纪时，弃宗弄瓒君临西藏，唐太宗以宗女文成公主下嫁。公主爱佛法，遂遣使至印度求经。至此，佛像〔教〕乃正式传入西藏，佛像、经典等大批输入（传西藏固有一种蓬教（黑教），为萨满教之一派，为崇拜鬼神之邪教）。唐玄宗天宝六年，西藏王玑尔孙惕安时，有北印度乌耆那之僧，散汰喇希塔及巴突玛散摩叭都者觉陀罗尼秘密修法，至藏始传密教，此为稀叭密教之一派，崇拜对象为多首、多眼之化身法王，及破坏性甚浓厚之欢喜佛像，之后与当地之蓬教及萨满教相混合，遂成为喇嘛教。

　　B、喇嘛教之派别　喇嘛教的宗派，大别为旧教派及新教派，前者戴红色鸡冠帽，后者戴黄色鸡冠帽，亦称为红教派及黄教派。古教派之中有所谓以莲华生为派祖的所谓古派之外，尚有以"突冒顿叭"为派祖的教命派。"玛鲁叭米"、"拉来叭"等所指导的"教续派"、"帕克珠派"、"兹鲁叭派"、"戴公派"等，又有以"巴达姆帕"为派祖的镇静派、萨迦派、城南派等，此外，又有小分派、大印度教语派、心分教语派、净慧教语派等。以上俱属旧教红帽派。

十四世纪时，喇嘛教之"马丁路德"宗喀巴僧杰出（一三五五——一四五〔一〕九），以旧教各派大致腐败破戒，不守规律，遂毅然改革旧教各派，着黄衣、黄帽，称为"额尔哥叽派"，以教规谨严，大受一般人之欢迎，遂以旭日东升之势，照摄全西藏，复渐次减灭摄收其他古教。迄今黄教派之信徒，约占全藏人口百分之七十，红教派不过百分之二十。蓬教则百分之十，至于内外蒙古，则百分之百，俱系黄教信徒。

元初，统一西藏，遂挟喇嘛教以归。元世祖忽必烈，为统御西藏，乃定喇嘛教为国教，尊帕思巴为国师。十六世纪中叶，哲布尊丹巴呼图克图入库伦，为蒙古喇嘛教之统率者。此后章嘉胡图克图复坐床多伦，统率内蒙之喇嘛教。至此，喇嘛教乃根深蒂固，成为蒙古民族之终身信仰。

C、喇嘛的种类　喇嘛的种别，大别为左列五种：

1. 佛爷喇嘛　为具有全智全能之活佛级喇嘛，世世转生，名为胡毕勒罕，或胡图克图，乃喇嘛中之最上级，其中地位最高者有四，称为喇嘛教之四圣，即西藏之达赖、班禅，外蒙之哲布尊丹巴，内蒙之章嘉。此外，清室授以胡图克图尊号者，西藏尚有十八人，漠北蒙古十九人，漠南蒙古十七人，青海蕃地三十五人，驻京呼〔胡〕图克图十四人，合计达二百四十五人之多。

2. 札萨克喇嘛　札萨克系执政者之意。札萨克喇嘛，即管旗喇嘛之谓，此等喇嘛据有游牧之人民，掌握管内政教大权。若库伦之哲布尊丹巴、小库伦之锡呼图、库伦札萨克达喇嘛、多伦之章嘉胡图克图，以及内蒙各胡图克〔图〕等俱是。现在库伦之哲布尊丹巴已被废止，其他各地者，亦渐被废止矣。

3. 大喇嘛　为庙主之通称，掌握朝〔庙〕内一切大权，以修完教学、秘密、医学、时轮学部等四部功课，德高望重，且朝过西藏总本山，奉贡受戒者充当，亦有贵族子弟出家以势力充当者。

4. 庙喇嘛　此系指庙内起居之喇嘛而言，受大喇嘛之指挥，做法事，参与民间一般仪式，并服庙内杂役。其在教学部卒业者，名兰占巴喇嘛，或噶布楚巴喇嘛，或哈兰巴喇嘛。时轮学部卒业者，名齐林巴喇嘛。医学部卒业者，名麻兰巴喇嘛，或门巴喇嘛。秘密学部卒业者，名噶克林巴喇嘛，此四学部各有部长一人，名萨尼特喇嘛、机兹图巴喇嘛、门巴喇嘛、图普克鲁喇嘛，总括四部总长级之喇嘛，名锡莱喇嘛，直属大喇嘛，各〔名〕谓尚有所谓格斯贵、经头、书记、哈尼鲁等，办理一切庙务。

5. 黑喇嘛　亦名在家喇嘛，一般黑人之男女达五十岁以上之鳏夫、寡妇，在家着喇嘛服，从事佛教之专修，男子名乌巴什，女子名齐巴罕察（或译赤巴哈庆），统称黑喇嘛。

D、喇嘛教之四圣　元时为统治西藏，特定喇嘛教界内最高位者。至明朝，此项政策一变而为分权制，立宗喀巴之二大弟子达赖、班禅，分领西藏，为无垢、不死、全智、全能之法位，政教两权之支配者。清圣祖时，复在外蒙拥立哲布尊丹巴，内蒙拥立章嘉，为内外蒙古之政教首领，从此喇嘛教乃正式掌握内外蒙古一切大权。

1. 达赖喇嘛　传为观世音菩萨之化身，掌理后藏，第一代名"根敦珠巴"（一三九一——一四七六），生于后藏沙特布多特；第二代名"根敦嘉穆错"（一四七六——一五四二），生于后藏大那特多尔济丹；第三代名"索诺木嘉穆错"（一五四三——一五八七），生于前藏对咙；第四代名"云丹嘉穆错"（一五八九——一六一五），生于蒙古土默特部图古隆汗敬格家尔；第五代名"阿旺罗卜藏嘉穆错"（一六一六——一六八〇），生于前藏崇寨；第六代之一"罗卜藏林沁仓洋嘉穆错"（一六八一——一七〇六），生于南西藏蒙巴拉沃松地方，之二"阿旺伊什嘉穆错"（一六八三——一七五二），生于博克达三；第七代"罗卜藏噶勒藏嘉穆错"（一七〇九——一七五七），生于里唐；第八代"罗卜藏旺楚克江巴尔嘉穆错"（一七五八——一八〇五），生于后藏托结地方（托卜扐拉里冈）；第九代"隆图克嘉穆错"（一八〇五——一八一五，十一岁），生于喀木；第十代"噶勒桑建灿嘉穆错"（一八一六——一八三八，二十三岁），生于里唐；第十一代"穆克斯布嘉穆错"（一八四一——一八五五），生于打箭炉泰宁；第十二代"阿旺罗布藏丹贝加木灿深呼嘉穆错"（一八五八——一八七六（?)），生于西藏；第十三代"阿旺罗布藏吐布丹嘉穆错"（一八七六——一九三七），生于西藏拉萨西南塔克堡地方；第十四代"现代"，一九三七年生于青海，现尚未至藏，目今之西藏政教两权，由结泽热振呼图克图代理中。

七　语言与文字

A、蒙古语之特征

蒙古虽为中国之一部分，但蒙古的语言和汉人语言却完全不同，如果认为蒙古语系汉语的方言，则未免认识不足。其文之构造和发声，极近朝鲜语或日本语，文之构造完全与日本文法相同。例如"我读书"这句汉语，在蒙古语则是"bi（我）bichig-i（书)，ungsina（读)"，把动词放在名词之下，这是和汉语显著不同的地方。

蒙古语是一种属于阿鲁台语族的语言，和土耳其语、满洲语为姊妹语。此种语言据考发源于为古代民族根据地阿鲁台山脉一带，此系语言之民族，出现于历史上的蒙古族有匈奴、鲜卑、蠕蠕、契丹、蒙古等；土耳其族像高车、突厥、回纥、结骨等；满洲族若夫余、靺鞨、高句丽、女洲〔真〕、满洲等，其活动范围，一度曾相当广大。

其最大特征即在音韵上严存母音调和之法则，形态上有头语及尾语存在，名词、动词之变化，俱以语根为依存而嵌入。所谓母音调合者，即在一句话中，因母音种类不同故，一语之中，同种类母音相互结合而排斥异种类者。在蒙古语中，有七种母音，区别为男、女、中性等，男性与男性母音结合，决不与女性母音结合，中性者则可与其余任何一性者结合，即：

男性母音（喉音）ao（u），女性母音（口盖音）eö（ü），中性母音（同上）i。

例如 ire-ne 是来的意思，决不许说为 ira-ne 或 ire-na 的。这种现象在土耳其语中最严格，满洲语最不讲求，蒙古语则占中等程度。

蒙古语在学习上最困难的是文语、口语不同之一点。现在的文语，是以元朝时代的口语为基础而形成的，数百年间，改废甚少，与今日之口语间有极显著的差别，例如文语的学校是 surgaguli，口语则为 surguli，文语之皇帝为 khagan，口语则为 klan。蒙古的文章完全是这种古语，这是和其他语言显著不同之点，也是蒙古人不能尽通蒙文而阻障文化发达的一重要原因吧。

B、蒙古文字

蒙古文字和汉字完全不同，是一种直下右行的表音文字，书体分为活字体与笔记体（草书体）二种，并无大写与小写之分。在先，蒙古文字以削平的竹端书写，现在已使用毛笔或钢笔，像阿拉伯文般语头、语中、语尾各有其独异的形态，以数个字母拼成一个音。

蒙古民族的使用文字，约始自成吉思汗勃兴当时。在十三世纪时，成吉思汗统一全蒙古，将乃蛮、克烈亦惕等部族完全统合在内，其中以乃蛮族的文化最为先进。当时有仕于乃蛮主太阳汗的回纥人文臣名脱脱顿格者，被成吉思汗俘虏而起用，置于左右，执掌印玺。彼曾以回纥文字教诸王子，而以之写出蒙古语，此恐系蒙古有文字的滥觞。十三世纪中叶，西藏喇嘛僧萨思克牙蓬吉达者，乃正式造出蒙古文字，不过这是一种传说。此外还有一种说法，是元世祖忽必烈时国师帕思巴法师所造，即现行之蒙古文字。其实世祖至元六年（一二六九年）制定之蒙古文字，即所谓帕思巴文字，乃方形而似藏文，俗称正方形文字，在元时公文等完全使用之。然与此同时，回纥文字依然为一般所使用，结果，帕思巴文字遂伴同元朝的没落而消灭。盖今日的蒙古文字，乃回纥文字多少改作以后者，而受喇嘛教大影响所成者，迄十六〔二〕世纪末叶之成吉思汗当时，蒙古文字与回纥文并无何差别，斯时直可谓之为无文字。

此外在经典中，对古代印度语、西藏语等，尚有一种特殊形体的文字，名为克里克文字。

现行之回纥系统之蒙古文字，乃如罗马字般子音、母音分离的单音文字，普通使用者有母音五个，子音二十个左右。在内外蒙古及布里亚特地方，使用极其普及，惟系古典的字母，对书写现代语上甚为不便，故现在外蒙及"满洲国"方面，均在试作新文字中，不过其成绩尚在未可知之间。

C、蒙古语之方言

蒙古族人口极稀，而分布面积则甚广，依现在情势，则分隶于苏、"满"、中等三个各异的行政下，即勿论此三个不同政权的各异，即以蒙古语中掺杂汉语及苏语一点观察，蒙古语自不能有标准语言的存在。

从来的蒙古语，大半分为三种方言：一种是内外蒙古语，称为普通蒙古语，分布的地域和交通的范围最为广泛；其次为在苏联隶属下的布里亚特蒙古共和国和其附近布里亚特人的语言，称为布里亚特语；其三为新疆、宁夏、甘肃、绥远、青海之一部，以至西藏东陲，里海北滨所分布之蒙古人的语言，称为乌衣拉图语者。

以上这三种方言中，第一、第二两种与文语共通点甚多，第三种少异。这三种方言，相互的差别甚大，几有非通译不能相互理解之概，例如属于"满洲国"之蒙古的中哲里木盟和昭乌达盟的蒙古人的语言，与其南方的蒙古人的语言和巴尔虎的蒙古人的语〈言〉，即非通译，不能索解。现在将已故苏联之硕学"乌拉基米尔兹夫"氏，对蒙古方言的分类列下，以作为关心者的参考。

1. 西方蒙古语

（一）乌衣拉图方言

A、欧洲之乌衣拉图语

a、阿斯突拉汗之督尔贝特语——α 大督尔贝特语 β 布萨瓦语

b、阿斯突拉汗之土尔格特语——γ 乌楞布尔格之克尔姆克语 S 乌拉尔之克尔姆克语

B_1、北部

a、郝布督之督尔贝特语——α 喀尔喀·督尔贝特语

b、贝特语——β 喀尔喀·贝特语

B_2、南部

c、阿鲁台·土尔格特语

d、阿鲁台·乌里英海语

e、加喀沁语——γ 喀尔喀·加喀沁语

f、达姆毕·叶莱特语

g、明格特语

（二）阿富汗蒙古方言

2. 东方蒙古语

（三）布里亚特方言

A、北部布里亚特方言

a、尼基脑经斯克语　b、阿拉尔斯克语　c、巴拉根斯克语 d、岑堪斯克语　e、耶黑里特·布尔格特语　f、库金斯克语 g、克弗萨里斯克语　h、温根斯克语　i、伊根斯克语

B、南部布里亚特语

a、克达林斯克语　b、塞楞根斯克语——α 南塞楞根斯克语 c、次温格里斯克语　d、巴尔格金斯克语　e、霍林斯克语 ——β 阿根斯克语

（四）巴尔虎·布里亚特方言

（五）达乎尔方言

（六）南蒙古方言

A_1、东北语

A_2、东南语

B、哈喇沁语

C、齐亚哈尔语

D、鄂尔多斯语

（七）喀尔喀语

A、喀尔喀语

a、库伦之喀尔喀语——α 达里堪格语　b、东部喀尔喀语　c、西部喀尔喀语——β 萨尔图尔之喀尔喀语——γ 库索格尔之喀尔喀语

B、霍特古依特语——α 霍特古依特之喀尔喀语

以上的分类中，乌依拉特语又分为欧洲与科布多之二种，欧洲之乌衣拉特族由科布多方面移往者，与土著之乌衣拉特族之语言间，有显著的差别，然相互间甚深之关系，至今尚有何种关系之

资料出现。

布里亚特族人因与苏俄人接近最早，故文化程度最高，名学者辈出，其言语较其他蒙古语有甚精之研究。最近由苏领移住满洲兴安北省者逐渐加多，因与该省之巴尔虎族人关系甚久，故亦有与巴尔格语接近之处。

达乎尔人与前表未见之索伦人，俱居于北满，惟前二者乃受满洲成格斯系之强力影响之语言，彼等与巴尔虎人居住既极接近，而言语尤觉通用，此三族尤为相同者，即公文书从来即用汉文一点。

在兴安岭东侧居住之蒙古人，蒙受汉文化之影响最甚，不解汉话者，殆绝无有。南部接近汉人者，受汉语之影响；北部接近苏联者，受俄语之影响。故其蒙古语中，汉语、俄语之掺杂极多，例如北方蒙古语之"铅笔"为 Halenda（俄语 Clandas，原来是土耳其语），南方之蒙古语则为铅笔。

此外，西藏北方达木河畔之达达木苏族、柴达木族之西来格尔族之语言，因资料毫无，故不为前表所列。再乾隆时代，乌衣拉特族（西方蒙古族）之一部移往北满，察哈尔之蒙古族之一部移往新疆，喀尔喀族之一部，因驻防关系，由外蒙古移往青海，故其言语分类，极为困难。

以上系依据乌氏的研究，实在蒙古语因各种政情之故，以致蒙受各外族的影响，研究极为困难，其进一步的阐明，尚有待语言学者的注意也。

八　地形和人种

以阴山和大青山为主干而构成的内蒙古高原，平均在海拔千三百米以上，河流缺乏，森林极稀，然真实的沙漠地带则甚少，大部为水草丰美的小丘陵地带。一望无际的大草原，到处起伏着像海波状而陡度甚缓的丘陵，谓为天然大牧场，实非过誉。

入夏野草繁茂时，野百合与马兰花争妍斗丽，池沼上浮着若干候鸟，家畜在广漠的草原中悠游。傍晚时，碧澄的太空，缀遍美丽的云朵，牧羊人驱着成群的羊只由放牧场所归来。此情此景，实为草原特有的风物。

草原的温度，变化甚速，七八月时，日中酷热可达华氏百三十度以上，朝夕则在华氏八十度左右。所谓降雨期也正在这个时候，短促而量少，但相反地"季节风"却一年中不分昼夜的无休止地吹着。

冬季大雪频降，气候的变幻益觉显著，雪后的草原温度在零下三十余度是经常现象。在大雪中的家畜，往往为饥寒所迫而冻毙。在这种环境下的蒙古人，其体格的特异，自不为奇了。

蒙古人的身长，较土耳其系民族及汉民族多少低点，但极健壮，头属所谓八三位的短头，与身体比较，头面之比例甚大，面幅最广处达一四·九公分，颧骨甚高；颜面呈四角形，与汉民族迥异；发直而黑，鼻低且广，眼为特有的蒙古眼，眼角微带倾斜，眼球运转极不灵敏；嘴唇甚厚，牙齿却白而且整齐；脸为赤铜色，手足俱甚粗笨，生性爱小，但却极直爽厚道，喜爱奉承，除杂居于汉蒙杂居地带者外，机心可谓绝无，惟以若干年来受尽不良汉商的欺骗，对于汉人的信仰心已消除净尽，颇堪忧虑！

九　年中行事

关于一年中一切的俗礼，最足以表现出各个民族的特点来。蒙古民族虽不像汉民族那样，但一年中很简单的时节，也有不少颇富有民族意味的。为了了解一个民族，或者和某个民族融和，对此势不得不有一番认识，在这里仅就笔者所知道的，简单介绍数则。

甲、正月

在新年度开始的正月中，尤其是元旦日，可以说是任何民族所最向往而感到愉快的时节。生长在单调的草原环境中，终日与牛马追逐地生活着的蒙古人们，也自不能例外。斗柄回寅的新年感觉，在蒙古人方面，正非常强烈。当都市的文明社会随处举行着丰丽而活泼的新春庆祝时，在草原中也正广泛而普遍地传扬着"阿木尔痕，塞因，希奈尔包"（恭喜恭喜之意）的声音，不过不像汉民族的繁复罢了。

新〔旧〕年既去，残梦已除，新年带来的是生命的跃动，新的希望的开始。素朴的仅仅祭祀天地四方的拜年仪礼，便在草原上开始了。这时的草原是最庄严、最伟大、最美丽的，尤其是元旦日未明的朝时。

在漆黑的暗夜将罄时，朔风像刀刃般宰割着人们的皮肤。东方的地平线上微微显露出一丝曙光，乳色的薄云拉成一些细缕；蒙古人们能〔都〕身着清代遗制的礼拜〔服〕，庄严的站在包的前面，向东方而立！这一天，贵族的包，周围覆以红绢；平民的包，则仅在包的前面覆以红绢。在蒙汉接壤地带的蒙古人们，更在前庭竖立旗竿，高悬红白二色的小旗，下方装置着风筝，亦有燃放爆竹的，等待洗却去年的疲劳，迎接今年的福运的新的旭日升起。

逐渐乳白色的浮云转成紫色，一线红光由云上射下来，慢慢地紫云跳动成赤红色，新的光在太空燃烧。在曙风的引导中，朝日悠悠然跃出地平线了。草原的新年在这金黄色的光线下开始——漱口、洗脸、净身以后的蒙古家庭中的每一个人，乃在家长的领率下，向四方的诸神礼拜，向旗王公的所在方向礼拜，并祈祷共同

的幸福。拜毕，进入包内，由家长在桌上焚香，向神佛礼拜。随
着一家眷属齐集在长者之前，跪着表示敬意，同时静等着长者的
吉利语："愿你们长命百岁，福禄无穷"、"愿你们在新年里获得一
个美满的配偶"、"孩子们益发可爱而健壮了"、"好生放牧吧，今
年你们的牛羊不会有灾病的"。对这些长者们威严而充溢着骨肉之
爱的言辞，眷属等则一同答以："在你的荫覆之下，今年的一切，
一定会顺利的！"至此，元旦早晨的仪式遂告终了，草原上的活泼
的自由的乐事也同时开始，饮酒高歌，极尽天伦之乐。

在察哈尔正白旗，正月中，叶子戏、将棋、类似双陆的"霍
高"、围旗〔棋〕样的"米古门"、腕角力、拉手指、踢毽子，等
等游戏，也非常盛行，不过在纯蒙古地带既无此种器具，也就不
会这样热闹了。

此外，正月中的歌曲，避讳哀调。蒙古人好歌，颇富有野趣和
秀味，尤其在宴会时，更不能避免。不过在新年时则绝对禁止恋
歌或哀歌，要充满了欢悦气氛的歌声。在女人方面，有赴戚友处
拜年的；有信心浓厚的，则手持念珠，参诣喇嘛庙，像汉人们正
月的烧香般。

乙、成吉思汗大祭日

这是追念成吉思汗伟业的最大的祭典，过去在鄂尔多斯举行。
在清朝时，因袭历代帝王祭的例，始将成吉思汗的灵位移到北京
北方的清河去祭祀，后复移回鄂尔多斯，这在《理藩院则例》上
尚有这一条记载说："伊克昭境内之成吉思园寝，夙由鄂尔多斯七
旗看守。设达尔哈特（看守陵墓者）五百户承办祭祀，每年例银
五百两，以供祭祀、修理之用，特派由该盟保奏之贤能札萨克一
员，专司经理。"

流传至现在的成吉思汗大祭，凡春、夏、秋、冬四个定期，就

中以三月二十一日的为最隆重，尤其在清朝时，僻远地带的代表亦俱行参集，供养物特定的达八十一种之多。

　　蒙古人尚九，以九为吉数，这是土耳其和塔塔尔的共通风习，八十一为九的自称，乃最隆重的。现在蒙古人的祭坛，正式隆重的场合，仍为九级，每级供物九个，仍合八十一个之数。当此三月二十一日的大祭时，八日即开始读经，截至十八日止，即将各地的供物收集齐备，而由特定的人们在祭坛前奠酒八十一杯，是为祭典的开始。一方面，祭酒的装设，一如过去传留下来的仪式，例若成吉思汗所使用的弓、矢、刀、箭壶、马具，以及其他手泽物品等，俱同受供养。此外尚将所谓"阿鲁台格塔斯"者，立埋于土中。据云彼曾窃盗成吉思汗的金银马具，成吉思汗大怒之下，所给与"阿鲁台格塔斯"一族的刑罚。在祭时，于喇叭、大鼓的响声中，参列者手叩"齐里希"，祀于灵前，继之以喇嘛之诵经。最后，由参列之各王公，依顺序拜祀，供以全羊。于日没时，并祀蒙古建国诸英雄，是为祭典之终了！如今，蒙古政府方面，特定三月廿一日为成吉思汗大祭日，祭典之隆重，更有加无已！

丙、成吉思汗诞辰日

　　溯至成吉思汗纪元元年约半世纪前，即西纪一一五五年乙亥之冬，漠北之深冬将近，鄂嫩河畔已渐育阳光，沙漠之春已露征兆之际，蒙古民族永久不能忘却的民族之神的成吉思汗，耶斯盖帕图之嫡胄子铁木真，即降生于此时，当阴历四月十六日，是即所谓成吉思汗诞辰日。亘草原之中，举行甚为盛大之祝贺式典，以志欢悦。

丁、成吉思汗忌辰日

　　六盘山之阵殁日，即阴历七月十二日，为成吉思汗忌辰。此日在每年于蒙古民族的严肃中送过。

戊、成吉思汗登极日

金章宗泰和六年，为成吉思汗于发祥鄂嫩河畔，收服部众，即位皇帝之日，当阴历十二月一日。对此光荣的历史的回顾，至今蒙古民族犹以盛大的登极纪念式典来表示他们的欢欣。

己、斯鲁塔（圣锋）祭

斯鲁塔者，一名圣锋，一名圣鈝。据传乃成吉思汗登极时，天降之物，亦可谓为是蒙古民族的神器。祭典的举行，因为圣锋的降下乃于阴历七月十四日，在鄂尔多斯的依金霍鲁地方，故向例每年于该地举行祭典。自民国三十二年（即成吉思汗纪元七三八年）四月，将圣锋迎于大树湾头，与成吉思汗大祭的同时，举行庄严的圣锋祭，其次序与成吉思汗大祭同样，献哈达，献灯，献香，献羊肉，一同跪拜，诵经，献神酒，献神水，献祭品，下赐哈达，宣达神意，为一极富有古式风味的蒙古祭典。

庚、鄂博祭

鄂博祭在蒙古人，是一年中最大祭典，与喇嘛庙会并称为草原二大盛事。

鄂博，亦写为脑包，读如噢包音，是蒙古、新疆、西藏等地到处散布的一种建筑物，用石砾或石块，以及木片、骨片等堆成圆锥形，外围用石片砌成甚为美观的圆坛，插树以多数的枯枝，中心立以三叉矛或枪之类的武器。其形式虽各各不一，但大体的构造是这样的。

普通的鄂博，最小的构造如上，较大的有二个或三个并列成为一个的，最大的在大型者左右各六个小型的，成为一组，名十三鄂博，位于山上、湖边、境界上、路旁等处，大体上是以草原的路标为目的而建造起来的！

所谓鄂博者，乃亚细亚土民所创造的一种神祠，乃天地神祇的住宅，含有极浓厚的萨满教风味。在筑造鄂博之前，需由萨满教的巫师来指定此神灵的栖住地域，立以三叉矛或枪类之铁器，系神灵借以得上下交通之意。

此外，尚有以多数之剑、矛、枪、弓、斧等武器插入鄂博中（如今以木制武器代用者甚多），乃系天神、地神、军神、战神之共同祠宇之意，不过这种鄂博在内蒙草原尚不多见而已。

鄂博本为萨满教的信仰，然自佛教弘布蒙古以来，业已变形。管理鄂博者，除喇嘛僧外，即绝对不可。据瓦吉喇达喇默尔根所著的《鄂博的建造》和《鄂博祭仪的祈祷》二书（此二书中译本尚未及见）谓："鄂博的信仰中心，系萨满教与喇嘛教的融合。"再关于鄂博一语的起源，据日本白鸟博士的研究，谓："土耳其语之鄂巴，含有住宅的意思，而鄂博者，乃神灵的住家之意。"同时，自汉代的匈奴、鲜卑时，秋季祀天时，即以鄂博为祠，由此可知鄂博的来源甚古了。

继承此萨满教的神祠，化以喇嘛教精神的鄂博，土民传统的崇拜观念，迄未稍衰。每年在草高马肥、牛羊壮盛之时，即阴历四五月顷，必分别举行盛大之鄂博祭典，祈祷旗民的幸福、人口的增加、家畜的繁殖、恶灵的退散，以及病魔的祛除等。在祭典开始之先，首以全羊的供物回绕祭场一周，随即开始诵经。

在祭典终了之后，复有竞马（由十岁左右之幼童骑裸马比赛）、竞射、角力等等民众娱乐的余兴。最后以全体参加者之大宴为结束，表示神前旗民之大团结之意。

辛、喇嘛庙会

蒙语斯姆（喇嘛庙），含有灵域的意味，所以草原庙宇的建筑，特别与其他贵族的汉式建筑有特异之处，除以红色、黄色为围墙外，并于殿前建竿，悬以书写经文之白布，以示与俗域之区别。

对此集蒙民全体信仰的喇嘛庙，每年其盛大的祭典，正像鄂博祭般，于五六月间（阴历）普遍地展开于草原各处，其中尤以多伦的喇嘛庙会为最壮严、最盛大、最驰名于世。多伦的庙会，系以阴历六月十五日为中心而展开，以祈祷会为开始。殿上高悬彩灯，四隅树立绘以四天王像的大旗。上殿读经的喇嘛僧，自十日即开始，每日三回乃至四回，每回在一个时辰左右，经典以诸佛诵赞文，《太平经》、《观音经》、《长寿经》、《极乐愿文》、《净土咒》、《往生咒》等为主。最终之日，于未明时，即开始读经，除以上经典外，并诵《阎魔王经》。

在庙会时期，善男信女，常有不远千里而盛装参与以祈福者，同时借此时期参拜活佛，而形成一年一度的杂沓，并有赛马、角力等等余兴，而使人最感兴趣者，并脍炙人口者，厥为跳鬼。

跳鬼，亦名打鬼，蒙名汗格尔嘉穆，乃降魔舞蹈会之意，有类"乡人傩"。此外喇嘛间尚称之为"部勺"，起源于西藏。据说在天竺国王札隆哈希喇时，有一热心佛教的老妇，以全部财产，修建浮屠，担任一切运搬、功绩卓著之牛，在工事告竣后，并未得到佛之何等赏赐，因此对佛陀怨怒异常，竟有"死后若得转生人间，必对佛教报复"的诅咒。然此诅咒为一乌鸦听知，亦有"死后若得转生人间，必卫护佛教，反抗此牛"之誓。此后，牛转生西藏国王斯隆岑堪博三世孙赖帕丹之弟，名狼多罗嘛，鸦亦转生为喇嘛僧，名喇隆巴拉。狼多罗嘛者，竟弑兄篡位，破坏寺院，烧弃经典，虐杀教徒，破坏佛教遗迹。对此，喇隆巴拉甚为激愤，即伺机谋刺狼多罗嘛，偶闻狼多罗嘛有春游之意，即纠合同志，试做鬼面、兽面之舞蹈。此新奇之舞蹈，果得狼多罗嘛之欢心而被召演于王前，喇隆巴拉遂伺机跃至王前，遂其谋刺之愿。然狼多罗嘛死后，其怨魂常隐藏于寺院之间。因此，后世之喇嘛僧等，乃遵照喇隆巴拉之遗法，以喇嘛僧扮成神佛，将谋刺狼多罗嘛之场面，加以宗教的润色，以禳解灾厄。谓之为宗教剧，亦非过言。

在此舞蹈开始之前，首以面粉做成狼多罗嘛之尸骸，陈于俎上，于大喇叭吹奏之下，扮成神佛之喇嘛乃登场。

第一场　首由绿度母登场，左手持琉璃碗，碗中充以若干"乌力勒"与丹丸，口念密教真言，作供养十万诸佛之舞，约五分间入殿。所谓绿度母者，乃济度众生苦难之女菩萨，即救度母是。藏古语名塔剌乌哈，西藏语名慈乌嘛，总计二十一人，绿度母乃其中之主，属于密教胎藏界曼荼罗之观音院（一名莲花部院），为二十一菩萨中多罗尊菩萨之化身，其他二十人俱系绿度母之化身。着用白色面具，身穿锦绣之古装，头戴美丽之笠，垂以表示黑发之丝。

第二场　哈母与其化身之七个随从出舞，约十分间入殿。所谓哈母者，西藏语乃天女之意。属于密教胎藏界曼荼罗之虚空藏院，乃吉祥天女之化身，专司降魔。虽为女性，而面具则极为狰狞，青面三目，口衔鬼尸，腰垂若干骷髅，其分身之四人亦为极凶猛之状。

第三场　为哈麻英之二人舞。所谓哈麻英者，西藏语与印度语俱名为阿修罗，但并非六道轮回之阿修罗，乃属于密教胎藏界曼荼罗之外金刚部院，外护眷院阿修罗五罗之二，一为黄面具，一为赤面具。

第四场　克温普之五人舞。克温普者，藏语乃密教之护法金刚，同时系监察人间善恶之神。五人中麻哈克拉者乃首领，青面，齐亚达喇帕喇青面，希纳米塔喇赤面，喇克喇萨青面，图亚格萨黑色，俱三眼獠牙，形相狰狞。

第五场　机修剌嘛之四人舞，分左右二门飞出。发现狼多罗嘛之尸体，遂持于中央，再作周围之舞。所谓机修剌嘛者，藏语乃蝴蝶之意，蒙古语名乌鲁巴哈衣。由蝴蝶成道为哈母之使者，充当杂役，四人俱带白色面具，五鬼冠，着有蝴蝶花纹之白衣，动作有翩翩味。

第六场　五人之希恩齐中，一人出舞，二人之希亚舞伴随之。希亚当发现狼多罗嘛之尸体时，即以斩妖斧砍断其五体而舞后退场。继此出现者为二人之图尔他舞，将狼多罗嘛被斩之尸体，散于四方而退场。最后为慈乌恰恩以下之各慈乌麻，其次哈母、克温普、希恩齐、希亚，及吉亚吉云一人，可母格喇一人等，相继出现，作总舞，此跳鬼乃告终了。

所谓希恩齐者，藏语乃阎罗王之意，印度之亚麻拉萨，蒙古一般呼为乌尔里弓哈根，属于密教胎藏界曼荼罗之外金刚部院。五人之中，二人青面，一人赤面，一人黄面，一人白面。

希亚，藏语乃鹿之意，蒙语博慈克（牡鹿）、桑慈克（牝鹿），同为克温普之使者，专司鬼怪之杀戮。

突〔图〕尔他，藏语乃骷髅之意，专管死人之坟墓，白面而瘦若猿猴。

吉亚吉云，藏语乃凤或金翅鸟之意，蒙语曰卡尔台。释迦之护法，青面，有小角，嘴锐如鹰嘴，衔长蛇一条，而以两手弄之。

可母格喇，藏语乃福神之意，极得一般蒙古人之敬慕，白面三眼，张口，左右上下微露四齿，右手持三叶之萝葡。

以上不过跳鬼的大概，谬误自在不免，尤以笔者对密教毫无认识，颇觉惭愧。

壬、其他

此外喇嘛教之行事，尚有十二月二十七、八、九三日间之除灾会，各家庭在八九月（阴历）中之吉日所举行之荒神会，蒙名吉萨郝尔。三月三日之祖先祭，蒙名特克都因塔西尔，因不甚普遍，姑附记于此。

十　喇嘛医

在文化落后的草原地带，卫生设备根本谈不到。截至现在，医生一向是喇嘛僧的附属事业，仅仅在蒙汉接壤地带，有天主教及基督教的比较近代化的医疗设施而已。

喇嘛僧中有一个阶级名乌姆齐喇嘛，由西藏学来的医疗术，专司大夫职务，亦名为喇嘛医。

西藏医学，本为一种毫无学理根据的荒唐医学，对一切病症，不探讨其病原，只在神佛的惩处和恶魔的作祟上着手。虽不像萨满教的诊断法的幼稚（例如占星、卜筮等），但亦极为原始状态，除脉搏的状况、尿色的清浊（于口中或竟咽下以试其味道）、舌苔的检查，以及用手掌测量体温等外，即完全仰仗于患者的自述。在临床诊断上，是颇有不少与汉医相似的地方。

治疗方法，大概是这样的，由阿兰皮喇嘛（佛学博士之意）、嘎克林巴喇嘛（真言秘密法博士之意）、齐林巴喇嘛（造曼荼罗法博士之意）等为患者祈祷，为主要治疗。此外由喇嘛医用矿物、动物、植物等材料研磨成粉，适宜混合，用银匙为患者内服，在分量方面则由喇嘛医自定。

每年选择吉日，由喇嘛医等跋涉于各处，采集药物，亦有向汉商购买者。近年来，阿司匹灵等药，亦渐为彼等采取，但主要的药物，仍以不合理的迷信药物占多数。

例如在活佛的龛柩内，用岩盐将尸体埋覆，经年后，尸体的水分，完全为食盐所吸收，化为木乃伊样，此食盐乃成为极珍贵的药品。复因活佛大率火葬，此种药物尤不易得，更为喇嘛医所宝贵。此外幼童的便溺，和大喇嘛的唾液，都是内服、洗眼、点眼的良药，尤其大喇嘛唾壶内所聚集的唾液，乃被称为阿尔希亚恩（圣水），较之童便，更为神效云。

然而因为蒙古人对喇嘛的信仰关系，所以喇嘛医的治疗方式，有超乎想像以上的精神的效果，同时对不能治疗的疾病，若肿伤疾患、花柳病、伤寒、急性传染病等，则以佛之惩罚为饰词而回避责任，故蒙古人对喇嘛医之信仰，迄未稍衰。

在报酬方面，喇嘛医之索价，相当高昂。对外来医术，摒绝不遗余力。于蒙汉杂居地带，则有汉医及基督教医疗设施的侵入，至草原游牧地带，则仍为喇嘛医之纯势力范围。

十一　文学

对于蒙古文学，至今仍缺乏系统的研究，这里不过根据日本石滨纯太郎所著《满蒙言语之系统》，对古典文语之叙事诗、历史文学及佛教文学作品并歌谣等，略作叙述，聊供学者的参考而已。

甲、历史文学

A.《元朝秘史》　本书称为全蒙古文学中之白眉，为史学上古代语学上的宝库，异版及注释等甚夥。据卷末之记载，成为〔于〕太宗十二年庚子（一二四〇）。正卷十卷，由太祖成吉思汗之远祖说起，至即位后征伐金国之前之事迹。续集二卷，以太祖六年辛未（一二一二）之征金为始，以平金后，太宗自叙之四功、四过之敕语作结。文章古朴遒劲，作者为魏古尔，原作本早经散佚，明洪武初年，翰林侍讲火原洁，编修马懿亦黑等奉敕汉字音译，俗语旁译，并附总译，收入《永乐大典》十二先、元字韵中，称为元椠旧钞本，或十二卷本。

清钱大昕氏，由《永乐大典》中抄出。顾广圻根据张祥云之影元椠旧钞本校勘。张穆复由大典中抄出总译，借用仁和韩氏之影抄原本校合，与《长春真人西游记》及自著之《蒙古游牧记》，于光绪二十年，出版《连筠簃丛书》本。

光绪二十一年，李文田著《元朝秘史注》出版。至此《元朝秘史》之研究，乃底于精密之境。

B.《蒙古源流》　第一、第二卷为印度、西藏之佛教史之大要，第三卷以下，由蒙古之远祖说起，以一贯的佛教思想，叙述蒙古诸王的历史，为颇珍贵的史料。著者萨囊彻辰，生于一六〇四年，鄂尔多斯王家右翼库图克台吉彻辰洪台吉之曾孙①，本呼为萨囊台吉。十一岁时，袭祖父之称号，呼为萨囊彻辰洪台吉。五十九岁时，于多数学者之要望，著成《蒙古源流》。据其卷末所记，则曾使用1.《汗等源流》，2.《约路叙述》，3.《殊异奇绝之卷》，4.《讲解精妙异旨红册》，5.《沙尔巴胡克土图编纂发明》、《贤哲心意之蓬花汉史》，6. 杂噶翰尔第汗所编《经卷源秃古》，7.《昔蒙古汗等源流黄册》等七种资料，至今则尽皆散帙。其汉译本则出版于乾隆四十二年（一七七七）。

《政治月刊》

上海政治月刊社

1944 年 8 卷 2—5 期

（李红权　整理）

---

①　原文如此。——整理者注

外蒙古概况

方　舟　撰

　　举世皆知外蒙古在我国版图之内。但好多年来早有所谓"人民共和国",也是事实。惜国人素不注意,对那边的一切情形,就觉得万分隔膜了。本文以苏联迈斯基著《现代蒙古》为蓝本,对所谓"人民共和国"叙述不厌求详,自不免有一偏之嫌。不过资料难得,舍短取长,仍不失为一良好报道文字,特加揭载,以为认识蒙古近况之参考。

编者

一　前言

　　外蒙古,我们中华民国的一部分,似乎久为国人所遗忘了。直到去年春天,苏联塔斯社发表外蒙古与新疆边境事件,才再度引起国人的注意。据日本同盟社一九四四年四月二日莫斯科电,塔斯社于同日发表,一九四三年底新疆省境中国军队"侵入"外蒙古事件,莫斯科各报一致揭载此项消息。兹录其内容如次:

　　　　新疆省驻军于去年(一九四三)年底,因追蹑难民,冲过外蒙古边境,对边境居民部落开枪射击。外蒙古军队因新疆省军队侵犯边境,立即加以反击,将该项越境军队击退。今后如有同样事件发生,苏联政府将依据一九三六年三月十二日与外蒙古人民共和国所缔结之互助协定，给与保障外蒙古安全上必要之一切支援。

又据同盟社一九四四年四月三日里斯本电称，一九四三年底发生之新疆省军"侵犯"外蒙古边境事件，昨由苏联政府授意塔斯通信社公布。重庆方面于三日发表非正式声明，非难苏联。声明原文如次：

> 当此特别要求联合国阵营一致协力之时，突有新疆省驻军与外蒙古军间之冲突事件发生，殊可遗憾。苏联与外蒙古人民共和国于一九三六年缔结军事同盟条约，苏联依约应保障外蒙古领土之安全，诚为事实。但当该条约成立之前，中国与苏联间曾于一九二四年缔结规定中苏关系之基本条约，苏联承认外蒙古为中华民国领土之一部分，此事应不能遗忘。今日苏联当局于此新疆、外蒙古边境发生冲突事件之际，为支持外蒙古军而提及苏蒙军事条约，中国自不能同意于苏联之见解，苏联既承认外蒙古为中华民国领土之一部分，则新疆与外蒙古间之局部的纷争，应无加以干涉之理。

从上引两则消息中，多少可以看出，外蒙古具有复杂的国际关系，其今后动向，值得注意。这里，我们对于苏联口中的"外蒙古人民共和国"应该先有正确的认识，才说得上充分了解这边境事件的含义。

二　地理概况

蒙古的实际边境，现在还缺乏正确的记载。据最近出版，现在苏联外交人民委员部次长迈斯基所著的《现代蒙古》一书，其位置在中亚细亚东北部，北纬三七·三一度至五三·四五度，东经八五·二〇度至一二四度间。在地文学上，称为蒙古高原，海拔约四千六百呎。这大高原的四周，都是耸峙的山脉，成为蒙古之自然及人种的境界。其中，俄罗斯阿尔泰、唐努乌尔岭及肯特山脉，和东北的鄂伦达布支脉，都为其北部的屏障。大兴安岭为东部境界。而蒙古阿尔泰或所谓戈壁阿尔泰大山岳带，则为西部及西南部的境界。这些连绵的山脉，围绕四周，只有东南部分断绝，而形成其边境突出部分的阴山，差不多和长城相接，东部是华北平原，西部则与鄂尔图斯沙漠接壤。因此，蒙古的境界线，全长约达八千六百俄里（每一俄里合一，〇六七公里或三千五百英呎），其中西部及北部与苏联交界。内有西北乌梁海地方之唐努杜芬共和国，共有国境线二千九百俄里。其与中国本部、满洲、阿尔泰地方及新疆省之境界线，则长达五千七百俄里。总计蒙古全部面积，达二百七十八万方公里，等于第一次世界大战前德国面积的五倍，也就是说等于欧洲全部的三分之一。仅以外蒙古一地而言，全面积亦达一百六十一万二千九百十二方公里，与全国各省比较，仅略次于新疆省，而超过浙江省十六倍以上。

在地势上，分为三大区域：即西北的蒙古山岳地带、东南的蒙古平原，及大戈壁（沙漠）部分的额鲁特。西北蒙古平均海拔五千呎，东南蒙古三千七百呎，戈壁蒙古则不过三千一百呎。全部形势为向南倾斜广阔的山岳台地。西北边界诸山的支脉，向东南平行延展，大部分高峰在海拔一万五千呎上下，而以阿尔泰山脉中之塔宾博格达连峰最为著名。自唐努乌尔至鄂尔浑河四百俄里以上，为外蒙古高原的中心，除了边境诸山及其支脉之外，只有火山性的、独立的境内山脉——杭爱山。而向东至乌布萨池畔二百五十俄里之杭可可山岭，则邻接杭爱之北。西蒙古高原中心地域诸山，为较狭隘的盆地和低地所截断，其间有蒙古罕见的河川和澄碧的湖沼。

北蒙古高原西南，是中亚细亚广阔无边的沙漠地域之一部分，即是著名的戈壁沙漠或大戈壁。其间包含着砂丘和沙洲地带。西北蒙古除了沙漠以外，便是一片茂草的大草原地带，有"绿地沙漠"之名。东南蒙古则有肯特及杭爱山的支脉，到处是倾斜的地层和特异的山巅，形成波状的平原，而以东方之大兴安岭及阴山山脉为境界。到处有优良的牧场。蒙古戈壁地域，自东北至西南，大约有一千公里，西北至东南约五百公里，盘踞蒙古中心地域，无水无草，数千年来成为蒙古文化发展的阻碍物。据迈斯基说，他曾从外蒙古首府库伦至戈壁最南端的张家口，穿行戈壁沙漠八百俄里以上，全程均乘汽车，证明东部戈壁之砂砾质地层，便于汽车行驶。这段路程，以往骆驼队商，要费时二十五天至三十天，他乘福特汽车，只花了二天多些时间。所以，昔日视若天险的戈壁地带，也将被科学力量完全克服了呵！

西北蒙古有广阔的河流和湖沼，其中大部分经苏联注入北冰洋。这一地域中最大之色楞格河则注入苏联的贝加尔湖，更经安加拉河及叶尼塞河而注入北冰洋。其蒙古部分全长九百俄里，其流域（连其支流在内）在四十万方俄里以上。其阔度约达七十俄尺（每俄尺约二·一三四公尺），可说是蒙古的扬子江。其右侧支流为鄂尔浑河，包括其支流土拉河、伊罗河、哈拉哈河等。号为蒙古平原最大之河的克鲁伦河，则发源于肯特山，向东南延长约一千俄里，与海拉尔河水源呼伦河相通而入额尔古纳河。这条河与发源于肯特山向东北流入苏联的鄂嫩河构成蒙古文化区，为成吉斯汗的发祥地。西北蒙古排水最大的河川是发源于杭爱山，向西北流注乌布萨泊的帖斯河，沿途吸收无数小河，灌溉区域极广。而乌布萨泊则周围约二百俄里，为蒙古西部大湖。实际上，西部蒙古可称为多湖之国。主要的有乌布萨泊西南的吉尔吉斯泊、西方的乌略留泊、南部的哈拉泊与都尔戛泊等，都在外蒙古与新疆的边境。而科布多地方全部湖沼自成一系，注入诸河流域共约三千方俄里。可惜东南蒙古的灌溉力很差，只有东至兴安岭一带草原，才是河湖汇集之区，该地的农业也就因之很发达了。

三　人口风俗

蒙古的人口，向来没有精确的统计，各方面的估计，往往相差达十万，甚至百万之多。第一次精确统计要算一九一八年举行的蒙古住民第一次国势调查，就是迈斯基的探险队所进行的。据当时计算，外蒙古住民共有六十五万七千人。其中，蒙古人五十四万五千，汉人十万，俄人五千。这数字推翻了以往全蒙古人口三四百万人的臆说。据迈斯基的《现代蒙古》所载，全蒙古人口（包括内蒙）不过二百万左右，加上外蒙的俄国人五千及内外蒙古的汉人约三十万人在内，约达二百四十万人。以二百七十八万平方公里的面积计算，每一方公里的人口密度不到一个人（〇·八六人）。外蒙古的平均人口更少，每一方公里不过〇·四七人。至于蒙古族的平均人口更只有〇·三九人了。后来外蒙古人民共和国成立，有了正规的户口调查。据一九三四年统计，全国人口为八十四万人，真正的蒙古人为七十三万九千七百人，其余为俄、汉二族。在这统计里，计男子三十七万零九百人，女子三十六万八千八百人。由于花柳病及其他社会病的猖狂，人口增殖率很低，不过〇·六％左右。不过，近年来因政府努力于医疗设施，及文化水准之显著提高，社会病已大为减少。因此，人口增加自然日趋迅速。据一九四一年的国势调查，外蒙古人口已增加至一百万以上了。这是被夸称为革命政府新政策成效之一的。

最近，外蒙古住民中百分之七十五以上是蒙古人。这种蒙古人，大体上，可分为三派：

北部分派——喀尔喀人，居住于外蒙及内蒙的一部分地方，为蒙古各民族中最大的一族，也就是成吉斯汗一族的嫡系后裔。一九一八年统计为四十九万二千人。他们保存着蒙古种族诸基本的特征，具有比较高度的文化。

南部分派——为散布游牧于阴山东部边境至阿拉善山一带的种族，包括察哈尔族、土默特族、额鲁特族、阿拉善族等。他们比喀尔喀族等受汉族的影响较为深巨，已逐渐消失蒙古民族之特质而汉族化了。

西部支派——为额鲁特族①或杜尔伯特族及其支派辉特族、和硕特族、敏噶特、萨哈沁及土尔扈特各族。这些种族大多游牧于科布多管区，人数共计不过五万左右。其中最占多数的杜尔伯特族，分布于乌布萨泊及帖斯河上游，科布多河左岸至唐努乌尔山脉地带，共约四万左右。这一族在种型、头部、服装及性质方面，都和喀尔喀族不同，并且知道积极谋生。

在外蒙古，除蒙古民族之外，尚有西部阿尔泰山南麓至黑伊尔都希一带的陶迹人（或称土尔克人）及吉尔吉斯人，科布多河上游与杜尔伯特人混居游牧的柯顿人等。东北部呼伦贝尔流域则为蒙古族与通古斯族的索伦人及厄鲁特人杂居，其中有一部分是布里雅特蒙古人。汉族在外蒙古以男子为多，大部分聚居于各大都市及商业中心地，他们都已和蒙古女子结婚。外蒙古革命时，大部分均由俄境撤退，现在人数已经不多了。内蒙古的汉人则多携眷定居，从事农耕。

蒙古民族，在十三世纪时，曾在成吉斯汗领导下，成为当时全世界的征服民族，势力侵入今日苏联欧洲国境，统治莫斯科公国（拔都将军于一二三七年占领莫斯科及基辅，臣服全俄诸侯），以

---

① 后文又作"厄鲁特"。——整理者注

后，更入主中国，建立元朝。成吉斯汗的嫡系后裔，虽然因为以往的过分威风和享乐而逐渐腐化，自十六、十七世纪以来，屈伏于异族统治之下，已经有好几百年，加以异族统治者利用宗教迷信等愚民政策，和高利贷剥削政策，使蒙古民族在经济、政治及文化方面处处遭受压迫，日趋衰微，濒于灭亡，但是蒙古民族终究保持着成吉斯汗称雄天下，不甘永为奴隶的精神。显然，现在他们已经逐渐打破了经济上、社会上、文化上的一切桎梏，同时，并力谋摆脱国际间的威胁利诱及其他一切控制力，与中华各民族并肩携手向独立、自由、幸福的光明前途迈进了。

蒙古民族的风俗，由于政治、地理及经济的关系，养成的好客的风气，和所谓"淫风"的普遍传布，显然是非常富于研究趣味的。自从人民共和国成立以来，剥夺了"活佛"的特权，实行政教分离，逐渐消除人民对喇嘛的迷信，减少了喇嘛僧的人数。同时，尽力发展国民经济，振兴各项产业，成为蒙古民族衰落之主因的贫穷与卖淫等旧污也渐濒消灭了。至于蒙古人的衣食住行各方面的特殊情形，婚丧喜庆的仪式，一般史地书籍和报章杂志上，多加介绍，这里不必赘述。概括的说，自革命以来，一切都已有新的转变，日常生活和礼仪习惯等已经向现代化，或所谓"欧化"之途积极前进。他们在这一方面的进步，可引用中山先生的一句名言来说明，就是"超过封建和资本主义时代，近〔迎〕头赶上社会主义的时代"了。

四 独立时期

外蒙古人民共和国，是国际及国内复杂局势的产物。其成立经过，试描述如次。

1. 脱离祖国的经过

一九〇四——五年的日俄之战，是帝俄政府远东侵略政策的结果。从这时起，蒙古的情形就急剧的开始转变。帝俄为补偿其在远东的失败，转移目光于中亚细亚方面，因此采取了以蒙古为其经济及政治势力圈的政策。旋在库伦、乌里雅苏台及科布多开设领事馆。莫斯科的工厂老板们，也派出蒙古商业远征队。西伯利亚铁道干线与蒙古之中心库伦连结的计划也成立了。俄国政府、工商界和报章杂志把蒙古问题作为日常谈论的资料。当时，我满清政府曾提出了移民殖边政策以为对抗，在哈尔滨和库伦分设移民局。大量移民，开垦外蒙边境一带，借以阻止俄国势力的南下。可是，一九一一年辛亥革命发生，使这个计划半途而废，更失去了北固边围的余力。于是，蒙古人在外国势力复杂的影响之下，于一九一一年夏，在库伦召开喀尔喀王公及喇嘛大会，由十八名大领主的阴谋主持，推派代表赴俄，请求沙皇保护。于是，在沙皇的支持之下，积极准备独立。十月十日武昌起义，外蒙古亦于十月十八日在库伦完成"无血革命"。蒙古人制服了清朝驻军，总督亦避入俄领事馆。喀尔喀族的四个王公在库伦宣布蒙古为一大独立国。几天以后，汉官、巨商及军队多数经由俄境南返。哲布尊丹巴呼图克图被推为"蒙古大汗"，于一九一二年十二月十六日即位。其姓氏为博克多·甘肯，也是最后一代蒙古活佛。其后，外蒙各地响应库伦，至一九一三年秋，差不多全部都和祖国完全脱离了。

2. 从自治到革命

新政权完全是在沙皇政府的操纵下成立的，因此，俄国势力长驱直入，俄国资本控制了戈壁以北外蒙各地。同时，在北京进行着中俄间一连串的谈判。一九一三年十月二十三日，中俄两国发表关于蒙古的共同宣言。一九一五年五月二十五日，又在恰克图成立《外蒙自治协定》，自治区以外蒙古四族及科布多管区为限。俄国承认中国对外蒙的宗主权，而中国也承认外蒙实行"自治"。以后三年间，外蒙大局尚称安定。俄国数次对蒙贷与借款，进而控制其财政。自一九一四至一七年间，俄国顾问操纵了外蒙的政权。

俄国大革命开始，使外蒙古发生新的转变，俄国势力衰落，而中国对蒙势力再度加强。至一九一八年，日本亦成为蒙古高原一新政治势力，提出了"大蒙古"的新政治口号，于是，泛蒙古运动，在赛米育诺夫将军指导下积极展开。一九一九年二月二十八日在赤塔举行全蒙代表会议，决定建立"大蒙古国"，成立临时政府，并且推派出席凡尔赛和会代表（后为日方所捕）。后来，赛氏不受约束，日方召还其代表黑木氏，泛蒙运动终归失败。当时，北京政府秉政的安福系乘机出兵外蒙，由西北军总司令徐树铮将军完成了对外蒙政局的控制。这位北京政府大员，安福系领袖小徐，就成为蒙古的实际支配者。

徐树铮对蒙古的统治，其实只是表面的成功，对于蒙古内部旧存及新生的问题，显然均告失败了。因此，一九二○年四月，就有宣言"从外国帝国主义压迫下谋求解放蒙古民族"的人民革命党之成立，展开了革命的新势力。当时的时局重要表现，一是俄国革命红军之胜利，白俄系的赛米育诺夫军亦告溃灭，二是东三省总司令张作霖将军败退，及安福系之没落。而蒙古内部，则有俄国败退入境的白军四千，及中国马贼二千的大扰乱，当时曾有俄国将军温甘伦氏提出"蒙古独立"口号。至一九二一年春，外蒙全部，均在白俄军的势力之下，温氏抱极大野心，谋以满蒙为反苏、反共及恢复帝制的总根据地。他组织了"蒙古国民同盟"，连结外军及张作霖军，积极活动。但白军在外蒙之掠夺、杀人等暴行，使蒙古人忍无可忍，终于在左右两大势力夹持中，发动了民族革命运动。

五　人民革命

一九一九年十一月外蒙古撤消自治之时，蒙古人民革命党即以"从外国帝国主义桎梏下解放蒙古，及国家之民主主义的改造"为党纲，展开活动。这个政党的创设者，是由排字工人出身的士兵苏海·巴特鲁，平民出身的写字工人达恩强，曾为喇嘛僧的蒙古著名政论家博德及乔伊·巴尔森等。后来追认为蒙古人民党第一次大会的人民革命党员最初会议，是在上述温甘伦男爵统军占领库伦后不久举行的。这次会议出席者二十三人，差不多全部是"阿拉特"（平民）。会议在"独立民主主义万岁"及"对苏联同盟万岁"等口号下面，掀起了蒙古的革命斗争。一九二一年三月十三日，他们在恰克图成立"蒙古临时人民革命政府"，推查哥尔伽帕氏为主席。向苏联政府提议，对温甘伦白俄军采取共同行动。后来，革命军进占买卖城，改名为阿尔特因·布拉克，作为其军事及政治的根据地。不久，苏联红军打破了白军切断苏俄与远东共和国间连络的战略，与蒙古人民革命军会师，从买卖城向库伦攻击。是年七月六日，占领库伦，进而扫荡白俄残军。二十三日，擒获温甘伦氏（为其战友所卖）。温氏的残军逃入满洲，为张作霖所收编。

人民政府迁入库伦后，即向苏俄提议，在扫荡白匪、解放蒙古以后，苏维埃军即行退出；但白匪巴格查、卡准台伐等部尚在科布多、阿尔泰一带活动，仍盼苏军协助肃清。当时，苏俄政府覆牒称：为求西伯利亚国境安全计，驻兵于科布多管区，但在蒙古新制度之威胁解除后即行撤退。一九二二年，外蒙古白军全告肃清。（当时新疆之杨增新督办亦与苏俄军合作，扫荡白军，降卒数十万众均编为归化军，至今原为俄籍之归化族，为新省十四民族之一。）苏联驻蒙红军，则自一九二九年三月，实行全部撤退。

白军肃清以后，人民革命党于一九二一年三月决议《建国大纲》八项，原文如左：

蒙古人民党中央委员会，认为蒙古人民政府之事业，当一遵以往纲领，依下列方向，求其贯彻：

一、实现从封建主义重压下解放人民之法律，即：

（甲）凡国民皆兵之义务，虽为服务于喇嘛庙之喇嘛僧，亦一律不得免除；

（乙）经由全身份之普通审判及审判中行政处分而实行平等刑罚。

二、关于对全身份课税平均化之法令，应迅速制定及促其实施。

三、对于具有向国民微〔征〕集喇嘛庙经费之权的封建神权之财产，制定实行课税之法律并促其实施。但其课税率以不超过中国及温甘伦政府时代者为限。

四、制定及促进实施关于废止农奴制及由农奴制畜牧业建设国营畜牧业之法律。

五、为加强人民政府与全国人民之团结，保障勤劳大众对于国家事业之绝对的影响，决以广泛的大众为基础，召集小"呼尔登"（国民议会）。小呼尔登为具有立法创制权之咨询机关，其活动至召集大呼尔登时为止。

六、在召开小呼尔登以前，制定及实施暂行"旗"自治之法律。

七、人民政府公布之法律，如有地方行政机关进行反对，应进行斗争并肃清此种机关内部，故各旗及部政权代表应将其事业及政府方针实施情形，依期报告。违犯者即予以相当之惩罚。

八、一切法律以政府及人民之名义公布。宣战、媾和及预算确认权属于小及大呼尔登及政府。

六　国家制度

从上引建国大纲中，可以看出蒙古人民政府的新政设施，及人民革命党在政治上之地位。一九二一年的革命，剥夺了活佛博克多·甘肯实际上的最高权力，但是法律上仍维持哲布尊丹巴呼图克图（活佛）的国家指导权，形式上外蒙古仍为神权专制君主国；博克多·甘肯仍有如罗马教皇的地位，具有外蒙古最高的政权及教权，不过实际上的权力已转移到"蒙古人民政府"的革命政权手中了。一九二一年九月二十日，制定小呼尔登选举法，规定"旗"的代表，由"部族"及"厦比"（活佛直辖区）政府中推选王公一名，官吏、书记，或平民中有教养者，各部族及厦比管区各选五名。上述每族六名中，五名为平民，一名为王公，其第三条规定蒙古人民革命党推举一名，蒙古革命青年同盟推举三名，各军单位推举一人，组成临时议会。这种小呼尔登的一切决定，须由全员三分之二以上投票的多数通过。一九二二年预备会议结束，成立闭会期间的常设机关，召集大呼尔登。

到了一九二四年五月二十日，因人民政府的新政实施结果，发觉已无维持神权君主的必要，于是人民政府依据人民党中央委员会事务局及中央委员会全体会议的决定，实施四项措置，即：

（一）活佛傅克多·甘肯之灵印，移归政府保管。

（二）暂不设置国家元首之大总统，而先实施共和制度。全国最高权力属于大国民呼尔登，由其选举政府。

（三）每年六月六日为蒙古人民共和国及蒙古国庆纪念日。

（四）"大汗"支配之年号从今起改称蒙古国家第十四年。

由于时机业已成熟，蒙古各阶层人民，对于由神权君主政体转变为民主主义的共和国，并没有发生任何反抗。关于大总统问题，也没有发生重大的纷争，因为大家鉴于中国袁世凯大总统之违反人民意旨，引起内乱，所以也都赞成暂不选举总统。而蒙古人民共和国的宣言，则受到后来大呼尔登的狂热欢迎。

关于内政方面，人民政府实施地方自治制。凡年达十八岁的蒙古人，除未经审判或肉体上、精神上有缺陷者，不问身份如何，在旗自治团体选举之时，均有在自己选举区投票之权。千有余年发达过程保留下来的"旗"，成为基础的行政单位。旗之境界，依照政府关于地方自治制之法律，为五百以上二千以下游牧民户，依人民自然生活条件而决定之。旗自治之使命，在于国家财产之保护、军事教练、审判、行政活动、道路之修理、桥梁之架设、渡船之维持，及其他行政上、经济上机能之实现。自治经费由国家全部租税中拨出百分之十至二十充用。全外蒙古共有这种自治旗一百二十四旗，其中一百十一旗属于喀尔喀族及科布多地方，十三旗为僧侣王公的"厦比"管区。

旗以下的行政单位为"部族"。一旗之长过去一直为世袭的王公，实行君主专制制度，部族之长则为部族会议之主席，以前也有"汗"的称号。后来经过改革，一律由部族中依世俗及信教关系的王公会议选出，实际由库伦政府指名。人民政府成立后，首先即和各旗王公及官吏等旧势力展开战斗，一九二二年曾一度检查地方机关一切活动，肃清王公等旧势力，而改派政府全权代表到各地方去，只有服从新政权及政策的得保其地位。以后，即进而实行旗及部族的民主选举制，抑制了王公、领主的淫威，赋与人民自主之权，把一切法外苛税及专横政治的最后壁垒——世袭王公等——全部肃清了。

　　人民政府进一步即开始清算数百年来蒙古腐败没落之渊薮——活佛喇嘛的政权及教权，取消他们世袭的特权，取消其免除国民兵役及纳税的特权，取消以前国库对他们的一切补助。这种法令完全由大国民会议即大呼尔登决定。不过由于旧势力之根深蒂固，及内外复杂的因素，这种政策曾经过长期的斗争，外蒙古的住民有百分之二十二三为喇嘛，他们所具权威与势力之大，是可以想象的。在广大人民文化低落的现状中，一切改革都是在最大的困难中推进的。

　　此外政府注力于人民启蒙运动，培养教育人材，编订基本教科书、蒙文教科书及参考用书。一九二三年还只造成十四个蒙古人教员，当时小学不过十八所，中学只有一所。但是一年以后，就有了蒙古国民大学、蒙古学术委员会、国家出版委员会。不久又出现了许多培养建国人材的专门学校及师范大学。到一九四一年，每一旗差不多已有一所小学，各大城市都已有中学及专科学校了。而查姆答拉博士主持下的学术委员会更广泛地搜集显示蒙古人历史之民间叙事诗、歌谣、故事等等，提高蒙民的民族意识；同时普遍介绍西欧文化，将世界著名的古典名作译成蒙文。俄国及法国的名家小说及马克思、恩格斯、列宁、斯太林的政治、经济专集，也有蒙古文本在各地流行。

七　共和宪法

　　一九二四年十一月，制定外蒙古人民共和国基本法律的大呼尔登（国民大会），在改名为"乌伦·巴特鲁·霍特"（红色英雄之城）的首都库伦举行，公推蒙古著名的革命家——人民党中央委员查·达恩巴氏为大会主席。大会一致通过关于确立共和制度的人民政府基本法令,在《蒙古共和国宪法》第一条内,公布了《蒙古勤劳人民之权利宣言》:

(一)蒙古宣言为全部权力属于勤劳人民的独立人民共和国。人民以其最高权力赋与全体人民大"呼尔登"及其所选举之政府实施之。

(二)蒙古共和国之根本使命在废除封建的神权政体制度,强化其统治完全民主主义化的共和国新制度之基础。

(三)为强化国家管理前项宣言之国家制度以实现人民真实之权力,确认左列诸原则:

(A)蒙古人民共和国领土内一切土地及其蕴藏物,森林、河川,及其富源,以适应现存蒙古人惯例之生活制度与现行制度之原则,为国民的财产。对此不得存在私有财产权,悉由勤劳人民管理之。

(B)一九二一年革命前蒙古政权所缔结之一切国际条约及对外债务,因系暴力强制之结果,故须一律撤废。

(C)基于外国支配时代形成之连带保证的外国人高利贷,及个人对官厅之债务,因为国民经济及人民大众所无力负担,政府决定承认其债务遗留物之废除及连带保证制之终止。

(D)以全国之单一经济政策集中于国家之手,作为确认人民大众解放及人民权力之条件,实施对外国贸易之国家独占。但外国贸易之国家独占在可能范围内当作渐进的实施。

(E)为完全保持勤劳人民之权力,并为排除足使内外榨取者复活之一切可能计,编成蒙古人民革命军,并因此实行勤劳青年之全部的军事教练,承认勤劳者之武装。

(F)为保证勤劳者精神上的自由,决将寺院与国政分离,宣布宗教仅为各市民之私事。

（G）为保证勤劳大众有发表意见之真正自由，蒙古人民共和国组织出版事业，交与勤劳人民之手。

（H）为保证人民有集会、示威游行等真正自由，人民共和国特将具有人民集会所必要设备之场所，交由勤劳人民处理。

（I）为保证勤劳人民大众结社之自由，人民共和国赋与勤劳大众（平民及手工业者）以团结及组织上所必要之物质条件，并予以种种协助。

（J）为保证勤劳人民有获得知识之权，人民共和国以成立勤劳大众所必要的全面免费教育组织为自己之任务。

（K）人民共和国承认不分民族、宗教信仰及性别，全体公民一律平等。

（L）人民共和国决定剥夺及限制一切个人及团体利用自己权利而损害共和国利益者之权利，以为勤劳人民利益之指导原则。

（M）废止旧领主、王公及贵族之尊称，呼图克图及呼必尔根之领主的权利。

（N）人民共和国为考虑努力达成全世界勤劳者实现根本废止资本主义，实现社会主义，决定实施适合于全世界被压迫的少数民族，暨革命的勤劳者之利益，以及其根本使命之对外政策。但须适应各种情势及条件，而与诸外国成立友谊的国交。然不论如何，凡有侵犯蒙古人民共和国之独立者，当予以决定的反击。

蒙古人民共和国宪法第四条规定，大"呼尔登"通常会议闭会期间之最高权力机关为小"呼尔登"，小"呼尔登"通常会议闭会期间则属于小呼尔登干部会及政府。外交上之代表权，与外国政治、通商及其条约之缔结、国境之变更、宣战布告、媾和条约、国内国外公债之发行、外国贸易之指导、国内商业制度之决定、国民经济计划之组织、利权之提供及废弃、兵力之建设及指挥、金融制度及度量衡之设定、税制之规定、国家预算之承认，及土地利用原则之设立等等，均属于共和国最高机关的权限。共和国之基本法，其通过及变更，属于大呼尔登，而大呼尔登则由各部族、各都市及各军部队代表构成。议员之任期为一年，依选举之住民数选出。小呼尔登每年召集大呼尔登通常会议一次以上，临时会议由小呼尔登及大呼尔登议员三分之一之要求或三分之一以上的部族选民要求而召集之。小呼尔登依最高机关之统制，统一政府之事业，赋与政府活动之一般的方针，监视基本法及大呼尔登决定之实施。小呼尔登由大呼尔登选举，前者对后者负全部责任，每年召集会议二次以上，在其会议中由政府选出成员五名为其干事。

国务之一般的执行，属于政府。政府由内阁会议主席及其代理、军事及经济会议主席、各部部长——内政、外交、陆军、财政、司法、教育、经济及国家监督——成立。

凡凭自己的劳动而得其生活手段的十八岁以上之全国国民，及人民革命军之将士，都有选举及被选举权。但商人、高利贷者、旧王公及呼图克图，以及住在寺院中不事劳动之喇嘛僧，一律剥夺其选举权。蒙古人民共和国之国旗采用"巴德马利那哈夫"花，以象征蒙古之解放。

八　党派组织

外蒙古独立建国史实，从他们和俄国温甘伦白军的斗争，蒙古国家建设，蒙古国军编成，至人民政府之成立，大部分是由蒙古人民革命党创作出来的。这个党，后来为了代表蒙古人民之民主主义部分之政治意志与利益，改称为人民党。党的根本使命，在使蒙古从外国帝国主义者之各种压迫下解放；使蒙古人民从封建的神权政体中解放，发展生产力，推进人民大众之启蒙及政治教育等等。因此，蒙古人民党，就政纲上说，应该是急进的民主主义政党；但是却不能把它看做普通欧洲式的急进民主主义政党。蒙古人民生活之半封建的游牧制度，没有具有在蒙古发展马克思主义世界观及建立社会主义党的适当条件。由于"苏俄为蒙古自由的唯一真挚之友"的认识，及蒙古国际关系的特殊，蒙古人民党与苏俄建立起特殊亲密的关系。人民党领袖之一的载·林奇诺，在其一九二四年八月人民党三届大会前发行的《蒙古革命之展望》一书中，曾经指出："蒙古人民党之最后目的是共产主义，党将不经过布尔乔亚资本主义的发达阶段而向此目的前进。党应该在蒙古对布尔乔亚之发生，大资本之私有倾向，及生产手段之集中，进行决定的斗争。党之根本经济政策是国家资本主义——国营合作社经营商业及工业；大量消费物之生产及销售不经过私人组织，强化确定的国家的独占。"企图由此超越资本主义的流弊，而由游牧经济跃进到社会主义经济阶段。为此，人民党曾向大"呼尔登"议会提出在蒙古实行国家资本主义一案。对于经济政策，曾经决定："对外国贸易严守坚决之国家统制。金融政策及全部经济之一般的指导，悉数集中于国家之手。"

　　人民党的党章规定，凡承认其纲领，服从其决定，在其组织之一参加党之工作而且定期缴纳党费者，始得入党。而且党员候补人皆须经过有六个月以上之党籍的党员二名以上之介绍，经党的一定组织之全体大会通过，并获得旗委员会的承认。候补之期间，凡平民而不榨取他人之劳动者为四个月以上，王公及喇嘛为八个月以上，由党组织全体大会决定。但普通不超过十二个月。

　　党的组织机构，采取民主集权主义原则。基础细胞为旗委员会，部族及州组织则与之适应而为次层组织分子，以全蒙古人民党大会选举的中央委员会为最高党组织。中央委员会依据全党大会指示，为党的思想及实践的领导者，与别党交涉时代表党，并得任命在其指导下活动的党中央机关报的编辑人。中央委员会为党组织活动的指导者，通过党细胞而指导国家权力机关、官署等的活动，指示其方向（党章第十八条）。中央委员会每六个月召集地方党组织会议，在党内施行严格的规律。人民党的中央机关报为《人民之权利》报。中央委员会另出机关杂志《人民党》月刊，销数在五千至一万份间。在蒙古，这是一个惊人的数目，因为全国人，尚不过数十万哪。

人民党的党员人数，一九二一年库伦及阿尔特因·布拉克的党员共为一百五十名。一九二二年在各地方中心地成立党细胞组织，党员数激增至一千五百名。一九二三年，更增至二千五百六十名，细胞组织增至六十四个。一九二四年，细胞组织激增至一百二十个，党员已达四千名。一九二七、八年时，党员数激增至四万二千名，细胞组织亦增至四百余单位。一九三一年以后，因清党结果，减至一万二千名。但至一九四一年又激增至十万名以上。党员的大部分为平民（阿拉特）。起初，党内还有与过去的世界观尚未绝缘的贵族及神权政体分子，时时引起内部的纠纷。一九二九年秋暴露了神政论者的阴谋，多数党员被捕，因此而被枪毙的反革命分子中，竟有人民政府总理及人民党创办人之一的博德，及内长德尔启基、法长托克托霍等。又在该党三全大会时，曾逮捕当时该党中委兼国军最高司令官邓强，罪名是反革命及通敌现行犯，结果财产被没收，本人被枪决。邓强之被杀，可说是蒙古独立过程中蒙古布尔乔亚反动的惨败，因为邓强之犯罪，与其说是个人的，不如说是阶级的，他破坏了该党在蒙古实施的，不经过原始的资本蓄积及资本主义阶段，而实施国家资本主义建设的纲领。他为商业的投机而进行政治上的通"敌"。由于邓案，展开了人民党的清党，确定以中农及贫农为党的主要社会基础，并加强对手工业者及职工之组织。而在对内外纲领上，则更加强了对苏亲善政策。

　　蒙古民主主义阵营中，另有一个政治组织，即"蒙古革命青年同盟"。由一个由苏联返蒙的青年戈尔普于一九二一年八月在库伦组织成立，集中了蒙古革命初期因反革命派迫害而亡命苏联的青年。其组织的基础要素为青年官吏，最初只算是人民党的一部分，视其活动为党及政府之活动。及人民革命政府实力伸展至外蒙古全境，革命第一期完成后，青年同盟对政府优容蒙古神权政治制度一点，大为不满，开始在民间进行大规模的改革运动，为蒙古舆论之最左翼。一九二二年一月在莫斯科远东青年大会上，宣言保持民主主义的改善政策，以鞭策人民政府。一九二二年七月第一次大会通过的纲领，第一任务为从各国资本主义重压下完全解放蒙古人民而斗争，第二任务为促进勤劳人民自动改进其经济及文化生活；组织国家管理机构，消灭封建王公的支配，使人民永不受汗、王公等统治，实现公选人民代表的统治。倡导民主主义共和制，宣称"只有这个制度，始能保证人民经济上、文化上发达的完全自由"。这个青年同盟对人民党的关系是："为勤劳大众的组织，拥护人民党，但是对党保持其组织上及政治上的完全独立。"组织的社会基础，亦由急进派官吏而变为原野的贫穷游牧平民。盟员在一九二四年已有四千名以上。一九四一年更增至三十万以上，其中百分之九十为游牧阿拉特（平民），百分之八·五为地位等于平民的小喇嘛，百分之·一五为王公青年，且有一小部分为女子。这个团体，自一九二九年以来，曾进行扑灭反革命企图及其他通敌的阴谋。在组织上，它不是共产国际青年团的支部，但曾宣言与共产［主义］国际保持密切接触。

　　蒙古人民政府的反对派，以封建贵族派及喇嘛神权政体派为主。但是近年来已不能在外蒙古立足，只能在外蒙古以外的中国及外国进行种种活动；不过所有对外蒙大部的策动，都遭反击而失败。

九　武装实力

外蒙人民共和国在极端复杂的国际关系之下，度过了最危险的时期。自一九四一年四月二十二日《日苏中立条约》成立以后，才算进入和平建设的时期。虽然一九四三年底又有新疆、外蒙边界的冲突事件，究竟也算不得什么大风波。然则，外蒙古凭什么武装力量，在最近二十五年间，来保障人民共和国的和平建设呢？这就得检阅一下外蒙古人民革命军了。

一九二一年三月一日，人民革命党在恰克图召开第一次党大会，决定了人民革命纲领。第三天，即由苏海·巴特鲁领导，组织反抗温甘伦白卫军暴政的人民革命军（取游击队战略及组织）。同时，对外与苏俄红军合作，在红军援助下扫荡白军，在库伦建立起人民革命政府。该项军队于是年四月改编为正规军，但当时仅拥有由两营编成一团的骑兵两团（骑兵第一旅），及一个骑兵机关枪连。骑兵一团的兵力只有三百名，骑兵机关枪连兵员八十名，总司令为苏海·巴特鲁，副司令为现任总理邱巴尔逊元帅。是年六月六日，对白卫军最后一战，大获胜利，获俘虏一千余名，战利品无数，革命军实力与声势大振。七月八日入库伦。十四日总司令兼陆军部长苏海·巴特鲁举行胜利大检阅。但直至一九二三年底，始完全肃清白党。内战结束后，革命军即在军事委员会、革命政府及党的指导下，努力充实军队之编制，加强军事教育，普及政治训练，改善军人之物质条件，及民族出身统帅部组织之培养充实等等。

这里，有附带说明蒙古人民革命军创设者苏海·巴特鲁这个人物的必要。他是蒙古革命的元勋，出身于肯特部族巴因·蒙海旗。

一八九四年诞生于今日之阿姆格伦市。家贫，自十六岁起，即在买卖城、库伦间赖□选工作糊口。十八岁始入寺院学校，学习蒙语文法及算学。自治蒙古时代奉旗命服兵役，以成绩卓□而擢升"特什浑"。此时，即与杨启基玛结婚。后来学习机关枪，任下士，屡战有功而补任"卑赛"。退伍后，入蒙古印刷所充排工。徐树铮入蒙，及其后温甘伦暴政时代，与邱巴尔逊等同志离库伦，在恰克图建立人民党临时政府，负责建军。及国内敉平后，又偕邓章、徐林登丁等赴莫斯科会晤列宁，于一九二一年十一月五日成立《苏蒙修好条约》而回。一九二三年二月二十日因病逝世，尚是二十九岁的青年！至今外蒙奉为"蒙古之列宁"，与我国国民党之尊崇中山先生，其虔敬有过之无不及。

人民共和国建立以来，直至最近，其政治的任务，在于消灭全蒙古的旧势力，反政府的封建层，喇嘛神权政体者，以及在各种掩蔽下的外国势力。一九三二年前后，更肃清内部反革命运动。人民革命军在这里，显然发生最重大的作用，完成了拥护政府，肃清反革命武力，巩固内部和平，及安定国境的任务。平时还担着扑灭文盲，培养社会主义的国家意识，在民间宣扬政府及革命军之指导精神等任务，故又有"教化部队"之名。一九二五年十一月，二次大呼尔登中，曾通过充实军备五年计划，采用近代化科学兵器，加强技术训练，并施行服役年限二年的兵役法。现在，依据国民皆兵的征兵制度，凡二十一岁至四十岁的男子，均须服兵役，现役三年。

人民革命军分为中央正规军、地方（部族）军、国家保安部直属军等三种。中央正规军由军总司令兼陆军部长直接指挥。参谋本部由陆军部长兼摄。凡旅、团、军政治教育局及其他各部队，均隶于陆军部。并有航空、战车、炮兵、电报等特科队。地方部队在平时只保留少数兵力，战时即改变为基干部队，由参谋本部及军总司令部任命之部队长统率。国家保安部直系军，创于一九三八年，初属内政部，担任国境防卫警备之责，实为最精锐部队。蒙古是游牧民族，因此各军亦都以骑队为主体。他们秉数世纪来的生活习惯，对酷寒□暑等气候条件，有坚强的抵抗力，视听力尤为发达，战斗精神旺盛，且有迅速机敏的机动能力，实具备优秀军人的一切条件。加以革命的政治训练及人民□军铁的纪律，和近来在苏联技术援助下的现代化编制与机械科学化，显然有着不容忽视的威力。不过，在兵员数目上，由于蒙古人口增加率之缓慢，以其广袤的土地面积言，所有兵力，显然尚有不足之感。（一九三六年估计，总兵力不过二十万。）所以，早在一九三六年三月十二日，和苏联成立了《苏蒙互助条约》，有效期为十年，今年（一九四五）已在进行续约的活动。一九三七年中日事变发生，苏联即依约派兵前赴外蒙。一九三九年有诺蒙罕事件发生，而一九四三年又有对新疆、外蒙边境事件的声明，凡此均十足表现，蒙古在防卫上，仍有待于苏联之援助。

《常识》半月刊

上海常识会

1945 年 15、16 期合刊、17 期

（朱宪　整理）

远东地平线：蒙古人民共和国

作者不详

过去几年间，远东局势的演变曾好几次把"蒙古人民共和国"的重要性提高，使它成为一个重要得不能与其人口及经济相称的国家。那几次，世界所以这么注意外蒙古，实由于军事的因素，而并非由于经济的因素；而战略关系，或较任何其他关系更有重大的影响。

（一）地理位置

蒙古人民共和国位于蒙古平原。从前成吉思汗率蒙古族征服亚洲及欧洲的一大部分，他所取的路线，就在该平原上，商人旅行队往返其间者甚众。在这里，公路虽然只有不多几条，但拉铁摩尔说汽车可以不循道路而通行全蒙古的十之八九。外蒙古的地面，甚适于运用机动战术。

这片处于中东亚洲的潦〔辽〕阔沙漠及平原，亦是中国与苏联东端各领土间的分隔地。但除了它北边之外，所有界线划得并不怎么清楚。它北面与西伯利亚接壤，直到阿尔泰山为止。在东面及南面，则与东三省毗连，可是蒙古与东三省的正确边界究竟在什么地点，这问题迄今未经当局决定。在它南边，便是内蒙古，内蒙古在日寇占领期间，曾被易名为蒙疆自治联合"国"；几包括察哈尔、绥远、宁夏各省的全部，以及山西省北端的一小块土地。它的西部是新疆。最新的地图对蒙古与新疆间的界线，所画的只是一条临时界线而已。

（二）　政治地位

外蒙古在政治上的地位究竟如何，亦和它在地理上那样难于加以详确说明。恰巧位于中国本部之北边的那片适于农业活动的地方，名内蒙古。该地许多年来一向是中国的属地，居民中间，亦是从中国来的移民占着有势力的地位。再向北去，在戈壁沙漠之北，连戈壁沙漠在内，则称为外蒙古。

内蒙与外蒙，向来是龃龉不和而互相分开的。这当然起因于地理的及各部落历史的基本因素。但最近一次的分裂则起于满清时代。满洲族发动内侵时，先是与内蒙古缔结同盟，以绝后顾之忧，而后全力进攻中国；这事把内蒙古建立成为一个边疆上强有力的单位，后来满清把统治势力扩展到外蒙古，亦是凭借着自己在内蒙的地位作支点而达成了目的。

一九一一年满清政府被推翻后，中国与蒙古间的重要连结环顿然失去。内外蒙古间部落的冲突、分裂立时又尖锐化起来；于是，外蒙古人民乘此机会建立了一个自治的国家。

外蒙古的地位，使它被卷入苏联与日本磨擦的轨道中，这是不可避免的。日本早已在蒙古人民中间发动"让亚洲人统治亚洲"一类的宣传。可是，日本人的贪婪行为，把他们宣传人员的成就完全打消了。当日本代表（十之七八是喇嘛僧）于巡视各部落中宣述日本是天，而日本军队是受命替天行道解除世界一切不平者时，这些大受称颂的日本军队却正在蒙古居民中间大肆劫掠奸淫，非刑拷打，放火杀人，这是何等矛盾而丑恶！

　　一九二一年三月十三日，蒙古人民成立了一个临时人民政府，"为的是要把蒙古从外国压迫者铁蹄下解放出来，并建立一个真正能够保护劳工利益，和真能保证蒙古各方面匀称发展的政治机构"。

　　同年四月十日，蒙古的临时政府请求苏联政府给予它武装援助，把全数日本宣传代表逐出蒙古境外。苏联答允援助。

　　蒙古人民得到了莫斯科方面的帮助，果然把日本势力驱逐出境，于是日本以宣传方式争取蒙古民心的计画归于失败。

　　苏联于一九二一年七月十一日正式承认蒙古人民共和国的独立；不过，后来它在各条约和宣言中又屡次承认中国对于蒙古的宗主权。蒙古人民共和国成立初期的几年间，中国作了好几次的努力，想使蒙古复归中国版图。计画尚未实现，日本在中国的行动已一天比一天越分。中国宁愿让苏联在蒙古占优胜地位，以制止日本侵略势力在亚洲大陆上的伸张，这是显而易见的。

　　中华民国现在准备正式承认外蒙古的独立了。蒋委员长于日本投降后所发表的演说中，曾证实此事。

　　但直到目前为止，正式承认外蒙古政府并与它保持外交关系的，只有苏联和渺小的唐弩乌梁海共和国两国而已。据说西藏和暹罗亦与外蒙古有"外交"上的来往，但尚未经证实。

　　外蒙古人民共和国的边界，除了与苏联接壤的一面外，是完全封锁，不与外间作任何商业和其他往来的；外蒙古与外间世界的一切关系，老是通过苏联。

　　在日本人眼中，蒙古在军事上具有何等战略价值，这从田中奏折（无论其可信与否）上可以看出，该奏折说：

　　　　我们必须用满洲和蒙古作基地，以发展日本商业为借口，侵入中国的其他部分。……倘若大和民族立志要在亚洲大陆上建立惊人事业，则首先必需取得控制满洲和蒙古之权。

日人大崎于一九三五年撰文投日本《东亚》杂志，中有一段如下：

　　……依照军事专家们的一致论调，日本进攻苏联，取道外蒙古当远较取道满洲及苏俄边境，更易获得成功。

一九三四年十一月，苏联与蒙古成立了一个互助抵抗侵略的"君子协定"。后来日本军队开始大规模向蒙古边境进攻时，蒙古并未正式根据这个协定向苏联乞援。但大帮日本军队的猛烈攻势，屡次都被这人口不及五十万的国家击退了，在这些次接触中，究竟有多少兵力，多少坦克，多少飞机，大炮及船舰参加这苏蒙军事同盟，日本人始终未获侦悉；但他们对于红军和其远东盟友，很自然地发生了一种合理的尊敬之心。

一九三六年三月，苏联与蒙古人民共和国，把它们的"君子协定"改成为一个正式的同盟协定，订明："……两缔约国政府答允若苏联与外蒙共和国中任何一国遭第三国攻击时，未被攻的一国愿出全力帮助被攻国抵抗侵略。此处所谓'全力'，亦包括军事力量在内。"

一九四一年德国进攻苏联后不久，蒙古人民共和国〈乔〉巴山大元帅于库伦举行蒙古独立日纪念典礼时对到会蒙民八万人说："我们对苏联是守信的，我们要竭尽一切力量帮助苏联在这次伟大斗争中抵抗野蛮的法西斯队伍。"

但我们无从查得蒙古人民共和国正式对德国宣战的消息。好像《苏蒙同盟协定》特别是要蒙古共和国秣马厉兵专心预备，应付远东方面可能发生的剧变。因为一九四五年八月间苏联对日本宣战后，蒙古人民共和国立刻就加入战争，把它的全部军队都调往各地与日寇作战。

一九四五七月间，当宋子文到莫斯科与史达林委员长正进行谈判中，巴山元帅亦到达莫斯科。莫洛托夫亲往欢迎，见面时并由仪仗兵行敬礼、奏国歌致敬。他亦和宋子文一样，得与史达林会谈。

巴山元帅由于"领导动员蒙古人民共和国的物资力量，作红军之后盾，建有殊功"，得佩带列宁勋章。

（三）以畜牧为基础的经济

蒙古人民共和国领土的面积约为五十八万方英里，几等于英伦三岛、法国、德国及义大利四国国土面积之总和。疏疏落落散布在这广袤平原上的居民，只有九十万强。所以蒙古的人口密度，每方英里只有一·六人。

整个地面均十分适于畜牧。游牧的蒙古人在这里照料生息他们的牛马羊群，已经有许多世纪了。直到现在，牲口仍然是蒙古人民生活的基础。刚刚开始发展的蒙古工业，大都是一些处理动物产品的工业。

蒙古在经济方面的贡献，虽远不如它的战略价值之大；但许多研究亚洲的学者都以为：假以充分时间，蒙古必可发展成为全世界一个最大的肉类和乳类食品供应地。据某些人估计：在适当的情形下，蒙古的各草原能够养活七千五百万只羊，二千五百万匹马，一千二百万匹骆驼。只要政府予以适当的鼓励，则单是蒙古所出产的皮革、兽毛、羊毛（竟不必把羊肉计算在内）几项，即很可能成为解决世界经济需要的一种实在贡献。

这种动物的财富，从军事的观点来看是极为重要的，单以马群一项而论，在亚洲的各地平原——骑兵仍可占很大优势的地方——上，便是一桩很宝贵的资产。其他牲口群亦是一个大的军事基础，因其可以随时被转变作我们大量军用配备和腌藏的食粮。

据说，蒙古所蕴藏的金、银、煤、铁、盐及其他矿产，均极为丰富，但关于此事的详确知识仍甚稀少，因为直到现在，各方于蒙古的矿藏，只作过一点初步察勘的工夫而已。在这里，天然资源的开发，尚未超越市场上所需要的那些东西以外。

《新闻资料》

上海美国新闻处

1945 年 63 期

（朱宪　整理）

今日的外蒙古

杨义旗　撰

中国在帝制时代，总是想压制蒙古。在民国时代，北京政府也有徐树铮练边防军去打蒙古，现在又想带兵去征服蒙古。但是蒙古总不怕北京政府的兵力，总是要脱离中国去独立。我们南方政府（国民政府）向来没有用过兵力去征蒙古的，今晚巴先生尚不远万里而来，就是因为我们有主义；由此可见主义大过武力。用主义来建国，万万里都来朝的；用武力去征服人，近在咫尺都是反叛的！

——孙中山先生欢宴国民党第一次全国代表演说词

外蒙古和新疆边境的烽火，使每一个真正爱国的同胞心急如焚；翻读《中山全书》看到中山先生欢迎外蒙代表巴先生的逼□演说，更令人有不胜今昔之感！不是吗，这几天中国人的报纸中不是都用"外蒙侵入"的字样了吗？但是，历史告诉我们：情感和成见是永远解决不了而且只会更加弄糟了实际问题的。这是我们要介绍今日外蒙真相的动机。

（一）外蒙古是怎样独立的？

外蒙古曾经长时期为中国的疆土的一部分，但实际上却一直保留着特殊的状态。特别是在满清统治时代，专制王朝为着便于对异民族的统治起见，曾经尽力挑拨离间蒙汉民族的感情。直到清代末年，内蒙古若干地区的蒙人，才逐渐"汉化"，但外蒙古的某〔基〕干民族——喀尔喀人（这是保留成吉思汗子孙的血液和风习最纯粹和浓厚的蒙古部族），一直和汉人保留着极大距离，他们对于中央集权政府诚然是表示"慑服"的，但是反抗的怒火是在下层牧民间潜流着。当孙中山先生领导国内民族革命之时，他们也乘机为摆脱北京帝国政府的暴虐统治而奋斗。

在初期蒙古革命运动中，领导者是蒙古的王公、喇嘛，他们企图利用下层牧民众求解放的情绪，以夺取政权。而他们又不相信民众，不敢武装人民，结果只有依靠外力，以致日、俄两国帝国主义野心家便乘机加以利用。很明显，这样复杂的情势，对于外蒙民族的真正解放是不利的。从宣统三年（一九一一年）宣布自治以后这十年之内，他们并没有获得真正自由，只是变成帝俄争夺的对象，后来又成为白俄残余、日本帝国主义和中国军阀交互蹂躏的地盘。

民国六年俄国大革命之后，日本帝国主义开始和反革命的白俄勾结，提倡建立"大蒙古国"及"泛蒙古主义"，由白俄军谢米诺夫和日本特务铃木等合作，于一九一九年二月在赤塔决定军事侵蒙计划，发动泛蒙武装暴动，并与东北某大亲日军阀暗中勾结，一时声势非常浩大，企图以外蒙为反苏反共的大基地，但出乎他们意外，白俄军很迅速地被红军击溃了。日本特务因又勾结北京政府安福系的徐树铮，侵入外蒙，建立军事独裁。可是当时我国革命势力日益抬头，反日反军阀斗争从广东向全国开展，亲日的安福系军阀政权很快崩溃。日本人又改而利用白俄温甘伦男爵组织蒙古政府，号为"自治"，实则是日本制造的傀儡政权。蒙古牧民再也忍受不住了。而俄国的苏维埃政权已在国内成功，也不允许白俄在蒙古建立反苏基地。他们在一九一八年向蒙古人民宣言愿意建立友好关系，鼓励蒙古人民反对自治政府。到了一九二〇年就有新的革命势力在外蒙发生。

外蒙革命势力在苏海·巴图鲁的领导之下，在一九二一年三月成立人民革命党和人民革命军，不久就获得苏联红军的援助，在各地起义，消灭蒙古的白俄军队，经过了艰苦战斗，六月廿二日占领库伦，宣布蒙古独立。以后有好几年之久，与苏联合作，肃清反对革命的势力。至一九二四年正式宣布成立"蒙古人民共和国"，通过新型民族资产阶级民主共和国的宪法。开始推进民主建国工作。以后又经过了反对极右派和极左派的斗争，经过反对日本好几次的侵略的斗争，一直到一九四六年才获得我国正式承认其独立。

（二）大转变中的风沙之国

"天苍苍，地茫茫，风吹草低见牛羊"，今日的外蒙，是不是仍旧当年塞北的风光？前年到那边去参观外蒙人民投票的中央大员雷法章先生很动人地告诉我们："人们都说那边天气奇寒，侵入肌骨。但是到了库伦，我们见到光天化日，天气很好。虽然那时已是秋末冬初，库伦已落过雪，结过冰，并不如传说的奇寒，真出人意外，我们留在库伦期间，天天晴朗。我们想，蒙古变了，天气也变了，大家都惊奇。……我们在汽车里瞻望车外，只见一路平坦，并不崎岖。我们以为蒙古人一定是土老土气，哪知他们西装革履，落落大方，与我们握手为礼，互道寒暄，也很合度。……外蒙招待所，设置很精致，男女侍者多着西装，精神活泼，内部装有冷热气管，且有控制器，可以调度冷热。门窗帘均用美丽花边绸布。所内除客厅、餐厅、寝室外，还有交谊室、弹子室、理发室，各种设备，应有尽有。吃的方面羊奶、马奶、牛奶，每日三餐，营养很好。我们只住了六天，回来时，大家都说我们胖了许多。库伦在民国初年，市面多半为喇嘛庙，普通人民多住在蒙古包内，街道又窄又脏。今日库伦市内都是新式楼房，有玻璃门窗，有地板，有电灯电话，有地毯及很精致的窗帘。街道也很宽敞整齐。"我们相信，雷先生是中央大员，是以忠诚著名的学者，绝不会故意替外蒙古宣传。不管恨他爱他，我们必须认识他的真相。

外蒙古独立以来二十五六年间，确实在各方面都有了进步，进步得使革命前到过这里的雷先生旧地重游而惊奇起来。先说政治吧，这里起领导作用的是蒙古人民革命党，它虽然以实现社会主义为最高目标，但却还不是共产党，他们并没有蔑视外蒙的实际环境而空谈一切。他们经过二十多年对抗极左极右国内国外的种种反动的斗争，才有今天的地位。政府对大小人民议会负责，而人民议会是依据宪法按照平等、直接、不记名的普选产生的，这就是说每一个成年男女国民都有参加政治的权利和义务。现在政府的内阁总理是乔·巴山元帅，他是号为"蒙古之列宁"的创国元勋苏海·巴都鲁的战友，贫苦的牧人家庭出身，十五岁就离家到尔乌加去做挑夫，后来就在那里进俄国领事馆所办学校，并到伊尔库克列去留学，返国后和苏海·巴都鲁参加革命，一直坚持立场，到今年还只有五十二岁，却兼任外长和国军总司令。雷法章先生说他"懂政治也懂军事，待人和气，与我们言谈，不亢不卑，颇有领袖风度"。

经济方面，今日的外蒙，也和先前大不同了。按照宪法，牧场、土地、森林、水及其财富，都归国有，国家的经济政策，一方面在援助贫苦的游牧人民改善生活，一面实行计划经济发展国家产业。在基本上外蒙仍是畜牧之国，但现在畜产已占世界第一位，平均每一居民有牲畜二二·三头。农业也已实行机械化，并和畜牧业结合起来，牧人不单会管机械，而且会种五谷。工矿业也在有计划的进行，当然是国家和公家经营的。据说一九四六年的工业生产已占全国生产量的三分之一。当然，这一切主要是靠苏联的帮助的成就，所以这也成为蒙苏不可分裂的关系。

文化教育的进步也是不容否认的，革命前只有一所学校，而现在外蒙已有几百所初级和中级学校，甚至还有许多高等学府，大城市已有雏形的科学院。库伦——现在叫乌伦巴都鲁，意思是"红色英雄"，这里有蒙古大学、高等政治干部学校、中小学联合实验水〔学〕校、中央院、中央马戏院、印刷局、博物馆。中央印刷厂有各种新式设备，政府、党、军、大学等，都有报纸，印刷精美。蒙古拼音文的教育，在迅速地消除世世相传的文盲。社会设施也在跃进中，二十年前只有一家医院、五个急救站，寥寥几个医生，现在到处有免费的公医院、助产院、药房、托儿所及其他公立的卫生机关。

蒙古在大转变中，人民生活也在大转变中。

（三）　和平的乐园还是列强的斗鸡场？

但是，今后的蒙古，是人间和平的乐园，还是列强的斗鸡场呢？

蒙古之被列强垂涎是并不希罕的。蒙古民族虽然在中世纪曾经雄飞天下，到西亚和欧洲去建立过统治，在中国的大元帝国虽被汉民族明太祖所推翻，而也曾在漠北保留了一世纪以上的独立，但以后经过满清二百年的残酷的压迫，几乎完全消失了成吉思汗那种精神和气魄。面积号称有一百五十万〈平方〉公里，有欧洲好几个国家合起来那么大，但是人口在革命以前不过五六十万，现在也只有九十万，不过上海人口的四分之一。在这广大的土地上，却有丰富的资源和物产。而更主要的，是外蒙在战略上的重要地位，在蒙古民族独立自治之下可能是和平的乐园，在帝国主义控制之下却可能做为向亚洲大陆及中亚侵略的基地，日寇的首脑田中义一在他著名的奏折中就自己招认，要征服大陆必先征服满蒙。他们不断提出建立大蒙古国及泛蒙主义的口号，实在企图攫夺外蒙，北侵苏联的西伯利亚直到乌拉岭，南略我国而西夺天山南北两路。他们这种阴谋，在全世界的反法西斯反侵略战争发展以前，还曾获得某某列强的支持默许和辩护，而目前日本战犯的辩护人又在东京宣称东条所作所为，与杜鲁门主义若合符节，虽然遭法官驳斥，但是这不单纯是一种讽刺，是很明显的。而苏联呢？无论如何，他是坚持反对任何人在他的国境旁边建立反苏阵线的，高度的警惕心，和周密的防范，也是必然的。至于一定要把外蒙并入苏联，或是援助外蒙侵略别国，则诚如邵力子先生等的见解，未免把苏联看得太愚蠢了。

外蒙古之不会变成列强的斗鸡场，不单决定于苏联的态度，而且也决定于外蒙内部的现实。最主要的是外蒙古内的人民对现政府没有任何不满，而且惟恐被其外国势力所消灭，外蒙没有内争没有斗鸡，保证了它不会变成列强斗鸡场。当然，在这里不能不估计到我国的态度，如果我国政府有这种动机，那么，也许会使外蒙古国际关系改观，但也不会单因我国的主观要求而使它变成斗鸡场，何况我国政府在事实上及公开宣言上都已表示明确的立场！

不管某些人物狂妄地批评中央政府，但是政府过去一直是坚定的。孙中山先生不只一次声明赞助外蒙古真正的自治乃至独立，实现民族平等。而国府蒋主席也早在前年八月廿四日宣布："外蒙自北京政府时代民国十一年起，事实上已完成其独立的体制，如今已届廿五年，当此世道一新之会，正重敦旧好之时。我们必须秉承国民革命的原则，和本党一贯的方针，用断然的决心，经合法的程序，承认外蒙古独立，建立友好的共保，否则中国与外蒙之间，永无亲善之可言，其对于国内安定与世界和平，更将因此而发生重大的影响。"这年十月国府派雷法章先生等十二人赴外蒙督导公民投票，二十日投票结果一致要求独立，至去年一月五日，国府乃正式承认外蒙独立。当时各方发表言论加以赞扬，雷法章先生说得最透彻："外蒙问题为中苏邦交中复杂问题之一，外蒙独立，为既成事实，我国承认其独立，便直接足以影响中苏关系，今既承认了，中苏纠纷，可以因此解决大半；同时外蒙人民与我无争夺，可能与我们保持好感。古人说'爱人者〈人〉恒爱之'。所以我们承认外蒙独立，表面上看各有所失，实际上是有害无利的"。

今天外蒙和北疆之间，虽然发生了许多不幸事件，但是中苏两国如果都不愿为国际好战派所利用，事件不难获得合理和平的解决。不过，我们惩前毖后，对于存在于中蒙两国之间的许多悬案，特别是互派使节及划清界线问题，以及整个边疆政策问题，必须迅速彻底的解决。而今日最大的前提，说来还是先要结束内战，团结一致，振作自强起来。①

《国讯》（周刊）

上海国讯社

1945 年 418 期

（朱宪　整理）

---

① 以下有若干文字，过于漫漶无法识别。——整理者注

包括满蒙地界的"老北京"

——喀喇沁部

　　人们都知道幽燕故城，经过元、明、清三个朝代建都的古城是北京（一度曾改称北平），其实"北京"二字，不仅仅是华北三特别市之一，像内蒙古喀喇沁部，在金朝的贞元元年，就名为北京。它的属地是锦瑞、建全、兴平、庆兴、临潢、利义、懿霸、庶宁、三府、泰等十一州，和大定、长兴、惠和、武平、富庶、神山、和众、三韩、松山、金源、静封等十一县。到了明朝的洪武二十一年，敕改为北平行都，设指挥使司，以全宁历喜峰口以致宣化（按《热河志》载，即今之承德府）全境，及平泉州（即今之平地泉）为辖地。从上两点看来，北京之名，决不仅仅是一处的。

　　按喀喇沁的方向和境界，是在距北京市二百公里以外的喜峰口的东北一百七十公里地方，管界的南北约二百三十公里，东西约二百五十公里，东界土默特｛位于大凌河之北，城周七里（市里），有辽金时建筑的三塔，土人称为三座塔。乾隆十二年，因该地多玛哈沁（即劫盗也），曾设巡检厅，名为塔子沟厅｝，西界察哈尔正蓝旗牧场，南界盛京边墙，北至翁牛特之松山｛《地理志》载，松山原名伊克纳喇苏台，按富弼《行程录》云，自中京正北一百九十里至松山馆，馆壁刊有刘敞寄欧阳修《宿松山寺诗》。据《热河志》云：富弼与欧阳修使辽，由中京（即今之平泉州）北上至上京（即今之赤峰县界）。金朝的赵秉文，有《松山道中诗》云："松溪三百里，飘然一日中。山长云不断，地迥雪无穷。远岭含残照，深林贮晚风。烟村一回首，独自下晴空。"｜。后汉时曾为鲜卑据地（按《鲜卑传》，曾载于《后汉书》，地在今之大同、承德二府迤北，赤峰县英全〔金〕河一带），至晋朝为慕容庵所据，到了魏时，有名库莫奚的，取得慕容氏的地位，代领其众。一直传到了唐太宗的初年，才率众内附，敕封为饶乐都督府，并在饶乐河岸建筑新城，方圆约四里，额其南门曰朱夏，北门曰阳德，又建造了四个市楼，叫作天方、大衢、通阛、望阙，又在城里西南角的土岗上，建庆都寺，供巨佛，香火极胜。城外的南方，开辟了园囿，栽草种树，建筑亭台，作为文人雅士宴乐、习射、聚会之所，形成了口外的一个乐园，而文化之传播，亦较其他盟旗部落为先进。

至于喀喇沁之所以得名的缘故，那是因为在元朝的时候，有一位大臣名叫札尔楚泰的，他的儿子乌梁罕济拉玛，随从太祖平定天下有功，由守金谷仓库之官，进升领兵大员，传到六辈的和通，部下聚有六千余户，都散居游牧在额沁河的一带，因此便用喀喇沁的名义，来统率所部。

喀喇沁人，当初差不多住的都是些草庵板屋，因为曾在内地有经历，所以也都以务农为本，而勤于耕耨，但因土质的关系，稻和桑一类的东西，是决不能种植的，只有黍、稷、谷、豆、芋、薯等可以耕种，并且因为防备风沙的壅没，全把农作物种植在陇岗上，在深山大谷中住的居民，多以山中树木（口外之山，多生松树）烧炭，转售于内地，故该业亦为入口货之一大宗。山地四周，富于铅矿，据光绪末年的调查，总额在数百万吨左右。在康熙年，曾有谕旨，准令该地人民自由开采，每年纳铅锡于宝泉局使用，至雍正朝，因故废止（以上俱见《理藩院则例》）。

喀喇沁，自清朝未入关的天聪元年起，一直到光、宣朝，都是把全部分作三旗的（中、左、右），中旗所辖三十八个佐领（每佐领一百五十丁），左旗四十佐领，右旗四十四个佐领。右旗界内的坤都伦沟门子，有康熙女和硕端静公主墓，墓门有御赐诗碑，乃是喀喇沁的名胜，高宗纯皇帝阅边有经过该部落诗云："列帐沿岗道左迎，羊群马路各将诚。亲藩众建堪同例，外域羁縻岂近情。慢拟星辰环壮极，也知稼穑望西成。百年化育皆先德，继续心殷惕捧盈。"

以上说的喀喇沁旗，虽然地界超出蒙古以外，而一部为现时的满洲地界，但是因此愈足证明满蒙本为一体，团结御侮，在事实上确也不可分离。

《新蒙》（月刊）

张家口新蒙杂志社

1945 年 1 卷 1 期

（李红权　整理）

今日之外蒙

赤　峰　译

（一）地理

外蒙古位于北纬四十二度至五十二度，东经八十八度至一二○度之间，面积计一百五十万三千方公里。其疆域，北界奥莱脱自治省（Oviat Autonomous Province），杜温人民共和国（Tuvian People's Republic），布里雅特蒙古自治共和国与东西伯利亚，东界黑龙江之西部，南界察哈尔之西北部、绥远、宁夏之北部，西界新疆之东北部。

地形——外蒙系一高原，平均拔海一千三百公尺，四围有高山围绕。康干山（Khangai Range）始于外蒙中部，西向与萨彦岭衔接。蒙古阿尔泰山，自西端蜿蜒于南部，连绵达一千六百公里，该山之东端名为戈壁阿尔泰山。肯特山亘于东北，与叶勃罗诺山衔接。

河流——主要之河流为克鲁伦河、鄂嫩河与海林果尔河（Halling-gol）——阿穆尔河之上游——与流入叶尼塞河之乌尔克穆河（Orkhon）与色楞格河。

气候——外蒙古系为大陆性气候，寒暑相差极大，冬季常降至摄氏零下四十度，夏季则升至摄氏三十度。首都乌兰巴图尔（拔海约一千四百公尺）每年平均温度为摄氏零下一·七度，其雨量每年仅有二百耗〔耗〕。

（二）行政区划

现有行政区域之成立，系为一九三〇年四月第六届大呼鲁尔图①（国会）会议期间，其经济委员会所指定之一个委员会开会商讨之结果。初，根据一九三一年二月六日颁布之法案所实施之行政区划制度，包括十三个爱曼克（Aimak），至一九三四年，由于萨布顷与阿尔泰两爱曼克合并之结果，减为十二个。此项新制度之规定，系根据苏联地理学家及政治经济学家斯托洛夫（Stoloff）与西姆可夫（Sim Koff）二氏勘察之结果。他们之勘察，曾就自然环境、商业区域、畜牧区域与政治行政之方便等方面，加以考虑。爱麦〔曼〕克之下之为沙蒙（Somon），沙蒙之下为贝格（Baag）。贝格为政治经济之最小单位，有人民自三十至一百户不等。

（三）人口

外蒙现有人口，约计八十四万人，大部为蒙古人。蒙古人中，百分之八十八为喀尔马克人，余百分之十二为杜尔伯特、土尔扈特（dogrod）、考绍特（Koshod）、乌梁海、奥洛茨（Oloss）、明吉茨（Mingiits）、布里雅特及其他蒙古少数种族。中国与苏联居民，约居全人口百分之十。

---

① 后文作"呼鲁尔丹"。——整理者注

　　据一九三四年统计，外蒙总人口计七十三万九千七百人，分隶于十二个爱曼克，兹列表如下：

外蒙人口统计表

爱麦〔曼〕克	首府	面积 （千平方公里）	沙蒙数	人口 （单位千人）
东部	巴音托门（Baintomen）	一七九	二七	五九·六
肯特	恩多汉（Ondorhan）	一一四	二八	五四·〇
中央	乌兰巴图尔	一一五	三五	九六·八
色楞格	阿尔泰勃兰克	六七	一五	三六·五
可素果尔 Kossogol	穆兰 Muler	一二四	二四	六七·一
阿拉汉格 Alahangai	札萨里克	八五	三五	一一六·三
乌勒尔汉格 Ublhangai	托音果尔	一一五	三〇	六四·七
萨布顷	杰尔和兰托	一一一	二五	五一·一
南戈壁	达赉扎达干	二〇五	二三	三三·七
东戈壁	达赉新向达	一二八	二三	二六·一
共计		一五〇三	三一九	七三九·九

　　据一九三八年之统计，总人口中，男子居百分之五〇·八，女子占四九·二，以往人口之增殖率甚低，约为百分之点五，近年以来，因医药设施之改善，文化水准之提高，社会疾病，已见减少，人口日渐增加。

　　都市人口甚少，而都市之重要性，仅为政治之中心。首府乌兰巴图尔，人口七万，为外蒙最大之都市，其次为阿尔泰勃兰克，人口二万。

（四）"国家"组织

　　外蒙系为新型的，人民革命的，反帝国主义，反封建的布尔乔亚民主共和国。系以渐进之手段，达到非资本主义生产之目的，政权操诸工人、牧人之手。

根据一九二四年十一月二十六日所颁行模仿苏联之宪法，最高权力属于大呼鲁尔丹；大呼鲁尔丹闭会时期，由小呼鲁尔丹处理行政事务，后者对于前者负责。小呼鲁尔丹闭会时期，全国事务，由小呼鲁尔丹之主席团（Presiding Committee）及政府执行。

大呼鲁尔丹，由爱曼克、城市居民及军队所选举之代表组成，代表之数额，与各选举区人口之多寡成正比，任期一年，大呼鲁尔丹每年至少开会一次，有修改宪法之权。小呼鲁尔丹由大呼鲁尔丹选出之代表三十人组成，得选举政府官员，每年开会二次，任期一年。主席团有团员五人，由小呼鲁尔丹选出，任期亦为一年，该会有权裁可或修正法律之判决，表决政府之决议，致送法案至下次小呼鲁尔丹会议，并得选任内阁阁员。

全体工人之年满十八岁者（无论男女）与蒙古革命红军之士兵，均有选举权，凡非借劳动而有收入者，以及昔蒙古贵族家庭或寺院喇嘛之分子，则无选举权。

中央政府包括九部，其名称为卫生，教育，司法，商务，工业与交通，农牧，内务，财务与军事。

（五）政党

人民共和国之政治生活，受蒙古人民革命党之指导。该党之奠基者，系为革命青年党之苏海巴图（Suhebatol）、曲巴生（Choibalsen）、卢索尔（Rosol）、覃由（Danzan）、与波多（Bodo）等五人，成立于一九二〇年。至一九二一年三月一日，该党首次开会于赤塔，该时该党名为人民党，一九二四年以后，始改今名。

蒙古人民革命党系为共和国之唯一政党，与共产国际联合并受其指导，其组织系模仿苏联，以党细胞（Party Cell）为基础。该党当采取极端左倾之政策时，其权力达于极点，其时自谓有党员四万二千人，但其后由于清党之结果，党员减少为一万二千人，现亦有增加。

（六）文化

一九二四年革命以前，教育系为少数人若贵族、喇嘛等之特权。游牧人民之中，能读能写者极少。革命以后，新政权尽极大努力于发展教育，至于近年，已有中学六所，小学七十所及流动学校若干所，专门技术学校，若医药、兽医等学校，亦已成立。一个新的知识阶级，正在成长之过程中。

政府于提倡公共卫生，异常注意，由国内各地医院、卫生训练班、治疗站与药房之纷纷成立，可以见之，除蒙古医师、药剂师一三九人而外，另有七五三人服务于医药及公共卫生方面。数世纪来，医药工作，均操诸喇嘛之手，故此为十分艰巨之工作，现尚待完成者，即使蒙古人民，从喇嘛之旧式神秘之治疗，转而信仰西式医药。政府为改善工人之生活状况，已公布劳动法令。

为提倡普及教育并教化国内外之人民，已发行报纸和杂志，同时并已产生新的游戏、电影、诗歌等。政府并出资供给俱乐部、流动电影院及乌兰巴图尔之一个国家戏院。蒙文报纸之发行，计有人民革命党机关报之《正义报》，政府机关报之《人民之权利》，红军主办之《红星》报，克斯塔普洛姆苏犹士（Rustarpromsoyuz）之机关报《工农之路》，暨青年革命联盟之机关报《青年革命联盟》。此等报纸，每周发行一至三次，销路自三千至一万不等。又有一个犹太人之俄文报，名为《现代蒙古》。

近年以来，此等人之文学作品，若史达林、威尔斯、巴尔布斯（Barbusse）、普希金、安徒生、高尔基与弗曼诺夫等，已有以蒙文发行者。戏剧方面，尼古拉戈戈尔（Nicolai Gogol）之《公众代理人》（Rpubli Proeurator），已译成蒙文。

　　本文译自一九四一年东京出版之《远东年鉴》，本篇内容尚客观翔实，似多可供各方参考之处，本书现存中央通讯社。

《边疆通讯》（月刊）

南京蒙藏委员会编译室

1945 年 3 卷 10 期

（朱宪　整理）

漫谈黑城

孔宪柯　撰

一　前言

　　额济纳旗之黑城，曾轰动了中外之考古学家，前往发掘，收获极丰。作者在额工作两年余，时欲前往一瞻这历史上及考古学家所珍爱之古城。然因作者毫无考古学之常识，又因该城附近三十里以内无饮水，故未能前往一游。三十三年十一月中旬，作者曾先后向各方借到帐幕一、水桶四，及骆驼数只，并准备齐全到黑城去所需用之各种物品——锅碗、米面、柴草、水斗、铁铣等，于十一月二十二日率领蒙汉工人四名，向黑城进发，在该地逗留三天，先后将全城观察□次。并在城内外各处挖掘，曾获得泥佛像数十，宋朝古钱四枚，二为五株，一为大观通宝（大观为宋徽宗年号），一为政和通宝（政和为宋徽宗年号）。此外无所得，唯对有关黑城及其附近之情形略有所知。今仅分述于后，以供各方人士之参考。

二　黑城之名称及位置

　　黑城蒙人呼为"哈拉和特"，"哈拉"，黑也，"和特"，城也，即黑城之义。该城位于北纬四十一度四十五分四十秒，及东经一百零一度五分十四点八十五秒之间，拔海二千八百五十四呎（注一）。自额济纳旗旗政府所在地——哈尔哈庙，至黑城一百华里，自阿拉善旗之定远营至此约一千四百二十五华里。

三　有关黑城之传说

据额旗蒙胞传说，黑城为西夏故都，其最后一主号称黑将军，叱咤风云，英武盖世，所向无敌，遂思提雄师南下，与汉族争伯中原。中国边将闻警，亦起大军相抗，与黑将军遇于黑城东边。黑将军出师不利，不得已，退守孤黑城，负隅自固。中国大军四面围攻，久攻不克，黑城城外额济纳河流贯其间，守者即恃此水为饮料，中国军因以沙袋塞水，决使四流，以断城中水源。守者大惧，乃于城之西北隅，掘井取水，深至八十余丈，犹涓滴未见。黑将军乃思倾全力出战，以图为最后之一击。未出战以前，举府库所有黄金白银，八十余车，悉倾井中，其它珍物尚不在内。金银宝物既匿去，遂手杀其子女及二妻，免污于敌手。然后自率大军毁北城而出，身先士卒，直击敌垒，卒以众寡不敌，致以身殉。中国大军遂陷黑城，焚杀掳掠，大事搜索，而窖藏竟未之得。其后当地之蒙古人，及邻近之汉人，俱曾往寻，至再至三，仍无所获。然黑将军英武毅烈之气概，与夫黑城宝藏之故事，至今犹为额旗民间所艳称也。

四　黑城古物被发掘之次数

此颓废之古城，辄为中外考古学家所重视，先后被中外人士所发掘。计有下列次数：

（一）俄人科暂〔智〕洛夫之发掘　一九〇七年即前清光绪三十三年，俄国皇家地学会组织蒙古、四川探险队，以科智洛夫（Coftain P. K. Kozloff）大佐为队长。该队一九〇八年曾两至黑城探索古物。第一次搜索城中之中部，匆匆数日即去。第二次居此一月，发掘时，集中城西北隅大建筑物废址及城外各处，所获西夏文籍大都在城外西北隅之大坟处，其他典籍文物甚夥，具有时代可稽者，为乾佑（宋时西夏仁宗年号）二十一年藩汉合璧制钱及明代制钱各一枚，科氏所获诸物，俱已辇归俄国研究院亚洲博物馆内。

（二）匈人斯坦因之发掘　一九一四年，即民国三年，英国印度之教育部及考古学调查所，派匈人斯坦因（Ser. Aune L. Stein）率其第三次中亚探险队由酒泉至此，雇蒙人发掘，在黑城内外广加搜索，其收获之丰，比之科智洛夫过之而无不及。斯氏所获古物、图书、文籍，详其《第三次中亚探险报告书》，第一册第十三章，章末并附发现物品详细目录。其中汉字古文书有年代可寻者，大都在元世祖至元廿七年至元顺宗至正廿六年之间，并有宋熙宁（熙宁，宋神宗年号）的制钱一枚。斯氏所获诸物，均归存于英国不列颠博物院内。

（三）瑞典人斯文赫定之发掘　一九二七年即民国十六年，瑞典人斯文赫定（DB. Sven Heden），与我北平古物保管委员会，合组西北科学考察团，国人徐炳昶、黄文弼等偕行，曾在此发掘，亦有收获。按，该团在额工作甚久，举凡额旗之地质、地形、气候、天文、人类、民俗、考古等项，皆有专门人才，长期考察，记载甚详。该团于民国十九年秋返北平，二十年曾将在西北所收集之古物在北平女子师范学院公开展览，并经我政府审查许可后西运。

（四）法人之发掘　中法学术考察团系中法政府合组而成。法国团长为哈尔德（C. M. Haardt），中国团长褚民谊，率领中法团员数十人，爬行汽车七辆，各方人物配备甚为齐全，二十年夏季，曾一度至此发掘，唯收获甚微。

（五）日人之发掘 廿四及二十五年之间，日本在额旗设立特务机关，修建飞机场，并有汽车七八辆，在额大肆活动。曾先后数次派汽车至黑城发掘，是否有收获，因无人闻知，日人亦无发表。

（六）其他 如三十二年国父实业考察团，亦曾来此考察。其他如在额工作之人士，来额旅行之旅客，均先后到黑城考察与发掘，规模既小，工作时间又短，故无收获。唯驻军十八旅曾派一连士兵来此发掘，曾得到一些古箭头、西夏文书籍及陶瓷器，并运回石磨数十盘，可惜所得各物均散落士兵之手，未能集中保存。

五 黑城修建之时代

由科智洛夫及斯坦因两氏，发掘所得之古文书中，西夏字特夥，所得之古钱为宋元时代最多，作者所得四古钱皆为宋时者，凡此皆足为黑城建修时代之证明。元时意大利人马哥孛罗，曾至一城名（Ftzina），此黑城或即《元史》中之"亦集乃"也（注二）。

六 黑城之鸟瞰

黑城废墟略成长方形，东西长，南北短，北面长四百六十六码，西面长三百八十一码。城墙系砖砌，中夹木构，城墙底厚三十八呎，以上渐削，至顶约高三十呎，厚达十二呎（注三）。有东西两门，门阔十八呎，有月城以为护卫。四角成圆形，以地居朔漠，西北风劲，流沙吹集，而今沙丘与城墙齐。城内建筑物之废址，尚能辨认其庙宇或民房。城内瓷器碎片甚多，类多黄釉黑花纹，铁器碎片亦夥。

七　黑城废弃之原因

紧靠黑城流过的干河床，离东河东边最近之支流只有七哩。又考察东边荒废之古渠，则距现在有水之支流甚远。至于灌溉之所以失败，是因为垦地得不到充分的水分是很可以相信的。不但额济纳河的水不足以供给黑城附近的垦地，即上溯四百里鼎新县，那里的情形远为适宜于沟渠，但是要在每年春季得到适当的水量，也感到重大的困难。因此有许多以前的垦地就此荒废了（注四）。根据额旗南境，被河水冲刷得深达数丈之河槽证明，额济纳河过去水量甚大，其后或以甘州、肃州一带之垦地激增，祁连山之雪线升高，水源减少，上游用水增加，水量减少，不敷应用而荒废。

八　黑城荒废之年代

黑城荒废之时代，据斯坦因之考据，其地之全盛时代，应在十一世纪中叶，以至元朝时，或唐古特统治时期，十三世纪中叶，相传成吉斯汗曾经此侵入甘肃，城垣曾受到很大的损害，但是一直到马哥孛罗来华时代，还有人居住，并且直至十五世纪，仍不断人烟（注五）。由此可知黑城之荒废当在四五百年前也。

（注一）见向达译《斯坦因西域考古记》，中华。

（注二）同注一。

（注三）同注一。

（注四）同注一。

（注五）同注一。

《边疆通讯》（月刊）
南京蒙藏委员会编译室
1945 年 3 卷 11、12 期合刊
（朱宪　整理）

鄂尔多斯沙漠

(The Ordos Desert of Inner Mongolia)

葛德石教授（Georyc B. Cressey）　　著　　龙　章　节译

一　鄂尔多斯沙漠——人类适应干燥气候之研究

亚洲之内部为一大块干燥沙漠与半干燥草原地带，在蒙古与新疆境内，计有一百万平方英里之土地，无十五英寸以上之年平均雨量。故在此荒凉地带中，所有生物均与气候所予之限额作不断之奋斗，但能生存其间者，仅为能适应有限资源之动植物而已。有限之水源可作吾人对水道、植物及人生活动之解释线索，而草类则为此区人民所能利用之一种资源，蒙古人民为适应草之分布而成为游牧者，逐其畜群，以寻牧场。

鄂尔多斯为蒙古中之孤立部分，位于长城之北，几为流入蒙古境中之黄河所包围。本区面积计有五万平方英里，几等于美国之新英格兰区。在本区沙漠之两侧，均为崎岖之山地所阻限，而其他两侧则与黄土丘陵接壤。本区中部则极度荒凉，其中有千余平方英里之区域未为任何白人所履径，更乏汉、蒙文之记载可资参考，蒙人称此区为灰原（Boro toboi）。

鄂尔多斯旧为成吉思汗之土地，而为其最早征服地之一。故彼在本区之事功，至今保存于流行之蒙古传说中。在彼统治之时代，曾有一蒙古部落自北方移入，吾人之所以称蒙古人为鞑靼人（Tartar）者，即由该族名塔塔儿而来者也。此族负有守护成吉思汗陵寝或洼尔朵（Ordu）之特殊责任，由是其人民遂被称为鄂尔多斯蒙古人，而此区遂沿称鄂尔多斯，间亦有称之为鄂尔都斯（Ordous）者。汉人对此区并无确当之称呼，但有时则称之为河南地。本区大部在今绥远省境内，另一部分在陕西境内，其余一部则在宁夏境内。

时至今日，本区已非为蒙古人所独占，因汉人已自东方及南方侵入，于草地中之最佳部分从事开垦，以此蒙古人游牧于黄河河曲以内较贫瘠之区域中，但在此区东部已有农民移入开垦。在沙漠中部，唯蒙古人与其牲畜可以维持生存，其地无流水与木材，夏季中炎阳逞威，冬季中则雪风凌虐，农民无法生存其间也。

旅行家于横渡此荒凉而孤寂之沙漠时，固感厌倦与抑郁，但亦有以其无垠之景观及冒险性之生活之刺激，因而不断前进，天然环境之单调而少变化，实为其显著之特色。旅行者所每日遭遇者，为相同之自然景观，与不变之生活方式，吾人虽不愿见其无变化，实不可能。是以虽已前进数十或数百英里，但阴沉而索然无趣之沙漠仍未发生变化，终至日没夜临，无数星辰闪烁于无云之天空上，至是行程不长之骆驼队止息而度夜焉。

虽然，鄂尔多斯并非毫无兴趣之地，其能利用黄河及山水灌溉之部分，已成定居之沙漠沃地（Settled Oasis）。其余则为干燥草原，其上有大群之牛羊食其肥美之牧草。本区虽有此例外乐土，但就一般言之，则本区并非一适于人生之居留地，若干世纪以来之饥馑痛苦，曾淘汰不适生存之人民，故至今本区之游牧者具有强健之体质与充足之能力，以适应其环境易变化之苛求。彼等在资源如此贫乏中所获得之成就，实不亚于"文明"民族于其能控制之最优良环境中所得之成果。

二　自然景观之形态

基础构造

鄂尔多斯为一广大而有起伏之平原，其边地带则濒于崎岖之山地及切割之丘陵。此等地形使本区与西北部之蒙古高原及东南之黄土高原相分离，本区之平均高度不及四千英尺，为较之高约千余英尺之戈壁及华北平原间之过渡地带。

苏士（Suess）于其所著之《地球之表面》（The Face of the Earth）著作中，曾予鄂尔多斯以相当注意，以阐述其与亚洲地体构造之关系。苏士认为：本区为一下降之古地块或山前地（Foreland），即系具有古老岩石之前地区域（Avant Pays）。其上覆有未经扰乱之石炭纪及相关之地层。再上则被以砂粒及近代沉积。自中亚北部而来之压力挤压此盾地（Shield），使之于西部、西北部及北部沿边产生环绕之山岳。此类略似弧形之山脉，均〈向〉鄂尔多斯方向掩覆，或向之发生断层，形成绝壁。苏士并相信"全部中央戈壁及阿拉善沙漠可认为系褶曲之地，并向鄂尔多斯合围"。

苏士于三十年前无详尽地质构造研究发表之先，大部根据地形关系之报告，遂发表此伟大之学说。上述之鄂尔多斯概况，仅为苏士广大概念之一部分而已。以亚洲之构造取决于中心核体之向南运动，至少为由伊尔库次克（Urhotslc）附近向南运动之结果。

威里斯（Wielis）及何布斯（Hobbes）二人之理论则与之相反，彼等以为真正之运动方向为来自印度洋及太平洋之内向运动，戈壁中之古老而变质之褶曲地层，或系抵抗此压力而生之障壁。

亚刚德（Argand）更拟具一亚洲地体构造之学说。彼认为亚洲中部之山岳系由若干原始成分之连合与脱节所形成者，且为整个大陆南移之结果。亚刚德以为，原始陆块为此运动中之活跃成分，鄂尔多斯即系原始陆块之一，因此等陆块之运动而使其间之地带形成山系。因此彼之学说与苏士之主张相左，盖苏士认为古陆块系被动的抵抗成分，其周围之山岳乃以此抗力而生。

格里高雷（Gregory）更拟有亚洲构造之最新学说，氏以现代眼光对苏士及亚刚德之学说均加以重视，并断定苏士之学说至少用于解释中亚地体构造仍有效力。

来华考查之美国博物馆中亚远征队（Central Asiatic Expedition of the Ameueican Noseum of Mutural History）并未至鄂尔多斯考察，惟地质学家柏克（Berkey）与莫里斯（Morris）二人于确定蒙古区界之际，曾予本区以相当注意。彼等之意见以为，依其地形、自然形态，与其对人生之影响而论，鄂尔多斯实为蒙古高原之一部，惟较其他高原部分为低而已。但本区在构造方面及岩石方面与蒙古并无相似之点，因其表面并无倾斜之岩石平原，亦无前寒武纪变质岩石也。

为美孚石油公司作大规模石油考查之富勒与克拉普（Fnller and Clapp）二氏曾经研究与本区相邻之陕西、甘肃及山西诸省之地质。彼等曾绘出大区侏罗纪地层，作南北走向，并以为此种地层延长至鄂尔多斯沙漠之下，与之相似或相关之后古生代或中生代地层曾在宁夏、包头及榆林之岩石露头中发现之。富勒与克拉普遂将在大青山至秦岭、六盘山及由阿拉善山（即贺兰山——译者）至山西东部山地之间地区名曰陕北盆地（North Shcnsi Basin）。惟彼等并未至鄂尔多斯作岩层之调查，故此构造单位之一部分系建立于理论基础之上。同时彼等并未道及苏士、柏克及莫里斯诸人之学说，故彼二人将鄂尔多斯与蒙古分离，殆无疑义。

环绕之山岳

关于鄂尔多斯之特色方面，有一错误之观念，即假定其南部有山脉出现，其界限略与长城一致，而以具有大量黄土堆集之土壤为其特色。因地表黄土突出于鄂尔多斯之南，高约一千至一千五百英尺，遂使若干往昔之地图作者将不存在之白于山及芦关山二名加诸其上，至今仍有若干地图有此名称。鄂尔多斯与陕西北部之间，并无构造上的断裂，在地形上则由本区之荒凉及沙覆之坡状地面，进至长城以内剧烈切割之黄土高原，间有显著之转移状况存在其间。黄土层由榆林、神木诸县作东北向之延伸，遂使沙漠仅限于长城之外。

阿拉善山

环绕本区之若干山脉中，以阿拉善山最高而最崎岖，将此山名为阿拉山（Alashan），实系其西部沙漠之蒙古名称错误翻译所致，因"善"（Shan）与"山"（Shan）同音而不同义也。为避免混淆起见，翁文灏氏遂改此山为贺兰山，以其为中国文学中所习用之名称也。此山长约一百五十英里，平均宽度不及其长度之十分之一。由其两旁平原观察此山，则觉其突兀耸立，其东部尤为陡峻，有高达七八百英尺之绝壁，山脉中之河谷，深而宽广，山上所生长之草类，具有高山草原性（Alpine）特征。

此山并无孤立之高峰，仅有两山顶突出于一般天线之上而已。此即北部之布古图山（Bogutni Ula）及南部之子中山（Tschun Ula）。前者海拔约三千六百公尺，后者则有三千五百公尺之高度。此山并无永久冰田，惟五六月间亦可有雪降下。山上更无洪积期冰河侵蚀现象。其所得之降水量，较平原为多，但多成山洪迅速流失，故少泉水，常流河川。在海拔八千英尺以上的山坡，则为生长虎尾枞、白杨及柳树之森林界线，但将至山顶，则有高山地出现。森林现经滥伐，其木材或供宁夏建筑之用，或就地烧成木炭，山中动物以鹿与山羊为最多，但亦有狼、狐及其他动物之属生息其间。

横越此山，可至王爷府，或曰定远营、驸马府，及阿拉善。此地低至二千公尺，适于车辆交通，由库伦方面可通汽车至此城。

作者曾通过阿拉善山。此山系一向东倾斜之断层山，但断层面之角度并不大。因断层之结果，遂使震旦（前寒武记）系之石灰岩褶曲于石炭纪岩层之上，断层区可以明显观察之。其构造似属于苏格兰高地型式。其断层面有一个或数个，及若干急峻之小断层。其主要之走向为南北向，其主要之倾斜为向西方者，惟例外状况亦颇不少。此种横压断层大约发生于中生代或其后之时代中。

在过去一千年中，自阿拉善山下至平罗、中卫之间，有纪录之毁灭性地震已发生廿余次，公元一七三八年发生最剧烈之地震，死者五万人之多。

阿尔巴斯山（Albus Ula）

阿尔巴斯山为鄂尔多斯境内之惟一山地，位于黄河右岸面对石嘴子之处。此山可分为两部，其一为银子山，蒙古人名之为康坦葛山（Kantagar Ula），位于西南，山其他一部则为位于东北之阿尔巴斯山本部。法国神甫戴纳德（Teilhard dechardin）与李桑（E. Liccnt）二人曾研究此山之地质，知此山为不对称之背斜，仅有一部分受雨水侵蚀而呈切割状态。在阿尔巴斯山之东有一横压断层，其压力来自西方，殆显而易见。故此山可认为系阿拉善山之外围结构。此外在宁夏省横城之南有一小山脊，名曰阿尔善山（Arshan Ula）。

阿尔巴斯山之一部并未遭受侵蚀，因而呈特殊孤立之平顶台地状。蒙古传说则以其为成吉思汗铸造军械之铁砧，故名曰粤兰德西（Orandoshi），意即成吉思汗之铁砧也。

嘉南那林山（kananarin Ula）

嘉南那林山，意即黑点山（即狼山——译者），比较不甚著名。此为鄂尔多斯之西北边境，因其距黄河稍远，故少为旅行家所探访。俄国学者普拉耶维斯基（Preievalsky）曾对此山作如次之叙述。

> 由河谷方面观之，则此山为急峻之墙壁，其间则有山隘横切之。其最高点在山之中部，全部皆荒凉贫瘠，在山之两侧及其顶部，尚可见到不少之花冈岩、角闪岩、长石、片麻岩、斑晶长石、石灰岩及黏板岩，在山旁尚可发现野生桃林及稀疏榆林，但就普通言，植物甚少生长。至于生于其间之动物则甚多，青羊游息于岩石间，羱羊生存于较斜缓之石坡。此山虽富于泉水及河流，但缺少树木。

嘉南那林山之山岳状态，自鄂尔多斯方面望之，更为显著。其高约为海拔一英里，但较戈壁、沙漠高出不及一千英尺，惟较黄河谷高于此数二倍以上。此山呈显著之弧形，其走向由东西之方向，渐变为北三十度偏东之方向。此山向西渐低，以至横过阿拉善沙漠而至阿拉善山之西。

大青山

鄂尔多斯之北方为大青山，其结构较更为复杂，且有不少名称。中国史书称之为阴山，而阴山一名，同时又用以表示各种不同之山脉。此山目前最通行之名称为大青山，即用以表示自包头之后至归化城之东之山脉也。此山之最西部分名为乌拉山（Muni Ula or Wunla Shan），在其北之另一山脉名为佘太山（Seheiten

Ula)。在佘太山之西，名曰狼山（Lang Shan）。阴山于向鄂尔多斯之处，亦与阿拉善山相同，且〔为〕至平原处急剧之过渡地带。

此山在包头附近及其西北作北向之倾斜，山之表面多向北方徐徐倾斜，而向南方则倾斜甚峻急，此种状态在乌拉山更著。大青山又因拥有若干断层，故于其成因之解说更感困难。有若干断层面之倾斜颇陡，或可表示系正断层及高角度露头之逆断层也。

黄汲清氏曾于此山作详细之调查，此山系五台系（Proterozoic）之片麻岩及片岩构成，并有含煤之石炭纪至侏断〔罗〕纪之砂岩及页岩。由山西所得之证据推断，可知此山之地质变化为属于石岩〔炭〕纪者。其间有若干向斜及背斜，均为东西向。褶曲中有若干不对称者，其轴面向南倾斜。此外更有不少断层发生其间。黄氏认为发生之动力来自南方。黄氏更云，所有观察所得之证据，均有自南向北挤压运动之表征。

戴纳德及李桑二氏，亦曾研究佘太山、狼山及大青山，并作图解，表示其压力来自北方，黄氏于研究彼等及翁文灏氏之研究后，仍主张压力来自南方，大青山之全部，因近代大规模之正断层，而与归化平原分裂，因此产生急峻之绝壁，近代之断层作用并使老年地形之侵蚀复活。

在中卫之南，宁夏城之北，包头之北，及鄂尔多斯之东部，均产有煤矿，惟均用土法开采，且销售于当地。关于此项煤层之地质调查，仅有黄汲清氏于调查大青山附带调查之。大青山之煤层为石炭、二叠纪及下侏罗纪者，在七区煤田中，共藏有三千二百万吨无烟煤，及一万万六千五百万吨烟煤，大青煤区年产煤二万三千吨。

在此环状山之间，为鄂尔多斯之波状平原，各旅行家用气压表所测得之高度，彼此不能符合。中卫附近黄河之高度为一千二百十五公尺，向下逐渐减低，至河口镇仅高九百六十公尺。大体言之，此平原之北、西、南三部之高度，大约为一千零五十公尺至一千二百公尺之间，而于其东部则高达一千五百公尺。

黄河

黄河系一复合的河流，由其青海之源头至入海为止，至少经过七个不同之地段，其间或为幼年峡谷，或为宽广河谷。柯勒尔（Kohler）氏曾为文叙述各区域及此河演进之经过，其青海部分或曾注入长江，而兰州以西之一部分或曾一度东流，取渭河与洮河之方向。

在第三纪中，中国西部曾发生剧烈之断层作用，以是形成不少盆地湖泊。兰州附近即系一内湖盆地，黄河之水流入盆地中后，于其北边最低处，向外流入新水道中。黄河于抵达鄂尔多斯之后，其中部及东部之高地，或未被淹及，但阿拉善沙漠或遭其侵没。惟如此形成之大湖，甚少有遗迹可寻。作者曾于靖边北二十五英里，中卫西十五英里，三道河（即三圣宫——译者）西五英里，及包头西南十英里之地，发现质佳而松且层面不显著之湖成冲积层。

在鄂尔多斯湖成立之前，有一老年期之河流，由北而南流经晋、陕边境之间，另有一河川或在大青山之南麓，流经归化城，注入桑干河入海。但此河上游因大同北之地垒断层作用，遂被切断，惟其截头之时代不能确知而已。鄂尔多斯湖水或许一度由此入海，或者最初即向南流也。

黄河自中卫之西，出峡谷，东流至河江〔口〕镇，入幼年峡谷之时，河道长达六百五十英里。在此段黄河水道中，河水流经砂质河床之上，仅在牛头山（Niutan Shau）与石嘴子之间为例外而已。由中卫至河口，黄河下降八百三十五英尺，平均每英里降落十五英尺。一老年期河流，而有此种倾斜，颇为急峻，故河水多湍浪及漩流，使河水浮悬细土，但少有急滩之处则产生沙洲，使河床宽广。

一九二四年秋，作者由宁夏乘船下驶至包头，以一百三十六小时行四百二十五英里之距离。其间有一部分时间，则消耗于船只搁浅之处，但有舟行则受风力推送，故平均速度每小时三英里，有时或倍于此。此段黄河之平均流速与倾度，较美国圣路易附近之密士失必河大三倍。

河面之宽度，各处不等，河道有时分为两支或多支，在包头之南某处，河面宽达二百五十码，但另一处则宽一百五十码。罗基尔氏（Rockhill）报告河口镇之河面宽达四百码，而包达宁氏（Podanin）则以其普通宽度为五百码，但在洪水期则有二十里或一万二千码之宽。罗基尔估计，包头之西，河面宽达三分之一英里，在三道河之南，为四百码至八百码之宽。柏奈拉（perora）在包头与石嘴子二处渡河，测得其宽度各为四百码与五百码。德治曼（teichman）报告宁夏城下黄河宽达四分之三英里，但在塔斐尔氏（Tafel）之地图上，则其宽度为一英里，在广武城南为二英里。河道之主流在各处深达五英里〔尺〕以上，通常深度多倍于此数，但因水流之湍急，沙洲之移动，故主流不易保持，航行甚感困难，吃水不及三英尺半之平底船，亦常有搁浅之虞。

黄河虽常有若干倾斜度，但河道仍多曲流（Meander），尤以包头以西为甚。某处河道迂回达十英里之远，但在细颈处之陆地，宽不及三分之二英里。黄河在此段之泥沙量甚小，但因河流湍急，故水色甚浊。

黄河于通过鄂尔多斯境内，并无明显之河谷，其河道仅较其旁河岸低五至十英尺，因此河道易变迁，尤以西北部为甚。在嘉南那林山之下，尚可发现一旧河床，五原附近开渠，并将若干段故道充以灌溉水。此种河道之改变，尚无法确知其时代。本区除流经归化平原北部而于河口镇入黄河之黑水外，并无其他重要支流可言，此外尚有由山地流出之若干间歇河流，但于其达黄河之前，即为引至灌田，没于沙中。故若干地图上所表示之小河川，实无注意之价值。本区大部无常流河，若干溪流均没入于盆地中。东部草原区域中，雨泽较多，有若干东流入黄河之小河川。

盐湖

在鄂尔多斯低地中，尚有不少盐湖与盐池。德国参谋本部之比较不正确之地图所示者，约有二十湖泊。其最大者，为西北之达布逊淖尔（Dabasun Nor，即大盐海子——译者）。此湖有时称加拉摩尼淖尔（Karamuni Nor），湖长八英里，宽一英里半至二英里。据柏奈拉氏所言，则此湖之东部为沼泽地，其上并有薄结晶盐层，状如薄冰。此湖与花马池产盐均丰，磴口之西阿拉善沙漠亦然。鄂尔多斯内部水系，尚少详细研究，故其盐储量不能估计，他如若干干涸之河道中，尚可发现盐层。

鄂尔多斯各处几全为流动沙漠、河积土、沼泽地及湖海之底部，至若鲜〔渐〕新统前之沉积，仅在较高之区域及东部河谷见之，惟常覆有流沙，未为旅行家所叙述。中亚远征队曾略道及，以其为新生代之地层，与在戈壁中者颇相似。其表面无植物，故易为雨泽及泥水所侵蚀，偶尔降落之暴雨，亦可促成洪水，自干河道或低坡作片状侵蚀，在山脉附近为冲积裾。此为众多之溪流所构成者也。此种冲积扇群之地文变化，颇为复杂，至少可分为三期。冲积扇之主要构成一期，为后洪积期中之马兰期，相接者为前洪积期之板桥期。此期雨泽较多，故侵蚀较堆积均较盛。至近代以来，气候渐干，故堆积更盛，故吾人今日可于前项冲积扇中发现小冲积扇。此种情况在贺兰山之东西侧均甚显著，但在大青山之南麓则不明显，或因近代之断层，或因黄河之侵蚀所致。

沙丘

本区为风蚀剧烈之地，各季中之风速，均能使砂粒移动，因流沙甚细，故有大量细沙飞入空中，使空气呈黄雾之特色。本区大部为松沙所覆，或成裸露沙丘，或为有草类与灌木之小山丘。过去河湖之大量沉积，实为砂尘之大量来源。

本区可发现若干广大之沙丘堆积区，其一在宁条梁镇与榆林间长城之北边附近。此沙丘区至少有一千平方英里之面积，为砂向南移动堆于长城旁之结果。作者曾在此区旅行若干小时，未能发现片草，更无其他地上景物足以指示道路。沙丘高度少有在五十英尺以上者，砂色棕赭，并有相当数量之细土。因尘土易为风卷起，故易发生尘暴。

另一沙丘聚积区在西北部黄河曲附近，名曰古祖普齐沙地（Kuzupchi Sands），位于贺兰山及嘉南那林山间之黄河左岸地方。作者仅见及此沙丘之边缘地带，但其范围不及南部沙丘之广大。

最高之沙丘位于中卫之西，彼处有一巨大之砂流向黄河前进。此沙丘源于阿拉善沙漠南部之湖积土，其高度在河岸上五百英尺，是为世界最高沙丘之一。其流入黄河之大量砂土，为中卫附近不少沙丘及河岛之一成因。

在鄂尔多斯全境中，由五英尺至十五英尺高之小沙丘散见各处，有时此类沙丘成真正新月形，但通常多无定形。除大沙丘之外，仅有小块地方不受流沙堆积。故此种地带，有水即可成为农牧沃地，若有草类生殖，则成为柴达木（Tsaidam）。

黄土

为风所吹起之一部细微之砂粒吹入长城之内，坠于丘陵与河谷之上。目前如此堆积之物质，其起源与构造，均同黄土。甘肃、陕西及山西之大部黄土，或许系由鄂尔多斯之表层物质所构成。本区河湖堆积物足供充分之黄土质，在鄂尔多斯之南及兰州之东之黄土为世界上最佳者。再者，河北及山西毗连长城部分，其外虽有戈壁，但无相似之黄土堆积。若再考察戈壁区域之地文史，则中部蒙古似不能供给中国之大部黄土。不少世纪以来，黄河曾供给鄂尔多斯大量冲积土。此种细土自易为风力运走。河积土之粗砂即为今日砂丘之构成物，现正环绕于鄂尔多斯之东南，本区中尚散见黄土堆积，但此等地面既不多，且发育不甚良好。

土壤

本区之土壤未经研究，但其可能为石灰性土壤之灰土。土壤大多未成熟，土质为冲积者，更无良好之剖面。在此干燥区中，土壤含有高度可溶性物质，如石灰及硝酸化合物之类，此皆未为雨水所冲去。在有水之地，沙漠土于农业上遂有价值。

在低地有水之区，或为雨水灌溉之地，毛细管作用遂将地下水引至上部，蒸发后所遗者为化学物质，倘不被雨水冲去，则盐类聚集，使碱性渐高，于是大多数植物不能生长。有许多地方其表面为风化物附聚，呈白色，此种盐类多为钠的硫酸盐、盐酸盐及硝酸盐之类，与硫酸钙及硫酸镁诸物，其于地面成层状聚积时，则成为硝石矣。黄河沿岸有若干地带（尤以过去及目前曾经灌溉者为甚），已因碱性不能耕种。此种土地或用冲洗灌溉法，冲去可溶性物质，或培植抗盐性物质，以吸收盐类，然后此种土地始可利用。

三　气候为景观与生活之关键

干燥性

本区大部为干燥而荒凉之平原，夏季为烈日所曝晒，冬季则为雪风所袭吹，各地仅有低矮灌木与细草以阻挡流沙。本区实为不适人居之土地，其所予人者少，而生产杏啬。在黄河河曲有渠道之地及由山地流入本区之部分，能发展灌溉，使农业繁盛，其余则为游牧之地，东部雨泽较多，遂使真沙漠变成游牧甚盛之草原。

夏季天空无云、酷日当空时，砂地温度特高。车诺斯（Chernos）曾纪载阿尔巴斯附近在一九〇八年五月二十六日温度达华氏一百四十七度（摄氏六十四度）。如此强烈之温度，产生强烈之空气对流，其湿度一般均低，但空气中若有足量之水气，则上升气流将产生积云，其体积由晨至午渐增，有时蔽遮天空，间或产生雷头，而有局部之暴雨，甚至有时虽见雨自云中下降，但因空气太干燥，遂不及地面而蒸发矣。夜间通常晴明，星光耀目，此为低纬度地方所不易见及者也。

温度

夏季温度通常升至摄氏三十八度（华氏一百度）以上，但冬季气温则降至摄氏零下三十五度（华氏零下三十度）。一九二八年七月八日，作者在包头测得气温为摄氏三十九度（华氏一〇二度），当时天空蔽云。杜德（Todd）于一九二九年至一九三〇年间之冬季，在萨拉齐测得温度为摄氏零下四十度。黄河于十一月至五月间为冰封结，其厚度通常为三英尺。冬季晴明而多阳光，故甚少积雪，日照下之正午温度及无风处之气温为零度以上者，此中亚冬季之常态也。

连续之气象纪载，仅在萨拉齐附近二十四顷地教堂有之，其纪录时间为一九一〇年至一九一六年。此外榆林及延安附近则有一九〇八——九年之十一月、十二月及一月之纪录。二十四顷地之平均温度如次：五月为十五·八〇度，六月为二〇·四〇度，七月为二二·七〇度，八月〈为〉二〇·九〇〈度〉，九月为十四·三度，十一月为负四·三〇度，十二月为负十五·二度，一月为负十五·一度，二月为负九·三〇度，三月为〇度。由此可见，冬夏温度相差至剧，春秋雨季甚短，仅为短的过渡期而已。至于榆林与延安之纪录则不全，不能计算平均数，但由已得之资料推算，则十一月为一·八〇度，十二月为负二·七〇度，一月为负四·七〇度。本区中部及西北部未受山岳障蔽之区，气温尤低，故奥布鲁辙夫（Obruchev）曾纪载南鄂尔多斯一月气温为负三〇度，赫定（Hedin）于一八九八年二月二日及三日在本区中部测得气温为负三〇度及负三三度。

风

本区风甚猛烈，其因由于气温与气压变化之强烈悬殊，以及缺少障碍物所致。此区非定向之东南亚洲季风区，惟冬季有西北风之倾向，夏季有东南风之倾向，而此倾向又为亚洲内地之气旋及对流所引起之地方性风暴所改变。在狂风吹袭之季节，亦常有微风及无风之时。

塔裴尔氏曾穿过本区，并旅行陕西及甘肃。氏言东南季风之影响界与长城吻合，并向宁夏及北方延伸。自洋面侵入之含水气之风决定连续草地及草原之一般界限，并与广大之黄土堆积区符合。

在此种过渡地带中，农民与游牧者遂发生竞争，前者为求增加耕地以养育中国过剩之人口，而后者则为饲养不良之牲畜求牧场，因雨量之循环变化，遂使土地利用发生变化，于是人类之边界亦作南北向之移动。

本区冬夏季风甚弱而无强风，克拉克（Clark）与苏威伯（Sowerby）于一九〇八年十一月至次年一月之间，停于榆林及延安，仅感及轻微而有变化之风，以来自西北方或北方为主，其强风仅二次，一次来自北方，一次吹自西北方。塔斐尔氏在本区东部及南部观察，气流甚平稳。作者于一九二四年六月在本区南部曾两次遇及有强烈砂尘之南风，其风速每小时为三十至三十五英里。包达宁氏于一八八四年八月至十月在本区东部及南部旅行，曾纪录风吹五十六次。其中西风及南风各十一次，西北风十次，西南风九次。惟包氏未道及其速度。总之，冬季风较夏季风为强，且较为有定向。

三道河冬季以西风为主，由十一月初至四月中常为多尘之西北风，但仅限于白昼，夜间则平静晴朗，由十一月至十二月，有半数时日天空为尘所蔽。奥布鲁辙夫于一八九三年述及三道河时，言其春秋多强烈之西风，并亦道及尘暴，彼并言十二月之风向为西北。赫定纪载鄂尔多斯中部在二月有含冰雪之西北风。根据二十四顷地之纪录，则五六月间西北风继续吹袭，在三道河则夏季多西风及东北风，而西北风则为例外。其每月中均有尘暴发生，仅以六月至十月间为较少而已。三道河平均年有风暴四十九次，以其较易受风袭，且雨量较少也。至若二十四顷地，则仅年平均有风暴二十六次。

自中卫至包头之平底船，常因强风有被搁浅之虑。一九二四年作者于八九月间在黄河消磨二十日，但仅遇两次强风，一为南风，一为东北风。

各人可由沙丘之分布及其方向以知盛行风之方向。本区之主要沙丘为西北之古祖普齐沙丘及榆林附近之大沙丘。前者甚少纪录可知，或者系由西北风之影响将改道之河积土堆积而成，后者在榆林西南，横越长城，向东侵掩耕地而有包围城墙之势。由此可见，当有盛行之西风使沙丘向东移动也。

奥布鲁辙夫于横越本区西部时，发现所有沙丘均系线状，且常与柴达木相更迭，其一般方向为西北向东南，与风平行。其他孤立之沙丘山脊则不与柴达木并存，且由东北向西南延伸，与风向成直角。每一沙丘之陡峻背风侧，常为东向及东南东方向。此种情况当为一般旅行家（著者在内）在沙漠各处证实。

雨量

本区雨量不定而有限，且大部为沙漠，仅在边缘地方有草地，在良好之季节中仅够之雨水能维持危险之农业。本区大部年雨量不及二百公厘。其半数则集中于七、八月中，降雪甚少，且易融化，雨量除受局部地形之影响，系由南而北及由东而西渐减。

雨量纪录仅在北部山地附近有之，但此不能代表中央沙漠之情况。在归化城及二十四顷地等处，年雨量为三八四·七公厘及三三五公厘，且由东而西减少。此区与三道河之雨日亦有纪载，亦系向西减少，三处平均为三六·八日、三四·三日及三二·五日，但此数非本区之标准。因作者于一九二四年及一九二九年之六、七、八、九四月间在本区及附近仅见五雨日而已，其中三次为强阵雨，一次为不及半小时之雷雨，另二次则为数小时之微雨。在四周山地中，其云雨较平原为多，但亦为量不多，其山坡为岩页，除峰顶地外，无植物，且无常流河。

植物

本区无充足之雨量纪录，但由天然植物及人生活动之性质言，则为相当干燥之地方。本区除大部为荒砂地外，在黄河及长城之内，则有稀散之耐旱植物分布之。此种植物能适应此环境而防止过度蒸发。其种类为强韧之穗草及矮灌木之属，每株分布稀疏，间距约尺余。树木则绝迹，在少数特别优良之环境中，例如低盆地及柴达木与东部雨量较多之处，尚能生长足量之草，以供牲畜饲用。

三道河为黄河沿岸最荒凉部分中之沃地。此地为天主教堂所创立，其经济生活受其支持，灌溉亦受其利。此处河渠旁尚有少数树生长。本区有数千信教者从事危险之耕种，以维持其可悯之生存。不需灌溉而能生存者，仅最耐旱之植物，至若作物则必须灌溉。由此地向各方旅行，则数十里内毫无人烟，亦无耕地。在河旁低地有一带灌木柳林，高达四至六英尺，其间并杂有高而强韧之草类。

宁夏沃地，若无灌溉，亦不能存在。其旁之贺兰山较平原高约一英里，因此足以截留东南季风之残余水气。在宁夏及三道河等地，尤以黄河右岸地为甚，其中有不少土地因盐及碱聚积表面而呈白色，因此不能生长植物。除金积附近之西南地区外，本区黄河右岸无灌溉地区，沙漠及其特有之植物则生长于水边。

在本区南部，真沙漠界线直达花马池及安边、花马池之西，沙漠线已在长城之内，但靖边北之长城外尚有一带牧草良好之柴达木，及相当规模之农业，故沙漠边缘在宁条梁镇附近。

本区东部有若干部分为草原。其天然植物较为繁茂，几至蔽覆地面，短草尚足供畜用，故为本区较好之农牧区域。此半湿润疆界之西界，略与包头、榆林间之直线相当。塔斐尔氏于一九〇五年旅行此二城间时，尚见每三四十公里有三四农家分布之。由此可知，本区为农业之边缘地带，甚至榆林之北，东向黄河一带，因草原土植物贫瘠，人民遂散居各处。

沙漠中之植物，实予人以愉快之感，而短促之夏季雨，使多种植物生长之，其最显著者为地面之花草，例如风信子、柴〔紫〕雏菊、黄蓝色桔梗、牵牛花等，为作者于一九二四年在本区南部大量发现。

动物

在此荒凉地带中，动物自然有限，大量之蜥蜴、少数兔子、雉、鹌鹑及小群之羚羊为其主要种类。

四　草原游牧之蒙古人

游牧生活

在此广大而干燥之地面上所生长之植物，仅为干草及有限耐旱植物而已。蒙古人在干燥环境中，能以游牧生活适应之，故其整个经济生活，实依赖于草类。其牛、羊属及骆驼，均依以为生，而蒙古人又由家畜取得食物、居具、衣着、燃料、运输工具及财富。草类若生长繁茂，则蒙人繁荣而健康，否则感受痛苦。所生之草太短，不能收获，故无法储存。

草类之生长又依赖气候，以是全部生活与此危险之环境有密切关系。由是行人〈关心〉于途中间是否降雨，或经过绿草地否，吾人当不惊异也。

本区有相当部分，因太干燥，不能作为永久牧畜地，仅有少数牧者于夏季降雨之后窜入其中游牧，惟降雨为偶然性的，故牧场年年移动。在沙漠中有散见之盆地与戈壁，其中若有接近地表之地下水，则能生长可靠之牧草。此为沙漠中之孤立区域，其数虽多，但维持生存之效力甚小。游牧者之真正家乡为包围荒凉沙漠之草原地带，因该处雨量较多也。

在中国本部之北边沿长城一带为干燥草原地带，此即中国人所谓"草地"是也。以短草为主之草地，由东三省直延展〈至〉西藏，其宽度由数十英里至数百英里不等。此带经过本区时，由其东北绕向西南，即由包头至归化之平原，长城以北五十英里地带，宁夏城之西南部直抵接近现址长城之北纬三十七度附近。较旱之五原县，则位于本区之西北，为草原与沙漠中间型。

除历史纪录不完之西南部外，本区及其相邻部分在过去为游牧人之故乡。但现今中国农民已垦殖较良好之牧地，游牧者限于本区中部及黄河左岸地，长城以内，已无蒙古人矣。宁夏与归化二区全为汉人，在蒙人所游牧之区域中，大多数蒙人则集中于较湿润之东半部。若干蒙人已受汉化之影响，弃去蒙古包，居于汉式泥屋，并着用汉式服装。

部落组织

蒙古人本为迁移无定之游牧者，但因数百年来受部落组织之统治，遂被限定于固定区域中游牧，甚至单独之游牧家庭亦仅年有两三牧场而已。成吉思汗及其后嗣所组织之一般部落又为满人加以修改，目前组织之基本为战时体制。其最小者为旗（Hoshung），由数旗而形成部（Aimak），由数部而联合成盟。本区之蒙古人共分为三群，归化城之蒙古人属于土默特部，此部分为左右二翼。土默特人仍占有归化平原之一部，据云彼等尚握有归化城名义上之租金。彼等多已放弃游牧生活，采用汉人生活习惯矣。包头之西为乌拉特蒙古人，其旗名乌拉特旗，此旗分为东、西、中三公旗，西公旗之府邸在包头西五十英里，其他二部之真正位置与其现状，尚不甚明白，但大致分布于黄河北岸。

鄂尔多斯沙漠之蒙古，属于伊克昭盟，此盟共分七旗。因彼等负责守护成吉思汗之寝宫，故名鄂尔多斯人。本区各部为达拉特旗、准噶尔旗、郡王旗、札萨克旗、乌审旗、鄂托克旗及杭锦旗。札萨克旗成立于一七三一年，其他各旗则远在一六四九年为满人征服时所成立，每旗有一王公，各旗有一旗札萨克。

每旗之王公有一汉式宫殿，其外围以城墙。每旗所控制之地面，亦粗有规定，但无地图足以表示其疆界。本区除新建之东胜县及宁条梁镇外，无其他村镇。是故王公之府邸及喇嘛庙，遂为蒙古人仅有之定居中心，但在此种地区中亦少有商店之类。王公虽拥有封建权力，但喇嘛则握有精神领导地位，人民信赖以为社会的及政治的指导。

准噶尔为最东之旗，其王府位于托克托城之西南。在包头之正南为达拉特旗，鄂尔多斯之中东部为郡王旗，札萨克旗及乌审旗，其府邸彼此相距不远。杭锦旗及鄂托克旗几占有本区沙漠之半，可知其地面较干燥，牧草较贫瘠矣。黄河左岸至贺兰山及狼山之地为鄂托克旗所据，但亦有阿拉善旗蒙古人游牧。

喇嘛教

喇嘛教为蒙古生活之一部，源于西藏佛教之喇嘛教，已完全控制蒙古人民，每一家庭必须有一人为喇嘛，故由喇嘛之数目可推知全部人口数目。寺院之喇嘛数，由数十人至一千人不等，大者如大青山下之五台召即是。鄂尔多斯沙漠及其邻近之喇嘛寺有五十座左右。

喇嘛寺建筑坚实，为汉藏建筑术之混合型，寺周有巨大之白墙，房顶则饰以镀金，多数寺院高至三四层楼，其内均极尽装饰之巧。寺院不但为宗教中心，且为学术首脑，因普通蒙古人多不能识字，故喇嘛遂代人书写文书，并兼律师及医师之职。大寺中藏有古代教徒之原本经典，并有印刷设备。若干较重要之寺院中，尚有少数喇嘛能绘文彩于铜器之属上，以为寺院及家庭祭祀之用。

大多数喇嘛生活惰怠而腐化，其唯一职能，仅为咒语之念诵而已，仅有少数为学者，能恪守教典，诵记经书。

喇嘛之流行，使一部分强健男子脱离生产工作，但又使人口之增加得以制止。倘人口数量不因此保持于限度之内，则土地生产额将无法应付增加之人口。由此可知蒙古人于宗教方面已能适应环境，此诚彼等所未料及也。

水源

沙漠中最严重之问题，即为水之缺乏。除黄河外，本区无可靠之水流，而泉水则少而不可靠。人民通常掘井汲水，其深度由数尺至百余尺不等，若干井则深达二十丈。在本区西北成吉思汗所建故城中，有井深至三百五十英尺，大多数井则深至数英尺，其上覆以树枝或石板。井之距离，多为一日程，成为饮畜之中心。

本区大部无树，吾人在地平线上所见者，仅为沙草及灌木而已，在西北傍黄河处，则生灌木柳。在本区并无可利用之建筑木材。所有用于鞍、车、箱及房屋之木材，则购自他处，故其使用量最小，蒙古人不擅工艺，故汉人供给大部杂物，于偶尔举行之庙集市中售之。

住宿

本区蒙古人之标准房屋为蒙古包。其外部用毡构成，而内部则用柳枝作成圆格形框架，于顶端结合，成伞框状。其高度有三四英尺，直径长约十四五英尺。蒙古包之高度虽不等，但少有超过一人之高者。羊毛毡之数目，因天气之冷热而有增减。此包与毡易于折散运输。其上并无窗孔，其惟一之门，必须俯身而入。非至最冷时，其顶部必须开放，以便炊烟外出。此包小而能避风，并由炊时以获得适当温度。至夏季时，则以芦席代替毛毡。

　　除蒙古包外，蒙人常于夏季及旅行之时用蓝布帐幕。因其幕布直达地面，故风不易侵入。新制之帐幕，饰有花纹，但极易败色。

　　蒙古人于放弃游牧而定居时，或建筑喇嘛寺及部族首府时，其所用之木材，亦仅及于房梁及门窗而已。墙或用板筑，或用土砖砌成，屋顶则以芦草涂以泥，但较华丽之建筑物，则用灰瓦盖覆之。

食物

　　游牧人民之食物，亦为对自然界有限供给之适应。蒙古人为优良之骑士，自来即厌恶耕种，边境之汉族农夫以为蒙古人不事农业为愚笨，殊不知一旦保护性之天然植物毁灭，或未凝结之表土为人耕种，则土壤易受风蚀而不可利用。蒙古人之不事耕种，或基于经验之智慧，或由于惰怠，彼等所资以为生者，为牛、羊及乳酪而已。

　　本区蒙古人之最通常之家畜为羊与山羊，但亦有牛、骆驼及马等。彼等多由羊、山羊及牛获得乳汁。乳汁为蒙古人之主要食料，但并不鲜食。其乳汁于不洁之食具中，常易发酸。饮乳汁时，常和茶汁，或酥油、乳酪之类共食之。此外羊肉、砖茶及炒面粉，亦为蒙古人之主要食物。茶运自汉口，质劣，每块重至二磅半。砖茶为本区交易商品之一，且在沙漠中用为货币焉。游牧者所饮之乳茶，为热而灰色之饮料，系由酸乳、茶末及咸酸味之酥油混合而成。饮此茶时，常加以炒面，或糌粑，或干纯酪。此种茶为本区人民每餐必饮之主要食品，其调制似不合食用，但确富于营养价值，作者愿为例证。蒙古人于经验中知饮热茶可防霍乱及痢疾。盛茶之具为木碗，以其不易传热，且便于携带也。此种木碗，不用水即可涤清，然后藏之于怀中。其与汉人接触之地带，则有用麦粉制面条或烤饼者。

燃料

本区烹调食物所用之燃料甚为缺乏。其产芦草之地，则可用之以为燃料，但在沙漠中之普通燃料为牛及骆驼之干粪（Argol）。拾粪颇费时间，常由妇女及儿童充任之。蒙古包前即为粪堆，若其为永久性，则粪堆较包尤高，蒙古人于旅行时常费一二小时以拾粪，俾供炊用，因此于大道之旁及常牧之地拾粪颇感困难。干粪于炊时常发烟，故于人眼颇不利。

炊具多为铜质，支于三石块或铁架之上。食时以羊肉置于板上，每人用腰刀割取食之，彼等间或用匙及箸，但以用手指为普遍。在大喇嘛寺中，食物制于公共厨房中，以供数百人食用，茶则煮于直径四英尺之大镬中。

衣着

蒙古人之衣着为地理环境适应之又一例。彼等多用羊毛及毛毡，由汉人所购之棉布亦相当通行，男子好用深絮〔紫〕色及蓝色之染料，而妇女则用棕红色、紫色、蓝色及青色衣料。男女均着长袍皮或皮大衣。腰间束带，袖长过手，可作手套之用。此种衣着可避冬寒，靴厚而重，可以保温。蒙古人骑术甚精，在鞍上至为安适。每于节日，蒙人多着汉装，丝织物亦多用焉。女子之服饰较守旧。喇嘛则更守旧，且保持传统之习俗与服装。

彼等财富之大小，可由其牲畜之多寡及其妻之珠宝而定。珠宝为本区人民之唯一聚财方法。妇女之装饰，虽各地不同，但多为耳环、项链及头饰之类，而珊瑚、玳瑁及银器之类则最为人所喜。每一蒙古包，均有一二箱此类什物。

自平绥铁路通车后，包头及归化城遂为皮毛物品之集散中心，本区游牧人民之经济生活因之大变。

地理适应

蒙古人之物质为人类适应环境之一佳例。其职业、居住、食物、燃料及衣料，均受自然之严格限制。其唯一天富为有限而供给不可靠之短草，因牲畜之媒介，遂将此项短草改变为各种必需品及交易商品。蒙古人于事物及观念方面，皆反映地理环境之影响。

本区非弱者所能居住之地，故在本区居住之男女均能忍受冷热之苦及饥饿之痛，尤习于骑马生活。彼等之野外生活，实为健康之本。但彼等一旦采用汉式、实行定居时，则其道德及体质均衰退矣。中国文化虽在内地有价值，但传入游牧之地，即使游牧者堕怠衰弱，故蒙古人似无能力适应新环境也。

五　草地之汉人

农垦边缘

汉人之农业地带，与成吉思汗后裔之游牧地区，并无固定界限。气候之变化与政治力之转移，使农垦边缘地区向南北移动。目前汉人之拓荒进展，或可永久维持，此因科学知识可以利用，但其所受气候之限制，仍不能避免。

长城在过去不仅为一政治界线，且为地文上的界线，其北为游牧之蒙古高原，南则为农业之中国本部。长城又为气候转移线，其北为半干燥区域，且大致为内陆流域之南界。长城实为农垦与游牧之接触地带，仅在特殊情形下，可于长城之北发展农业。

农业

本区气候为极端大陆性。夏季雨期常生变化，轻微之春雨亦常迟迟来临，因此作物常因之成熟过迟，而受早霜之影响，其耕地表面常保持散碎状态，以避免蒸发也。近沙漠地区，常因缺乏雨水，不能年种一季，以是田场多间歇耕种，多耕一年，间亦二三年。本区作物生长季，少有超过一百日以上。

原生土若连续耕种六七年而不施肥，则不能保持生产力。在此农垦边地之农夫并无乳牛，仅保有二三只役用兽，故其粪肥缺乏，而可获得之粪又用于燃烧，于是农田收获日少。沿黄河之灌溉区则因水分蒸〈发〉过度，盐分被保留于表土，使土地不能耕种。

汉族农民至沙漠边缘地带，垦荒结果殊不佳。在此带耕种之结果，使风力及坡度侵蚀更为强烈。例鄂尔多斯南部本生有疏草及灌木，数十年前，汉人开垦其地，终至使保护性之植物为之毁灭，强风开始侵蚀土壤，堆积成巨大沙丘，现已广达数百平方英里矣。现此区之农田已日趋衰退，剩余之农田时有湮没之虑。

移民

本区之开垦在内蒙之移民运动中并不甚早，每当长城之内有变乱（如清末陕甘回乱）发生，即有不少汉人来此垦荒避乱。此外，晋、陕二省之人口压迫，亦使其人民来此谋生。反之，本区之旱灾常使移民逃回原处，而散兵游勇、土匪之类又使其田园荒芜。关于长城之北移民垦殖田地之数字，现尚无可靠之数字可资引证。

生活状况

在鄂尔多斯区之汉族农民生活水平颇低，其房屋系以土砖或板筑构成，房顶用柳枝编成，铺以芦席或草，然后涂泥其上。房屋常有二室，其一有灶，其上置锅，以之烹调食物。其一有炕，以之为床，灶中之烟导入其间，以取暖焉。因木材稀少，故限于栋梁门窗之属。其生活必需之设置则为菜蔬、食物罐、铺盖，及额外之服装用品。

农家之牲畜多为两只牛或骡、一乘驴、一二只猪、十余只鸡及守望之犬。家畜则安置于毗连之泥建筑物内，庭院之外，围以泥墙。其需要防护之地区，则数家合住一处，外建碉堡以防土匪。

若依中国标准言，则本区若干农场尚较大，惟少有超过三百英亩者，其灌溉区之平均数，则不及此数之十分之一，其价值则视灌溉之便利与否而增减。

本区黄河河曲之灌溉地多开辟于黄河左岸，其主要者为中卫、宁夏、三道河、五原及萨拉齐各区。除河曲之西南端外，黄河右岸无堰渠。且除萨拉齐之河渠外，其他渠道之入口处均无闸门，水中细泥沙常易淤塞渠道，故地图上所表示之河渠多淤塞无用，此尤以五原为甚。

宁夏

本区为鄂尔多斯之最早灌溉地。远在两千年前之汉代，本区即已开渠矣，其他各渠亦可追溯至唐、明各代。本区数渠宽至三四十英尺，状若小河，中卫亦有相似之渠道，而在宁安、金积及灵州者，则规模较小。灌溉之结果，使其景观大改，渠旁多植柳树与白杨，居民以之作家具及船舶。此沙漠沃地除产米、小米及小麦外，并产优良之杏、西瓜及桃，惟通灌溉水之处并非完全开辟，以沙漠常延伸至渠道两岸也。有时堰渠淤塞，不通水流，而若干地区之土壤富沙质而有碱性，或成沼泽地，其以宁夏东部为尤甚。宁夏沃地为本区中最大者，其范围由金积而北至石嘴子，长达八十二英里。

宁夏城历经变乱，并数处重建，现已有两千年之历史。此城不但为本灌溉区之中心，且为归绥至兰州间之重要城市。两旁沙漠之蒙古人民又以此城为交易场所，但以此二区之人口稀少，故其与沙漠之接触，尚次于与包头及归绥也。地毯业为本城之主要工业，其产品通用于蒙、汉人民之间。宁夏共有二城，旧城人口八万五千，新城本驻满兵，但以清末革命被毁。

三道河

三道河附近之聚落为比利时神甫所创立，彼等在此从事灌溉并建立房舍。本区四周为沙漠所包围，范围甚小，故不如宁夏之盛。其间曾植树若干，惟耕种并不甚成功。土系砂质，且甚恶劣，若干区且为碱性土。本区雨量甚少，故植物不易生长。全区居民共一千户。

五原

鄂尔多斯最大而最不繁荣之灌溉区，即五原区是也。本区位于黄河现道及在狼山下旧道之间，故又名河套。罗基尔于一八九二年行经此区时，此地尚甚荒凉，居民贫困。民国十年以后，虽经努力建设，但仍不繁盛。据中国历史纪载，则本区曾一度繁荣。大多数地图并于此区绘有纵横之河渠，惟多已不流河水矣，耕地之面积亦较前为小。一九二六年，邮局调查五原人口为一八，三八五人，在收获季节时，可能有数千劳工来自山西，而冬季为避匪之故，由此去包头者亦众。本区之主要问题为用河水及土性二者。渠道可引进大量河水，若能加以正当监督，则维持灌溉事业并不困难。惟土壤不肥，若干部分且为沙质，不堪耕种，或富于碱性，甚至地表成白色，故亦无法耕种。本区因蒸发量大，若事灌溉，则徒增蒸发量，使表土之可溶性物质更增，其改善之道为多开支渠冲洗表土，将碱性物质冲去，或植以吸盐分之植物。如是数年之后，碱土可复常态，而正常之耕种亦可维持。

归化

归化（与绥远城合称归绥——译者）附近为一大平原，由大青山下延伸至黄河岸。本平原之最佳部分为由归化至萨拉齐间之地区，但西至包头，东至东经一一二度，均为稀疏之农业分布之。本区大部因地势关系不能由黄河引水灌溉，但由山地流入之河溪则可利用。本区雨量较西部为多，旱农亦易奏效。其耕种面积已有一千平方英里以上，惟能集约使用者，仅一部分耕地而已。过去商情局曾研究归化西三百平方英里之代表区，在此区中共有一〇八村落，一〇，二四七户人民，五四，五七七人口，其耕地面积为四八〇，〇〇〇亩。人口密度每平方英里一八二人，平均每人有耕地八·八亩。本区之生产力依赖灌溉，若施灌溉，则生产力两倍于仅赖天雨之区。毕克齐镇共一，一〇一户人民，其从事耕种者，占百分之七十六，而农家之百分之九十五耕地在五十亩以下，自耕农占全部农户之百分之七十，自平绥铁路通车后，本区移民渐增。总之，归化平原为长城外少数优良农耕区之一。

目前之归化城创立于一五七三年，附近多喇嘛庙，山西商人来此经营者甚多。蒙古人名此城为青城（Kutu Khoto），城中回教徒亦多，有三四清真寺，在其西北三英里外有清代旗兵驻防之绥远城，与宁夏省同具防卫清帝国之任务。其市街较为宽直，现为绥远省政府所在地。

归化城位置优越，控制自戈壁及黄河而来之商业，其若干商号已有三百年之历史，其经纪人远达蒙古、准噶尔盆地及新疆之边地。此类商号或自行经营，或代人买卖。归化城拥有七千五百只骆驼，每年有数百骆驼队自西方载毛皮、棉花之类来此，而于回返之时运载大批日用杂物以售于西北庙集及市场上。平绥铁路建筑后，本城更繁盛，但因铁路西展至包头，其商业被夺去一部，据一九二四年外人估计，归化与绥远二城人口各为二十五万及四万。但一九二六年邮局统计，则归化城人口仅为二三六，五八三人。

包头

繁盛之包头位于大青山下黄河北岸约四英里之处，为平绥铁路之顶点。在此铁路完成之先，包头仅系萨拉齐县之市镇而已。此后包头即迅速发展，至一九二四年估计人口已达十五万。此城已成中国文明之前哨站，而为西北之大门。其商业多为归化之行号所操纵。据一九二六年商情局调查，此城共有粮食行二十九家、皮货行二十五家、杂货商二十八家，其唯一之现代工业，为一家面粉厂及数家肥皂厂而已。旧式工业中则有地毯业四十家、硝皮厂三十家、治皮厂五十家，及磨房二十家。其年轮〔输〕出量如下表：

棉〔绵〕羊毛	一〇，三〇〇，〇〇〇斤
骆驼毛	五，〇〇〇，〇〇〇斤
山羊毛	一，六〇〇，〇〇〇斤
绵羊毛〔皮〕	二〇〇，〇〇〇张
羔皮	一〇〇，〇〇〇张
山羊皮	五〇，〇〇〇张
牛皮	五〇，〇〇〇张
狐皮	一〇〇，〇〇〇张
羊	九〇，〇〇〇头
马	一〇，〇〇〇头
牛	九，〇〇〇头

此外小麦、小米及其他谷类之贸易亦盛，年输出约一万三千吨（二十万担）。由甘肃及鄂尔多斯运来之野甘草，亦取道于此。

由骆驼及船运来之盐及碱，亦大量集中此城。

黄河之航运

　　包头之一部分商业亦利用黄河而发展。黄河自中卫而下，至河口镇瀑布间，可通航平底船，至于牛、羊皮筏，则可自兰州下航。平底船长三四十英尺，吃水不及三英尺半，其于抵达目的地后，即行出售，遇河面宽而多风之时，此种船常搁浅至数日之久。黄河上游之重要起航点为中卫、宁夏及石嘴子，由此数处起运皮毛、盐、碱之类。据作者估计，此区船只共有千艘，由宁夏至包头间之航行，顺利时需一周。但不利之风向及土匪之扰害，常使航行多至二十日。沿河上溯则用纤夫拖之，由包头至宁夏或中卫，需一月或月半之久。但黄河一年仅八个月无冰，故每年上下行仅数次而已。过去曾企图行驶轮船，但因水浅而失败。作者以为用以载旅客及邮件之摩托汽艇可以行驶。现由包头至宁夏间之汽车已通行，可以补水运之不足。

萨拉齐

　　萨拉齐之南有华洋义振会（China Onternational Famane Reljcf Commission）与绥远省政府合办之灌溉事业，此即民生渠是也，其计划黄河水灌溉田地二百万亩。此项工程开始于一九二九年，完成于一九三一年。干渠长达四十英里，其在闸口处深达六十英尺，至东部渐减至四十五英尺，支渠计有十四，其于分支处宽十英尺，深度则由十英尺至七英尺不等。本区将因此项工程之完成而趋繁荣。与此相似之灌溉计划，可能在黄河流经鄂尔多斯一带地方发展，而宁夏之灌溉可用新法扩充之，吾人更可预料鄂尔多斯之若干部分可如印度河各地之例开为耕地。

东部鄂尔多斯

本区为长城外汉人另一垦殖区，其农民分布甚稀，至西即绝迹。其最佳者为靖边之北都〔部〕及黄河岸之本区东部。其地蒙古人已行定居，农牧并行。农耕不可靠，灌溉仅可克服其一困难，未灌溉之地，则收获全赖雨水。鄂尔多斯除沿黄河地带外，其余各地农耕之可能性极小。本区最大限度可吸收二三百万人口，若自然环境不改变，则此区非农民之安乐家乡也。

《边政公论》（季刊）

重庆中国边政协会边政公论社

1945 年 4 卷 4—8 期

（张婷　整理）

蒙疆拾零

陈国钧　撰

　　两年之前，我被派到那辽远的蒙古去视察，往来行了三万华里，是相当地辛苦，尤逢炎热的天气下，整日价在寂寞的沙漠上奔跑，是够人受的，侥幸一路福星，没逢一些意外，而在千辛百苦中还有诉不尽的乐趣，闻见了新奇的事物，增长了我对蒙古的认识，终究在愉快中完成我使命归来了。这对于我一生中，是最值得纪念的一次长途旅行了吧？虽然时过两年之后，我仍很清晰地记起蒙古的一切，常替朋友们报告，听了都为之高兴。现在还有闲，愿把蒙古的一切，据自己的见闻，随手"拾零"，草成这一篇，名之曰《蒙疆拾零》，向读者为蒙古做一番介绍，如读者有意旅行蒙古，希望它堪作一个参考。

楔　子

　　我国古人所作的名诗，专咏蒙古风土的，倒亦不乏。我今在此也先介绍一个无名氏作的《三字经》。那是我踏入蒙地时在贺兰山下小店内，碰见一老边客，交谈起蒙事，他还详细背诵了段通俗的《三字经》，似竹枝一类，专道蒙古之情，据说，它在西北传诵很广，不知出于何人所作。我觉它耐人寻味，颇可注意，并助我们领略蒙古的一斑，当时我就把它记起来，现录于此，作为本篇的楔子。

> 妇人家，锅边转。男子汉，走州县。
> 蒙古事，没听见。陕西北，黄河边。
> 黄河北，戈壁滩。再往北，才进番。
> 蒙古地，在此间。沙漠地，是高原。
> 天气冷，尿冻鞭。几百万，人口添。
> 百万里，面积宽。论风俗，爱敬佛。
> 广信神，喇嘛多。行抢婚，似掠夺。
> 兴天葬，没奈何。论出产，牛马驼。
> 牛羊肉，燕麦窝。吃罢饭，把奶喝。
> 高汉子，壮胳膊。骑飞马，把镫脱。
> 上火线，把帅夺。牛皮包，他们住。
> 夜冷间，大火炉。蒙古人，这生活。

历　史

考蒙古的名称，原系斡难河（亦称敖嫩河）流域上一个独立的小部落的名称（在今黑龙江的上游）。由元朝先世经营之下，逐渐将邻近的许多小部落征服，才冠上了"蒙古"之名，后来向四方扩张，就变成了距今七百年前的蒙古大民族。当时元祖的武功，震烁欧亚，造成旷古无二的大帝国。所以西人以蒙古人代表我们黄种人，呼之为蒙古利亚种。因为历时既久，栖息在游牧区域中的蒙古人，也就以"蒙古"为一族的名称了。我们再就民族的血统来说，蒙古人便是历史上所称的猃狁、匈奴。《史记·匈奴传》上说，匈奴的祖先名曰淳维，乃夏后氏的苗裔，在殷代始奔入北边去。夏桀无道，汤放逐于鸣条，过三年而死，桀子獯粥，以桀

妾为妻，避居于北野，殷时称猃狁。周时称猤狁，汉时称匈奴，
后又称猛骨、蒙兀儿，今日称为蒙古。故蒙古的族系还是大禹的
后裔，禹是我们黄帝的子孙。由于历史的证实，今日的蒙古族，
本与我们内地十八省的人是同胞，也是一样的是黄帝一脉相承的
子孙，原出于同一的血统。我们绝对不能数典忘祖，要认清都是
中国人！

地　域

我们举目瞧全国地图上，在北方的边缘有一片横断大沙漠，它
就是蒙古语所称的大戈壁，东西长三六五〇里，宽千余里，又号
为瀚海，它亦就是内外蒙古的天然界划，北边是外蒙古，南边是
内蒙古。外蒙古分为三部，即喀尔喀部、科布多部、唐鲁〔努〕
乌梁海部，共有九盟八十六旗，内蒙古分六盟、二十四部、四十
九旗。在内外蒙古及散居各省的蒙古人口共约四百万。就面积，
外蒙古约一百六十一万二千余方里，内蒙古约〈一百〉三十二万
四千方里，综计内外蒙古，全部领域之大，居全国第一位，约占
中国八个行省。但是，由于外蒙古之宣布独立，内蒙古于九一八
后，又被日寇侵占不少，迄今硕果仅存的，只有伊克昭盟七个旗、
乌盟新规复的四个旗，以及向称西蒙古的阿拉善、额济纳两个旗，
共十三个旗而已。不过，内外蒙古纯是我国的一大行政区，完全
是属中华民国领土的一部分，我国原有宗主权，现在所有被人家
统治下的蒙胞们的心，莫不倾向于祖国，热诚具见。我们只要加
紧反攻，把旧有的失地全能收复，更可实现各民族联合的新中国。

气 候

内外蒙古境内被广大沙漠占据着，隔绝了海风，故空气极干燥，雨量稀少，草木较难生长，尤其在寒热的变化最烈，白天在太阳下极炎热，到夜里空气变寒冷，此即古人所谓"漠地旷野千里，虽盛夏，朝暮犹寒，独亭午炎风烈日，人马如行火光中，远望云阴覆地，就其下以憩息，则别有天地矣，人知塞外之寒，而不知塞外之热，甚于南方也"。这就是大陆性的气候之象。我们内地人去是难于忍受的，但蒙古人都忍受下了。

族 系

蒙古一族，非单纯的只有一支人，现可分为喀尔喀、察哈尔、布利亚、额鲁特四支人。喀尔喀人住在外蒙古，东至呼伦贝尔界，南至瀚海，西至阿尔泰、科布多界，北至苏联边界，人口约百万。察哈尔人居长城以北、瀚海以南，西起贺兰山，东迄兴安岭东麓，人口约一百多万。布利亚人在黑龙江的呼伦高原，人口约十万。额鲁特人，散布西蒙古，北自西伯利亚，南至西藏，东起黄河上游，西至窝瓦河流域，人口约有五十万。

语 文

蒙古本没有文字，后元太祖成吉思汗时，他的随从中有土耳其人扎剌儿，曾用"畏吾儿"字代记一切事件，故今蒙古话中存有不少土耳其话。到元世祖时，有个西藏高僧伯思巴将藏文变制成为蒙古字，初仅字母四十一，后来逐增至一百，写时由左向右直行。蒙古人说话中多系缀音，和土耳其话、满洲话同属于乌拉尔阿尔泰语系中的阿尔泰语万〔族〕。

王　公

蒙古的大权，仍然是操在旧日的诸王一手，他们各管一旗，是世袭的行政长官，蒙语叫"扎萨克"。合几个旗为一盟的盟长，乃诸王中推选出来，名望更高出诸王。外蒙古自民国十三年哲布尊丹巴过世，取消王名，改为共和立宪了。内蒙诸王中，现以伊盟盟长沙王（全名为沙克都尔扎布）的地位最尊高，虽登耄期，仍为国宣勤，任国府委员、绥境蒙政会委员长、蒙旗宣慰使等职，功绩彪炳，不愧称为成吉思汗的继承者。次之，要推伊盟副盟长图王（全名为图布升吉尔噶勒），同时他是郡王旗的扎萨克，守成陵唯一的奉祀官（蒙名济农）。他如阿拉善旗达王（全名达理扎雅），和新近克复中公旗来归的巴、林二王（巴王全名为巴宝多尔济，前任乌盟盟长；子林王，全名林沁森格，现任该旗扎萨克），可算蒙古诸王中的翘楚，为人人所共敬。原为锡林郭勒盟的副盟长德王（全名为德穆楚克栋鲁普），在诸王中，本青年有为，为中央所重，惜野心过大，且意志薄弱，太看重利禄，竟于日寇侵蒙时，首先降敌，甘为傀儡，梦想实行蒙治主义，但一切权力完全操于日本顾问，德逆无可施展，心有所苦，日以酒色排遣，今已发白体衰，大减当年的丰神。

地　名

蒙古多为沙漠游牧地方，回〔四〕顾荒凉，罕有像内地的都市。唯有外蒙古的库伦、乌里雅苏台，内蒙古的定远营、包头、百灵庙、扎萨召等，便是蒙古有名的首府之地，并且是政治、宗教、经济的中心，蒙语称为"营盘"，有王府、官衙及普通住宅，有容数千喇嘛的大召庙，建筑宏伟，举行大法会时，远近蒙人都结队前往参拜，并有广大的市场，平、津、晋汉人多在此设号经商，羊毛贸易最盛，当地人口有数千或数万人。

盟　制

蒙古的政治环境特殊，所行的政治组织，为特殊的盟旗制，它起始于满清初叶。旗是蒙政最小的单位，合若干旗为一盟，现内外蒙古有十五个盟。盟政府是行政组织中地位最高的，每一盟设有盟长、副盟长各一人，由中央主管边事机关，按前清为理藩院，现今为蒙藏委员会，在该盟各旗扎萨克或其他王公内选择年高望重的提请任命。盟长的任务，在过去为主持会盟事宜，并襄助钦差大臣召集所辖各旗官兵加以检阅，借定惩赏。民国成立以后，例行的会盟已停止，盟政府不过是一个呈转机关，盟长便〔更〕无显著的职权。副盟长系辅佐盟长办事，其权限更小，若干盟中还设有盟务帮办一缺，其地位又在副盟长之下。

旗　制

旗是隶属于盟下的，也有几个独立的大旗，它是蒙古的行政单位，也是从前部落时代遗留下来的一种组织，也是游牧经济的一个集团，每个旗中为首的那一人，俗称"王"，为世袭性的，蒙语叫扎萨克，乃旗中最高的行政长官。他平日深居在王府之内，遇事由事官们去请示，可说是个神秘的独裁者。各旗中还有若干受过封爵的闲散王公，他们的地位原高，但除兼事官职外，便终日

闲散，不负任何一点责任了。每一旗政府之内，主要的事官仅有
五人，最高的是协理，蒙语叫土萨拉齐，星〔仅〕限于贵族们担
任，他在行政上，地位的重要，仅次于扎萨克，有东西之分，东
协理（或称正协理）为大，西协理（或称副协理）为小，俗又称
为东官府、西官府者，即指东西协理的住处，而沿用以代表东西
协理。在协理之下，为管旗章京（蒙语叫和硕甲克齐）一人，掌
管一旗的事务，为事官内的中坚分子。另为东西梅楞（蒙语）两
人，实等于副章京，是管旗章京执行事务上的助手。这五个事官
俗称"五大金肯"（蒙名），是旗府中主要人物，轮流值班，各负
责办事，扎萨克遇必要时常召集他们到王府会议。五大事官下有
若干参领（蒙古名扎兰）、若干佐领（蒙名苏木）。参领的任务，
一方面秉承事官之命，办理旗政府的事务，一方面又管辖所属佐
领，形成旗与佐领间的连锁。那佐领可说是盟旗的底层□职，它
与内地的区镇类似，每个佐领下有若干差官（蒙名昆都）、若干领
催（蒙名博什户）供差遣，如内地的保甲长。

　　中央鉴于局势日非，并扶助内蒙地方自治，决设察、绥两蒙政
会，绥境蒙政会于民国二十五年成立，由伊盟盟长沙王任委员长，
该会现设于今伊盟扎萨克旗。外蒙古早改为"人民共和国"，是以
党专政的，已一切仿效苏联形式，由俄人指导，大权操在中央党
部，表面外蒙独立，实际上政治统由俄人掌管。

阶级制

　　阶级制蒙古原是个封建的社会，沿行其特有的阶级制度，很是
严格，最明显的阶级，分贵族和喇嘛、奴隶三等，在贵族中又可
分两种：一种为一般贵族，一种为特殊贵族。一般贵族，即王公、
贝子等有爵位者，有这种爵位的人，均系台吉，即为成吉思汗的

子孙。台吉是太子的意思，为元帝之苗裔，系有功而封者，以建功的多少分为四等。蒙古中的扎萨克与协理，都限于台吉充任，其他的阶级则不得参与，为蒙古社会中的统治阶级。特殊贵族，系当日佐助成吉思汗有功者的后裔，此种贵族，无一定的系统，由阶级地位上言之，要比一般贵族低一等。惟其属下有奴隶。喇嘛在蒙民社会中，亦为一种特殊阶级，有下属"沙比"，所谓"沙比"即徒弟，但此种"沙比"与庙主——喇嘛并非徒弟关系，而是一种从属的奴隶关系，各大召庙中均有之。在外蒙古库伦地方，就有一大喇嘛庙，内有奴隶数千人之众。——奴隶又称黑人，为属于贵族的下层阶级，蒙语叫"哈穆直勒嘎"，可分为平民与家奴两种。但蒙古平民与其他各国的平民，其概念全然不同，在平民内又分箭丁、随丁、陵丁、庄丁、庙丁等五种。家奴为最低的一级，为从属于平民的奴隶。箭丁系代其主，对于所属旗政府，负纳税、当兵等义务，实为蒙古社会内的中坚生产分子，若有学识及能力者，亦可充任管旗章京，或低一级官吏，但不能充当扎萨克或协理。随丁为贵族的随从，一方面须对所属的贵族纳各种税金，并服各种劳役，一方面又须代所属贵族对于旗政府负一切义务，并可充当下级文官职务。陵丁为守墓的人，须纳一定的祭祀金，有的仍须服一般差役，在社会的地位，较前二者为低，仅能充下级官吏而已。喇嘛的奴隶中，有名庄丁者，与陵丁相同。庙丁属于召庙，对所属的召庙须纳一定的税金，并服一般差役，此种庙丁信奉喇嘛教，并修习经典，连称下级官吏的权亦无。以上所述蒙古的社会阶级，分为贵族、喇嘛、平民、奴隶，乃是封建社会中的典型阶级制度，其界限虽严，现今尚存在，只是徒具形式而已。

牲　畜

蒙古的经济产业中，以牲畜业最旺，蒙古人视之为唯一的生计，大概有百分之九十以上的人口都是业牧畜的，可说是世界第一个牧畜民族了。蒙人因以牧畜为其唯一的财产，当我们问他们的贫富时，常以牲畜数相答，足见牲畜业如何与蒙人的密切关系了。几百万方里的蒙古全境，除南部的戈壁沙漠区及西北山地之外，均是一望无际的广漠草地，它是天造地设的大牧场，同时蒙古地区因受气候、地质等的限制，既不适宜于农耕，亦惟有以牧畜是合乎环境的谋生之道，故而形成为蒙民唯一的生存资源了。蒙古地方的牧畜，有骆驼、马、牛、羊等，以羊最多，牛次之，马又次之，骆驼又次之，蒙古人衣其皮，食其肉，饮其乳，借以解决衣食的两大问题，更以所余的皮肉及乳品运输出去，换取财币来建造自己的住屋、庙宇，并购买日常需用物品，于是住行的两大问题及其他的生存问题，亦都连带可以解决了。不过蒙古牧畜的总数，到底有多少是极难精确统计的，据我估计，总在几万万头。

农　商

近年来蒙古人业农的亦渐渐加多，农田亦逐年增加不少。外蒙古的农业中心，在鄂尔浑河、哈拉河、色楞格河等附近各地，内蒙古则在黄河后套一带。蒙古矿产的蕴藏，亦相当的丰富，外蒙古有二十多处已发掘的金矿，内蒙古各旗盛产煤炭，贺兰山中的铁产很富，阿拉善旗的盐，尤称富庶，每年运销到西北各地的极多。蒙古各地的工商业，大多是由汉商经营，而且多是山西、河北人，在外蒙古，俄国商人亦多。

货　币

在蒙古所流通的货币，除了内地的各种纸币外，仍旧用着银块子和内地的银元。外蒙古有一蒙古国家银行，资本多半是由××出的，发行蒙元与纸币很多。自敌寇侵占内蒙古数地后，首先就统制经济，设立伪"蒙疆银行"操纵全部金融，滥发一种不兑现的伪纸币，名为"蒙疆券"，俗又称为"骆驼票"，因在票面上印有骆驼。由于无限制的滥发，物价高涨，人心恐慌，一般蒙民都不愿意收用，仍是秘密行使法币，它的价值要高出于伪币一倍以上。

喇嘛教

蒙古文化中，最具有力量，而能支配蒙民心理的，就算是喇嘛教了。盖自元祖封西藏喇嘛八思巴为国师，并定喇嘛教为国教后，遂盛行全蒙古，迄今未衰，已经有六七百年的悠久历史了。满清一代，尤对蒙古人厉行极端的愚禁政策，更利用喇嘛教以羁縻〔縻〕蒙古人的心，便提高当喇嘛的待遇，并免除喇嘛一切徭役，因之地位增高。一般蒙人受这种奖励，都以当喇嘛是无上尊荣，并且以为从此坐享一切，毫无生活的顾虑，并且可以受人欢迎，于是争先恐后去当喇嘛的很多，驯至今日，当喇嘛者竟占了全蒙古人口的大半数，各地方的召庙林立，每一旗内多的有五六十座，少的也有二三十座，建筑巍峨宏丽，极尽辉煌的能事。一般不为喇嘛的男女，亦多诚心皈依，手拿着念佛珠儿一串，家家供佛，人人诵经，大好的光阴，都消磨于念佛珠儿旋转之下；并且不惜将其全部财物完全供给喇嘛们去化用。近年来许多由内地回蒙的

知识青年们曾宣传废除喇嘛教过，但它在蒙古已根深蒂固，一般
〔般〕官民还是执迷不悟，丝毫未能动摇他们的心。外蒙古虽在新
的党部统治之下，对之亦无良法。内蒙古伊盟达拉特旗的扎萨克
康王，素来有心改革蒙政，曾在蒙政会上，大声疾呼过主张喇嘛
还俗，结果亦是枉然，足见它并非一时就能打破掉的。

活　佛

　　喇嘛教中的领袖，俗称之为"活佛"，清时封号为"呼图克
图"，世世转生承袭。现在蒙古最受众人尊崇的活佛，在外蒙为哲
布尊丹巴，内蒙为章嘉，这两位活佛俨若太上之王，不但是内外
蒙古喇嘛的首长，喇嘛教的教主，而且兼有领导的政权，即王公
等辈亦礼拜维谨，言出必遵，实与古罗马的教皇一般。此外，各
蒙旗较大的召庙中，亦各有活佛，这许多活佛的产生，据说是这
样的：当一个老活佛去世，并不以为他死，而是有个替身的，他
的灵魂已入另一个小孩身上，这小孩能够认识老活佛生前穿用的
衣物。由该召的大喇嘛拿了他的衣物跑到各地去访找，某一个三
岁至七岁的聪明小孩一见衣物高兴，争着要拿，如此就可确定是
个转生的新活佛，大喇嘛向这小孩的家长商洽，给了一笔身价钱，
如娶亲般的迎接回召。新活佛到召后，特请很多高深的老教师教
他学经，还送到远处有名的大召去升造，等年长学成返召，被立
为真正的活佛，为该召至高无上的主持者，受众民的敬爱。

喇　嘛

　　在蒙古的每一个召庙，都有划一的阶级，并且各有一定的职
务，以活佛为首长，下为扎萨克喇嘛，是管理教务行政的领袖；

其次为大喇嘛，是庙内的主座，管理庙地产业；再次称德木齐喇嘛，是管理庙内财政庶务；又次为格志贵喇嘛，是执［行］掌内教务行政法规；又次为格隆喇嘛，一班（般）是受过戒的喇嘛，以学经程度深浅分三等；又次为班第，是一类最下级的执事喇嘛。更有占大多数的庙喇嘛，乃是一般蒙民子弟削头发当喇嘛的，这就是一批普通的喇嘛，遇着民间婚丧祭礼时就请他们去诵经的。以上的阶级，以期数为准，以三年为一期。我们从喇嘛的服装上也可有区别，最高的穿黄袍，普通穿红袍，下等的穿紫袍。每一个当喇嘛的，主要生活是念经，完全消磨于黄卷青灯的岁月里，专赖平日人们的布施，不从事生产，不劳而获了一切，他们早就丧失了蒙族固有的优良精神。然而祸害民族最厉害的莫过于当了喇嘛不再婚配，不留后代，使人口越来越减少。同时有不少喇嘛暗犯奸淫，多沾染了不治的花柳病。这种流毒，实在可怕，是满清慢性绝灭蒙古族的手段，促使整个蒙古族日趋于衰落地步。

新教育

蒙古就因了喇嘛教太盛行的关系，一般官民们仅集中于此，而对新的学校教育，无一不抱冷淡态度，且在一种狭隘的观念中，以为蒙民一旦有了新知识，会造反生事，那末老王爷的王位就发生推翻或动摇的可能。不过近年以来，中央关怀蒙古地方的教育事业，在积极提倡奖励之下，王公们在面子上尽管敷衍，竟领了大笔经费，不办学校，把分发下来的蒙汉文书本，都束之于蒙政府内的高阁上，所以我们要谈蒙古教育的推行，实在是一件不容易的事。外蒙古自从宣告独立后，才正式有了学校的成立，所有的新设施尚佳。现在内蒙古，除已沦陷各区外，中央不遗余力，大事推进蒙旗教育，因而蒙古官民多少对教育也渐知注意，已增设学校多所，蒙古的学主〔生〕倒不少，伊克昭盟于抗战后设校最多，有国立伊盟中学，这是目前内蒙唯一的最的〔高〕学府，并有小学校三十多所，乌盟的东公旗、西公旗各有一所，暂设绥西，额济纳旗有三所。各该校的经费除由中央教育部每月发给外，不敷之数，均由就地自筹，首从不易推行的蒙旗教育，现已渐有进步，将来更可长足的发展。敌伪侵占了许多蒙旗后，就拟订其奴化蒙民的教育计划，编制日文教材，以蒙古语为国语，内容充满亲日思想，在历史书中，更无中华民族字样，此举不独阴谋毁灭我国的文化，且欲抹杀我国的历史，其用心可谓恶毒至极。各蒙旗沦陷时，原有的学校，多半被迫停课，但敌伪仍强迫开学，由敌伪办理了师资讲习所，遣派教员，分赴到各旗，代敌伪灌输麻醉的思想，彻底奴化我们蒙胞，复在各蒙旗设立青年学校、日文日语补习学校等；在归德设有一所蒙疆学院，那是最高级的学校，各校的学生，都是勒令各蒙旗保送而来，实不堪此虐政的摧残。

衣　着

蒙古人穿衣，有很多不同。一般王公、官员等，逢到典礼时仍袭用清代服制。平民们的衣服品质，则随其贫富或地方而异，普通人穿的衣，大多是长袍大袖，色尚紫彤，到天冷时改穿绵羊皮袍，喇嘛们穿的衣，特别较宽大些，色尚红、黄、紫，妇女穿的，也多是大袖宽衣。已经结婚的女子，往往在外面加穿一件小坎肩，在头发上梳了二条发辫分垂左右，上面还饰以各种金、银、珍珠、珊瑚、玛瑙、绿莤等，视为美观，并示富有。男女们多赤足着长统靴子，行动时尚方便。只是穿了衣服不讲究洁净的，多是不加洗涤，每次于食后，以衣拭手上的油，或器上净秽，弄得污垢不堪可知。

饮　食

　　尧（蒙）古人的食料，因地产异同，也有很多显然的区别。在沙漠地带，人人以畜牧为务，渴则食牛羊乳茶，饥则食兽肉。在已有农产的地带，物产有高粱、小麦、黍、粟以及杂谷、野菜等，该地蒙人的饭食，即与内地农民无异；在接近农垦地带居住的人，每膳除炊黍啖菜外，亦间佐以牛乳与兽肉，盖即介乎蒙汉之间者。蒙古人对于食物烹调，极为幼稚简单，惟于制牛羊乳的方法很多，最有心得的约有十种，即酥油（又名黄油）、乳皮、乳酪、酸乳、酪丹子、乳豆腐、乳酒、乳茶、白油、［乳酒］等，凡是蒙古男女，无不精熟此道，且人人嗜好。

居　住

　　蒙古人早就习惯于沙漠中的生活，故他们向来是以游牧为业，逐水草而居的，没有一个固定的家，只在地面上搭起那便于移动的帐幕，俗即称为"蒙古包"。此包系圆形，高约丈余，内用木条编墙，外围毛毡，在包顶有个小窗户可以流通空气，透露光线，包的前面有小门，便于人的出入。人在包内都是席地坐卧，包内铺以绒毯、毛毡为炕，或三五层，或八九层，视其穷富而异，并陈设小几、铜佛、陶器等等，亦有华丽者。许多富有人家，另外设置一包，以供炊爨，马有厩，牛羊亦各有圈。惟贫富皆无厕所，无论男女老幼便溺，必离包数十步，择野而蹲之。现在蒙古垦殖地方，渐趋于农业，虽然亦有居蒙古包者，但移动时已少，改住无楼的土屋反多，式如内地，其建筑极为简陋。各旗的王公、仕官所在的居处，亦建了屋宇，大多富丽堂皇，有宫殿式者，有半西式者，也有三楹、五楹者，其建筑均极坚固。惟蒙民的本性喜住蒙古包，即如王公、仕官之家，多在屋的院落，设置一包以住之。蒙古地方因盛行喇嘛教，故召庙的建筑极多，规模多宏大壮丽，庙的中央建立正殿，四围建配殿若干，附近建喇嘛的住屋，鳞次栉比，一个大召庙常可构成条市街。

婚　俗

蒙古人的婚姻习俗，各地稍有不同。现以内蒙伊克昭盟所行者为例而说。蒙古大多是早婚，往往女子比男子稍长，常可见一男子十二三岁，已与女子十六七岁，结为夫妇，男女年满十六未婚者极少。普通婚姻的结合，〈有〉由父母之命、媒妁之言而撮成者，亦有由自由恋爱而结合者，虽经自由恋爱而认识，但要成婚时亦必须征得双方家长的同意，仍请媒妁通言，并沿用其传统固定方式的仪礼。通常先由男家请一媒人，携带了哈达、奶酒等至女家为双方介绍，女家认为合意，乃收媒人携来的各物，即由女方父母兄弟去拜访男家，男方亦同样往访女家。当彼此过访时，各携礼品极多（为哈达、砖茶、酒及牛羊），双方经数次谈定了娶礼，等诸事均妥协后，便可以订婚。在未娶之前，男家必先交出聘礼，都系牲畜，以马二头、牛二头、羊十二头为常例。然而富家的数额尤巨，亦有用金、银、锦帛等者。若过了一二年要迎娶时，男家先请喇嘛定一良辰吉日，届时新郎全身换新，着上长袍、马褂、长靴、戴红缨帽，束白腰带，骑一大马，背着弓箭，状很英武，犹如出征然，便径往女家而去，诸亲随行者有数十人。及抵女门时，女家作闭门不纳之状，俟亲友再三关说，其门始开，迎众客人入室（多为蒙古包）。此时新郎以哈达进谒岳父母，岳父母即设全羊席（俗名午茶或羊背子），进酒以宴之。宴毕，新娘背面端坐，由姨姑、姊妹等陪坐四围，新郎走向新娘的背后跪于地下，喜问新娘名字，新娘佯作不答，众男女多与新娘谐谑，移时，新娘始自语其名，新郎谨记之，然后起立，此举名为"讨小名"。是日新郎与诸亲在女家分得各种赠物，并留夜喝酒。翌晨，新娘先出户乘马，绕家屋三周后捷驰而去，新郎闻声随后乘马追之。诸送亲人等亦随之而去，众抵男家时，其门亦闭，亦佯作不纳之状，必须各家亲友再三关说，男家父母始开门延入，此种古代掠婚的遗风犹存。此时屋外置一小桌，旁生一火盆，桌上放弧矢、羊骨等，桌旁置一羊，新娘新郎即向之跪拜，此举名为"拜天地火神"。拜毕，新娘始拜见翁姑，并拜佛堂、灶主及家庭长辈等，并答亲友礼。喇嘛复于此时诵吉经，唔唔不休，以除不详，至此结婚仪式告毕。男家便设盛宴款客，送亲者住一日或数日而去。临行之时，必留女母住数十日而后返，在男女洞房之夜，迷信屋内有鬼怪，夫妇不可即合睡，必须请一口吻犀利而善于诙谐的老媪，为之关说一番，至次夜夫妇方能合睡。

丧　俗

　　蒙古人通行的葬式，各地相同，大概可分三种。一为土葬，即将死者纳于木棺而葬之。惟富者有以木制大方棺，以白布缠尸，坐于棺中，埋葬于地。亦有圆形的坟墓，并常去祭扫，全与汉俗相同。此种葬法，行之者不多。二为火葬，即将死人尸体移置旷野，以柴薪或野粪引火焚化之，同时请二三喇嘛诵经，直至完全烧尽为止。焚后拾其遗骸装入小罐，藏匿喇嘛庙上，再由大喇嘛诵经碎骨，以此骸灰和以麦粉，制为饼形，而纳诸白塔内。纳骨时，尚须举行隆重的仪式，富贵之家且派人远送至青海塔儿寺、山西五台山或西藏拉萨者，行此种葬式者多为王公、喇嘛等。又妇女死后亦行火葬者，大都系死于瘠病或产病等则如是。三为野葬，为蒙俗中最原始的一种葬法，最为简单，一般贫家多行之。系将死者的遗尸弃至人迹不到的荒僻处，任鸟兽啄食。至葬时，其家人将死者的遗尸或请人背负，或以牛车，二三喇嘛随后诵经，即向野外进发。走到喇嘛选定的地点，即将死体放地，由喇嘛诵经后全返，再隔三日后家中派人住〔往〕尸体处探视，以鸟兽食尽为吉，认为死者已弃其臭皮肉，可升天获福，不胜欣慰；倘尸体尚存在，则以为死者生前罪孽深重，昊天不收，再请喇嘛诵经赎罪，超度亡魂，必至被鸟兽食尽始止。故我们旅行于蒙古荒野地方时，常可见到不少白骨青磷，这就是鸟兽啄食所余的死人骨。

礼　节

蒙古人通行的礼仪，不胜举述，大都仍系沿用前清的遗制，非常讲究。在蒙人的日常生活中，最普通的礼仪为递哈达，系一种绢布，其形长方，极薄，色淡清〔青〕，长约尺余。蒙民谒见王公、仕官，或拜见其父母、尊长以及喜庆场合时，都是互以哈达相献，以表示敬意。此外，为交换鼻烟壶，也是日常生活中最普通的礼仪，当有客人到家时，主人必须先取出所佩带的鼻烟壶，鞠躬，捧献，客嗅后，也如礼以答。友人相逢途中，亦要交换鼻烟壶，通常交换时各以客套话寒暄，"言数克塔塔"（汉语即请吸烟!），"他，阿木鲁，山伯弄!"（汉语即你一向好吗?），又问对方的家畜安否？年景丰收否？以示敬意。尚有一种打签〔金〕的礼仪，为平民见了王公、台吉、卑属见了尊长时所行的跪下礼，当相见时，必距离数步处，左膝小屈，右膝折下，此为打单签〔金〕，若双膝都屈下地，此为打双签〔金〕，算蒙古人中最大的敬礼。

时　令

各地蒙人沿用的时令，都是依内地汉人的农历，一年亦是十二个月。虽然他们不像汉人的过节之盛，但每年亦有固定的几个时令，亦略有其传统的礼节。每年正月元旦日，每家男子须跑到邻近的喇嘛庙上，向大喇嘛等一一叩头，才回家吃茶，吃毕又跑到庙外四周绕行十余周后回家，才邀请众亲友吃茶贺年。在新年数日内，最忌取火□人。正月十五日，每家男子又须到大喇嘛庙献哈达，请他□授头顶，可保吉祥。六月十五日，仍须如此。正月或六月间，各地大喇嘛庙举行跳鬼，人人结队前往，是草原上最热闹的集会。

祭　祀

蒙人也常富迷信，很重视祭祀一事。最普遍的是人人敬佛，处处有庙宇，家家有佛堂，供酥油长命灯于佛前，每日早起顶礼念经，终年不惓。四季中又有一定祭期，往各庙上作大规模的祭祀。每年农历三月十九日，公祭民族英雄成吉思汗，在他停灵柩的伊金霍洛（在今伊盟郡王旗）视为圣地，届期有隆重的大典。次是祭鄂博，也可说是祭山神，他们每在山顶或大路的高处，以碎石堆成圆圈，上覆杂柴、牛马骨，更插了经幡，他们视作神圣，平时路过时，必须跪祷，而后始行，每年在春秋两季中择一吉日大祭，男女都集，非常热闹。

疾　病

　　蒙古人在日常生活中素不讲求卫生，根本上缺乏普通的卫生常识和医药设备，故而一旦有病时，没有医生可请，也没有药品。只得恳请喇嘛念经或送鬼布施，为一种迷信的精神治疗，自然不会有效验的，总是束手待毙的多，因之他们死亡率，常因不该死而死亡的增高了。不过蒙古地方土旷人稀，他们生活在大自然中，呼吸新鲜干燥的空气，吃的是优良营养的乳品、羊肉等，故使他们身体强健，很有对疾病的抵抗力，凡患些小毛病时，就毫不介意。一般的蒙古人，大多是有砂眼、疮痒、天花等杂病，现今患可怕的性病者也很多；到夏季，急性的肠胃病，也是难免的流行病；还有他们的妇女，枉死于难产，和婴儿保养不好而死的也不少。目前，内外蒙古的旗政府，亦渐知注意卫生，都分设了小规模的医院，使一般的蒙人所患普通疾病，有易于求医得药的机会，不过蒙人对此的信仰力仍然很薄弱。

生　育

　　蒙人男女生殖率很低，绝嗣者不少，乃今严重问题之一。当生育子女时，产妇须移出原住的屋外，而居于临时搭设的蒙古包之内，包前高挂红布一块，俗称"忌门"，意即表示禁止外边人入门。大多是由产母自己收生，用火烧红了的铁丝割断脐带，将带埋于门外的土下，产妇日食米汤、山羊肉等，他物都忌食，约过二十多日或一月之后，产妇仍出门操作如前。小儿生后不剃发，留发至第三年，由喇嘛定一吉日，邀集诸亲长来家，以酒肉宴之，并抱出小儿请诸亲长用小刀分剃头发，剃者须先说明送儿的贺礼，其数很丰。

美　术

　　从蒙古的喇嘛庙中，我们可看见蒙人在美术上的表现亦很高，这完全是随喇嘛教而发达的。在每个庙的喇嘛中专有担任这类美术工作者，他们都系老师所传授，永远保存亘古不变的风格。就绘画说，各庙有许多的壁画、绢画，有大至十余丈者，色彩经久如新，价值极高。就雕刻说，各庙有许多的佛像，有高至数丈者，大多是很精巧的。就铸造说，各庙有许多的铜佛、铜塔，有重至数百斤者，铸得亦很精巧。就塑像说，各庙有许多泥塑的佛像，非常肖妙。尤以用彩色的酥油，所捏成的佛像、鸟兽、花卉、楼阁等，更是精美绝伦。就建常〔筑〕说，各庙的建筑，大多是层楼高耸，画栋雕梁，金碧辉煌，外表上极尽宏大壮丽之能事。各蒙旗的王府，亦多建筑华丽，尤为荒漠生色不少。

唱　歌

　　蒙古的男女，都很喜爱唱歌，人人能唱几首流行的歌曲，故而有人说"蒙古人是歌唱的民族"。他们还能自己编得很好的歌曲，传达出内蕴的情感来，所以歌曲的内容多半是关乎男女的爱情，也有宗教的意义。我们旅行蒙古，时见辽远的沙原上远近的男女在牧东〔羊〕，或做其他工作，彼此唱和，或大家合唱，歌声悠扬盈耳，确很美妙动听，像这种唱歌实在也可说是他们枯燥生活中唯一的精神安慰了。现将蒙歌词意，译述两首为例。

　　　　我越山走，为的是荷枪打鹿，
　　　　不然不走；为的是抢人牛马，

不然不走；我到庄里走走，
为的是赴约找女人，不然不走。

红山头的泥土，黏住了鞋底，
和你年轻的爱情是胶似的浓密；
白山头的泥土，黏住了脸庞，
和你洁白肌肤的爱情是胶似的浓密；
山羊群中，选中那最漂亮的；
情妇群中，选中那同岁的；
一群骆驼中，选中那最出色的；
选中那俊俏同岁的；
一群绵羊中，选中那同心的，
选中那秃头同岁的（秃头是指喇嘛）。

音　乐

　　蒙古人限于物质之故，不能使传统的音乐很发达，只有很简单的几种乐器曲子。各召庙用的乐器，有大号、小号、小锣、串铃等，都是在法会中低音合奏的；在民间用的乐器有笛、筝、三弦、二胡、胡笳、马头胡等，他们特别善操这几种"胡"，胡笳多在外蒙，在唱歌时就用这几种乐器伴奏，所奏的曲调大都平和优美，极饶风趣。

跳　鬼

　　每年中农历正月或六月之十四、十五、十六等日，蒙古各地的大喇嘛庙，都必须有跳鬼一举，届时住在远近的男女纷来集会，正如我们内地的庙会一样。由三十二个喇嘛扮装众鬼，身穿五彩花袍，戴了纸造的大鬼头（假面具），有狮、虎、牛、犀、马、象、鸡、鸭、鹅及骷髅、小头、大头等，大小长短，奇形怪状，无不尽有，另有个大喇嘛扮装护法神，也穿五彩绣花袍，戴着黑牛头的凶恶假面具，共是十六对，次第出来跳，锣鼓、大号等齐奏，状极热闹。最后由那护法神舞动木做的刀剑，施用法力摄伏群鬼，手执着众鬼头，送到半里路外的空地，将鬼头抛入火堆焚化了事。这类如我国古代流行的"傩"俗之举，且是蒙人集体娱乐之一。同时还有几个说法：有说是为纪念释迦牟尼佛的诞生和修成，就以跳鬼表示祝贺；也有说是超度散在附近的野鬼，以免其作乱生灾，经此驱逐干净，可保佑大家此年的平安；再有说是最初在西藏的喇嘛教与其他宗教斗争失败，后欲重振教威，便发动大规模的跳鬼，以引人入胜，好扩大其威信。

赛　马

这是蒙地普遍的娱乐之一。一般精于骑马术的年轻小伙子，骑着无鞍的壮马，平时常在牧场上互相竞赛，尤其在每年庙会成〔或〕大祭后便举行大竞赛，先由指导人领骑着马的与赛人等至数里路外并列一行，然后发令奔回至标竿处，争先恐后，以到达的先后而论等第，才由官吏分别发奖，四周的观众更大声喝彩不止，极形热闹。

摔　跤

又名掼交或角力，这亦是蒙地最盛行的娱乐之一，同时亦流行于内地。一般少壮男子平日随时在练习技术。每届庙会或大祭后，就正式举行"摔跤"为娱，有官员等临场监视。行时壮男等分列两阵线，各裸着上下身，惟以腰带遮住私处，穿了长统皮靴，样子很威风，由一裁判员喝名出场，两两相扑，很是紧张，以能使对方摔倒着地，方判定胜利，胜者可获奖品，我们外行亦仅看看热闹而已。

狩　猎

这既是他们的娱乐，亦是他们的副业，得了兽皮可卖出的。许多男子在空暇之时，尤其在冬季（以雪中易觅兽迹之故），约几个同好骑马出门，带了火枪、沙药和猎狗等，往远处射击鸟兽，所获很丰，以猎取野兔、狐狸、黄羊为多。每年中又有次定期的大狩猎，大都在农历四月间举行，由旗府仕官召集精于行猎者比赛，分别定好部位，且在旁监视，看此日哪个猎取最多为优，王公也来近处一观，并给优者奖赏。我们由此益见蒙人冒险尚武的精神。

赌　博

这是完全随汉俗的，在贵族、喇嘛间很盛，且赌的钱数亦大，因他们生活优裕，终日无所事事，才能有此逸兴，一般平民则少有。最普通的赌具是骰子和骨牌两种，近年还有玩麻将的，这些都是向汉商购来的。

刑　罚

蒙古各地的律法，迄今还用旧例，小事由各地苏木处理，大事由旗政府值班的事官处理，如特殊重大案件，待每年的旗务大会解决。对犯罪者的处罚，都系旧法，即为下列几种：（一）刑具，有铁链、手铐、足镣等，放在旗政府及各参领处；（二）笞刑，在旗府门边，挂着两根皮鞭子；（三）监禁，在旗府内有一禁闭的牢屋；（四）游刑，带了刑具，押解到各处游行示众；（五）死刑，这比较要少。外蒙古于改革后，已在施行新的法律，有法院、监狱等。

嗜　好

藏〔蒙〕古地接近敌区，鸦片烟秘密输入很多，无法制止，而一部分沦陷已久的蒙地在伪政权下，即以此毒化蒙胞，设有烟政机关，更公开售吸，到处是鸦片，因之蒙古官民嗜吸鸦片者不少，尤其官员大半吸之，此亦是严重问题之一。他们男女又多喜吸旱烟，偶能吸到纸烟更喜。多数年高者，尤以喇嘛为最，莫不有一共通的好僻〔癖〕，即是"吸鼻烟"，形成社交中不可少之物。此烟系一种灰白色粉末香料，像我们常用的胡椒末，以购自西藏、青海者为上品。装烟的是一小壶，壶质以玉石、玛瑙为贵重品，有贵至数万元一个者，平时将壶放在随身所佩的花褡裢内，要吸时取出壶，倒出一些烟于大姆指甲上，送至鼻孔擦吸，不断取吸，觉有无穷味道，像我们吸香烟般，若我们吸那种烟，送壶之时已禁不住打喷嚏了。他们更喜喝酒和吃糖，不过这两样东西须出高价购自汉商，极不易得，故目为珍品。

忌　讳

蒙古文化低落，除少数进步分子外，大都迷信甚深，忌讳亦最多，倘稍有逾越，社会上即目之为最大不敬了。我们初入蒙地者，往往因为不熟识他们的忌讳，每致惹起他们的厌恶，或引起冲突，这是常有所闻的。最普通的忌讳，如：一、初次见面时，要表示谦恭，不宜多发问题，以后相识较久，则可畅谈；二、每家门前都筑有一土台，台上插悬小旗铁叉的长木杆，俗称此为嘛呢杆，每家户主早晚在此叩头敬香，将行此台者，须过台外向左行，若是直朝内行，蒙人以为很不吉，其家中人畜必遭病亡；三、进门之前，须先唤人，不可无声闯入；四、每家供佛，设有佛座，视为尊位，客人入屋不可面对佛座而坐；五、家中有病人或产妇，门上插有一标帜，表示忌门数日，外人不可任意闯入其家；六、入庙中经堂时，因满有佛像、经卷、法器之类，要特别安静，不可到处乱动；七、男女界限要清楚，我们在周旋□要绝对谨慎，态度保持庄重；八、路过王公、活爷〔佛〕、大官等，须先下马致敬礼。此外的尚多，不胜举述。

　　以上是我随手的拾零，限于本刊的篇幅之故，还不能畅所欲言。我渴切希望读者们，不要单凭人家片面的著述，更千万勿受敌奸的以伪乱真的影响，我们何妨也往蒙古亲作考察性的旅行，不仅对蒙古有了彻底的了解和认识，同时，汉蒙两大民族间的感情，亦赖以团结亲密了。

《旅行杂志》（月刊）

上海中国旅行社

1945 年 19 卷 4、6、7 期

（朱宪　整理）

蒙古人和他们的国家

越　夫　撰

一　在沙漠上生活的蒙古人民

提起蒙古，立刻使人想起沙漠和骆驼。

蒙古地方的人民，一直在沙漠上过着和生活战斗的日子。在那一望无际的沙漠里，白天赤着身子还是热，到夜晚穿着皮袄还是冷，一年中有八个月伴着寒冷，没有春也没有秋。蒙古人民带着牲畜在沙漠上流动着，他们在骆驼和马背上过白天，在临时搭起来的蒙古包里过夜。

在沙漠上，水和树林是最为人们所热爱的东西，他们和他们的牲口需要水草来过日子。因之，在水道的旁边建筑起他们的城市，进行他们的买卖。蒙古最大的城市叫做库伦——蒙古话"城圈"的意思，就在水流的旁边，在那里有宫殿、屋宇、市街，现在是共和国的都城，改名叫乌伦巴都尔——蒙古语"红色英雄的城"。

蒙古人民的祖先是强悍的民族，时常和自称为"天朝"的中国发生冲突，秦始皇造万里长城就是防的他们。汉朝时候的苏武在蒙古当外交官，因为蒙古（那时叫"匈奴"）和汉朝交战，被俘在沙漠里牧羊十八年。在宋朝，蒙古的首领忽必烈（成吉斯汗的儿子）就带兵把中国皇帝赶掉，做起皇帝来，叫"元朝"，朱元璋赶走他们，他们才回到沙漠上去。

满清统治中国的时候，沿用"考状元"做官的办法来使汉人弄得"文绉绉"，不会反抗，满清自然还怕蒙古人来搅一下，于是想出喇嘛的办法来对付蒙古人。满清政府奖励蒙古人相信喇嘛教，一家人有三个儿子的只好一个人结婚，其余二个人一定要去做喇嘛，有的儿子多，就要他们几个人合娶一个女人，满清政府弄出喇嘛的头儿来统治他们，管理他们，结果男女的关系搅得一塌糊涂，杨梅疮在各处流行，连蒙古革命前末代喇嘛头儿——"活佛"，也是生杨梅疮死掉的。

喇嘛教使人民怕死，没有勇气，不讲卫生，使蒙古人民不会反抗，使蒙古人民二三百年来没有进步，使蒙古的人口不会多只会少下去。到现在，蒙古这一百六十一万方公里的土地（等于十一个江苏省）上面只有九十万人（等于上海全市人口的四分之一）。

二　蒙古人民是怎样奋斗过来的

可是，蒙古人民老早就开始他们的怒吼了。因为沙皇俄国和满清对他们都进行着压迫，从东面海洋里又窜出一个日本来，开始向着落后的蒙古人民进攻。一九〇七年蒙古人民就喊出"自由蒙古"的口号，他们反抗外族统治他们的残酷办法，要求自己管理自己。

在民国前一年，大暴动发生了。他们逐出满清的官吏和旗兵，他们破坏了一切外族统治者的财产，他们开始宣布独立，可是和中国的革命一样，只是把外族统治者换了本族的统治者。独立后的政府首长，完全是满清所封的王公和喇嘛。

独立后的新政府，非常软弱。沙皇俄国又乘机伸入蒙古的土地上活动，王公和喇嘛的政府就给它特殊的权利，直到一九一七年（民国六年）俄国革命了，再也管不到蒙古，王公和喇嘛们着了慌。中国北京军阀徐树铮的军队占领了库伦，他带了大批的人去抢种蒙古田地，蒙古对中国更加失望了，各地都独立起来。在民国十年白俄的老爷和将军们，被俄国革命党——苏联共产党打得走头〔投〕无路，逃进蒙古，赶走中国军阀，占领库伦，借蒙古的地方来做他们的最后堡垒。不久，这班白俄被苏蒙联军打去了，苏联就和蒙古订条约，苏联不要在蒙古的特权，帮助他们人民自己起来成立新政府。蒙古人民革命党就起来，推翻了王公喇嘛的政府，建立一个实行民主的蒙古人民共和国。

三　蒙古人民共和国做了些什么

蒙古人民共和国成立之后，第一桩事情是取消王公和喇嘛的特权，他们只会吃人民的饭，拍拍外国人的马屁，不知道进步，不知道给人民做事。喇嘛教也被人民拆穿了，是外族来束缚他们的锁枷，人民不要它。

共和国政府和人民革命党就领导人民建设新的国家，他们把领土分为十八个省，省和下面分区、村。在以前各地方有着王公和喇嘛的许多羊群、牧场和财产，政府就把这些统统分给人民，一切土地统统归国家所有，人民向国家租地不要出租钱。国家奖励人民多多的生产，使人民不单单靠养牲畜过日子，集体农场和国家农场从水草地带开辟出来，很多的蒙古家庭有了小菜园（蒙古人本来是吃不到菜的）。以法律规定每个人可以免税耕种一百公亩地，大的农场由国家收取总收获的三分之一做国家的经费。养牲畜到一定的数目才征税，这个规定数目是每年变更的，假使大家养得多了，数目就放大，使人民的负担减轻，大家生活可以改好起来。

共和国政府在苏联的帮助之下，还努力使全国工业化。共和国东部的煤矿已经开采了，电力厂、制革厂、印刷厂都在不断的开起来，所有大事业统统归政府办理，用便宜的价钱给人民享用。

在从前，除了少数喇嘛（等于和尚）以外，大多数的蒙古人是不能读书识字的，文字是喇嘛的专利品，广大的人民都是"亮眼的瞎子"。现在，人民共和国的政府努力于教育人民的工作。普通的有幼稚园、小学、中学、大学，专门的有工业、农业、医药和军事的学校，一切喇嘛寺院里的学生都被停止，把这种寺院改成四百六十七个学校。他们把蒙古的文字改革了一下，使得人民容易学习，并且还推行拉丁化的新文字。到现在九十万的蒙古人，有六十万人是识字了。

蒙古人民共和国不但改善了人民的生活，还武装了他们自己，编练成一支现代化的新式军队，这简直把落后的蒙古，从游牧的民族提高到现代化国防军队，一下就飞跑了几千年。在几十年前蒙古只有马、刀，最好的是土枪，而现在，他们男女一律受军事训练，他们有坦克车手，有飞行员，有大炮手，飞机场和军用公路在不断地增加。日本军阀曾经在一九三九年对蒙古军队作了一次试探，结果被蒙古军队狠狠地敲了一顿，缩了回去。

蒙古人民共和国在全国人民的支持之下，不断地求着进步，人民有着应有的权利，他们用他们自己的主张来决定他们国家的命运。这一次，他们举行了一次投票，决定加入中国呢，还是独立？投票结果他们都主张独立。从此，世界各国中，又多了一个新的国家——蒙古人民共和国。他的出现，给我们多了一个新的教训：

不论怎样落后的民族，他们不是天生落后的，只要全体人民求进步，从人民当中选出人来办事，埋头苦干，改善生活，充实力量，一定会成功为一个最漂亮的国家。

《生活知识》（周刊）

上海生活知识周刊社

1946 年 2 期

（朱宪　整理）

亚洲腹地上的蒙古国

——外蒙古人民共和国杂写

陈澄之　撰

自去年十月，外蒙古举行全境公民投票，一致赞成自主。我国政府已于今春准其所请，正式承认其为独立国家。数千年完整关系，从今以后许各自为政，卅余年不通闻问，其情其景，劳人思念。

笔者屡请入境采风问俗，均未获愿。今后邦交恢复，谅终可前往一行。未悉外蒙国务总理柴保三先生意下如何？

两度游旅中苏边地，在阿拉木图，得识苏联人斯瓦尔斯基、外蒙人朋楚克车林及华侨郑兆文。三先生均曾久居库伦及外蒙各大埠，承谈今日外蒙内幕，至为详尽；并蒙惠我大批资料。

——作者

中国西北角上，曾有好多人亲眼看到过今日喀尔喀蒙古人的奋斗。如果仍以为现在外蒙人民跟住在新、甘、宁、察、绥境内的蒙古人的生活一样的话，那是绝对错误的。

喀尔喀人在过去的廿多年间，早已抛却了蒙古民族固有的腐败和迷信。在外蒙今日的每一个角落里都呈现着一派朝气，虽然在这过去二三十年里，他们跟外面的世界是绝对地隔阂着，但他们一点儿也不落伍。外面的世人谁也不大明白外蒙的内情，可是外蒙人民却洞悉着外界的一切动态。民间每一个人家差不多都有收音机，他们固然不懂英语，懂得中国汉语的也不多，可是库伦的蒙语广播节目，和莫斯科的俄语广播，已足够他们享受的了；何况新闻纸类的出版物极为普遍。所以过去他们虽只跟苏联有"邦交"，事实上，并不因此而陌生了这世界的全部。

今日外蒙可以说是没有不懂俄国话的人，俄文在外蒙境内的普遍，夸大一点说简直可算是外蒙的方言之一，其普遍的现象，远在英语在中国内地盛行的程度以上。

外蒙古人原是元代称雄欧亚的成吉思汗的嫡裔；在蒙古族系中，他们本来就是最优秀的一支。经过这多年的奋斗，今日在亚洲腹地上已成为一支很有力量很有希望的人群。

阿尔丹巴尔克城

今日莫斯科和库伦之间已有定期的民用航空飞机班，每周往返一次。过去一般人（也惟有商人）去外蒙只有两条通路：一是由西伯利亚铁路直达恰克图，转往库伦。这条路最好走，入境时只要有苏联官方的协助（今后或不至于如此），也很方便，不似外间所传的那么严密。另一条由欧洲去外蒙的通道便是由苏京搭车到欧亚交界乌拉尔山脚下的斯弗德罗夫斯克（Sverdlovsk，在俄国革命前，此地名之曰耶卡泰林堡（Ekaterinburg）城，改乘俄境内的中亚细亚干线车，贯穿吉尔吉斯大草原，绕至巴尔喀什湖滨，抵苏属哈萨克斯坦首埠阿拉本〔木〕图，折入新疆，出科布多，辗转赴库伦。但这条路在中蒙邦国关系尚未确立以前，决不是一条理想的通道，沿途的困难和意料不到的政治上的周折至多，其困难不亚于这三十年来由中国内地之去外蒙。中外商旅莫不视为畏途。

　　一般没有到过恰克图（Kyakhta）的人，以为恰克图就是买卖城。其实在苏境内的叫做恰克图，在外蒙境内的名之曰买卖城。尽管两城相依，却有国界之隔。而这买卖城早已名存实亡了，外蒙政府在改革之初，便把它易名为阿尔丹巴尔克（Altan-Bulak。）

　　西元一六八九（康熙己巳）年的《尼布楚条约》和西元一七二七（雍正丁未）年的《恰布〔克〕图条约》中，便把这城市辟为中俄通商的市场，所以此地商务的发达至今已经有了两个半世纪的历史。有人说此间后营子的繁荣、建设和享受，不亚世界各大城市，要知道这并不是一二十年间所能成就的。再如栅外协和市场附近的平津帮大商家如隆昌祥、三合义，以及山西帮的有盛和这些开设了好几百年的老字号，至今兴旺如常，始终未遭外蒙政府驱之出境。而中国内地人民在过去恒被拒于千万里之外。

　　这城市亦复是民国三年毕桂芬〔芳〕、陈箓二人和俄国驻库伦总领事亚历山大·密勒尔 Alex. Miller 以及外蒙代表，自九月十七日上午九时半起至次年六月七日，举行四十八次会议，始结成《中俄蒙协约》的胜地。至今这地方还保存着当时的遗迹。

年青貌美的公主

　　恰克图过去在中苏商务、经济关系及外交史上都曾享有很大的盛名。同时今日很不少被时代抛弃下来的人，还遗留在这座冰天雪地的亚洲北方的商埠里，终于被人们遗忘了。我很愿意重提到他们，否则就显得这世界过分刻薄了。

　　在恰克图有一座大厦，在三四十年前这是全市最华丽的建筑物，大家只知道这是俄国人的拓殖银行恰克图分行的大楼，殊不知在最初这原是一幢私人的别墅，而这别墅的主人被时代抛弃了下来，这别墅也就不幸而数易其主。

这别墅的第一位主人是帝俄时代的卡萨林公主。俄国革命后，他便开始流亡了。在海参崴、旅顺、龙口、张家口，她都建有住宅。才几年工夫？这一切都成了梦！因为她年青貌美，也就一再被人愚弄、欺骗。结果她那庞大的财富也就荡然了。

后来她在天津结识了一个名叫小林原吉郎的日本陆军少佐。小林原在中国的边防军里充任顾问，解聘后，日本军部鉴于小林曾游历外蒙多年，对各王公感情甚厚，就又派他重游外蒙，以便为日本政府对外蒙运动联络。

小林奉令后，便怂恿他的姘妇卡萨林公主一起搬往恰克图。恰克图的这别墅便是用公主最后仅有的一串最珍贵的项圈在天津抵卖掉了来建盖的。据熟知内情的人说，收买那串项圈的不是别人，也正是当时日本军部的大红人山梨大将。

小林在外蒙的任务完了之后，便把卡萨林遗弃在恰克图。苏联政府加紧没收帝俄时代所有人物的逆产，她的产事当然不能例外。卡萨林终于沦为西伯利亚铁路线上的女丐而亡。

一桩宝贵的秘闻

我三年前在伊犁，曾碰到这样的一件事。

有一天下午，我正在伊宁行政专员公署的后花园里散步，忽然由假山后面闯来一位老者，我认识他是这里的一名勤务兵。

"先生，你是从重庆来的？战前到过北平吧？"他那衰老的腔调，说了一口的北平话，使我倍感兴奋而讶然。他接着说："在北平，你见到过我的哥哥没有？"

"你的哥哥是谁？"我虽多年未能涉足北平，可是深觉这位老者对中国很熟悉，料其中必有缘故，便随口问了这么一句。

"乌基拉斯基，北平的人没有不知道他的。"他似乎很骄傲，接着告诉我，他自己的名字叫做罗依洛夫。

"罗依洛夫，你坐下。"我拍了拍他的肩膀，随手递给他一枝"巴巴露斯"（俄国式纸烟），"那么，在北平的中国社会里，乌基拉斯基先生一定是一位很出色的人物喽？"

"在过去，在帝俄时代或许是，因为他原是一位威赫的将军。"老人干嗽了一声，对我苦笑了一阵，然后长叹了一声道："乌基拉斯基这人如今不再出色了，可是他晚年在北平干的行业很出色。"

"干的什么行业？"我问。

"在俄国革命之后，我们的一切便都完了。"罗依洛夫望着天空的远云，那苍老的脸上，充满了不胜今昔之感的忧郁。"乌基拉斯基，我的哥哥，在被革命政府放逐了之后，便到他曾久住过，并在那里为俄国跟中国政府办过交涉的北平去了。原先在一家中国督军的公馆里看大门，后来老了，那督军也没落了，他便成了北平城里的流亡者，日夜伫立在东单牌楼船板胡同口行乞，行乞了一二十年，因为他是一位将军出身的乞丐，所以北平的人们没有不知道他的。"

罗依洛夫的哥哥在帝俄时代是将军，当然他在当时的地位亦决不至于贱为阍者。原来他在当年是俄国驻北京公使馆的一等参赞，后来调任驻库伦的领事，对于外蒙的情形十分熟悉，谈到恰克图，激起了他当年无数宝贵的回忆——

　　　恰克图和买卖城紧接着，其实就是一座负有双重国籍，起有两个名字的城市。这在最初原是蒙古人的市集，但在今日这城里丝毫蒙古人特有的气氛都没有了，而俄国的情调十足。

　　　站在俄境前营子公园的假山顶上，可以遥望远处那规模宏大、一片白色的红军营房，这是恰克图的禁地。即使是俄国人，而不是军人的话，在当时亦复绝对禁止踏入营地一步！这里面驻有多少军队，谁也不晓得。同时军队辎重的来去，都是在夜深人静时。

色楞格（Selenga）河和营房之间，辟有一条很短的运河，汽船来去，日夜不绝。但船的四周，围了舱幂，其内情谁也不得而知。

我在恰克图时，曾到这营房里去过一趟。范围极大，至少可以驻两个军。营房里还有一条很大很长的隧道，由地下一直通到上乌丁斯克（Verkhneudinsk）。这是世界上最秘密的一条隧道。设计这隧道的是一位德国兵工专家，他已老死在这荒漠里了，所以外人对此能知道一个梗概的都很少。别的且不去说它，岂但坦克和战车可以由此隧道长驱直入，而且有一条铁路。这隧道里的现代设备，与地面上一比，简单〔直〕一个是人间，一个是地狱。

但在俄国革命后，这贝加尔湖东，西伯利亚铁路线上的一大军事重镇，上乌丁斯克，已经改名为乌兰乌德（Ulan Uder）了！

一位"蒙古通"对外蒙的看法

在今世的美国人当中，洞察西伯利亚及中国西陲内情最透切的，要算华德（Angus Ward）先生了。他毕生久住在苏联的远东，不但是美国现代的俄国通，而且是蒙古通。今日中国专门研究蒙古问题的学者，恐怕能赶得上华德之渊博的还很少很少。

华德先生现在依然是美国驻海参崴的领事。他非但能说很道地的俄国话、日本话、满洲话，而且精通蒙古族各种不同的语文，能说能写，至于中国各地方言尤为出色。他从小对东方就感有兴趣，所以对东方的语文，都曾下过一番苦工夫。

他今年才五十多岁，长了满腮的胡髭。他的孩子都是出生在东方的，有一个儿子是在北平长大的，曾在燕大读过书。华德常对人表示："我酷爱东方，尤其东方北部的生活情调。我永远不想离开这第二故乡的海参崴，我诚有意老死在这苏联的边城里。"

华德曾遍游中国北部，尤其对蒙古的情况熟悉异常。一到东方，他便曾在外蒙住过一个时期，精通了蒙古语文。在外蒙一再宣布"独立"时，他又曾去过两趟。外蒙的文字拉丁化了，他又学会了这新的蒙文。所以在许多关心外蒙的人们当中，他是惟一能直接阅读库伦所出版的书报的一个人。

"外蒙的人民是蒙古族中最饶〔骁〕勇的一群。"这是华德先生对外蒙的看法，"但在过去，他们是勇而无谋，这完全是智识不足、文化太低所致，可是现在不然了，他们有了初步的科学认识。可是外蒙人民，其实凡是蒙古人都具有这样的特性：不知则已，知一行一，知二行二，先入为主：入朱则赤；入墨则黑——外蒙的独立便是这样酝酿出来的！"

外蒙牛奶两分钱一磅

在外蒙古，今日人们住居的虽然还是他们祖先遗留给他们的蒙古包，可是不再是那么肮脏，那么不流通空气。新式的蒙古包不只是包顶上有一个露天的圆穹，而且在四周开了不少的窗子。因此，居住在现代化的蒙古包里，比住在大都市的洋房里，反而更合乎卫生了。

蒙古人自古以来，嗜饮红茶。中国内地的蒙古人，至今茶里是要和了盐喝的。外蒙人家现在已经知道红茶里和糖，要比和盐好喝得多。所以苏联的砂糖得大量地运往外蒙去倾销。

世人竟知丹麦牛乳工业为世界之冠，殊不知用现代方法炼制的外蒙的牛奶牛酪，早已有过之而无不及了，只是为了外蒙一直跟外界隔阂着，人们没有注意到吧〔罢〕了。

　　我深知道蒙古人是好客的民族，我在西北各地每次到蒙古人家去，那主人必定老早地鹄候在蒙古包外；等客一到，他们便亲自把马缰接了过去。

　　你我久居内地的人们的憧憬中，每一座蒙古包里一定有一个佛龛，至今绥、察一带的蒙古包里确是如此。可是现在的外蒙人家都不再信佛了，他们的蒙古包里，在当年供佛的场合，有好些人家都张挂着一幅肖像。但那肖像既不是中国人的，也不是蒙古人的；你猜，那肖像是谁的？

　　蒙古人家的茶乳是很可口的，但在内地住惯没有到过中国塞北的人，必嫌那味道太浓。你要知道蒙古人就是一种味浓情浓的人民。所以世界上最富于情感的人就是蒙古人。如果我们体会了蒙古人的这一特性，也许今日外蒙不是今日这样的局面了！

　　外蒙人的体格要比你我健壮得多，固然由于他们的生活比我们的多于户外活动，同时饮食也有很大的关系，在营养上讲起来，他们的饮食很合乎理想，惟蔬菜吃得不够。我们是习惯了喝牛奶的，外蒙人喝起奶来，老是把山羊奶、绵羊奶和牛奶混和在一起喝。其味醇厚，胃弱的人是无法下咽的。外蒙还有好几种用奶做成的饮食，这是世界各地的人民轻易享受不到的，我在边陲时，曾吃到过下列几种外蒙制造的奶类罐头：

外蒙古原名译音	品类
Aerba	味近白兰地的乳酒
Urma	酪饼
Tworok	浓奶浆
Octzon Su	酸奶子
Haroda	浓味干酪
Shara Dosso	香牛油

　　蒙古人夏秋两季取乳（但迷信佛教的中国的蒙族同胞，在每月的初一、十五是不取乳的），他们把大量的乳制干了，留到冬天里用。今日外蒙制的奶粉一直运销到外高加索，足见外蒙奶乳工业的发达了。服务在外蒙牧场里的兽医，十九都是自苏联留学归来的。近年外蒙畜牧繁殖率，每年增加百分之七十五；这样高的繁殖率，虽加拿大和丹麦亦望尘莫及。

　　外蒙最有成就的工业之一，便是奶乳工业，多半由政府经营，成绩着实可观。因此我想起了一件往事：记得是一九二一年，一位内地的军人和两位蒙古亲王合资办了一个牛油公司，还附设了一座农场。开办时只有二百头牛，当年冬天便增至四百头；至当年十二月底，就出了八千磅牛油，纯利就着实可观了。结果呢，中国人没有恒久的事业心，不久便"关门大吉"了。今日外蒙已获巨利的牛油公司有两家：他们的名字好像一家是威明；另一家是巴吐林（Batourin Steffen）。这两家都是蒙苏合资的。牛奶在库伦市上每磅才卖蒙币两分钱。十九磅牛奶可出牛油一磅，干酪半磅。他们每年经恰克图销给苏联的牛油四万蒲打（每蒲打合卅六磅）；经海拉尔销哈尔滨一万五千蒲打；这统计每年有增无减，如果不是过去中蒙之间政治上有隔阂，也许我们今日早已吃到外蒙的罐头牛油了。据伦敦的农林专家们的考察：外蒙的乳质比较澳洲的还要好。也就无怪乎外蒙的奶乳工业早已成了政府的财富之一了。

昔日库伦今日乌兰巴图尔古达

　　一日居然四季周，尖风如箭透重装；
　　乘驼岂免徒行苦，猎兽何妨为食谋。
　　呼吸寒威冰在髭，荒原广漠月当头；
　　侬家饱尝长征味，但祝民劳可小休！

此乃前人张味冰描写库伦道中的一首诗，可见当时的荒苦了。今人去库伦要比这位张老先生舒服得多了。恰（克图）库（伦）间既有铁路，又有平行的公路，更有定期往返而价极公道的飞机班。在这环境里旅行，则又何"苦"之有?!

汽车由恰克图清早动身，中午便可到达库伦。公路是沿着古代骆驼大道修筑的。由外蒙的农业省东部，沿其北方边境，驰向南部，至木克图伊（Muktui）。这地方如今已是一座现代化的城市，也不过是二三十年前，这里只有几座蒙古包而已。木克图伊是外蒙农业省和中央省交界的城池。过了木克图伊继续南行，沿途景色依旧荒凉。如果要有一比较的话，犹之乎今日汽车驰出嘉峪关的情调，毫无二致。

至巴彦，距库伦只有一站，一派繁盛气象，人烟逐渐稠密。公路的路面越发平坦得可爱。过巴彦时，盘查苛严。中国内地商人去库伦，至买卖城一关好过；至巴彦一关着实难捱。这是外蒙一二十年来严禁中国内地商贾入境的一贯而严峻的封锁政策。

库伦在往昔，蒙古人称之曰乌尔加（Urga）。"乌尔加"是蒙文"城圈子"的音译。因为在古时候这地方只有木栅缭绕，好似城郭的喇嘛圈。可是今日外蒙人民只知道这城叫乌兰巴图尔古达（Ulan Bator Knota），是外蒙政府的首都。"乌兰巴图尔古达"的意义乃是"赤色英雄之城"。

库伦在图拉（Tola）河的北岸，四面都是山峰。图拉河的两条支流，二道河和后庙沟，交错其间。二道河的北岸便是库伦的东西大街，街长十余里，屋宇栉比，有各式店铺，其中的三百多家是华商，喇嘛庙圈在两街之间，当年这里住有上万的喇嘛。活佛哲布尊丹巴呼图克图，没有被驱逐之先，就是住在这庙圈里，宫殿壮观，华丽异常，如今已改做外蒙人民政府的机关了。在这旁边原是沙毕衙门，就是当年中国政府所派库乌科唐镇抚使公署；

现在是外蒙政府的军事机关。苏联派驻在此的军事革命委员会最初亦设在此。后庙沟的南岸，就是沙毕衙门的对岸是外蒙的内政机关，这里在当年原是巡警局。

庙圈的东区，此地人俗呼东库伦（在肯特 Kentai 山东麓，鄂嫩 Onon 河和克鲁伦 Kerulen 河发源处，另有一东库伦城）。庙圈的西区是西库伦。繁华的中心在西区。西区十五里外是东营子，俗呼也叫做买卖城，当年是库伦市上华商的荟萃地。四周围上木栅子，过去的驻库都护使衙门和中国银行在这个地方。

由东营子沿公路东去十里外是集义桥，是今日外蒙的文化中心。由东营子沿公路北行十八里是一座最华丽的花园，当年是活佛的行宫，今日是外蒙政府要人的别业。

苏联人民在库伦都集聚在二里半滩，又名二道洼垣；在东营子和西库伦之间，距东营子以西约二公里半。当年的苏联驻库领事馆，今日是苏联驻蒙大使馆。俄侨、俄商和俄国银行，都设在这里，还有一家俄文报馆，这报纸的销路比外蒙政府办的蒙文报纸还要广泛。

后庙沟的西岸，苏联设有一所规模极大的收皮公司。由此北行二里半是岗登（有人误写为"崗登"）喇嘛圈。从前这里住有三万多喇嘛，如今是外蒙的军事训练的所在地。图拉河北岸，西库伦以南，便是举世闻名、宝藏最富的兴仁寺。这已被改做博物院和图书馆了。

图拉河南岸从前是活佛游宫的禁宫，东佛府，西佛殿，中间是动物园，有一座木桥（现已改建成铁桥了），长二千一百十一尺，跟街市通连。当年活佛春天住花园，夏天住在此地，秋冬才搬入库伦市内住着。

在佛府的东面便是元太祖避兵在此因而得名的汗山。这一带松木苍翠，四季如春；全市亦复林深菁密，如以为库伦是沙漠中的荒城，便错误了。而且库伦山路曲折，河水依依，虽江南之艳，不及其浓。附近的田地都耕种了，出产颇丰。城北已开采的金、煤矿各一处，都是苏联开办的。

现在库伦人口统计二一八，七一五人。

汗山·憨山·不儿罕山·凌霄山

我不是说，库伦"山路曲折，河水依依，虽江南之艳，不及其浓"么？也许有人以为我是夸大其词，兹引龚之钥的《后出塞录》中纪叙库伦的一段，以作证验："自黑龙江西行三千五百余里，至图拉必喇，已在归化城之正北。再逾一岭（此岭谅系指肯特山——笔者注），往北数十里，即苦另（"苦另"即"库伦"——笔者注）山（所以称库伦为"山"者，盖库伦位在群山之中也——笔者注）。山甚峻，上有番僧奉大佛寺，及诸商贾，俱集于此，皆与鄂罗斯（"俄罗斯"也——笔者注）贸易者。下苦另山，即鄂罗斯国，望之皆坦途。且有池塘溪庵，大小舟航，络绎其间。芳草长堤，桃柳掩映……非复黄沙白草之地也。"

关于元太祖避兵而得名的汗山，古今的纪载很多，也确实是库伦城南的一处胜地，风景绝佳。"汗山"也有写作"憨山"的，在图拉河南，兴安岭北，也就是《元秘史》上的"不儿罕山"。——元太祖微时，被三种蔑儿乞人所追赶围困，全家都避难在这山里，蔑儿乞人赶到了，把不儿罕山重重地包围了起来，紧紧地搜索了三遍，始终没有把太祖和他的一家人搜索出来。

太祖脱险之后，在这山顶上椎着胸脯，祷告上苍说（下引《元秘史》所载原文）："我得性命，被不儿罕山遮救了。这山久后时常祭祀。我的子子孙孙也一般祭祀：向日将系腰挂在项上，帽子挂在手上，跪了九跪，将马奶子酒奠了！"

　　汗山并不甚高，这上面有明太宗的勒石。这也就是徐文靖《志宁堂稿》里所谓的"凌霄"山。从前每年春秋两季举行大祭，如今却成了古话了。山畔图拉河，蒙古人名之曰图拉色钦。"色钦"是蒙语"河源"的音译。"图拉"也是蒙语"兔儿爷"的音译。这条河横亘库伦之南，支流漫布全市，致库伦城里有山有水，有林木有花草，宛然江南，绮丽艳媚。

　　现代库伦已摆脱了游牧城市的面目：自来水、电灯、洋房大厦，虽新疆的迪化和伊宁也赶不上她的漂亮。最令人惊异的是全市的电话非常普遍，很小的店铺也无不有电话的装置，这亦复是中国内地各大城市所不及的。库伦在进步中最显著的一点，是人民教育水准的提高，男女老少没有不识字的。在库伦有一所国民大学，设备极完全。十年前大学生不过一二百人，如今在校男女学生有一千多名。他们十之八九毕业后到苏联去留学。今日政府里上中级公务员可以说无不是苏联留学生。

　　在过去蒙古妇女是没有社会地位可言的，今日外蒙男女已真正平等了。库伦市上可以看到许多极其活跃的女性出没于政府各大小机关。据莫斯科方面的统计：外蒙受过高等教育的女子当中，研究自然科学的占百分之五八·二；研究社会科学的百分之四一·八。

柯额赫伦女士

　　提到外蒙的妇女，我记起了一位外蒙的出色的女性。她是我游旅苏属中亚细亚途中，在塔斯干城遇识的。她当时正奉了外蒙政府之命在那一带考察畜牧事业。

　　在塔斯干文化界闻人莫斯古文夫妇家，我结识了这位外蒙女性柯额赫伦女士，她家原是蒙古一世家。车臣汗部的若干秩事（也许在这稿子里我要写到）便是在我们结识之后，她对我述说的。

如果你在内地见到她，决不会以为她是蒙古人，必认为她是受过西洋教育的中国内地的时髦小姐。柯额赫伦出生在中国北方，是在北平长大的，原是北平培华女校的学生，曾到东京女子高师读过书。她便由东京一直到欧洲去了，在莫斯科住过好多年。在外蒙二次宣布"独立"后的第三年，她才回到她的祖地，那是她第一次回外蒙，从此便努力于妇女工作。今日在外蒙，一提到柯额赫伦，真是无人不知，无人不晓。

在中亚细亚住着的人家，酒和音乐是生命的泉源。在莫斯古文家我初识柯额赫伦女士时，已是喝得有点儿醉薰薰地。

"你醉了吧，"柯额赫伦说了这么一句纯粹的北平官话；这句官话可把我的酒醉惊醒了一大半，只见她抬起笑盈盈的脸，继续着道："现在音乐是一支华尔兹，我们跳舞吧。"

"呵，"我似乎很清醒，不敢多开口，惟恐一嘴的酒气吹走了她，可是我的步伐已经错了，她好像看出了我的醉态，反尔照应着我，深怕我一个不小心，滑倒在地板上。

"你到这儿来干吗的？"她在我的耳边低问着，紧捏着我的手，似有不胜挂虑之情，"你是中国方面哪一个机关派了来的？"

"如果这地方是在外蒙古境内，如果我是中国政府的官员，"我的态度很率直，说到这里，我把她由怀里推开，冷笑了一下道："也许我早就被你们的官厅关了起来了。"

"你误会了，外蒙政府不是恐怖政府！他们跟中国只有友爱，没有仇恨；只有历史上的密切关系，没有时代里的龃龉创痕。中蒙之间的隔阂只是政治的隔阂，而决不是感情的隔阂；同时这隔阂只存在两个政府之间，而不存在于中国人和蒙古人之间！"她最后嫣然一笑道："假如你真的没有任何政治背景和作用，我个人敢担保你他日去外蒙古时一切平安无虑。"

　　如果我把柯额赫伦女士的中国名字说出来，也许今日读者中还有很不少的人记得她，认识她！她便是清末民初北京城里赫赫有名的四大名媛之一，司徒柳雯。前几年她那在莫斯科出版的一部《塞外的妇女们》所用的笔名，还是"司徒柳雯小姐（Mlle. Newine. Stowe）"。从她的这本书中我们看出，这一位外蒙的妇女固然热爱着她的故土，也爱着中华，她今日是外蒙独立的革命者，可是她始终惦念着深爱着中国。

　　她在北平时，曾做过这么一件有趣的事。"七七"事变以前的天津《庸报》，姜公伟（此人已在此次战争中，渝《国民公报》总编辑任内病逝）所编的《另外一页》上，曾刊载这么一段关于司徒柳雯的下文：

　　　　北平四大名媛中以蒙古贝勒之长女公子司徒柳雯最为美丽聪慧，且乐善好施，勇为人助。北京饭店有名贵餐具一套，传为法国路易十四时代御厨房之遗物。非达官贵人之大宴，店主决不以此餐具待客。某次某要人宴用此具，宴毕忽失金质餐叉一把，遍寻不得，侦警束手，登报贴招，悬巨赏，亦复徒然。店主疑为某茶役所窃，欲逮之。某茶役百辨不得直。闻司徒乐为人助，自觉平日待之恭谨周到，遂奔贝勒府哀告乞助。司徒聆其情，嘱先归，三日后再来。次日司徒假北京饭店张大宴，指定店主以该名贵餐具待客。司徒乘灯红酒绿欢腾忙乱时，袖金质餐叉一把。三日后，侍者至，司徒以餐叉付之。店主明知其故，从此亦不敢再逼该侍者。

　　这位外蒙伟大的女性司徒柳雯，在政治上她是成功的；可是在恋爱上她是失败的。尽管她不是不美丽，不是不聪明，不是不值得人爱，实际上她是十分可爱。由于她的遭遇，我们就不能不相信中国的一句古话"红颜多命薄"；西洋的一句格言"恋爱是盲目的"；蒙古的一个迷信"美人配丑汉"。

　　她被许多不同种族的男子追求着，也许是命运，她无一次不是受了男人的骗。幸而她具有一付热烈的革命心情，不然的话，或者是别的多情的女人，她会为爱情而消瘦而湮没而灭亡。她却不然，她曾对我表示：反对恋爱至上！她以为现代的女性当以政治上的乐趣为乐趣，否则男女平等只不过是一句永远不曾实现的口号，结果，她在政治道路上总算有了成就；在今日亚洲腹地上的小天地里，她确是一位杰出的女性。

　　我遇到她时，她已经是一个七岁小姑娘的母亲。她曾亲口告诉我：这位小姑娘是蒙古族和条顿族的混血儿，这条顿族的"爸爸"是什么国籍？是谁？是怎么一个故事？她始终不肯一提。每一忆及，眼眶儿一红，含笑而默然，令人因之痛楚万分。她的文墨很好，善于写诗，这下面是她原著的译文之一：

　　　　当年红颜金缕曲，春时鲜花银蝶舞；

　　　　迎面甜言背面泣，抬头欢笑低头苦！

蒙古考

　　外蒙古现在是一个独立的国家了。但水有其源，木有其本；国家民族无不有其史传。在外蒙古今日独立之被正式承认，我们对此一新兴的国家殊有探本求源一下的必要。

　　"蒙古"这一个名词是怎么来的？在中国史书始见有"蒙古"一词是："金，大安初，蒙古始盛。"——所谓"金，大安初"乃宋宁宗嘉定年间，即西元一二〇八——一二四二年间。

　　"宋宁宗嘉定庚午（西元一二一〇）年；金，大安二年。蒙古侵金（蛮夷相攻，不书；此何以书著？蒙古之渐强，明女真之渐弱也）。"这里有一段史实是描写蒙古的兴始和蒙古人的强悍，是值得重写一下的：

　　西元一二○九年的春天，金主永济嗣位后，随即下了一道诏书，派专使送到蒙古去。金使到了蒙古，未递诏书前，遇到蒙古人便扬言："诏书应该是拜受的。"

　　"新皇帝是谁？"铁木真把金使叫了去问。

　　"卫王！"

　　"嘻！我原以为中原大皇帝是'天上人'做的；"铁木真一面向南方乱唾了一阵，一面很傲慢地吼了起来："这等庸懦的小娃娃，也配称帝？！更哪里够资格受我的拜？"

　　从此，金人皇皇，政府更严禁百姓传说，全国的茶馆酒肆里贴满了"勿谈边事"的告事。蒙古就这样爬进了历史，哄乱了一阵。

　　"蒙古"在蒙古语文中正确地读起来的音译是"忙古"（在古书中最初写"蒙古"为"忙古"），这当然无可训释——"忙古"在蒙文里的原义是"白银"。

　　为何这民族以"白银"自号？"蒙古"的由来如何？

　　张穆《蒙古游牧记》卷之七注："契丹建国，号曰辽。译言'镔铁'；盖即《尔雅》'白金美者谓之镣'之镣。故女真抗辽，则名其国曰金。达达抗金，则名其国曰蒙古。蒙古，银也。"

　　博明《西斋偶得》："辽为契丹；金为女直。契丹本音乃契塔特。女直系由女真；女真由朱里真迭改，其本音乃朱里扯特（见《元秘史》蒙古文），今蒙古人犹以是呼之。……蒙古呼满〔汉〕人为契塔特，盖蒙古初为忙古部，越在大漠北，至后五代时始通中夏；惟时燕云十六州，皆属契丹，故以辽国名称之，较其世次，尚在朱里真未以金号其国之前。"

　　洪钧《元史译文证补》卷廿七下："元帝起于蒙古部族，而《元秘史》十卷，始终无'蒙古'部名；惟云'忙豁勒'，译文解为'达达'。"

　　洪忠宣《松漠纪闻》："盲骨子《契丹事迹》谓之朦古国，即

《唐书》所纪之蒙兀部。"《新唐书》中，不作"蒙兀"，而作"蒙瓦"。中亚细亚史家拉施特而哀丁（Laster Aeutin）所著书中，不称"蒙古勒"，亦称"蒙兀勒"。波斯古史中曰："天山以北地曰蒙兀里斯单。"《沄〔瀛〕环志略》："……莫卧儿，即蒙古，实即蒙兀儿。"《契丹国志》："正北至蒙古里国。"《辽史》："梅古"即蒙古。《元西域史》："蒙兀，义为孱弱，亦为鲁钝。"

蒙古民族到什么时候才被定称为"蒙古"的？哪些书籍才以"蒙古"定称蒙古的？直到邱长春《西游记》和孟珙《蒙达备录》二书才以"蒙古"二字开始定称蒙古的。所以"蒙古"这名词并不很古。

但蒙古却是亚洲古老的民族之一。在中国史乘上，对蒙古民族的称谓，在十二世纪以前或成吉思汗的死（一二二七年）之前，历代各异：

西历纪元前二六九八——二三七五年，中国黄帝时代，蒙古被称为"北狄"；唐虞则"山戎"；夏则"獯鬻"。西历纪元前一一二二——二五五年，周朝称之曰"犭严狁"——"犭严"又写作"猃"，其实当初止写"严允"（虢季子伯盘可证）。现在《毛诗》上写作"犭严狁"，不知是始于何时？《汉书·匈奴传》作"猃允"，《韦元成传》有"狁"字。后周或春秋时代蒙古被称为"狄"，汉时北狄实指今日外蒙古人。

西〈历〉纪元前二五五——纪元后二二一年，即周末至东汉时代，名之曰"匈奴"。杜佑曰："《山海经》已有匈奴。"《周书》曰："正北匈奴，以橐驼为兽，当时犹微也。"西元二二一——四一九年，即自东汉迄晋代，名之曰"柔然"，后来魏武为之改名曰"蠕蠕"。这时我们已经知道蒙古人称"皇帝"为"可汗"。西元四〇〇——六〇〇年，即由北魏至唐代，名之曰"突厥"（Turki-Mongols）。"蠕蠕灭而突厥兴，尽有西北之域。……唐初，李靖击灭突厥，回纥及薛延陀并称强。"西元六二〇——九六〇年，宋朝名之曰"回纥黠戛斯"（Mohammedan Turki-Mongols）。由南宋开始，才正式称之为"蒙古"的。

蒙古之分有内外，只不过是逊清一代的制事。现在我们称蒙古，实指清制的外蒙古。所以我们称蒙古仍称"外蒙"只是习惯相因，并不合理了，盖这世界上，今日在外蒙古以外，已别无其他蒙古，盖内蒙古地域已改为行省，"内蒙古"这一词早不存在了。

由外蒙独立谈到布利雅蒙古

外蒙独立的酝酿，可以分为三个阶段来说明。这是无可讳言的，他们实在是受了苏联很大的影响，而一再要求独立，终于承认其成立的。

辛亥革命时，帝俄乘我多事之秋，煽动外蒙独立，直到民国四年六月，中、俄、蒙三方签订《恰克图条约》，小获苟安。这是自西元一六九七（康熙三十六丁卯）年，逊清平定外蒙，派遣索额图赴尼布楚与俄使订约以来，是中国在外蒙统治权动摇的开始。

民国八年十一月，全蒙王公会议，结果曾呈请北京政府，撤销自治。这一着一般人皆以为是外蒙当时有意内向；笔者则始终认为是外蒙更趋于外向的回光返照。因为当时的蒙古王公已不足以代表外蒙的人民，同时要不是徐树铮乘俄国革命的机会，以大军威临外蒙，决不致有这昙花一现的内向；果外蒙当时真心内向，那么，为何《恰克图条约》中第三条的规定继续有效，而不立废呢？那条文的规定是中国驻库伦大员之卫队不得超过二百人，其它各处佐理员之卫队不得超过五十人。

民国十年，俄国白党谢米诺夫（Ataman G. M. Semenoff）等一群败退入外蒙，盘据库伦，作为"反赤"的根据地。此时中国忙于内战，北洋军阀谁也不愿派兵去协助外蒙。这是蒙古人民最不满北京政府而衔恨在心的；而苏联的红军呢，为了消灭白党的残余势力，征得外蒙当局的许可，攻陷库伦。苏联或许是为了报答外蒙的这一点，后来为了外蒙的独立，苏联确曾予以无上的援助。

外蒙独立了；谢米诺夫呢？谢米诺夫的下落在今日我们也该有个交代吧。注意苏联远东问题的人，大概无有不知谢米诺夫其人者。帝俄时代他曾任西伯利亚军总司令；革命后，他是白俄反对苏维埃最有力的人物之一。他自库伦被红军痛击之后，便窜赴西伯利亚，为环境所迫，终于投入了日本军阀的怀抱；因此他得在放逐的生涯中，卜居在大连一带，由日本人驯养着。谢米诺夫乃是世界上若干十足毫无头脑而自以为有头脑的军人之一。一天没有酒，他活不下去；一天没有女人，他更活不下去；简直是一头昏醉而纵欲的野兽。一九二一年红军围攻库伦危急之际，他还奸淫了一位帝俄贵族十五岁的小姑娘，然后才匆匆化装逃走的。后来他住在大连多年，除了每年换一个老婆，真可谓毫无所事，无怪乎也只有日本军阀收养之为"门下客"了。

"满洲国"傀儡戏上演时，谢米诺夫的一群也随着粉墨登场。读者苟不健忘，谅来还记得在民国廿四年八月十五日，"满洲国"政府曾下令把七个重要的帝俄人物（俄国皇家军事联合主席阿金梯夫斯基 K. K. Akintievsky 等）驱逐出境，就是为了他们跟谢米诺夫的爪牙，争夺帝俄白党的领导权。当时谢米诺夫奉了日本主子的大命，要派他的爪牙李区柯夫（V. V. Richkoff，据说此人曾参加过上次世界大战，但我人仅知他是中东路满洲里车站上的一名路警，暴死于民国二十四年八月二十二日）去主持设立在哈尔滨的"满洲国"白俄事务管理局，遂演出了这么一出把戏。如今已成了不值重提的往事了。

我曾说，外蒙的独立实在是受了苏联很大的影响。现在妄举一例，以证明之，如何？

贝加尔湖东南的是布利雅蒙古（Buryat Mongolia），是苏俄诸邦里的"布利雅蒙古自治苏维埃社会主义共和国"。他们和外蒙喀尔喀人同血统、同族系、同语文、同风俗习惯。全境人口仅五四二，一七〇，首都乌兰乌德在一九二六年只有二八，九一八人，如今呢，人口增加至一二九，四一七人。在每一次五年计划中，苏联始终不忘这一区域产业和文化的发展，用最大的力量来改善其人民的生活。布利雅蒙古的天然财富都被开发了：石油、铜、石绵、钻石、燃性页岩，都设厂采用了；钨的产量很大，还有金、铁、黑铅、钼、士敏土和玻璃工业所需的原料，全被利用了享受着。从乌兰乌德到恰克图、库伦的铁路铺好了，沿布利雅河，北通泰尔玛（Tyrma）长一百零二英里的铁路，又完成了，泰尔玛是煤、铁蕴藏最丰的区域。

帝俄时代，在布利雅境内，根本没有教育和医药卫生的设备。他们识字的只有全人口的百分之四，这百分之四能懂得那极复杂古代书法文字的，全是喇嘛。他们在上一世纪里的五十年间发生过二十二次饥荒，女性人口在二十年内减少了百分之十六。如今呢，这一切都成了陈迹史话了。自一九三三年以来，他们有很美的住宅，饮食丰富，医院林立，同时他们的农民银行准许人民每年免费旅行一次。每年可以领到两千元住宅修理津贴，又可以向银行借款购乳牛、备家具。他们有三五家人家合用的一部汽车。乌兰乌德城里的电车、阴沟、自来水、戏院、图书馆都和矿山及工业建设同时建筑了起来。全境的学龄儿童几乎都入学了。

教育文化机关	所数	学生总数
初等学校	五二三	九〇，三〇〇
中等及职业学校	二八一	一，六〇〇
大学校	四	一，五〇八
	(四大学均设于乌兰乌德)	
社文集会所成人教育	四二八 (每所容学生二千一百名；每所服务人数一千二百六十七人)	
图书馆	一八〇 (每所藏书册数：三四三，〇〇〇)	
博物院	三	
戏院	四	
科学机关	五	
新闻纸报社	三〇	
有声电影放映机	一〇九	
无线电播音站	九五	

布利雅蒙古在一九三八年便造成了农业产量最高的纪录：每公亩所种粮食平均出产量为一千一百四十磅。畜牧业更是力求改进，在第二个五年计划（一九三三——一九三七）里，乌兰乌德最大规模的罐头食品厂成立了。还有一所蒸溜〔馏〕厂，从有香味的松针里提炼一种含有维他命丙的饮料，每天可出一万五千夸。更有一所庞大的秘密的兵工厂战争中在此开工了。

苏联为什么对布利雅蒙古的建设在加速度下努力不止？要答复这问题，最好引用最近《真理报》所载乌兰乌德城市委员会工业运输部秘书左博夫（I. Zobov）的一节话："我们的努力，一则防御未来的敌人在我们远东的后门发动攻击；再则仍希望我们那同种族同渊源同语文的南邻同志及早猛省，更加密切地跟苏联联系在一起！"这"南邻同志"自然指外蒙。我之介绍布利雅蒙古内情，就是说他们的表现是提高外蒙人民对苏联增加信仰或密切接近的一个最有效的方法。这方法是成功的，姑再引一件事实，以证明我之看法，正和一般世人的看法不谋而合。下文原载 William Mandei's "Soviet Far East"：

　　　　一九四四年七月六日，是布利雅蒙古自治苏维埃社会主义共和国成立二十一周年纪念日。那天，在乌兰乌德举行的庆祝会上，出席的贵宾不仅有俄罗斯的代表，并且还有一位在苏联边境以南、日本统治下的满洲以西的蒙古人民共和国的代表。这决不是完全没有意义的。蒙古人民共和国代表团是由蒙古武装军队的领袖（即外蒙现任国务总理——笔者注）柴保三（Choy Bolsan）元帅率领的。

　　外蒙古确实是在这样的环境与心理下，学习苏联、仿效苏联。事实上今日潜入外蒙力量最大最深的是谁？世所共见，且不去论他。

外蒙的政治与外交

　　我们要说明一下，外蒙尽管到处学习苏联，仿效苏联，而现在的蒙古人民政府的政体却并不是纯粹苏维埃式的；不过跟苏维埃比较起来，也可以说是名异而实同。

　　国民大会在外蒙名之曰"胡鲁儿丹"（Huruldan）。他们的政府现在是由大胡鲁儿丹和小胡鲁儿丹组成的。"胡鲁儿丹"原是蒙古的旧制，远在成吉思汗之先就有这制度了。在最初这会议式的胡鲁儿丹，例由宗室及诸大将、驸马、后妃等组成。蒙古大汗向由胡鲁儿丹就各部首领之英贤勇武有魄力者，共同拥戴选立的。就因此蒙古人曾称雄过欧亚两洲。大胡鲁儿丹是由全国普选成立的，由大胡鲁儿丹产生小胡鲁儿丹，小胡鲁儿丹是三十人，由小胡鲁儿丹委员中选举出政府的主席。这跟苏维埃体制比较起来，所谓大胡鲁儿丹相当于苏维埃联邦大会；小胡鲁儿丹相当于苏联的中央执行委员会。实际握有政权和治权的政党为蒙古国民党。

我说外蒙政体与苏维埃相似，也许有人以为太武断了。今愿提供一个很小的表征，以证我言之不谬，就是外蒙的国旗也是一面赤色的旗帜，和别的苏维埃联邦或共和国一样，那国旗上各有其不同的国徽。

外蒙的宪法是一九二四年大胡鲁儿丹在库伦制定颁行的。这国家最高机关的行政权（宪法第五条）有十项：一、在国际关系上代表国家；二、外交、通商及其它各种条约之缔结权；三、划定国境及宣战、媾和权；四、募集内外债及指导对外贸易权；五、规定国内商业及国外经济之计划权；六、租借权、让与权及取消权；七、军备之建设及指导权；八、规定金融及度量衡权；九、租税及预算之确定权；十、关于土地利用一般原则之规定权。

此宪法如有所变更，由大胡鲁儿丹修正（宪法第六条），大胡鲁儿丹休会期间，国家的主权由小胡鲁儿丹执行；小胡鲁儿丹休会期间，由小胡鲁儿丹驻会委员和政府执行（宪法第四条）。

在此宪法中犹有一特征，是值得注意的！外蒙规定凡由于自己之劳动而生存，年在十八岁以上之国民及蒙古革命军之兵士，皆有选举及被选举权。商人、喇嘛、革命前之贵族及不从事于劳动者皆无选举权。

其次，我们要明白外蒙政府对外的关系如何？这是一个很容易解答的问题，因为在今次中国国民政府正式承认其独立之前，所谓外蒙对外的关系仅有对苏的关系。他们之间的关系又如何？我们只要提供至今依然有效的两大外交文献，就够我人明白一个大概了。

他们双方在恰克图缔订了苏蒙条约之后，苏联向外蒙提出了下列七项要求。在今日这一切均已成为事实了：

一、外蒙的森林、土地、矿产皆归国营；

二、分配公有土地于贫穷蒙古人民；

三、天然富源不得变为私有财产；

四、矿产由外蒙与苏联政府或企业家共同开发；

五、金矿由苏联管理；

六、土地分配按照苏联成例办理；

七、除专利事业外，保留为私有财产之日用品的制造自由。

另一文献，便是苏联援助外蒙的条款：

一、外蒙地方行政，由蒙古人民政府的执权者统辖之，废止活佛、王公称号；二、除外蒙昔日贵族阶级外，负政府重责者须由外蒙人民推任；三、促成外蒙宪法会议，颁定宪法，拥护劳动阶级利益，确定外蒙苏维埃国家最高执权者；四、组织正式陆军，由苏方派军事代表团为之训练；五、协助蒙古人民政府阻止反共产主义的宣传；六、苏联派员设立军事革命委员会；七、保护贫民使不受贵族压迫；八、依选举法任命官吏；九、励行苏维埃教育；十、公立医院，免费治疗，促外蒙人民注重卫生；十一、药房及卫生机关由苏联助其设立，且为苏联在外蒙之独占事业。

十三个省份的划分

外蒙自一九二三年一月十五日自行"独立"后，便把王公盟旗的划分根本废弃。原来的"旗"都被改成"县"，县名多以山川湖沼之名名之。

外蒙在未被我国正式承认其独立之前，原作下列部、盟的划分：

札萨克图汗部：后与三音诺颜一部分，合并称汗泰西里爱玛克（西连科布多，南渡沙漠至额济纳旗，西南达新疆，北接唐努乌梁海）。

三音诺颜汗部：汉匈奴，唐界突建牙之地（东接土谢图汗，南连绥远、宁夏，北至唐努乌梁海，西北界札萨克图汗）。

土谢图汗部：后名泼克图汗爱玛克（南界绥远，西连三音诺颜汗，西北〔至〕唐努乌梁海，北接苏属西伯利亚贝加尔州）。

车臣汗部：后名享尔究爱玛克（东接黑龙江呼伦贝尔，南渡沙漠连于察哈尔，西界土谢图汗，北接西伯利亚）。

另外还有两块大地，我们在下文要立专章叙写一下的，因为这原皆是中国的疆域。

唐努乌梁海：原辖属于外蒙，而竟自行独立，今更加入苏联，成为苏联的一行省（位于科布多、札萨克图汗、三音诺颜汗之北，北界西伯利亚）。

科布多地方：后称台尔格伦特（Dzhargalantu）。原不辖属于外蒙，而竟为外蒙所夺（北界唐努山与乌梁海，西接新疆阿尔泰，东连札萨克图汗）。

我们现在可以这样说：今日的蒙古共和国是由中国的札萨克图汗、三音诺颜汗、土谢图汗、车臣汗和科布多地方而形成的。

面积——六二二，七四四平方英里。

人口——八五〇，二三九，喀尔喀人。

蒙古共和国在他们自己的新的行政分区的制定，把外蒙地方划分了十三个省份，国都设于库伦：

省名		省会		原属部盟
都尔比	Durbet	乌兰固木	Ulankom	科布多地方
科布多	Kobdo	科布多	Kobdo	科布多地方
札布干	Dzapkhan	乌里雅苏台	Uliissutai	札萨克图汗部
阿尔泰	Altai	汗泰西里	Khan Taishiri	札萨克图汗部
库苏古尔	Kosogol	克特哈尔	Khatkhyl	三音诺颜汗部
乌布尔浑	Ubur Khangai	推台	Tui	三音诺颜汗部

省名		省会		原属部盟
鄂尔浑	Ara Khangai	齐齐尔里克	Tsetserlik	三音诺颜汗及土谢图汗二部
南戈壁	South Gobi	达尔吉尔浑	Delgir-Khangai	三音诺颜汗及土谢图汗二部
中央	Central	库伦	Urga	土谢图汗部
农业	Agricultural	买卖城	Altan-Bulak	土谢图汗部
东戈壁	East Gobi	赛音乌苏	Sain-Usu	土谢图汗及车臣汗二部
肯特	Kentai	东库伦	Undurkhan	车臣汗部
东方	Eastern	克鲁伦	Kerulen	车臣汗部

外蒙古的财富、经济现况和军事实力

凡是中国西北盛产的物资，在外蒙是无不具备而且丰富异常。关于畜牧业方面，先要提出一桩小事，就是兽血的利用，陕甘绥宁一带似乎还没有人重视到兽血；兽血富于蛋白质，可以提炼出上好的涂饰剂。今日外蒙专营此业的，就有好几家大规模的公司。

外蒙的一切蕴藏都很富有，所以外蒙确实是一个颇堪自给自足的地域，要什么有什么；切实地说，外蒙的经济价值还在美国的德克撒〔撒〕西州之上。由于苏联技术的协助，外蒙在东亚已经是一个十足工业化的地域了。最初，外蒙的轻重工业都是苏联工程师和技工为他们设计、建盖、运用着的，可是在近年以来，所有工厂里的苏联技术员工的职位，全由外蒙青年接充了。这班青年工业家十之八九是由苏联留学归来的。这一群新生的一代，早已摆脱了古老的游牧生活，步上了科学的现代生活。

在二十年前，外蒙原是世界上货币的展览场，各式货币都在这地域里可得任意流通。东方最常见的中国银元、俄国卢布、银锞元宝、日本老头票、陕晋票号的油纸券……一概通用无阻。一九二八年，蒙古人民政府制定了自己的币制，大量发行钞票，他们的货币单位名之曰"图克黑雷克"（Tukhrik）。自图克黑雷克发行之后，其他任何货币，除了苏联的卢布，一律被严拒。如果说中国钱币还有在外蒙存在的，那便是外蒙民间自藏的古老的中国银元。

外蒙的图克黑雷克的准备担保，不以硬金属如金银之类，而是以全国的牲畜为担保的，因为游牧民族最重视的财富，不是金银珠宝而是牲口。迄目前为止，图克黑雷克和我国国币之间，始终没有正式的汇率规定；今后恢复往来，当然绝不致于再隔阂下去。图克黑雷克的实值如何？今提供一实例，以供当局今后规定对蒙汇率的参考：由每一蒲特的商品自库伦运至莫斯科的运费，我们可以看出图克黑雷克的价值：

库伦——恰克图 （二二一英里）	大车运费〇·七〇蒙币；铁路运费〇·五三蒙币。
恰克图——上乌丁斯克	轮船运费〇·二〇蒙币；铁路运费〇·一八蒙币。
上乌丁斯克——莫斯科	铁路运费以卢布计，折合蒙币为一·二五图克黑雷克。

外蒙对外贸易的总额，近十年来，有增无减，其实所谓对外贸易，只是对苏贸易，华商与外蒙的关系在过去可算得私相授受，而且外蒙这二十年来对华商多无好感。今日中蒙之间的商业关系，已无法统计，且无可叙述。

外蒙主要的入口物资有八种，其每年输入总额的百分率如下：

茶叶　三六%	酒类　七%	谷物　一六%	织物　二%
麦粉　二六%	用具　三%	烟草　九%	砂糖　一%

外蒙主要的出口物资也有八种，其每年输出总额的百分率如下：

| 家畜牲口 六〇% | 兽猎物品 四% | 羊毛 一一% | 羊毛皮 二% |
| 各式毛皮 一五% | 驼毛 二% | 马毛马尾 四% | 各种皮革 二% |

外蒙的经济主力，基于畜牧事业，在二十年来，我国官方的估计，马、牛、羊、骆驼有下列的数字（以千为单位）：

| 马 一，三四〇 | 牛 一，五一四 | 羊 一〇，六二五 | 驼 二七四 |

但去年《莫斯科新闻》上发表的统计，关于马、牛、羊、驼者，约较上列数字，增加了六七倍之多。我们敢相信，这决不是不可能的。

牛在外蒙古有三种：最好最多的牛跟内地的牡牛没有什么两样，只是在量方面较多，在质方面较壮。他们人民都爱食此牛；另一种名字叫做 haimik，产量不多；还有一种名字叫做 Sarlik 的，它的肉太老，而且没有香味。

外蒙牡牛有肥颈、巨胸、平背和壮腿。莫斯科农业研究院关于外蒙牡牛的净重有下列统计的研究结果的发表：

年龄	活时重量（磅）	屠宰去骨后净重（磅）	年龄	活时重量（磅）	屠宰去骨后净重（磅）
一岁以下	五四——〇八	二七—一五四	五—六	五七〇—七二〇	二八八—一三六〇
一—二	一二六——八〇	六三—一九〇	六—七	八六四—一八六四①	三三四—一四三三
二—三	二一六—二八八	一〇八—一四四	七—八	七九二—九三六	三九六—一四六八
四—五	四三二—五七六	二一六—二八八	八岁以上	九三六—一，〇八〇	四六八—一五四〇

---

① 原文如此。——整理者注

全世界最好的羊肉产在外蒙古。在第一次世界大战以前，世人咸以为最好的羊肉产在苏联和吉尔吉斯。战争结束后，一批捷克军官经过西伯利亚，由太平洋绕道返国，才发现最好的羊肉产在外蒙。这消息传到欧洲，第一个到买卖城来大量收购外蒙羊肉的是英国出口公司；接着日本向外蒙购了大批羊种，运到南满沿线的公主岭去繁殖。据卡伦密斯齐夫（Karamischeff）对外蒙羊种研究的结果：牡羊平均身高三二·四一吋，平均身重九八·一五磅；平均净重（去骨）五三·九八磅。牝羊平均身高二七·九一吋，平均身重六九·八八磅，平均净重（去骨）五三·九八磅。不论牡牝，尾部脂肪平均重量为一七·〇九磅。每羊纯脂肪占净重的百分之二〇·一三。今日外蒙人民和他们的政府对这些科学的统计，极为重视；人民随时报告官厅，官厅也设有专门研究的机构，所以外蒙的羊种有惊人的进步。

外蒙的羊出口至夥，英国、日本都曾做过外蒙的好主顾，今日他们唯一的主顾是苏联；且不论外蒙羊群到了莫斯科，再转销欧洲；我们至少已看到在西伯利亚东部，外贝加尔省、滨海省、萨哈连（库页）和堪札加，不但羊市场，一切畜牧业市场，完全由外蒙独占着。

毛皮和皮革亦复是外蒙的主要财富之一，单是各式毛皮近来每年出口运往苏联的在一千万张以上。外蒙的毛皮有两大特点，色泽深，而"板子"厚。外蒙的红狐，举世闻名，今日内地人家有红狐皮衣者鲜矣。外蒙灰鼠皮尤为可贵，这灰鼠有微黑灰背；白色下腹；毛柔厚，色鲜明。还有黑貂和水獭也是名贵的。

中国药物内主要的药剂，外蒙盛产的有甘草和麻黄。据苏联的考查，外蒙除盛产槲木和栗木，还有几种著名的林木，如：巴丁（Badian）、椅（Kermek）、酸模（Wood Sorel, Oxalis）和烟木（Taran）这四种树的根部都极富于鞣酸，兹将其所含鞣酸的百分率列表如下：

烟木	二四·二八%	酸模	二·二六%
巴丁	二三·一〇%	楛	一〇·四〇%

重要的矿产，蒙古政府确有缜密的调查，但我们很不容易获得这一类的实际数字，据传今日外蒙已开采的矿山有煤、铁、铜、金、铅、笔铅、硫化物、硝石、盐和石油。只是煤的蕴藏，据非官方的估计，无烟煤有三二五，〇〇〇，〇〇〇吨，烟煤有六五〇，〇〇〇，〇〇〇吨。以那依夫煤矿最为现代化。

外蒙这一块大地，除了普遍地适宜于畜牧外，凡沿河流的地域则又无不宜于耕种。集体农场和牧场的成立，机械化农具的运用以及科学耕种方法的教育，一年年不断进步着。

在你以为，外蒙自己没有领海，一定毫无渔业可言。这想像是错误的。他们境内的湖泊里无不盛产鱼类；如今每一湖泊岸畔都有渔业公司成立了，当以库苏古尔泊里的鱼产最富。

他们的一切经济建设和轻重工业以及商业往来，统受政府主持的中央合作社支配。任何金融事业皆操之于苏蒙合办的蒙古实业银行，也就是今日外蒙的国家银行，这银行的前身乃是当年帝俄时代在外蒙所办的拓殖银行。

外蒙经济建设的成绩是：

	一九二八年	一九三八年	一九四四年
国家预算	七六，四〇〇，〇〇〇卢布	一四二，四〇〇，〇〇〇卢布	二九八，〇〇〇，〇〇〇卢布（此年度军费大增）
工业出品	一七一，〇〇〇，〇〇〇卢布	三九二，四八五，〇〇〇卢布	五二五，三七六，〇〇〇卢布
劳工人数	八五，二八〇人	一四八，三五一人	二九七，一四五人

关于外蒙今日军事的设备和实力，很不容易得到正确的情报，

同时蒙古人民政府对此绝对保守秘密，即便有若干蛛丝马迹可循，不失之于夸大的宣传，即失之于从旁推敲臆测。我笔下所写，乃是根据外人的估计，而此处所指"外人"非指苏联，苏方和蒙古当局就没有公开过这一类的报告。我们深知在第二次大战中，外蒙亦曾不断地加紧训练军队，他们似乎就曾出过兵帮助盟国之一的国家痛击过希特勒，现任外蒙总理柴保三在第二次世界大战中，就曾两度领率蒙古人民慰劳团到列宁格勒和莫斯科去慰劳红军。库伦兵工厂在今次战争中曾大事扩充。

汉黑特大营的内幕，至今外人无从得悉。买卖城就有军需工厂九处，兵营七所。外蒙有陆军大学和完备的士官学校。外蒙各地的飞机场都很完善；苟一旦用兵可出第一线精锐部队二十万人；军马十万至十五万匹。飞机有多少？不得而知。我人只知，在中蒙交界的乌德城，就经常驻有军用飞机五十架和完备的地勤设备。

一说：外蒙现役兵有独立骑兵旅团一，联队二，中队一，炮兵大队一，溜炮中队一，加农炮队一，装甲大队一，飞机大队一，防空队一，汽车辎重队一。

另一说：正规军（步骑混合部队）九师，大部分驻屯在库伦、买卖城、克鲁伦以及贝加尔湖南岸的边境上。目下库伦驻城部队有步骑混成旅一旅；大炮四十二尊，高射炮七门，重机关枪一百三十挺，轻机关枪三百四十挺，坦克二十八辆，装甲车一百八十辆，飞机四十四架；库伦机场可容二百架以上，一切设备现代化。

和林古城今何在？

冻彻池塘百草茅〔芽〕，断鸿低雪怨凝茄；
晴窗一曲春风咏，开遍满山桃杏花。

在外蒙有一座为世界学者所瞩目而且不断有人在悉心研究，事实上早已湮没了的故城，便是和林。这乃是古人的一首《和林春日书事诗》。

"和林"在蒙古语文里叫做加拉戈尔姆（Karakorum）。"加拉（kara）"的原意是"黑"，"戈尔姆（korum）"，"土"也。蒙古人之所以名之曰"黑土"城者，就是因为在这一块平原上，土壤肥沃，富源无尽。产米、麦、瓜、果，又远与沙漠隔离，没有风沙荒尘的危害。我个人却以为此古城在元时之所以叫做"黑土"，乃是指此地所产的铁矿，元朝之建都在此，完全为了当时惟有此地被发现了富有铸造刀枪、火箭的金属矿产。

《蒙古游牧记》曰："蒙古太宗七年，建都和林。"而《元地理志》竟说，"太祖十五年建都和林。"

《元地理志》的说法是绝对错误的。元太祖十五年在西域。春三月太祖克蒲华城，夏五月克寻思干城，秋克斡脱罗儿城，中途就没有折回一次，当然不会有建都的事。太祖十五年岁次庚辰，正是长春真人由燕京往德兴之岁，其《西游记》云："师闻行宫渐西，春秋已高，欲待驾回朝谒。"这又足见征西域后，太祖始终没有中回过一次。《太祖本纪》中关于他的行止恒有纪载，但就没有提到过和林，和林当非太祖所建。

耶律铸《双溪醉隐集·取和林诗》注："和林城，苾伽可汗之故地也。岁乙未（公元一二三五年），圣朝太宗皇帝城此，起万安宫，城西北七十里，有苾伽可汗宫城遗址；城东北七十里有唐明皇开元壬申御制御书阙特勤碑。"

《水道提纲》称："元和林城，在（察罕）鄂模西南（鄂尔浑河上流一支，济尔玛台河，源出额黑铁木儿南麓，东北流，曲曲二百余里，潴为池，曰察罕鄂模）。"

欧阳圭斋《高昌偰氏家传》曰："和林有三水焉：一由城南山东北流曰斡耳河（今鄂尔浑河）；一经城西北流曰和林河（今哈内

河）；一发西北东流曰契辇杰河（今色楞格河）。"

当年和林之盛，蒙古之强，有这么一首诗：

> 陈兵阔里黄芦淀，转战斜车白草崛；
>
> 飞骑星驰穿处月，追亡逐北入沙陀。

阔里，岭名；黄芦淀、斜车、处月，都是山名。和林在当时究竟繁华富丽到什么程度，可以许有壬《至正集》内的描写为例：

> 定都和林，太宗皇帝……始建宫阙，〈因筑〉梵宇，基而未屋；宪宗继述，岁丙辰（西元一二五六年），作大浮屠，覆以杰阁……阁五级，高三百尺，其下四面为屋，各七间，环列诸佛具如经旨。至正壬午（西元一三四二）年，重修，周塔涂金，晃朗夺目，阁中〈边〉顶〔顶〕踵，〈巨细曲折〉，若城平椠垩，靡不坚丽，赐名曰兴元之阁。

日本桑原骘藏《东洋史要》曰："和林即今三音诺颜汗右翼末旗布儿罕山之哈啊尼敦。"

俄国考米诺夫民国元年在鄂尔浑河与塔密尔河之间，发掘了黄金城；所谓黄金城就是当年和林城里的万安宫。和林最盛时在那一块四万多方里的平原上，直是屋宇栉比，楼阁辉煌。

法国教士卢白利克（W. Rubriquis）游历中国时，关于和林曾有如下的一段纪载：

> 和林城有大街二：一为回教徒所居，中辟市场；一居中国工匠。二街之外，为朝贵大臣邸地。佛寺十二，耶教堂一，回寺二。街外四围筑土为垣，四门：东门卖粮谷；西门市羊；北门市马；南门市牛。近城壁有大离宫，即元太宗所建万安宫。宫墙砖瓷，有广大庭殿。年例聚朝贵大臣宴于此。

直到元世祖忽必烈，始定国号曰元，都城始由和林迁往燕京（北平）。

迄今世，和林的大名播于全球，致力于史学者莫不精心于此，专于元代史者尤以毕生精力研究此城；而此千古遗迹埋没于荒原蔓草之间久矣。此和林故址在今日外蒙的鄂尔浑省境内，鄂而浑河的西岸，距该省省会齐齐尔里克东南约一百公里光景。突厥苾伽可汗建牙处，即后来汪罕开府之地，在今日齐齐尔里克东南十五公里。莫斯科史学研究院关于和林的一切，编印有巨册的报告，惜手头无有此卷，同时深叹国人对此之疏忽太过，又岂止限于此一古城之史据而已哉！

　　蒙古人恒以元代史迹自耀，谅对和林必更有精确的研究。学术无国界，盼公诸于世如何？

《新中华》（半月刊）

上海新中华杂志社

1946 年复 45—47 期

（李红权　整理）

外蒙古共和国全貌

金云深 撰

所谓外蒙古人民共和国，位于中苏国境之间，多年以来，它的国际地位一向是成为问题的，直至本年（一九四六年）一月五日，我国民政府发表承认外蒙古独立公告后，才告确定。此共和国现在虽以独立国的姿态出现于世界舞台，但其内情，因局处内陆及交通阻梗的关系，依然像一个神秘的迷。本文大部取材于研究远东问题的国外杂志，以现时关于报导外蒙资料的缺乏，深信本文尚不失参考的价值。

作者附志

风土及生活

外蒙古，即蒙古人民共和国，位于亚洲大陆的中央，面积约一百五十万平方公里，相等于德、英、法、意本土合并的面积，国境线达七千公里以上，北与苏联接壤一千九百公里。在此境内，连绵着阿尔泰山、萨扬岭和雅布罗诺威岭。又与杜芬人民共和国接壤九百公里。气候是十足大陆性的，干燥而少雨，仅夏季降雨，冬季少雪，春季吹冷风，气温在一日之中，变化甚大，昼间热至二十度至二十五度，夜间则骤降至零下五度至十五度。一年中平均气温为零下〇·二度。空气的透明为外蒙气候的特征，但在另一方面，为表示空气的干燥。外蒙全土的三分之二以上，是高地和河流，低地繁生着各种的杂草，有些场所，杂草的长度，几与人身等高。

外蒙的人口，据最近调查，约九十万人，其中百分之八十八，为蒙兀儿·喀尔喀族，其余为布里雅特族、杜尔伯特族、阿拉善族、土默特族、卡闸夫族、乌里雅恩哈伊等种族。人口密度，每一平方公里为〇·五人。蒙古人非常善良而好客，是优良的人种，对旅客特别爱护，在国内纵令小孩也能安全地旅行着。据说不论到任何地方的游牧部落去，食宿俱能不生问题，他们有着宁可自己没有吃而给客人吃的美德，因此无论任何人都能毫无担心地旅行着。又蒙古人是生活在张开的薄毡的天幕里的，为射入光线和放出灶烟起见，在天幕顶上开着小孔。蒙古人因游牧地常常变迁的关系，所以不得不在牧场附近度其天幕生活，蒙古人是大部以牧畜为主要生业。

外蒙国的成立

十二〔三〕世纪初，在外贝加尔（Trans Baikal）东北部阿穆尔河（Amur R.）上游，从事游牧的各种族开始统一，由各种族的王公会议，选铁木真为首领，即成吉思汗。铁木真将此统一的种族称为蒙古人。此蒙古人的强力的同盟，也逐渐地向其邻近的部落伸手，占领了更丰饶更广大的游牧地。对敌对者，予以镇压或征服，伸展其势力至中央亚细亚一带。之后，进军中国东部和西方，自太平洋沿岸以迄中部欧洲，均入其掌握，因第二代的成吉思汗之死，暂时停止了西方的进攻。在铁木真以后的第四代的成吉思汗忽必烈的时候，更占领了印度支那和西藏，忽必烈称中国皇帝而开元朝之基。

于十五世纪之初，蒙古分裂为东、西两部，东蒙古更分裂为南、北两部，南蒙古再分裂为南、西两部。彼得或于西藏，或于乌拉尔河（Ural R.）、伏尔加河（Volga R.）沿岸，分头营着游牧生活。

分为东、西及南、北的蒙古，互相争夺，不绝作流血的斗争。而北蒙古等因在战争中疲不能兴，遂求救于他国，而成为清朝的臣民。

满洲人对于蒙古，援助喇嘛教非常努力。清朝在本国排斥喇嘛而奖励儒教，但在蒙古国内为奖励喇嘛教，赐与喇嘛僧种种特权，以喇嘛教为侵略的武器，到处建造喇嘛庙。

清朝利用喇嘛教而在喇嘛与王公间造成一条鸿沟，使互相反目，以加强清朝的支配力。其后，蒙古国内行政上有权的官吏，悉为满人所占。又废止中国人进入蒙古的禁令，于是中国商人、农民、工匠、官吏等蜂拥前往，于一九一一年设立中国移民机关，有计划的移殖中国农民，而且为防人心的动摇，自华北派遣军队十营开入蒙古。

这时蒙古人受到煽惑，激起了独立运动，其唯一手段，即派遣使者至彼得格勒请求保护。对外蒙抱有甚大关心的帝俄，约定予以援助。于是独立的准备是着着进行了。于一九一一年，中国与蒙古各处发生冲突，其间，清朝也已覆亡，一九一二年，以库伦政府为中心，再度统一了蒙古的全种族，蒙古即背叛中国而独立。

然帝俄政府此时还不愿蒙古宣告独立，于是煽惑住于东蒙古的额鲁特族、喀尔喀族，使其内讧，因此，蒙古独立未成而仅被同意自治。一九一五年中、俄、蒙三国代表签订了关于蒙古独立的三国协定，于此条约中初用外蒙古之名，以代北蒙古或喀尔喀，其他部分则称内蒙古，残留于中国版图内。帝俄为伸张其势力，于自治的蒙古，不惜化了很多金钱而予以援助。其后，俄罗斯发生革命，苏维埃政府成立，于一九一九年八月间，〈明〉白表示苏维埃政府对蒙古自治政府的态度，承认了蒙古的独立。

独立运动始末

一九一九年末，由苏海巴特鲁与乔伊巴尔森领导的革命团体诞生了，于是在蒙古国内掀起了所谓"民族解放"的运动。不久，以此团体为中心组织了蒙古人民革命党。该党号称"以蒙古民族的解放，人民代表制度的确立及欧洲文化的输入"等为目的。

当一九二〇年之初，被红军击破的白军安纳柯夫及其他白党侵入蒙古，谢米诺夫军和日本军自外贝加尔撤退以后，谢米诺夫军的一队温甘伦史登堡（Ungern Sternberg）的部队长留于车臣汗（翁都原汗）草原。他们被中国驻防部队击溃，但于半年内回复了势力，筹划建立大蒙古国，与安纳柯夫等部队连络，攻击库伦，击败中国军队，外蒙古殆全部受其支配。温甘伦史登堡发表蒙古独立的宣言，以对彼等寄予好意的王公、喇嘛组织政府，着手于攻击苏维埃的准备。

一九二一年初，革命党的游击部队，集结于北方苏俄国境。同年三月，于买卖城举行蒙古人民革命党代表大会，以游击部队改编为人民革命第一军，对中国军队及温甘伦史登堡军等开始军事行动，同时决定向苏俄请求援助。

苏俄派遣一部分红军前往外蒙古，协助蒙古政府击溃温甘伦史登堡军，又苦心惨澹地肃清国内（特别是西蒙古）的白军，此战争一直继续至一九二五年，同年三月，红军自蒙古撤退，而蒙古人民共和国的独立大体上已告完成。

新蒙古

以苏海巴特鲁为首的蒙古人民革命党的代表，与列宁会见，于一九二一年举行蒙古人民革命党第一次代表大会，发表宣言，通过下列诸决议案，即"全国国民无论僧侣，均负兵役的义务；实行公平裁判，公平纳税；对喇嘛庙的财产课税；废止农奴制；实施民主政治，但仍维持立宪君主哲布尊丹巴呼图克图（活佛）的权利"。而且基于此大会，决定了地方自治的选举制度，原有五个阶级的权利一律平等，废止体刑及拷问的制度，又审判取陪审制度，旧政府给予诸外国的权利一律无效。

一九二一年九月，决定了政府咨询机关小"呼拉尔登"（国民议会）的选举法规，小"呼拉尔登"由阁员及次官组成，居住于首都库伦（乌兰巴托）的王公、喇嘛的全部予以参加此项会议的权利。同年十月，举行最初的小"呼拉尔登"会议，议决废止"阿尔巴"（百姓对王公、僧侣的贡物）及其他种种。

蒙古人民政府成立之初，即遭王公、贵族和喇嘛僧侣的阴谋破坏，陆军部长兼革命军总司令达恩强，亦为阴谋破坏的一人，人民革命党第三次代表大会决议逮捕此等阴谋者，同时肃清党内异派分子的王公、贵族等。又在此大会以前，因蒙古王呼图克图，所谓"活佛"者已逝世，故大会即乘机决定采用共和政体。

一九二四年十一月举行第一次大"呼拉尔登"（相当于苏联的最高会议），在此会议上，发表了蒙古勤劳国民的权利宣言，即：蒙古是独立的人民共和国，一切主权属于勤劳国民，消除封建的神权的特权，巩固完全的新共和制的基础等。又废弃一九一一年革命以来缔结的关于国债的一切国际条约，编成蒙古人民革命军，实施全国的军事教育。又不问民族、宗教、性别如何，一律予以平等的权利。然当此宣言实施之际，随着来了很多的困难，僧侣、王公、贵族等反对政府的政策，到处酝酿阴谋，但此等阴谋，结果均一扫而空。

一九四〇年举行第十次人民革命党大会，决议通过蒙古人民共和国为接受苏联援助的国家，蒙古人民革命党为协力于"国际共产主义劳动者联盟"的政党。而且因现行宪法已成过去，而不适于时代，所以提出新宪法草案，当于第八次大"呼拉尔登"会议上通过，即所谓"乔伊巴尔森"宪法。

此宪法的制定，是外蒙最近政治上的一件大事，此宪法由十二章九十五条组成，内容相当繁复，连国家的标帜也被更改。

而且仿效苏联，设置陆军、外交、牧农、工业建设、财政、内政、教育、卫生、交通、商务、司法十一个人民委员部。

在外蒙政治上占有重要地位的，有革命青年同盟。此同盟在一九二一年成立于库伦，在一般国民之间，握有非常大的势力，会员也日益增加，于一九二一年全体不过三十人，但至一九四〇年已达二万七千人之多。

工会的组织，是国内工业发展后的产物，非常微弱。最初仅有裁缝工会，由各民族分别组成，一九二八年的工会大会，于组织上的各点予以大改革，废止以民族区分的工会。于一九三〇年有工会六个，会员约一万人，于一九四〇年，工会数为十四，会员约一万二千人。

国家的结构

依蒙古人民共和国宪法，国家的最高权力属于大"呼拉尔登"，小"呼拉尔登"由大"呼拉尔登"选出，小"呼拉尔登"再选出政府。大"呼拉尔登"闭会期内，小"呼拉尔登"与政府握国家的全权，恰与苏联相同。大"呼拉尔登"的例会，于三年内至少召开一次，又小"呼拉尔登"的例会，每年至少召开两次。地方行政，于一九二一年的革命以前一切权力是无限制地属于王公的，则划分行政区，其名称仍沿用千年以来的旧名"阿伊马克"（部族）及"索蒙"（旗），并重定境界，分全国为十三个"阿伊马克"。

外蒙军事的现状

关于外蒙军事方面的一切，是由第一次大"呼拉尔登"所决定，编成蒙古人民革命军，全国实施军事教育。大体上，蒙古的军队，如前所述。当蒙古独立之际组织的游击部队，与苏俄红军共同对温甘伦史登堡军及其他白军作战的时候，由苏海巴特鲁创立，其后根据苏海巴特鲁的提议，将游击部队改编为正规军。此人民革命军在教育上、战斗上系受苏联红军的指导，采用政治教育制度，依国民皆兵制而编成。

外蒙军由中央部队（即正规军）和地方部队（即民军）构成，正规军的最高司令是陆军部长，总司令部和陆军部是"一而二，二而一"的机构。其下有旅、团、政治本部及其他，又有军官学校和航空学校，及航空、机械、炮兵、通信各部队。民军在一朝有事时可编为正规军。人民革命军的基本兵科为骑兵。此因蒙古人生来善骑而具有巧妙的技术之故。

设于库伦的军官学校，专事造就航空以外各兵科的将校及政治干部，飞行员、机械员，则系受教育于苏海巴特鲁陆军航空学校。军队中百分之三十弱为蒙古人民革命党员，百分之五十为革命青年同盟会员。又军队报纸除刊行《红星》报外，并发行军事杂志。

外蒙的新产业

外蒙的产业，最重要的是牧畜。每人畜养的家畜头数平均为二·八八，占世界的第一位。政府对此畜产的必要设施，首先即着手于医疗设备，刈草场的设置，畜舍的建设及无水地带的凿井等等。一九二三年于内政部设置兽医处，实施大规模的移动诊疗。一九二四年的大"呼拉尔登"（国民大会），对冬季饲料由国家贮藏及建设冬季家畜窝棚等提案，立即移交政府实行。为实行此项提案，国家贷予资本给一般人民，而积极推动畜牧的振兴。此项贷金总额，于一九三〇年为七万三千五百"托乌柯里克"（外蒙古人民共和国本位货币），于一九四〇年达五百六十万"托乌柯里克"。

于一九三七年，得苏联的援助，设立蒙古人民共和国最初的刈草机配给所十处，配给所备有牵引机、刈草机、兽曳铁抓、汽车、石油、发动机等，全部是由苏联供给。于各配给所更有苏联派来的专家协助工作。

由于各种机械的利用，一般人民的牧畜也逐渐地发达起来，以前对严冬和饲料不足等是非常恐慌着，但由于机械化的缘故而无庸关心了。又从荷兰和苏联买入畜种，试行品种改良和异种交配所产生的结果，根据蒙古有史以来第一次的家畜调查，则迄一九二四年为止，尚未发见大的变化，但于其后的六个年间，即一九二五年至一九三〇年间，约增加二倍，其后多少有些变动，大概于一九三三年以后，有继续增加的趋势。

其次就农业而言，此领土的大部分是多石的盐沼土，于农业不很适宜。蒙古人民共和国政府以农业为牧畜的副业，设置国营农场，考虑此处的土壤和气候，而栽培以适宜的作物，由于利用各种的机械，经营着欧洲式的耕作。

一般人民，单独或协同经营着农业，国家则贷与买入农具和种子的资本。农业和狩猎一样，在他们的经济生活中，占着重要的部分。狩猎以"他白根"（tarbagan，亚洲东北部所产的一种啮齿动物）的狩猎为最盛，其次为栗鼠、银狐、狼等的狩猎。毛皮一项，向欧洲及美洲市场输出，占蒙古人民共和国贸易的百分之二十。

蒙古人民共和国的工业，迄一九二一年革命时，仅有小规模手工业的矿业，除采金以外，在距库伦三十公里的哈拉衣哈，小规模开采着藏量不丰的煤矿，加工工业是完全没有。一九二五年，于库伦设皮革工厂，其设备系来自苏联。一九三〇年与苏联缔结契约，对库伦的工业企业建设，得到了技术的援助。此综合企业于一九三四年开始工作，其中皮革工厂的生产占去大部分，此处劳动者的人数，达一千五百人。而且设有自置发电所、仓库、机械制作工厂及劳动者的住宅、食堂、俱乐部、诊疗所等。一九三二年设立蒸汽洗羊毛工厂，过去输出国外的羊毛都未经洗过的，这样是能以洗过的羊毛输出了。其他如炼瓦、印刷、制材等工厂虽已设置，但大企业须依赖苏联的援助始能日趋发达。外蒙工业的总生产额，于一九二七年为一百八十万"托乌柯里克"，于一九三九年已增至三千九百四十万"托乌柯里克"。

畜产原料的加工，已成为该国工业的重心，从事此工业企业的蒙古人，包括工人和职员，自一九二四年的六十人起，迄一九三九年已递增至九千九百六十九人。同时，家庭工业协会也已组织起来，政府对该协会给与种种的特惠。此家庭工业的部门，是蒙古靴、皮革、木细工、食料品及裁缝等。生产物的年产额，亦逐年增加着。

蒙古人民共和国的交通机关，以汽车为主，良好的公路已完成很多，汽车的大部分，是用以运输货物。而且沿着此等公路，各处设有修理场，以便障碍时紧急修理。汽车运输是国营的，由蒙古运输公司直接管理。汽车的数量，年有增加，从而运输效能也显著地提高。又定期航空路也已开辟，可是水运因地势的关系不很发达。至于铁路，则于一九三八年在库伦、哈拉衣哈间筑有最初的轻便铁路。

在外蒙，迄一九二五年尚没有法定的货币，蒙古人是以羊交换砖茶。外蒙古的贸易额，年达五千万卢布，中国占其大部分。蒙古人民政府于一九二三年着手于蒙古商工银行的设立，该银行于一九二五年开始营业。而且实行币制改革，以蒙古银行发行的银币及纸币"托乌柯里克"为法定通货。

有兴味的教育制度

迄一九一一年的革命为止，外蒙是全然没有学校的。因此能够读书的人是极少的，仅有地主地位的人，才特地聘请了教师以教育其儿童。惟一的教育场所是喇嘛庙，如欲教育儿童，则必须送其儿童至喇嘛庙或喇嘛僧的身边。

在喇嘛庙所教授的，完全是西藏语的教本，第八次大"呼拉尔登"为发展将来的国民教育曾通过：使已届入学年龄的儿童全部〈入〉学，动员教员，知识阶级，识字民众等以扫除成年文盲，以及充师范学校的教员养成所等决议案。

于一九三九年，有小学校九十五所，学生数七千六百人，中学校十二所，学生数二千余人，识字成年人为七万八千人，占成年人全数之百分之八·一。

外蒙于革命前，报纸杂志，全然没有发行过。一般国民主要地以西藏、印度、中国那边口头传来的传说为满足。在现在，有五种报纸发行着，其发行数共计六万二千份。此种报纸即《真理报》、《红星报》等。其他杂志也发行七种。又蒙古国立出版所，出有政治、科学、文学、艺术的单行本与教科书等，蒙古人的著作家、诗人也有着。

《世界月刊》
上海世界书局
1946 年 1 卷 1 期
（朱宪 整理）

蒙古人民共和国的诞生

徐金涛　撰

小朋友，如果你们稍研究过历史的，一定知道我国自立国以来，疆域最大的一代是元朝。建立元朝的是蒙古族，他们的武功，曾震动过全世界，至今欧人说到蒙人西征的故事，还有"谈虎色变"的样子。这个骁勇善战的民族，他们的发祥地，就在我国的极北部，那块地方叫做蒙古。抗战胜利后，蒋主席再三声明尊重边疆民族自主的精神，看到蒙古的人民屡有要求独立的表示，因此在去年十月，允许蒙古人民在中央特派大员监视之下，举行公民投票，结果，蒙古人差不多全数赞成独立。今年一月五日，国府便正式发表承认蒙古的公告。今后的蒙古，已是我国的邻邦，中蒙之间，将树立敦善友睦的外交关系，所以我们对于蒙古，应该加以认识。

元时蒙古族统治中国，只有八十九年。明太祖朱元璋复兴汉族，把元帝赶回蒙古老家去，又恐怕他们再南下侵略，乃大规模修筑长城，以作防备。清初收服蒙古，此后便成为中华民族的一支族。但清廷对边疆各民族，一向采取高压政策，蒙人对于受中国统治，自然不会心服。恰巧自公元一九〇四年日俄战争沙皇受挫于日本以后，就看中了这一块广大的土地，暗中煽动，当辛亥革命爆发后不久，外蒙乘机宣布独立，将全境置于俄国保护的下面。我国屡经交涉，才于民国二年，取得了一纸宗主权的空名。

欧战将结束时，俄国发生革命，外蒙自动内附。不过政府对于外蒙，终因地处沙漠以北，有"鞭长莫及"之苦。俄国革命后，白党在本国没有立足之地，带兵侵入外蒙，驱逐我国官吏，成为他们的天下。这时许多蒙古青年，不甘受人奴役，开始组织人民党，在苏联的援助下，成立革命军，经过了多次血战，才将全境的白俄，完全肃清。不久，成立人民共和国。以后蒙古的一切政治设施和军队编制等，大部分效法苏联。二十余年来，蒙古和我国不发生从属的关系，这件悬案始终没有解决。这次我国民政府毅然允许蒙古自己决定他的国运，非但使中蒙的关系得以明朗，并且对于东亚的和平，也有极大的帮助。

蒙古的地位，东界黑龙江，南界绥远、察哈尔、宁夏三省，西界新疆，北界苏联的西伯利亚，面积共有一百六十二万方公里。此处的地势，是由数条山脉包围成的高原，西北是萨彦岭，西南是阿尔泰山脉，东南有肯特山脉，中央又有唐努、杭爱两山脉。河流很多，大概都流入无吐口的盐湖，以叶尼塞河和色楞格河为最大。气候在冬季极寒，夏天极热，一日之内，昼夜温度的高低，相差也很大；而空气干燥，沙风激烈，又是这里气象的特色。

关于蒙古的人口，据最近的统计，全数约在一百八十万左右，每一方公里的土地上面，只住一个人。居民除蒙古族外，还有二十余万华夏衣冠的汉人，和碧眼黄发的苏联人。过去蒙人对喇嘛教信仰非常深，大家希望做喇嘛，喇嘛是不能娶妻的，这样便影响了人口的增殖率。人民党执政后，宗教的势力，才一天天的减弱。

蒙古人民，都靠着畜牧生活，相见的时候，必先问家畜安否，然后才问到家人。食品多肉类，最喜羊肉和砖茶。居住的帐幕，叫"蒙古包"。常逐水草而居，迁移无定。因为气候酷寒，蒙人皆着皮袍和皮大氅，戴皮帽，穿毡鞋。他们善骑射，马是他们不可分的伴侣。蒙古的健儿，骑了骏马，绝尘而驰，一天可以走上三四百里路。至于运输重物，却非骆驼不可了。

　　斜亘在蒙古和察、绥、宁夏间，有一片大沙漠，蒙人叫它"戈壁"。那里的地质，大部分是沙砾，不能黏结，大风起时，灰沙蔽天，黑暗得好像昏夜；有时卷沙成柱状，直到天空，骤然落下，人畜都要被它掩没！

《时代儿童》（月刊）

上海时代儿童社

1946 年 1 卷 3 期

（朱宪　整理）

蒙古人民共和国

什 之 编译

决定蒙古独立的公民投票

一九四五年八月十四日在签订《中苏友好同盟条约》的同时，中国外交部长王世杰致函苏联外交人民委员长莫洛托夫："兹因外蒙古人民一再表示其独立之愿望，中国政府声明于日本战败后，如外蒙古之公民投票证实此项愿望，中国政府当承认外蒙古之独立，即以其现在之边界为边界。"

同时苏联外交人民委员长莫洛托夫覆函给中国外交部长王世杰道："苏联政府对中华民国政府上项照会业经奉悉，表示满意，兹并声明：苏联政府将尊重蒙古人民共和国（外蒙）之政治独立与领土完整。"

此项公民投票，决定于一九四五年十月二十日举行，中国政府派内政部次长雷法章到蒙古人民共和国去督导投票。

雷法章氏于十月十八日率随员十一人由北平乘飞机飞往蒙古人民共和国首都库伦（乌朗·巴多尔①），蒙古人民共和国内政部长

---

① 后文又作"乌郎·巴多尔"。——整理者注

萧克达朝普、外交部次长纳姆沙雷、库伦市长包水显到飞机场迎接。

公民投票于十月二十日在蒙古全国十八行省如期举行。事先，蒙古组织投票委员会，办理此事。雷法章氏并亲自监视库伦市两区的投票，据塔斯社十月二十二日库伦电：雷法章氏对于投票手续表示满意，认为是根据严格的民主原则，使蒙古的公民们得以自由表达自己的意志。

中央选举委员会于整理公民所投的票子之后，于十月二十四日，由该委员会副主席楚伦柴勃氏发表谈话称：

> 关于蒙古人民共和国独立问题，举行公民投票，以资决定。依照我国宪法，凡年满十八岁的公民，不论性别、宗教及民族，均得参与投票，根据各省委员会所编制的名单，全共和国内应有四十九万四千〇七十四人参加投票。截至十月二十二日所得到的初步统计，国内十八行省中，投票赞成独立者共计四十八万三千二百九十一人，即占全数百分之九十七·八，其余为弃权者。这四十八万余人，完全投票赞成蒙古独立，没有一个人是投反对票的。我国人民一致赞成国家独立，是再度向全世界表示，蒙古人民共和国的自由公民，热望保持他们祖国的主权，此项主权，是在对敌人的艰苦斗争中得来……今后，蒙古人民共和国将于世界独立进步的国家中，获得一个荣誉的地位。

蒙古各报都对于选举的事情，加以广泛的评论。首都有一份名叫《叶嫩报》的，发表社论，题为《我们人民的伟大节日》，略谓：

> 奋身为自己独立而斗争的我们人民的希望实现了。我们人民衷心的，早已怀抱着的愿望，就是使自己的祖国能够独立、自由、强大、受各国人民尊敬的幻想终于实现了。

我们所获得的胜利愈是伟大、愈是壮丽，我们对于我们多年的老友——苏维埃人民的感激也愈是伟大无限。

除了报纸之外，蒙古的各电台也热烈广泛〈评论〉各地的选举情形。电台和报纸都发表投票中的许多爱国情绪的表现，许多动人的插曲。例如游牧人民数百人，到投票柜处投票时，携带许多礼物，送给政府的官员和人民革命军。

投票终了后，蒙古人民共和国总理曹巴山元帅于十月二十三日设宴招待前来督导蒙古人民共和国公民投票的中国政府代表雷法章氏。宴会后并举行音乐会，以享嘉宾。

雷法章氏并向苏联塔斯通讯社记者发表谈话：

关于蒙古人民共和国公民投票揭晓一事，本人与蒙古人民同感满意。蒙古人民现已再度表现其独立之愿望，此正与中国国民革命之基本目标符合，此种目标有二：一、获得中国国家之独立与解放；二、保证中华民国各民族之自由与平等。

投票完毕后，蒙古人民共和国政府并派遣代表随同雷法章氏到重庆向中国政府报告公民投票经过和结果。

蒙古人民共和国总理兼外长曹巴山氏于十一月二十日将蒙古独立议定书分别致送中苏两国政府，内容如次：

本人由蒙古人民共和国政府授权，谨将人民议会主席团于一九四五年十一月十二日通过之命令以及中央委员会有关蒙古人民共和国公民投票决定独立议定书送呈，并根据中华民国外交部长王世杰先生于一九四五年八月十四日致苏联外交人民委员长之照会，将上述文件送呈中华民国外交部长王世杰先生，作为中华民国接受蒙古人民共和国独立之正式文件。

中国政府承认蒙古独立

中国国民政府于一九四六年一月五日发表承认蒙古独立的公告如下：

> 外蒙古人民于民国三十四年十月廿日举行公民投票，中央曾派内政部次长雷法章前往观察。近据外蒙古主持投票事务人员之报告，公民投票结果，已证实外蒙古人民赞成独立，兹照国防会最高委员会之审议，决定承认外蒙古之独立。除由行政院转饬内政部将此项决议，正式通知外蒙古政府外，特此公告。

美国新闻处一月五日华盛顿电，说美国国务院宣布，美国将承认中苏政府间关于外蒙地位的决定。也就是说，美国即将准备承认蒙古独立。

苏联是早就承认蒙古独立了，在中国承认蒙古独立之后，苏联评论家的评论，颇可代表苏联的意见：

> 蒙古人民在去年所进行的全民投票，证实他们对于民族自决权的愿望，现在中国政府与全世界人士明显地看到蒙古在几年前所宣布的独立，是为全体蒙古人民所拥护的。这种独立现在已为世界各国所承认。

最后并且指出："蒙古人民的独立也正是亚洲其他民族的希望，亚洲要在民族基础上建立和平首先要摆脱各个民族不平等的地位，不再受外国的干涉。从各方面看来，蒙古人民共和国正是可以仿效的模范。"

这样，蒙古人民共和国便正式被承认地成立了。

以下我们想介绍一下蒙古的历史，特别是蒙古人民对外争取独立的斗争，对内反封建的斗争，以及蒙古人民共和国的近况。

蒙古的兴起和衰微

根据中国历史上的记载，蒙古人之先是东胡的别族，唐朝时名为"蒙兀"，宋朝时建蒙古国，酋长为合不勒，开始把他的民族称为蒙古。

到了宋朝宁宗开禧二年（一二〇六），有一位名叫铁木真的，统一蒙古诸部落，被尊为皇帝，称成去〔吉〕思汗。这位目不识丁的，而且除了蒙古话之外不会别种语言的成吉思汗，很快地就显出了他的带兵与组织的才能。他把所有蒙古男子十人、百人、千人地组织起来，由他的族人世袭地率领，开始向东侵略，宋宁宗嘉定三年侵金，四年取金的西京，六年征服辽，八年（一二一五）占领燕京，即今日的北平。成吉思汗侵入中国后，获得很多战利品，于一二一八年开始西攻，灭回回国花剌子模，并且逼近印度。因为这里的许多国家，大多数是封建割据的，互相敌对的，所以蒙古大军侵入之后，就很快地被个别击破。成吉思汗占领中亚细亚和伊朗（波斯）的东部，直达印达〔度〕河。同时派往伊朗北方的军队，越过高加索，侵入南俄草原，于一二二四年降服南俄罗斯诸侯。

成吉思汗于一二二七年（宋理宗宝庆三年）卒，但是他的亡卒并没有中止蒙古的征伐。成吉思汗的后裔又夺获中国的中部和南部，在前亚细亚，蒙古军队甚至达到地中海。

一二七七年，蒙皇忽必烈定都燕京（北平），改国号曰"元"，世称元世祖。

成吉思汗的孙子拔都进攻欧洲甚急，占领俄罗斯若干诸侯封地之后，又向匈牙利、波兰和德国进攻。匈、波、德的军队都被击破，捷克人勇敢的反抗（一二四一年），方始阻住蒙古人的继续推进。

在十三、十四世纪时，大蒙古国是由成吉思汗后裔所统治的几个相互独立的部落国组成的，其中最重要的是入据中华的元朝、恰格泰部落、西伯利亚汗国、钦察汗国。

但是兴起得迅速的大蒙古国，也同样很迅速地被灭亡了。在中国的元朝于一三六八年明太祖即位后，就告灭亡；在俄国的钦察汗国于一四〇五年分裂，到一四八〇年俄国灭钦察汗国，俄国脱离蒙古而独立。

一六九一年外蒙古的一部分——哈尔哈被满洲人占领，满洲人后又征服蒙古的西部，一步一步地逐渐消灭整个蒙古的独立。

满洲人把蒙古过去的诸侯部落，改为军事的单位，称为盟、旗。整个哈尔哈共分一百六十九旗，一旦有战事，须供给二万五千多骑兵。满洲人另派将军督率盟、旗。到十八世纪中叶将军已经不仅是带兵的官员，而是统治当地的民政官员了。每一盟、旗的游牧人限定在固定的区域里游牧，不得逾越。

满洲人在蒙古站稳脚之后，对当地的人民征收各种苛捐杂税。照一八一七年的规定，每一个牧人每年必须做巨额的进贡，规定"有牛五头者，进贡一头，有羊二十只者，进贡一只，有羊四十只者，进贡两只"。此外，牧人还须供给满洲官吏，缴纳牛奶和其他种种乳品。

蒙古人民的另一艰重负担是免费服役，就是要供给交通以马匹，供给路人以食物和住处。官位愈是大，随员愈是多，在他们路过之时，民众的负担也要愈大。有时候官员一个随员不带，也要向当地人民索要一定数量随员的给养品。

辛亥革命后，蒙古虽列为汉、满、蒙、回、藏五族共和中之一族，但是蒙古却连年遭受帝俄的殖民侵略，后来白俄勾结日本帝国主义的盘踞与蹂躏，把蒙古弄得几乎全部破产。

直到一九二一年，经过人民革命之后，日军和白俄军队，才被逐出。一九二四年成立蒙古人民共和国——新型资产阶级民主共和国。

蒙古人民共和国的概况

在没有详细叙述蒙古人民对内和对外的斗争之前，我们想先介绍一下蒙古人民共和国的概况。

关于蒙古的材料，特别是关于近况之类的材料，目前是颇难搜集的，现在只能发表一些比较陈旧的资料。

蒙古位于中亚细亚，面积约为一千五百万平方公里，人口约九十万人，首都为乌郎·巴多尔，意为"红色勇士"，原名库伦。自建立新民主主义的共和国之后，奠定逐渐过渡到非资本主义发展的道路上。国内封建者的政治权利被废除，他们的财产被交给劳动的牧人，土地被宣布为全民的财产。工业、交通和商业都集中在国家和消费合作社的手中。建立了产销合作社、生产联合会，共同牧畜，共同围猎，共同运输。

共和国的基本产业是牧畜业，它较革命前已大为发展。农业仅居次要的地位。围猎是重要的产业部门。在苏联的协助之下，蒙古人民共和国建立了大工业，例如乌郎·巴多尔的复制肉类的大工厂。采矿业也已开始建立。随着工业的发展，蒙古也形成了自己的无产阶级。蒙古的汽车交通也迅速发展着。

在提高文化方面，也做了很多工作，设立了许多学校，开办了报纸，发展了民族艺术，广设了医院网。

国内的政治生活系由蒙古人民革命党的领导。

日本帝国主义占领满洲和侵入华北之后，曾屡次企图侵入蒙古人民共和国，在满蒙边境制造军事冲突事件。

日军率领伪满军队曾不止一次地进攻蒙古人民共和国，但总遇到蒙古人民革命军的有力打击，诺蒙亨之战即是一例。

一九三六年三月一日史大林对霍华德谈话，他说："假使日本决定侵犯蒙古人民共和国，侵害它的独立时，我们一定援助蒙古人民共和国。"

一九三六年三月十二日苏联和蒙古人民共和国缔结互助条约。

一九三九年五月三十一日莫洛托夫在第三次苏联最高苏维埃大会发表演说："我必须警告，根据所缔结的互助条约，我们一定保卫蒙古人民共和国的国境，我们将像保卫自己的国境一样坚决地保卫它。"这一警告，是因为日本又企图侵入蒙古而提出。

关于蒙古的产业以及文化建设等，下面所搜集到的材料，虽见陈旧，但因不易多得，一并编译在此，以资参考。

一九三六年七月十五日至十九日蒙古首都举行国会第二十一届纪念会议，纪念蒙古人民共和国成立十五周年纪念。当时的总理阿木尔报告政府的当前任务和截至报告时的蒙古在产业方面的发展情形，以下便是这篇报告的节译：

蒙古国民经济的经济基础——游牧业——近年颇见发展，牲畜自一九三二年的一千五百万头增加到一九三五年的二千二百五十万头。由于政府的协助，牧人使工作合理化的自发性，蒙古的牧畜业逐年发展，自一九三二年到一九三五年，保护牲畜的建筑物自二万六千五百七十二所增加到十三万六千一百八十六所，现在有三万家为冬季割草的牧畜户，水井的数量则自八千八百七十七口增加到一万一千二百二十九。兽医救助工作的情形，可以由下列数字看出：一九三二年兽医为二十三万三千头牲畜服务，一九三五年为一百六十万头。兽医处的数量自二十三增加到七十二。新设立的三个国营饲畜处近年也顺利地发展着。

蒙古的国营工业近年也有极大发展。国家在工业方面的投资自一九三三年的七百万蒙币（杜格尔）增加到一九三五年的二千五百万，即增加三·六倍，现成的制造品自一九三二年的二百九十万蒙币，增到一九三五年的一千八百万，即增加六·二倍，国营工业供给国内的工业用品，因之其所占百分数亦自一九三二年的百分之四增加到一九三五年的百分之二十七。

在商业方面的重要成就是全部批发商业都完全蒙古化（对外的和对内的），并且百分之八十以上的零卖商业都集中在蒙古人的手里。全国百分之六十五的商业都是在消费合作社的手里，私人经营者只及百分之三十五。在对外贸易方面，出口货与入口货之间的脱节现象减少，两者都见增加，商品供给的情形则大见改善。

下面的数目字颇可代表一般：在一九二八年每一只羊可以换到三块半茶叶，或十六公斤面粉，或三块半布匹。一九三六年每一只羊可以换五块半茶叶，三十二公斤面粉，或五块布匹。

交通的机械化，对于全国的产业实起有极大的作用。汽车的数量自一九三二年起增加百分之四十五，电报线增加百分之三十，邮线增加三·五倍，电话机的数量增加三倍余，无线电收音机增加十二倍。

国家预算自一九三三的二千四百四十万蒙币增加到一九三六年的四千三百三十万，可以看出蒙古财政状况的巩固和发展，在这时期中文化、社会、产业、生产的支出都特别增加，同时流通的蒙币则见减少，使通货膨胀的现象得以避免。

关于文化发展也可以举出颇饶兴趣的统计。全国国立小学校的数量自一九三二年的五十四所增加到一九三六年的七十五所。同时并设立三十一所由蒙民自行□资设立的初级学校。此外，还有八个中学校（一九三二年为六个）和几个技术学校：师范、医科、兽医、财政商业，以及若干特别传习所。一九三三年文盲铲学校，学生共计七千二百人，一九三六年为一万五千人。全国共出版五种大报、五种定期杂志，其销数逐年增加。一九三二年之后，蒙古有史以来初次建立民族剧院，一九三五年并自行制作影片。

关于医药的发展，可以下列数字证明，医务处的数量自一九三二年的三十七所增加到一九三六年的五十五所。此外，在首都乌朗·巴多尔有十八个医药机关。经医务处服务的人民，逐年增加：一九三二年经医生诊治者为四十三万四千人，一九三五年为七十七万一千人。鼠疫、天花等从前每年死人万千的可怕疫病，现在都被铲除了。某几种人民免费医治花柳病。母性与婴儿的保护现亦开始。革命之后施行若干改革的结果，蒙古人民共和国的人口开始增加，革命前蒙人颇见减缩，并且被认为是"垂死"的种族。

现代文化的发展，使喇嘛教对于民众的影响降低，虽然喇嘛教在国内的生活中仍旧起着很重要的作用，但是例如一九三五年去当喇嘛的少年已较前一年减少百分之十三。

产业、文化和国防各部门蒙古青年干部的养成，也可以举出很多的例子。在工业方面，蒙古人的数目自一九三二年的三〇二人增加到一九三六年的二千四百人，并且出现了许多熟练的蒙古工人。机械化的运输人员，几乎完全是蒙古人担任的。蒙古人的兽医自十九人增加到七十人，医药机关中的蒙古人自总数的百分之三十增加到百分之八十。教育部的全部二百三十七名教员完全是蒙古人。消费合作社的职员，总数中的百分之九十四是蒙古人。假使以前蒙古人只是做牧人或是喇嘛，那末现在也有蒙古人的汽车夫、铜匠、锻床工人、皮张工人、电汽技师、木匠、飞行员、坦克车手、炮兵等专门人材了。

蒙古人现在成为独立蒙古国的真正主人了。

蒙古人民争取独立的经过

在蒙古人民共和国国会第二十一届会议席上，国会主席独克索姆——蒙古人民革命最老的战士之一，苏赫·巴多文的老战友发表演〈讲〉，报告蒙古人民共和国成立十五年来的基本政治教训，第一部分是讲述蒙古人民争取独立斗争的基本道路，第二部分是"蒙古革命的反封建斗争"，下面是其中的第一部分（全文为节译）。

一九二一年蒙古革命盟旗牧人游击队代表和蒙古人民革命党党员举行会议，成立临时人民革命政府，当时并定出牧人革命斗政〔争〕之基本任务如下：

武装暴动的目的是在于把国家从中国压迫者的羁绊之下解放出来，并将强行侵入我国领土的武装外人肃清。

我们祖国在满清的重压之下已经二百余年。满洲官吏、中国军阀和中国商业高利贷资本把我国的牧人阶级完全奴化了。全部国家政权实际上完全集中在这些征服者的手中。满洲封建征服者和中国商业高利贷既把握着蒙古的政权，他们自然也为自己的利益而不为蒙古牧人的利益而利用这政权。蒙古人民被贬低到奴隶的地位，被注定完全无权的命运。中国高利贷者和小商人利用满洲官吏的统治权，在经济上奴化蒙古的牧人。他们用强迫的手段输进中国的货物，以高价出售，并且以低价驱去蒙古的牛羊。

于是牧人和蒙古盟旗便完全陷于这样的地位：永久还不清中国高利贷和小商人的债。单是一个大生合（译名）商行每年就赶七万匹马和五十万只羊到中国去作为债务的利息。截至一九一一年蒙古欠中国的债务约达一千五百万元，平均每一个牧户欠五百元。债务的利息有时年息在百分之五百以上。中国高利贷者并施行一种连保制度，结果整个盟旗要为个别的债户付债。所以到中国统治蒙古的最后时期，半数以上的蒙古牲畜都押给了中国人。并且这些高利贷者和小商人后来甚至于并不以取得蒙古的全部牲畜和夺得蒙古的市场为满足。他们甚至于开始把蒙古牧人的牧场变成中国地主的耕地。

满洲官吏、中国商人和高利贷者的掠夺蒙古，是蒙古破产和落后的基本原因。中国的封建者、商人和高利贷者虽有很方便的掠夺蒙古牧人的可能，但是他们并不把掠夺去的资财在蒙古投资以发展蒙古的产业，却只顾送到中国去。于是蒙古也就没有发展产业和文化的自由资本，因而蒙古也就比其他国家更加落后。蒙古人非但不能建立自己的工业、敷筑道路、展开交通，甚至于许多世纪以来一直是蒙古国民经济基本部门的牧畜业在满清统治之下逐年低落。满清统治的最后几年，牲畜的数量大见减少。大批牧户因进贡、捐税和高利贷的繁重而破产。这些牧人失去自己的财产，变成乞丐。

在这种条件之下，文化的发展便当然不可能了。一切在官家机关的公事都是用的满文，庙宇里用的是藏文，蒙文并不普及。几乎全体人民都是文盲。全境没有一个在家人的学校，没有一个蒙古印刷所，没有出版一份报。

蒙古人民失去民族发展的一切可能，异族人的奴役、人民的破产和贫穷，这一切便是促使人民大众去斗争的基本原因。自从满洲统治蒙古以来，曾发生好几次大大小小的暴动和骚动，这都是反映出蒙古人民要争回民族自由的意愿。在满洲统治时代这些运动大部分是中小封建王公领导的，因为人民还很愚昧。阿穆尔桑·切定甲普的暴动，乌朗柯姆下级喇嘛的暴动便是一例。

一九一一年管理满洲的中国官吏企图对蒙古施行若干行政改革（更加巩固满、汉的蒙古统治，消灭蒙古民族独立性，更加易于夺取蒙古牲畜和牧场）的时候，甚至封建的王公和高级喇嘛都认为假使不采取必要的办法保卫蒙古，在极短时期中蒙古就要不再成为一种民族了。于是在人民大众的压迫之下，蒙古王公和喇嘛便请求帝俄政府援助。一九一一年十月中国发生辛亥革命时，蒙古王公和喇嘛便利用这个机会脱离中国，并请帝俄援助。所以在中国革命之后，在蒙古王公和喇嘛的代表大会席上便宣布蒙古的独立，组织蒙古自治政府。不久，并请帝俄居间解决蒙古今后命运的问题。

自一九一一年宣布自治后的十年中，蒙古并没有能够获得真正的民族解放。在这十年之中，蒙古成为帝俄斗争的对象，后来又被白俄将军、日本帝国主义与中国军阀蹂躏，使蒙古人民受到严重的损失。

没有一个帝国主义关心蒙古人的真正解放或保护蒙古的独立，他们只是利用蒙人争取解放的意愿以使蒙古脱离中国而攫进自己的手里。

帝俄□在一九一一年之前便已经图谋夺取蒙古，自一九〇五年帝俄被日军在满洲击溃之后，帝俄愈加想夺得蒙古，作今后东进的通路。一九〇七年订立协定，帝俄政府使日本承认帝俄在外蒙有特权，不得损害。依照此项协定，列入帝俄政府势力范围者，计有外蒙、巴尔加、北平以西的内蒙古。北平东北的内蒙，即热河等地，而南满则列入日本的势力范围。这两个帝国主义就这样讲妥了夺取和瓜分蒙古土地的办法。蒙古王公请求帝俄政府助蒙反华，大部分是帝俄政府的密探搅出来的事情。帝俄政府帮助蒙古王公，目的是在于夺取蒙古。

自一九一二年到一九一五年，中国、俄国和蒙古自治政府所缔结的条约，表明帝俄怎样一步一步的去执行夺取蒙古的计划。例如，依照此项条约，蒙古政府未得帝俄政府同意之前，不得与任何国家发生关系，甚至连中国都包括在内。俄人在蒙古不受蒙古法律管理，俄国商人所得的特权简直可以成为蒙古市场的专卖主人。帝俄政府借款五百万金卢布给蒙古自治政府，竟使该政府完全听命于它，委任官员监督蒙古财政。借保护俄国驻蒙领馆名义和改编蒙军，俄军开进蒙古，派俄籍教官在蒙古军队中。这些还只是准备步骤，假使不是帝俄参加一九一四——一九一八年的欧战和发生一九一七年的革命而使帝俄寿终，帝俄对于蒙古的掠夺，还要继续向前发展。革命使俄国资产阶级无法实现夺取蒙古的计划。

但是在一九一七年俄国革命之后，日本帝国主义夺取蒙古的计划便特别加强起来。

日本为了夺取整个亚洲，在第一次世界大战之前便已经准备首先夺取满洲、华北、内外蒙。日本虽于一九〇七年和帝俄政府订的把蒙古列入帝俄势力范围之内，但仍旧在蒙古积极活动，继续和蒙古王公和上级喇嘛进行谈判，使之服从日本的势力。例如一九一三年日本向蒙古政府提议建筑铁路，把相当商业和领土的权利给予日本，日本答应设法使蒙古人团结，内外蒙完全脱离中国。自帝俄政府推翻后，日本更肆无忌惮地逐步推进对蒙政策，并且也没有遇到其他帝国主义的严重阻碍。

日本曾经企图在建立"大蒙古国"的旗帜之下一举而夺取整个中亚。建立"泛蒙古国"的组织于一九一八——一九一九年，由布利亚特蒙古知识分子发起，由白俄将军谢米诺夫①支持。这时，谢米诺夫则借日本的教官和日本经费，在远东进行战争，并占领赤塔。

_____

　　① 后文作"谢妙诺夫"。——整理者注

日本、白俄和中国军阀相互勾结

一九一九年二月赤塔举行〈布〉利亚特蒙古、巴尔加、内蒙古王公、喇嘛和民族主义知识分子上层的会议，由聂斯·呼图赫达为主席。外蒙古的王公和喇嘛也被邀请出席会议，但是他们拒绝参加此种冒险工作，静观会议的结束如何。这一会议的真正主人是日本人，代表他们出席会议的有铃林少校。这会议议决组织政府，把内外蒙古、巴尔加和俄国布利亚特都包括在内。政府设在达乌利亚站，拥有军队二万五千人。

会议席上议决，向外国（即日本）借款以作政府与军队的经费，以金、银、食盐及其他财富交给该外国作为抵押。须以蒙古境内之铁路建筑权给予日本，期限不定。从这些初步步骤就可以证明，设立此种"泛蒙古国"是为了使日本能够攫得蒙古的一切的富源。

后来判明，外蒙古对于这国家颇犹疑不决，于是日本人和谢妙诺夫便开始准备夺取蒙古。日本和谢妙诺夫将军所领导的达乌利亚政府的军队，锁定经两路侵入蒙古：一路是经过呼伦贝尔的西南门户，一路是由北面经过恰克图。为了实现这一个计划，谢妙诺夫决定请当时统治着满洲的张作霖协助。张作霖那时也是受命于日本的一个军阀，谢妙诺夫到沈阳去访问张作霖，答应在满洲支持张，以报答张支持谢在蒙古的行动。在谈判没有成功的时候，驻沈阳的日本领事向张作霖保证，日本政府承认他是东北和南满的独立主人，假使张作霖□□支持谢妙诺夫做外蒙的独立主人。

但是我们知道，这冒险计划完全失败了，因为不久之后，苏联的红军便击溃谢妙诺夫在远东的匪军。而且在这以前，那些曾经拥护谢妙诺夫的许多蒙古和布里亚特人物，对于谢妙诺夫大失所望，谢遂无法实现其侵略计划。

日本军阀的侵略分子眼见谢妙诺夫的冒险不能成功，便决定采用另外一个工具，即当时统治华北的安福系军阀。安福系军阀在日本压力之下，特派军队到蒙古去，由徐树铮这位将军的军队侵入蒙古之后，便铲除蒙古的自治，建立中国的军事独裁。几乎在整整一年之中，蒙古人民又受到中国军阀的压迫，遭受经济上的困难。一万五千中国军队的给养，要由蒙古牧人支持。在一九一四年蒙古自治之前在蒙古活动的中国商行，又重新回到了蒙古，要求非但要付他们的旧债，并且还要偿付自治八年来所积累的利息，以及中国商行在一九一一——一二年蒙古人民暴动时所遭受的损失。举一个例子来说，单是一个柯勃廷州付旧债就要付五万只骆驼。

假使当时中国本国不发生改变整个远东局势的事变，无疑，中国占领者必使蒙古完全破产。一九二〇年发生新的内战，安福系在华北失势，蒙古独裁者徐树铮及其党羽不再能成为执行日本意志的政治工具，于是日本军阀的侵略分子不得不去另寻新的工具，以执行日本的侵略计划。他们所挑选的是温根男爵。这位男爵是谢妙诺夫的助手之一，苏联红军在远东胜利之后，率领残兵，逃出俄国，温根受命把蒙古的中国残军逐出，由他占领蒙古。温根获得日本的指导员之后，于一九二〇年九月率兵二千在乌尔噶附近出现。

白俄温根男爵占领蒙古

温根占领乌尔噶的第一次企图，被中国驻军击退，于是他便退到满树西里·喜塔。使在□□□从日本人的建议，又重新到□□蒙古的思想，进行煽动宣传，他说，他是为解放蒙古，□□华人，恢复包格图王公的政权的斗争。他在这种□之王国结了相当数量的蒙古王公和喇嘛，并且□□蒙古牧人入伍。一九二一年二月他得以占领乌尔噶，并在蒙古境内建立他的军事独裁。在形式上则请包格图王公登自治蒙古的王位，以作掩护。实际上温根所企求的当然并不是蒙古的自治，而是想利用蒙古作为继续进攻苏联的根据地，把蒙古交给他的主子——日本资本家统治。他在命令中公开说，他的目的是要恢复满清，也就是一九三一年沈阳事变后日本在满洲建立傀儡国家"满洲国"的同一任务。

温根曾经致书一位蒙古王公说："应该努力，团结内外蒙、新疆和西藏成为一个统一坚强的联邦，进行伟大的事业恢复满清。"

一九二一年五月温根下命令给自己的军队道："谢妙诺夫将军将于六月初于日军协助之下，在乌苏里地方起义。我系服从谢妙诺夫者。其成功也无疑，盖彼所根据者为考虑极其周到与广泛的政治计划。"

由此可见，温根的冒险行动不过是日本军阀侵略分子于一九一九——二一年在亚洲大陆上的掠夺计划的一部分。

蒙古革命游击队

但是，我们知道，这计划并没有能够实现。中国占领军和白俄侵略军在蒙古的横行肆虐，使蒙古的人民大众不期然渴求从外国压迫者的手中解放出来。进步的牧人、下级职员和下级喇嘛开始组织团体，提出驱逐外国侵略者和解放蒙古的目标。这种团体是苏赫·巴多尔和曹巴山等人领导的，虽然外国抢掠者用死刑和迫害来对付他们，但是他们还是秘密地组织可以成为军队核心的力量，以争取蒙古的解放及其民族独立与自由。当然，这军队当时还很软弱，他们需要援助以对中国军阀、温根派和日本人作斗争。

谁能帮助他们进行这样的斗争呢？那是一九一七年推翻了自己沙皇、大臣、资产阶级和地主而建立了人民自己国家的俄罗斯人民。苏维埃俄罗斯的工人们握得政权之后，便解放一切曾经被沙皇压迫的各民族，并主张与全世界一切被压迫的人友好。一九一九年苏维埃政府向蒙古人民发出宣言：

> 蒙古是自由的国家。俄国□间、沙皇领事、银行家和富人，用武力和黄金把蒙古人民握在自己的手里，挤出蒙古人民的最后一滴血，他们必须被逐出蒙古。国内的全部政权和司法权必须属于蒙古人民。没有一个外国人有权干涉蒙古国内的事情。苏维埃政府将此意高声地向蒙古人民宣布，请立刻和俄罗斯人民建立外交关系，派自由蒙古人民的使者迎接红军。

这一号召当然在蒙古的先进人们心中起了极深刻的印象，并且成为促成组织革命牧人团体以求解放蒙古的原因之一。这种团体产生于一九二〇年，到一九二一年三月便举行游击队和恰克图附近各盟、族〔旗〕的代表大会，选出临时的革命政府，提出解放蒙古，驱逐外国抢掠者的目的。

苏联红军援助蒙古革命

会议以大多数议决请苏联援助。三月十七日和十八日的夜间，蒙古革命游击队占领恰克图，把一万名的中国驻军逐出。温根男爵把军队从乌尔噶向北推进，企图击溃蒙古革命游击队，重行夺取苏联的外贝加尔。这时温根有骑兵一万一千人。但是由于蒙古革命游击队和苏联红军在苏赫·巴多尔领导之下的共同英勇斗争，把温根击溃。他本人在这次战斗中受伤，跟随他的蒙古封建王公拜尔则战死。在以后的几次战斗中，温根冲入外贝加尔，但在古西湖畔又被击溃。他率领残兵重行退入蒙古。他队伍中以前被他欺骗的蒙古人，向他叛变，把他捉住，于一九二一年六月二十二日交给苏联红军。温根被枪毙，他的队伍被解散。蒙古人民革命军继续向乌尔噶推进，于一九二一年七月六日进入这首都。

这样，借苏联红军的援助，蒙古便建立了革命政权，并且得以组织争取蒙古独立的斗争。在三年之中，苏联红军帮助年青的蒙古人民革命军，消灭蒙古境内白军的残余部队，即巴基赤将军、卡萨格兰地上校、列士伏京将军、卡上切夫上校、契丹戈罗陀夫及其他等人的部队。蒙古解放的任务刚一完成之后，苏维埃政府便向蒙古政府发出如下的通牒：

一九二一年七月蒙古人民政府致牒苏维埃社会主义联盟俄罗斯共和国政府，在没有完全消灭盘据在蒙古东部草原的共同敌人及其组织新政权的威胁之前，请苏联军队勿退出蒙古。

因为对蒙古人民自由发展的威胁，以及对□俄罗斯和远东共和国安全的威胁还没有铲除，俄罗斯共和国政府于一九二一年八月十日覆牒同意蒙古政府的请求。

同年十月十七日又致牒俄罗斯共和国政府，请以共同行动消灭集中于蒙古西部白军的残余。

俄罗斯政府于十月二十八日以通牒通知蒙古政府，为了实现蒙古政府的建议，为了俄罗斯共和国的安全，命令自己的军队，和蒙古人民革命军共同行动，对残余敌人给予断然的打击，以保证蒙古和俄国人民和平建设的条件。

在自后的几年中，在蒙古和苏联军队的保护之下，由于人民政府的革命行动，国内建立了真正的秩序，保障了进一步民主化的条件，召开全民大会。由于这一情形，和蒙古接境的俄罗斯共和国以及依照人民的意志加入俄罗斯联盟共和国的前远东共和国，也建立了强固的秩序。

由于这个缘故，并且由于白俄匪军的完全铲除，承继俄罗斯联盟共和国政府外交关系的苏联政府认为苏联军队驻在蒙古人民共和国境内已无必要。

苏联政府怀着深刻的满意，认为蒙古人民大会能够完成蒙古的国家建设，保障该国人民政权的发展和巩固。

通知你这一点，并请你，主席先生，接受我对于你深深的敬意！

苏联外交人民委员长契赤林启。

蒙古政府覆牒表示感谢

对于这一通牒，蒙古政府发出如下的覆牒：

蒙古人民共和国政府阅悉阁下一九二五年一月二十四日B，B字第八十四号牒文之后，兹向阁下，人民委员长同志，作覆如下：

一、蒙古人民共和国政府再度证实一九二一年曾送致七月及十月牒文之事实，请将英勇的红军部队暂时留驻，以与我国年轻的革命军队，共同消灭曾使我国蒙受无数灾难与损失的温根男爵、巴基赤将军等人的匪军，阁下通牒中所陈述的各点，完全同意，兹特表示同意将现在驻在我国境内的红军部队撤退。

二、蒙古人民共和国政府与全体蒙古人民完全一致，认为向阁下说明下述各点，实为本身愉快之义务，就是红军部队自一九二一年到一九二五年留蒙的时期中，在指挥人员、政治人员和红军士兵方面，对人民、对当局，并且对于我们邻国的关系，特别是对于伟大中华民国，都显示出有纪律、有教育、极忠诚的最高模范的最好方面。另外一方面，政府代表全体蒙古人民怀着最大的满意和感激指出，在把蒙古人民从强盗的压迫下解放出来，走上自由、现代文化、经济、法律发展和真正人民政权的大道，红军在这一事业上，对于蒙古人民有不可忘怀的功绩，兹请阁下将蒙古劳动人民的伟大谢意，永久感激和不变友谊的保证，转致贵国的工人和农民，英勇的和世界唯一彻底地保卫被压迫与被奴役大众的红军，它的领导机构和政府。

三、蒙古劳动人民和它的政府认为从此以后苏联和我们共和国的人民将被一种不可分离的共同命运的利益和真正民治的伟大理想所联系着，两个共和国的今后生活，将在真诚的友谊中和劳动的相互援助中过去，我们共和国的人民和政府坚信，假使再发生类似一九二一年的情形，苏联和红军必会来援助我们。

人民委员长阁下，除将上述各点陈述之外，并请阁下接受最好的保证和尊敬。

蒙古人民共和国部长议会主席丑林·陀其谨启。

苏联怎样协助蒙古建设

这是非常明显的，世界上没有一个帝国主义国家会像苏联这样做，就是决不会自愿把自己的军队撤出别人的土地，无不竭力利用军队驻在别国的机会，以夺取别国的领土。但是苏联在事实上证明，它并没有什么抢掠的企图，它所追求的，是大公无私地、真心诚意地援助蒙古，夺取民族自由和独立。苏联军队退出蒙古之后的十数年，更明显地证明这一点。苏联真正大公无私地在各方面援助蒙古建国，援助蒙古建设自己的产业和自己〈的〉民族文化。

苏联对蒙古的经济关系，促成蒙古产业的发展。为了要恢复被战争所损毁的牧畜业，蒙古不能运出那样多的牲畜，以偿付在苏联所购买的全部货物，于是苏联就好几次地完全赊欠给蒙古。后来蒙古向苏联借款，苏联非但不收任何利息，并且还大量减少蒙古的债款，把债款以二十五年期限分期付款，仍旧不要任何利息。

借苏联直接而有计划的物力与人力的援助，蒙古得以开始建设自己的民族工业，建立了优良的企业——实业大组合、哈特赫尔净毛厂、机械工业厂。苏联政府并且前后曾援助蒙古建立若干其他企业，如蒙古运输局、汽车厂等。起初是苏蒙合办的企业，后来完全移交给蒙古人自办。

蒙古因为没有自己的受过训练的干部，以领导产业、卫生、建设现代的军队，所以又请苏联援助。苏联便派遣指导员到蒙古去，作为专家而在蒙古服务。他们帮助蒙古的民族干部接受他们组织的与技术的经验。随着蒙古民族干部的养成，蒙古邀请苏联的指导员和专家也日益减少。借着苏联的援助，蒙古人得以建立了医药处与兽医处。正因为靠了这一点，每年免于死亡的牲畜，达百万余头。苏联派遣数百名医生到蒙古来，对蒙古牧人进行医药援助，现在在蒙古医药机关受医药援助的人，每年达七十五万人。

对于蒙古民族文化的发展，苏联也给予很大的援助。它帮助蒙古组织"蒙古出版局"，出版蒙古文的书藉〔籍〕，协助训练蒙古戏剧、学校、电影的干部，在苏联学校机关中，训练年轻的蒙古人。在苏联援助之下，蒙古人建立了全国的电报网和无线电联络。对于训练蒙古军队及其技术的配备，苏联所给予的多方面的援助，也是众所周知的。由于这许多援助，蒙古的力量日益巩固起来，产业日益发展扩大，民众物质与文化的水准日益提高。

所以，苏联不仅是帮助了蒙古从外国帝国主义抢掠者手中解放了出来，并且还帮助蒙古建设自由的、新型的、革命的国家。

新的威胁——日本在东北和华北的侵略

但是又有新的危险来威胁蒙古了。

从一九三一年起，远东最强的帝国主义国家——日本又从事亚洲大陆上的武装侵略，接二连三地夺取华北和内蒙各省。一九三一年首先是夺取满洲各省，建立所谓"满洲国"，然后又在一九三三年夺取热河省。一九三四年开始夺取察哈尔，一九三五年收买丧心病狂的华北军阀，甚至于宣布华北脱离中国政府而自治，使华北各省实际上服从异族军阀。他们在河北省建立了殷汝耕的所谓"冀东自治政府"。同时他们进行夺取内蒙的工作，在这里进行所谓"独立运动"，收买蒙古封建王公做"领袖"。毋庸证明，这些所谓"自治国家"和"独立国家"是异族人手中的玩具，是他们奴役他人的特殊形式。帝国主义者在用这样的方法夺取蒙古人民共和国，排演协助蒙古王公和高级喇嘛使蒙古与内蒙或"满洲国"联合，就是使蒙古人民共和国转移为异族人控制。但是这些幻想是无法实现的，因为蒙古牧人，保护他们独立的蒙古政府和蒙古人民革命党决不会上泛亚细亚宣传的钓钩，而是毫不动摇地竖立着保卫蒙古的独立。一九三五年在满洲里站所举行的满蒙会议便可以证明这一点，在这会议席上，不顾一切威胁利诱，蒙古代表团拒绝在乌朗·巴多尔（库伦）和蒙古其他中心设立日、满使领馆的要求，因为实际上这就是准备夺取蒙古人民共和国的机关。日本军阀的某些分子，自知这套外交把戏已告失败，于是便决定采取对蒙古国境的挑拨性的袭击。一九三五年和一九三六年年初他曾经常向蒙古东部国境组织袭击行动。为了欺骗世界舆论和日本自己人民，他们伴〔佯〕装蒙古人民共和国东部国境所发生的冲突事件似乎是蒙古人所开始的。但是这种报导的虚伪性是不难看清的，因为谁都知道，日本军阀的侵略分子曾经屡次并且完全公开地在报纸上，在演说中表示，他们打算夺取蒙古。

例如日本斋藤将军在他所著（一九三一年）的一书中说：

> 为了经营蒙古，日本必须从奉天到库伦建筑一条铁路，然后再把这条铁路一直造到伊尔库次克。假使这一建造铁路的计划完成，那末几乎全部蒙古和西伯利亚东部都将包括在日本的势力范围之内了。

另一位日本将军荒木，他在一九三三年之前曾任日本陆相。他写道：

> 日本不容许像蒙古这样和日本势力范围直接接壤的双重意义的领土存在。当然，日本帝国的势力扩展到蒙古，是比扩展到满洲更艰难的事情。但是我们应该说，无论什么敌人和这一事情对立，他一定要被消灭。

一九三五年他们企图着手进行这一计划，在满洲里站向蒙古代表团提出要求，要求蒙古同意由日本和所谓"满洲国"在蒙古人民共和国境内设立使节团。这一要求被拒绝的时候，满洲报纸便发表声明说：

> 满洲国并不认为蒙古是普通正常的国家，所以满洲国现在声明，外蒙古是不可理解的危险国家，满洲国拟依照自己的看法，调整一切问题，用武力解决纠纷。

不过这种侵略的军事冒险的气焰并不笼罩整个日本。日本劳动群众相信，他们军阀的军事冒险只会使日本人民破产，蒙受惨重的牺牲。所以当时的反战运动包括日本工农的广大阶层，假使日本卷入大战，这运动无疑将更加扩大。同时被日本军阀奴役和剥夺民族独立的满洲各地的劳动者以及整个中国的劳动者当然是更加反对这一战争的。正因为这个缘故，所以在日本统治阶层进行着激进派与搅和派的斗争。

但是决不能说，日本军阀的侵略势力就因此不敢违反本国大多数人民的情绪，而开始新的侵略战争，特别是对于蒙古人民共和国的战争。

［四］　　苏蒙成立互助协定

正就是为了这个重大危机的存在，所以蒙古人民共和国便提议和苏联缔结互助条约。在缔结这条约的前夕，总理阿穆尔在蒙古人民革命党中委全体会议席上说：

> 苏联英勇红军在一九二一年帮助蒙古游击队肃清我们祖国的中国军阀势力和日本帝国主义走狗白俄温根的匪军。苏联红军完成了帮助我国人民争取独立的神圣任务之后，便回到自己的领土，在蒙古牧人的心中遗下永久的纪念。我们有充分的根据指望伟大的苏联现在将再用一切可能的方法援助我们，如众周知，现在苏联援助蒙古独立事业的性质极为广泛而且是多方面的。我们怀着极大的满意获悉史大林于三月一日对美国记者霍华德所作日本准备进攻蒙古人民共和国问题的谈话。
>
> 史大林所作的声明，给我们灌输了新的信心和力量，继续为蒙古反帝反封建革命的伟大理想而斗争。这些前提使我们坚信，日本夺取蒙古人民共和国的计划是永久不能实现的。

证实阿穆尔这声明的重要证据，是一九三六年三月十二日（即在阿穆尔声明的第二天）在乌朗·巴多尔所签订的蒙古人民共和国与苏维埃联邦政府之间所签订的互助条约。

这一条约使苏蒙两国之间自一九二一年以来所存在的关系正式地形成了。这一条约是重要的历史文件。这一条约首先是和平的文件，因为它并不反对其他国家的利益，正像蒙古人民共和国和苏维埃联邦的全部外交政策并不反对任何其他国家的利益一样。

这条约只是规定如果蒙古人民共和国或是苏联成为被侵略的牺牲者的时候，便要被迫起而保卫自己的领土，为了不致于像满洲或是华北那样毫无保护而成为侵掠的牺牲者。凡是对蒙古人民共和国不存侵略野心的一切国家，蒙古自能维持最亲切与最友好的关系。

果然，蒙古东部边境时常发生破坏国境的事件。到一九三九年，日本准备大举进攻蒙古，当年五月三十一日，苏联人民委员长苏维埃主席莫洛托夫在苏联最高苏维埃第三次全会席上发表有名的演说，警告日本。

就在同年，即一九三九年夏，在蒙古边境的布尔奴尔湖畔发生形如大战的冲突，结果日军大败而回。

蒙古反封建的斗争

"蒙古人民革命"不仅是解除外国羁绊，争取民族解放，保卫已经争取到的独立，并且在国内，是反封建的斗争，解放牧人的斗争。

在蒙古进行反对封建势力的斗争是特别困难的。这是因为有蒙古封建势力的若干内在特点，还有是支持蒙古国内封建势力的国外的政治情形。使蒙古封建势力坚韧的特点，首先是因为蒙古的经济基础是牧畜业，即产业的游牧性，因而蒙古的都市并不发展。我们知道，在大多数其他国家的历史中，都市及其工业、都市里的自由人民是反封建斗争的主要力量。蒙古既缺乏都市，大多数草原居民既受制于封建王公或庙宇，致难于组织力量以与封建关系作斗争。第二，在蒙古，除了黑色封建势力（指封建的王公）之外，还有黄色封建势力（指喇嘛的宗教势力），它所起的作用很大，在若干时代，这黄色封建势力甚至于起过领导的作用，因为这黄色封建势力在手里集中着极大的财富，他们用宗教之名掩饰他们剥削牧人的封建之实，他们□□利用宗教以巩固他们封建政权和自己的势力。

使蒙古对内封建势力巩固的国外政治情形，这是革命之前侵入蒙古的外国资本，主要是中国的资本，后来只是俄国的资本。这并不是工业资本，几乎完全是商业高利贷资本，就是小商人和高利贷者，他们的目的并不在于改善蒙古的牧畜业，他们只是建立手工业或手艺作坊。他们的目的只是怎样尽可能更多地获得蒙古牲畜、兽毛、兽皮等，并且以高价在这里出售日用品。做这样的生意是用不着发展蒙古生产力量的。这种生意只会使封建的压迫加强，封建者向他们所掣制的人民提出更多的要求，封建关系的本身并不破坏，而只是保留。

例如，在蒙古的普通卖买方式，是外国人，特别是中国人借钱或欠贷给王公和庙宇，王公和喇嘛为了付债，便去向牧人收捐。有时中国商行甚至于直接担任收取封建捐税的工作。

这样，结果便是外国人对蒙古牧人的商业高利贷剥削非常密切〈地〉和蒙古国内的封建关系交织在一起，而封建势力则把重负加在牧人的肩上。聚集起来用作盟、旗王公经费的捐税以及运输服役，使牧人的产业破产，因为此种捐税每年为数百万蒙币之巨。除了这种捐税之外，还要许多没有名义，不用任何制度而收取的杂税，或是为盟、旗的王公给中国人付债，或是给王公做赴北平的路费，或是作为军费及其他等等。

更正

上期《蒙古人民共和国》一文，《概况》一节系根据苏联一九四〇年出版《政治辞典》，其中面积"一千五百万平方公里"系一百五十万平方公里之误。"人口约九十万"，原文如此，且与蒙古此次公民投票有选举权者为四十九万余人一点无过大差别，应属正确。顺向指正的屠□□先生致谢。

黄色封建主义也搜刮牧人的巨大资财，奴役他们，使他们完全从属于自己。在自治时期，包格图王公的属下为数就达九万人，属于他们的牲畜就有牛马七十万只，照当时全民族的财产价值二万五千万鲁布来说，其中六千万是在庙宇的手中。庙宇非但利用信徒的贡献与属下及畜群的收入，并且获得国家的物质援助。例如为了维持包格图王公和他的宫院，每年拨款达一百万蒙币。每一个王亲旗族每年获得补助金七千至一万三千蒙币。在这时期中蒙古最富有的人是拉门王公。包格图王的金钱，为数即达俄币二百万鲁布，他的畜群、宫院、奢侈品等还不计在内。

在自治时期，喇嘛上层的商业活动，规模极大。他们设立了运输公司和商业公司。包格图王公特别庇护他的同乡——西藏商人，在这时期中来蒙古的许多喇嘛和商人进行规模很大的雅片、圣物、皮毛等买卖，把自己的收入分一部分给包格图王公。归根结蒂地说，喇嘛教掌的财富还是从牧人身上搜刮来的。一九一一年宣布自治之后，牧人付给中国商人和高利贷者的钱已经比较少，可是付给庙宇和缴纳的捐税却更加多了。

这一艰重的经济压迫，和外国商业高利贷的剥削配合在一起，使牧人迅速破产，使蒙古的牲畜停滞，甚至低落，使其他产业部门没有发展。封建时期在政治方面是大多数蒙古人民没有权利没有保障的时期。在中国人统治之下，蒙古封建主——王公和上层喇嘛每年获得中国政府的各种奖赏和金银布匹。蒙古封建主得到这些赏赐之后，便给国库献上相当数量的金钱，一旦发生战争时必须派出完全武装的军队。因此这些特权阶级便成为外国侵略者的枢纽。当然，么〔这〕些封建主并不是一国之主，一切握权的和服役的蒙古王公所出席的会议，也只解决一些细小的问题，政权，解决产业、军事、内外政策等一切基本问题起初是在满洲官员的手里，后来，在一九一一年自治之后，转移到俄国官吏之手。

封建蒙古的政治环境便是这样。

反对满清·乞援帝俄·脱离中国

这一切情形使广大群众厌憎旧的政治形式，于是人民便寻找出路，以脱离政治上无权的、经济上贫穷的处境。在民间，对于当时制度的怨暴，日益发展。这种怨暴的增涨，某些远见的黄色与黑色封建者不会不见到，他们也想脱离满清的附庸，以便自己获得劳动牧人的收入，而不必去献给外国征服者。所以时至一九一一年，一方面满清的中国官吏企图有所改革，以更进一步压榨蒙古，并由中国殖民者夺取蒙古人的土地，另一方面，中国的革命浪潮日益高涨，终至发生一九一一年十月的武装起义，蒙古的王公和喇嘛们便决定利用帝俄的帮助以脱离中国而独立，那时帝俄也正想把蒙古从中国手中夺过去，自行经营，一九一一年经沙音诺音汗提议，包格图王公在库伦召开王公和喇嘛的代表大会。大会决定请求帝国协助反对中国压迫。于是派遣汉陀·道其、且林·契米达等组成特别代表团赴彼得堡接洽。

这代表团带到彼得堡去的信，显示了蒙古王公请沙皇助蒙反清，首先关怀的，不是蒙古人民的利益，而是自己的利益。他们在信里这样写着：

以前蒙古的汗和王，是自己供奉者的主人，享有自己土地的收入，安居乐业，无所纷扰。兹者，中国官吏既将政权夺去，复百般干涉蒙古内务，特别是借口改革，移民蒙古，改变旧观，消灭当地政权。此实可悲。

由此无疑，王公们最先所关心者为自己的利益。虽然如此，他们反对满、汉的压迫仍旧是符合全体蒙古人民利益的，这在争取蒙古民族独立的路上，是进展一步，不论这步骤是否是彻底。

蒙古王公和喇嘛们得到巴尔加方面的援助，特别是知道中国经过一九一一年十月革命之后，甚为软弱，于是又在十一月十八日举行会议，议决不承认中国政府的政权，宣布蒙古为独立国，由包格图王公为执政。一九一一年十二月十六日包格图自称为全蒙之汗。他向全国发布宣言说：

> 现在满、汉南方各省发生内战，势在消灭满清。我蒙古本为个别国家，兹以古法发为基础，再确立为独立国家，设新政府，政权不依附他人，自行处理。兹即宣言，我蒙古人从今以后不服从满、汉官吏，满、汉官吏之政权与治理应完全消灭，因此，彼等均应遣返本国。

俄国革命·华军重入蒙古

但一九一一年的自治并没有使蒙古人完全脱离满洲的羁绊。一九一五年，俄、华商人协议之后，中国商人又逐渐返回蒙古，恢复他们商业高利贷剥削蒙古收入的老方法。一九一九年中国军队又重返蒙古。

中国军阀迫使包格图王公签字请求中国重新把蒙古收回治下。于是中国军阀的统治，在蒙古重新恢复，并且比自治以前更加严厉。当然，蒙古的封建主并不满意中国政权的恢复。一九二〇年春，徐世昌召开蒙古王公和高级喇嘛的会议，以期得到他们的支援。徐世昌并没有得到这样的支援。在会议席上，王公们都没有说话。后来徐世昌说："我没有想到王公们是这样笨，他们只是来宴会席上大吃大嚼。"其实，并不是王公们笨不笨的问题，而是王公们不愿意违背全体蒙古人民的反华情绪，而且他们自己也不满意中国人夺取他们的政权。但是王公们并没有对中国占领者进行坚决而彻底的斗争，最主要的，是因为他们没有能够拟定准确的路线，使这斗争获得胜利。

要懂得这个原因，应该知道，蒙古王公们当然是知道苏联十月革命性质的，他们害怕，蒙古牧人不要也学苏联劳动者的样，非但推翻外国的压迫，并且还打倒国内的剥削者。所以在蒙古封建的阵营中，关于对华斗争的问题，并无一致的意见。他们有些人主张借白俄谢妙诺夫、温根等人的协助，反对中国占领者，以包格图王公为首的黑、黄封建者则是动摇不定的一派。他们写信到日本（由包格图盖章经拉克恰宫转交）去，美国（经过一个美国商人）去，同时也写信到苏联去（经过蒙古革命派别）去，请求援助。

牧人自己起来革命

假使蒙古的革命牧人阶级（以苏赫·巴多尔等为代表），不自行把国家的命运握到自己的手里，不着手组织革命的力量以驱逐外国占领者，并且和苏联建立关系，那末，不知道蒙古的王公们要犹豫多久。当这一运动展开的时候，个别的盟旗和王公，自知他们封建上层是犹预〔豫〕不决的，便开始加入这一运动。

这样，便从下层建立了蒙古人民各阶层的统一战线，为自己的民族独立而斗争。这统一战线，随着日本帝国主义及其走狗谢妙诺夫和温根泛蒙古口号被揭穿，中国军阀和白俄占领军横行和蒙古革命游击队活动的日益加强而扩大。

一九二一年三月二十一日即苏赫·巴多尔的游击队占领恰克图（买卖城）之后几天，曾经做温根政府总理的甲汉子呼图赫达对于人民革命政府由恰克图发出的信，提议把温根逐出库伦，丝毫没有答覆，在封建上层，开始了分化，许多上层分子跑进了统一战线的行列里。例如库伦政府在乌里雅苏台的统治者叶斯杜拒绝动员军队加入库伦队伍，因而被杀死。甲汉子因指责温根的命令而被革职，逐往科布多，他一到了乌里雅苏台便跑到人民革命政府方面。乌里雅苏台的驻守司令马克索甲普击溃咯上切夫和布里亚特人王达诺夫的白俄军队，加入人民革命政府，把自己的军队向乌兰固木和科布多推进，在那里与苏军会合，在七月底击溃巴基赤和卡萨格兰地的白俄军队。由此可见，在革命的初期，封建阶级的大部分，特别是中下盟旗王公，都加入人民统一战线。

当苏赫·巴多尔的革命军队进入库伦时，包格图和前政权的其他领袖都竭力和新组成的革命政府妥协。至于革命政府及其人民革命党，早在恰克图的第一次会议席上已决定，在蒙古革命的现阶段，应该暂时与其他各党各派合作，即使这些党派能够部分地有利于蒙古的解放。这便是为什么苏赫·巴多尔的游击队占领库伦之后，人民政府和包格图订立协定的原因，并且也就是为什么把蒙古的新政权作为立宪君主政体而把一切政权与军权都集中于人民政府之手的原因。

逐渐反对国内的封建特权

这一战略无疑使蒙古的牧人阶级得以在反对外国武装干涉中利用封建的分子和喇嘛。当然，蒙古的革命并不就是停在这个阶段，因为牧人阶级的利益不仅是从外国的压迫者手中解放出来，并且要从封建的剥削者手中解放出来。

　　显然，这便是为什么新的革命政府一步一步地着手在经济和政治方面铲除各种各样封建压迫的形式，和从前统治阶级所享有的一切封建特权。取消盟、旗的债务，废除牧人受制于封建者的一切束缚，取消盟、旗借债的连保制度，取消牧人缴给封建主的人头税，取消一切人身的服役，即在革命之前，牧人须为封建主和庙宇服役。属于寺院和王公的牲畜，要和牧人的牲畜一样征捐。国家的财物都中央化，使地方封建主无法窃取人民的财物。先是废除"呼皮冈"（喇嘛教的上层分子）的特权，后来把"呼皮冈"根本取消。改组法院，施行临时法律，禁止拷打和侮辱人民。取消包格图政府所庇护的西藏商人、高利贷者和高级喇嘛的特权和专卖权。包格图的民政和军政权于一九二一年革命时即已取消。自后蒙古政治形式是基于广泛的民主，由牧人从下至上地选举。建立共和国时所通过的宪法实施普遍选举权，但是从前的封建者和寺院的喇嘛是没有选举权的。一九二五——二六年新的行政划分取消盟、旗的封建割据，建立符合牧人需要的国家机关。最后，在一九二六年又以法令使宗教与国家分开，对黄色封建势力，给予毁灭的打击。这些反封建的措施并不是一下子实施的，而是逐步地，随着牧人大众政治意识与自觉性的提高，随着牧人大众自觉是国家的主人，把国家的命运放进自己手中的程度而进行的。

建封势力的反动

　　当然，蒙古牧人阶级的反封建斗争不会不引起封建阶级的反抗，虽然他们也曾经准备为反对外敌和武装干涉者而斗争。但是，当蒙古人企图开始斗争，非但从异族帝国主义和殖民地压迫中解放出来，并且还从封建压迫中解放出来的时候，封建分子便反对革命，任何手段都用，甚至叛国亦所不惜，开始反对革命政府与牧人政权的斗争。封建者反革命的叛国的行动，于一九二一年成立临时人民革命政府和限制包格图政权之后便立即开始。

最先举起反革命旗帜的，不是蒙古人，而是西藏人。西藏人沙其喇嘛，过去和温根很接近，是包格图的亲信之一，他的阴谋便是一例。因为革命政府剥夺西藏商人和高利贷者无税经商的权利和其他特权，高级西藏喇嘛和商人便阴谋组织武装暴动，推翻革命政府的政权。参加这阴谋的还有以前参加温根军队反对人民政府的人。但是这阴谋被及时破获，阴谋未发动即被苏赫·巴多尔亲自所领导的赤色游击队逮捕。阴谋破获之后，包格图为卸去同谋犯的责任，把阴谋详情报告人民当局，把准备武装冲突的全部责任都推在他的同志身上。

其次是包锋的阴谋。包锋本是一个喇嘛，他在革命时期，只赞成民族解放的目的，是革命政府镇压分子之一。等到牧人阶级把自己的打击放到国内封建制度方面的时候，他便离开革命了。包锋离开革命是在一九二二年移居朱虎林而与高级喇嘛发生密切关系之后。他和他的同志与温根军的残余取得联络。温根的残余以私人姿态住在库伦，在半合法状态之下继续保存枪械。包锋依赖他们准备他们在首都举行政变，同时派代表团到蒙古①去请求张作霖把蒙古收入东三省的治下。由此可见，包锋的阴谋是因为封建分子脱离革命，叛乱分子反对牧人的革命收获，为外国帝国主义效劳。革命的牧人阶级要求严厉惩罚叛国反革命的分子，所有这阴谋分子都被揭穿、逮捕和严厉审判。

包锋阴谋的断然解决，受到牧人阶级的拥护，巩固牧人的信仰，相信人民革命政府及其政党的能力，足能顺利与国内的反革

---

① 原文如此。——整理者注

命力量斗争，更加巩固牧人阶级的革命收获。但是革命的敌人并没有放下武器，一九二四年达藏又组织阴谋。一九二四年蒙古宣布为人民共和国，但是并不是普通的资本主义型的共和国，而是一种特别的、人民革命的、反封建的和反帝国主义型的共和国，在这共和国里，牧人阶级是自己产业的完全主人，不许国内的财富和牧权集中在大资本家的手里，共和国是逐渐奠立基础，以过渡到非资本主义发展的道路。正就是为了这个缘故，曾经参加革命的资产阶级同路人，以前参加革命是为了要破除封建的秩序，去除资本主义发展的障碍，现在为了维持商业高利贷和外国资本的关系，他便脱离人民革命了，达藏在一九二四年跑到了敌人的阵营。他的路线是使革命分子脱离蒙古人民共和国的领导，使蒙古折返资本主义的道路。他加入中国高利贷商行和汽车公司做股东，和他们一同做投机生意，使国家和牧人阶级受到极大的损失。达藏利用他在政府和党政中的重要地位，命令车毕利克部的人民偿付革命欠大生号的旧债。这实际上就是恢复中国人对牧人的压迫。达藏并且在购买军粮方面作弊，吞吃公款。他自知单是国内的反革命力量是不能推翻人民革命政权的，他经过他合伴的中国人，和中国总司令部发生关系，想依赖中国军阀的帮助，推翻人民革命政权，建立中国附庸的蒙古。但是在一九二四年八月蒙古人民革命党第三次会议席上达藏和他的党羽被揭穿，他的阴谋被铲除。

一九二九—三一年蒙古政府〈对〉国内的封建关系，采取若干坚决的打击，并且开始没收黑、黄封建者的财产。反革命的封建分子利用这个机会便组织新的行动，反对人民政权。一九二九年没收了四百二十七个黑色封建者和三百零二个黄色封建者的财产。一九三一—三二年没收了二百零四个黄色的、六百二十二个黑色的封建者的财产，在这几年中共计没收了一千五百六十六个封建者的财产，他们都是靠了剥削劳动者而发财的。在进行这些措施的时候，颇有一些过激的倾向，这些倾向是非常危险而有害的。例如人为地组织集体农场，否认游牧牧人的牧畜等为蒙古的经济基础，企图直接过渡到社会主义建设的阶段，行政当局赤裸裸地压迫宗教及其他等等。这一路线是不对的，它引起了牧人广大群众的不满，使反革命分子移〔便〕于动员低级喇嘛和牧人去进行反革命的行动。这些错误改正之后，政府走上准确的道路，牧人群众便立刻离开反革命的阴谋者而协助政府铲除反革命匪团。但是这之前，在一九三〇—三二年，在许多地方，反革命的阴谋分子曾经能够动员牧人进行叛乱工作。

后来虽然也有某些敌人并不放下武器而继续进行反对牧人政权的斗争，但是他们已经不能指望群众的支持，所以他们是进行秘密的阴谋活动，建立秘密的组织，以借外国帝国主义者的帮助准备反革命的暴动。其明显的例子便是纵火焚烧实业工厂、香肠厂和查免基勃喇嘛的反革命阴谋等等。

从这些历史的实例中我们可以知道被牧人政权击败的封建阶级并不放下武器，用各种各样的方法竭力设法收回他们被剥夺去的特权，不惜以卖国的手段以恢复他们失去的权力，以奴役和剥削蒙古牧人阶级。这是没有什么奇怪的。全世界各国〈的〉历史经验证明，不经过斗争，没有一个阶级肯出让自己的政权，对于胜利的革命政权不辞斗争，用一切方法拉回历史的轮子，恢复失去的特权。

反革命活动是为外国侵略作先锋

蒙古人民共和国所发生的一切反革命阴谋，其特点是所有这些阴谋分子总是直接或间接与外国间谍有关系的，他们的阴谋实际上是准备让外国，首先是日本帝国主义夺取蒙古的初步阶段。这并不是偶然的。因为阴谋者都知道，无论他们怎样巧妙地组织阴谋，无论他们怎样对政府和党散布什么挑拨和诽谤，无论他们怎样欺骗牧人，他们总是不能推翻革命的政权，因为这政权是以大多数的牧人阶级为基础，是保护这大多数人的利益，它得到这大多数人的信任和拥护。所以他们便去寻找外国人的援助，希望用异族人的武力来推翻蒙古牧人的政权。把国家让异族人奴役，把蒙古变成殖民地对于他们是不算什么的，因为他们只要能够剥削牧人，自己的利益比国家的利益尊贵得多。

几十年来根绝封建势力的斗争，击破封建分子恢复这种势力的一切企图，得到了极大的成功和胜利。击溃了封建的反革命势力，巩固了牧人阶级的革命政权，巩固了蒙古的独立，使它成为能够保卫自己疆界的不可侵犯性与自己民族自由的国家。

蒙古人民共和国发展的基本方向

蒙古人民几十年的斗争是反帝反封建的斗争，使蒙古革命的反帝反封建性质更加深刻化，逐步实现其目标。反对外国奴役者和国内封建制度，只是蒙古革命的一方面，这革命除了否定的任务——推翻外国的与封建的压迫之外，还有肯定的任务，就是建设新型生活的任务。蒙古究竟是要建设怎样的形式，怎样的制度，怎样的国家呢？现在建设到怎样的情形呢？

蒙古人民共和国曾屡次宣言，他们的任务是准备一种基础，用以过渡到非资本主义发展的道路上。实际上是怎样呢？

在资产阶级的欧洲各国，经过十八世纪反封建的革命之后，代替封建主义的资本主义制度，在这种制度之下，只是改变了剥削群众的性质。

　　有人要问，蒙古牧人劳动者从外国侵略者和国内封建者手中解放出来之后，是不是仍旧落在资本主义新的剥削者手中去被压榨呢？

　　蒙古人民共和国成立的最初几天，劳动牧人阶级的先进代表是这样回答这个问题：他们要建设一个新型的共和国，在这个共和国里没有资本主义的剥削者，他们要奠立一个逐渐过渡到非资本主义发展的道路上去的基础。实际上是怎样呢？

　　首先是：蒙古的国家政权不在资本家手里，而是在蒙古人民革命党所领导的劳动牧人阶级的手里。蒙古的富人不许把牧场、土地、森林、水，及其财富占为己有，一九二四年所通过的宪法，宣布这一切财富为全民的财产。蒙古的全部经济政策（捐税、贷款等）在原则上都是协助牧人阶级中无产的阶层，使富人难于奴役贫穷牧人。蒙古国内建立了工业，但是并不是用私人资本，而是由牧人国家建立的，国家摊〔拥〕有这些企业（制造厂、洗毛厂、锯木厂、机器厂、煤矿、运输公司等），用来为牧人阶级服务。国家把全部对外贸易都握在自己的手里，经过国家商业局，以及借蒙古中央消费合作社使私人不能在国内市场获得主要的阵地，但是并不禁止，而且奖励私人民族商业的发展。国家管理财政机构（银行）和机械化的交通（蒙古运输局），这都是使国家产业走上非资本主义发展道路的重大因素。

　　用特定的劳动法和工会保卫工人和雇用劳动者的利益。蒙古的工会是由国家支持的，他和资本主义国家的工会不同。在资本主义国家，工会受到国家的压迫，而且一切劳动法也都是为了使资本家易于奴役工人。国家多方面地关心提高群众的文化水准，普及文化，训练熟练工人和专家的干部，教育并不是富人的阶级特权，而是免费的，学生的生活甚至于是由国家来维持的。蒙古的保健事业也同样是免费的。教育与保健的免费，国家在这方面的领导作用，使劳动牧人阶级的文化水准易于提高。

在蒙古人民共和国没有民族的压迫，各民族都有发展和合作的可能。蒙古的国策是无意夺取他人的领土，臣服比较弱的民族。牧人国家的这一政策，使资本主义分子无法战胜劳动牧人，也无法奠定资本主义发展的基础。

苏联援助蒙古经济的发展，保护蒙古不受外国帝国主义的侵犯，是蒙古得以顺利进展的前提。

蒙古非资本主义发展的纲领便是这样。

经济发展的新路线

蒙古的经济发展虽然定出了非资本主义的前途，但是由于反革命分子的屡次破坏与煽动，以及过激分子的错误，曾经发生右倾的斗争。右倾者自然是那企图把蒙古变成帝国主义国家附庸的反革命阴谋分子，而且在蒙古人民革命党中也曾经有这种倾向的派别，所以在一九二八年年底第七次党大会席上发现"胡同反对派"，反对这种倾向。后来是在一九三〇年发生过激的倾向，某些左倾分子主张直接过渡到社会主义经济，消灭私人产业。这也引起牧人阶级的不满。这一倾向不久便被改正了。人民革命党和政府宣言采取新路线。

新路线是什么呢？

在产业方面首先是确定蒙古的经济基础为游牧人的饲畜业。政府的主要关心应该是建立必要的条件，使牧人关心畜群的增加和发展，保护幼畜，扩大产业的收入。国家应该积极帮助牧人畜业的发达。所谓以牧畜业为基础，并不是把牧畜业停滞在现在的状态之中，而是使牧畜业进步和发展起来。广设兽医网、改善牛种羊种、增加生产。

在工业方面，借苏联的协助，建立企业，复制游牧牧人畜牧的出品，借此和牧人产业的需要密切联系。

在商业方面，仍以国营消费合作社维持领导地位，保持对外贸易的国家专卖权，但仍旧吸引私人参加国内市场的供应和推销。

在财政方面以减少一切非生产的开销为主要任务，即凡是一切与发展产业、加强国防和播扬文化无关的支出，都加以减缩。这可以借之减少捐税，使人民的购买力更加提高。

在政治方面首先是巩固革命法令，加强党、国家、群众之间的关系，提高地方与中央政治机关的作用与意义，取消纯粹对付喇嘛教的行政方法。

过渡到新路线之后，党与政府在国内民众中间的威信得以提高，在对外方面的力量也得以巩固。

过渡到新路线之后，蒙古人民共和国一年比一年的发展和进步，到今天，便成为一个站立起来宣布和被人承认的独立国家。

《时代杂志》（周刊）

上海苏商时代杂志社

1946 年 6 卷 4—6 期

（朱宪　整理）

蒙古人民共和国概况

马尔可夫 作　　祖 立 译

　　一九二一年的革命开始了蒙古的新生。在革命前，牲畜是专属于封建地主和喇嘛的，没有一个牧人的家庭拥牲畜六十头以上，而封建地主却平均每人有二千三百七十头牲畜。他们的财富的主要来源就是残酷地剥削牧人，这些牧人和他们的牲畜一同算是地主的私产。

　　国内经济的施策全不顾到人民的需要。蒙古有足够的原料去供给十个制革厂，但它每年要输入皮革。在蒙古草原上放牧着数十万头乳牛，而牛油仍需自外国输入。丰富的煤藏、盐矿和粘土也都没有利用。

　　人民革命非但解放了蒙古，而且替国内生产力的发展铺平了道路。牧场分配给人民了，畜群也成为牧人的私产了。

　　革命使牧人了解，由于他的牲畜增加，因此他私人的生活也改善了；他的牲畜繁殖得愈多，他制造肉、毛和皮愈多，那么政府在发展工业和文化上的可能性也愈大。无数牧人现在已有一百五十头牲畜，有些甚至达到一千头。政府对那些能够增加他们的牲畜数目到一千头以上的牧人特别发给奖金，而这种人正不断增加着。

　　旧的地理教科书和革命前的蒙古游记上都叙述着该地的悲惨故事。

　　一九一二年到蒙古去的一位商人，写了一本游记，那里面说：

牲畜的饲养方法是最原始的。蒙古牧人难得把畜群放到水源地带去。为羊建造的家畜场也不是为了禁寒，而是为了挤乳的便利。

当我和中央区的首长之一，年青力强的伊丹苏伦谈话时，就想起了这本陈旧的书。现在，该区五万五万〔千〕居民已有牲畜一百五十万头以上。为挤乳而设的家畜场也由温暖的砖砌的畜舍代替了，为了在戈壁沙漠中建造畜舍，特从北方运来建筑材料。仅仅一九四五年就造了近千所畜舍，牲畜，在这里有自己的水池，有兽医顾问站。苏联政府曾给牧人贷款，并给他们其他的帮助。

曳引机、刈禾机、联合机、收获机在蒙古草原上的出现，使它的国民经济发生了一大革命。牧人不但学会怎样管理机械，而且开始种植谷麦了，这是数百年来蒙古历史上所没有过的。四年前建于乌兰·巴多尔（即库伦）的磨粉厂，已出产了第一批一千吨的蒙古面粉。

然而，农业在蒙古仍占着畜牧业后的第二位，且大部分的耕地都种植饲草和鞣皮工业所需用的工业植物。一个人不能照料几百头的牲畜，于是牧人们组织了合作社，共同牧放、割草、播种及收割。国内也出现了运输合作社。

饲畜业的发展促进了蒙古工业的发展并引向农业的成就。它替制革、纤维和食物工业奠定了基础。蒙古已经建立起由制革厂、制靴厂、纤维厂等合组而成的巨大企业，它还有锯木厂、水泥厂和煤坑〔矿〕。蒙古的工业产品已达全国生产量的三分之一。

革命对于消灭那数世纪来一直是蒙古之灾的文盲，提供了必要的条件。革命前全境只有一个学校，但是现在已有几百个初等和中等学校，甚至还有高等学校。一九四二年在乌兰·巴多尔创办了设有医学、动物饲养学和语言学等系的大学。

科学活动由政府专设委员会主持其事。我们看见一个从事各项科学工作的学院，它将来可以成为科学研究院。有许多这种学院完成了对全国非常有益的工作，例如，地质学家组织了探险队以寻觅新的煤矿，他们差不多在全国各地发现了燃料的储藏。从前一向依赖输入的盐，也在国内络续发现了。在"语文室"里我们看见一部八万字的蒙俄大字典。语言学家拟就了蒙古文的新字母和文法，今年年初已在全国采用。科学在蒙古受到极大的重视，去年蒙古政府曾支出三百万蒙古通货以发展科学。

从前蒙古人是没有任何医药设施的，甚至他们连肥皂都不认识，二十年前全国只有一个病院，它设在乌兰·巴〔多〕托尔，仅容十四个病人。此外全国只有五个急救站。每八十万人只有两个医生和八个助手。

外科医术是牧人医药中的主要部门，也是医学的预言者。蒙古现在可以它的生产院、托儿所、妇婴顾问所等保障人民健康和妇女解放的卫生机关而骄傲。

蒙古人民获得独立后，创造了自己本位的文学和艺术，而年青的蒙古艺术家、作家、演员等也获得了政府方面极大的帮助。

蒙古共和国的发展史是不能和蒙古人民的革命政党的历史分开的。蒙古革命党组织了、领导了革命运动，创立了真正民主的宪法，建立了武装力量。曹巴山元帅是出身民间，而成为祖国的领袖，把他的一身贡献给人民的利益，并且受到人民热爱的人。

新蒙古是在必须全力巩固本身的国防和保护自己的独立的时候长大的。现代化的人民军队的组成是这个国家所获得的许多成就之一。现在，蒙古正努力从事国民经济的进一步发展和文化的繁荣。

《时代杂志》（周刊）

上海苏商时代杂志社

1946 年 6 卷 28 期

（朱宪　整理）

蒙古人民共和国一瞥

莫图查叶夫　作　　祖立　译

一　蒙古人的土地

从西方的阿尔泰山到东方的大兴安岭，从北面的萨彦山的大森林到奥〔杳〕无人迹的中央亚细亚戈壁大沙漠，伸展着一块亚洲古老民族的蒙古人的土地。

我们开始踏上旅途是春天的时候，大自然还刚刚从冗长的，严寒的，但是晴朗的冬季苏醒过来。

蒙古的春天是寒冷的！这地方具有一种罕见的大陆性气候。这里夏天来得很迟。

河川解冻还不久，混浊的水急速地奔流着。河水夹杂着许多泥块、细砂，被水冲洗得光洁混〔浑〕圆的小石子在急流中向河底沉下去。

湖沼还满覆着冰。只有岸边一细条的解冻了的清水使人想起夏天即将来临了。冰块崩裂着，风吹动了小冰块，有时把它们送到岸边，推上陆地来。小沟里的冰已经被太阳溶〔融〕化了，鸟儿在这里，在澄清的水面上叫着……

蒙古的大部分都被山脉覆罩着。山脉中分蒙古和戈壁的阿尔泰山脉、兴安岭和杭爱山脉。在南方和东方是一片广大的起伏不平的高原，被高出海拔一千五百——二千公尺的个别的山丘所隔断。这里简直没有低地，全境的平均高度一千三百公尺，蒙古的首都——乌伦·巴托尔就位在这样的高度上。而蒙古阿尔泰山的最高峰，在苏联、蒙古人民共和国和新疆的接界处，高达四千六百五十三公尺。

山间，尤其在朝南的山坡上，也感觉到春的气息了。不错，树木还是光秃秃地站在那儿。落叶松也还不见它那清新翠绿的针叶，但是在南坡上的一片萎黄中已经显露了一簇簇的嫩草。随着冬眠醒来的土拨鼠的出现，草原也开始复活了。长期冬眠后饿坏了的土拨鼠打开它的巢穴的大门，远远地跑去寻觅食物。如此遥远的探险对于土拨鼠是常有生命危险的，如果它被一个隐曬〔匿〕着的敌人发现的话。然而，恶劣的食物逼着土拨鼠远离自己的巢穴。当秋天来临的时候，土拨鼠就成为猎人的对象了。这□土拨鼠在蒙古人的游猎中占着重要的地位，蒙古人每年要出产一百五十万张土拨鼠皮。

蒙古人是狂热的猎人。这只要注意到那儿的大量的，各种各样的，珍贵的动物，就不难了解其原因了。在森林里盘踞着黑貂、山猫、麝鹿、麋。在草原上有土拨鼠、狼、狐狸、羚羊。在沙漠里有野驴、野猫、羚羊、野马和野骆驼，在戈壁山岭里则有山羊、绵羊和巨大的猛兽——豹。

我们常常看见许多有蹄动物，企图切断汽车的进路，然后才四散走开。这些动物为什么有这种举动（甚至对它们显然不利的时候也如此），不很明了。或许这是因为猛兽的追逐而产生的一种反作用。

翻过兴安岭的山脊，我们越过了这世界的分水岭。从此向北是注入贝加尔湖的色楞格河，由此向南则是一望无际的中央亚细亚草原和沙漠。

著名的俄罗斯旅行探险家就曾经向这里，向中央亚细亚前进。普席华尔斯基，著名的第一个中央亚细亚的探险家，波丹宁、格鲁姆、贝符卓夫、科兹洛夫、奥勃鲁切夫等都曾经数次横越蒙古，并且在笔记中描写了这块横躺在亚洲大陆内部的蛮荒区域的自然和人文状况。

二　在山岭、草原和沙漠中

今天我们的营帐驻扎在一个盆地上，这盆地堆满了曾经淹没过兴安岭的古代冰河的土层和石块。高度计上指示着海拔二千二百公尺，所以，我们已高过克里米亚或乌拉尔的最高的山岭了。从兴安岭下来，我们看见了一副绝美的景致：在巨大的，峻峭的，伊黑布格多山麓的旁边，在深陷的盆地中静静躺着大镜似的奥罗克努儿湖。

雨天中我们的橡皮汽艇慢慢游过了全湖各处。混浊的，黄色的湖水从早到晚都是平静的，只有鸟声嘈杂着。海鸥、燕鸥、鹅鸟、野鸭追逐着小艇，而如果看见小艇驶近它们时，就哄然飞向天空，在湖水上拍击着翅膀，溅起了千万点水沫，在阳光下放射出虹彩的颜色。

中午时分开始刮风了。风突然掠过平静的湖面，打破了鸟儿们的安静，把我们的小艇也吹得老远。

蒙古有许多湖沼。但是还有多少湖沼在等待着探险者的小艇去第一次接触它们的水面啊！

日子在行路中打发过去。我们的卡车始终为我们忠诚地服务。它沿着仅供驴、马通行的小径爬上高山，它穿过峻峭的深谷，它渡过湍急的山溪。

日暮休息的时候，迅速地搭起篷帐，火上架着铁锅，旅人都坐下来写自己的日记了。

深夜时，大家结束了冗长的、辛苦的一天，呼呼睡去，准备明天，随着太阳的上升，再踏上前面的路程。

在美丽而静谧的兴安岭上，在干燥的戈壁沙漠里和终年积雪的蒙古阿尔泰山上作徒步旅行的时候，我们常到蒙古包里去访问蒙古人。蒙古游牧人的全部生活都和大自然关联着，他们的风俗习惯、经济，他们的牲畜都决定于自然的条件。他们是自己这地区的，和游牧事业的头等专家，他们是老练的地理学家。

和中央亚细亚的其他游牧民族一样，蒙古人也饲养五种主要的牲畜：大角牲畜（包括犁〔牦〕牛）、马、双峰骆驼、绵羊和山羊。在北部某些地方还有少量的鹿。蒙古的主要和基本的财富就是牲畜，这地方再没有比增加牲畜头数更重要的经济任务了。蒙古现有牲畜达二千五百万头，这较一九二〇年多了两倍半。这里每一个居民平均有三十头牲畜，这种比例是世界上任何其他国家所不及的。丰饶而广阔的牧场，尤其是在兴安岭区域，提供了大量增加牲口的必要条件。蒙古人为了放牧牲畜，每年要迁移二次到四次。迁移的次数与距离均视牧场的环境和地理条件而定。

晚上，我们的营帐里来了客人。蒙古人坐在地上，抽着烟，烟管细小，但是极长，都藏在靴统里。他们注视着我们的举动，不时提出些问题。他们对一切都感到兴趣：为什么我们剥去小动物的皮，为什么我们要收集老鼠并且把它们浸在酒精里，为什么纸盒中藏着昆虫。

谈话继续得很久。夜已经笼罩了大地，这里白昼消失得很快，黄昏也不过短短一霎时。远处的山岩悬崖黑影重重，而近旁套了缰绳的马正耐心地等待它们的主人。

我们继续自己的路程，横越了不大的查尔干·戈壁沙漠。这沙漠位在一个宽阔的山间的盆地里，在它的中央，在最低的地方，有一个盐湖，四周被盐带包围着。伸向北方去的道路模糊不清，但仍旧辨得出，我们在盐泽和沙地中很少迷失道路，即使迷失了，不久就寻觅出来。

整天我们没有看见过一个人，甚至地平线上也不见一个篷帐的圆点。只偶然有几只羚羊急急地穿过这路，一忽儿也跑得无影无踪了。天渐渐热起来，水已经好久没有看见了；在被白色的盐层所包围的地方，闪烁着查干努尔盐湖，但那里面的水不论对人、对汽车都不适用的。四周尽是黄色和褐色的干燥植物。在这辽远而偏僻的地方只有一片死寂的感觉，直到晚上，在砂丘地带的边缘处，我们才看见了只有三个蒙古包的小村落。我们的来临引起了一群大黑狗的狂吠，这种狗我只在蒙古见过。一只小骆驼看见我们的大汽车吓得跳了起来。

牧人客气地招待我们到蒙古包里去。我们很高兴进去。蒙古人请我们吃可口的乳酪、煎饼、乳脂和传统的牛奶茶。详细问明道路之后，我们称谢而别，一路上还回忆着这个查尔干·戈壁沙漠的边缘地带的小村子。

三　在蒙古共和国的首都

越过茂盛的草原和美丽的整齐的蒙古森林，越过它的高山和河流，我们不住地默想着这个国家的命运。它能够在极短的时期中经历如此光辉的道路！一九四六年是蒙古人民共和国成立廿五周年的纪念。蒙古人为自己的独立曾经过一个长期的奋斗。一九二一年原属中国的外蒙由于人民革命的结果而宣布为独立的国家。蒙古人民的忠实友人苏联，与蒙古建立了外交关系，始终援助蒙古人民的独立斗争。而这个斗争最后是胜利了。一九四五年，由于蒙古两邻国——中国和苏联——的谈判结果，中国愿意承认外蒙的独立，如果全民投票证明蒙古人民是希望独立的话。国民投票成了蒙古的一个盛大的节日，变成了全民的庆祝日。这一天从遥远的游牧部落，从高山，从戈壁沙漠——从全国各地出动了马队的行列。全体人民一致投票赞成独立。中国以特别文告承认了蒙古人民共和国。

当我们回到共和国的首都——乌伦巴托尔时，正值炎夏。天气酷热，骄阳炫目，赤热的空气烘灼着，颤抖着，直向大地压来。

森林缀满了翠绿色。落叶松，这蒙古森林里最多的树木，已经换上夏装了。在山地和草原上，青草常高达人腰。在草原植物的天鹅绒似的青绿色的背景上，显露着无数鲜艳的色彩：黄、红、紫、青、白……它们有几千几万点，它们如此之多，使那单纯的蒙古草原显出了一片红色、黄色、白色……

河水比春天时候更清澈了，好久没有下雨，浅河中的活泼鱼群历历在目，非常清楚。

蒙古的湖沼，加上那碧清的湖水，尤其美丽而动人。湖岸上，主要在岛屿上，成千的鸟儿吱吱喳喳地在我们头上乱飞。地上，每一步都有鸟巢，那里面或是盛着两三个大而褐色的雀蛋，或是坐着几只无助的小鸟，贪婪地张大着嘴。蒙古到处有许多鸟，在树林里，草原上，在山谷，盆地，岩崖，河边都是鸟。

有一次，我们在草原上听见牝马的嘶叫，它正在找寻那落后的小马。小马慢慢地跑着，软弱的蹄勉强支持着身体，到了放热器的旁边，它拼命嗅着汽车，怎么也不肯离开。甚至母亲的尖锐的呼喊它也不愿，因为在这个巨大的，闪耀着阳光和绿色的世界中，一切都是新鲜的，有趣的。一切东西都变成了小马的朋友，不论是暖和的太阳，有特别味儿的汽车，或是抚摸着它的人们……

我们终于从山上看见了托拉盆地的全景，从这里向南绵延着布格多乌拉山，这是非常美丽的，树木葱郁的山脉。

我们从西方出发。清晨我们看见了日出。阳光直向我的眼睛射来。这是晴朗的，无云的一天。

千万的蒙古人的思念都向着这里，向着乌伦巴托尔，这里是全国的中心。这里集中着共和国的行政机构，这里是最高机关——蒙古人民政府的所在地。

在街道狭窄，排列着中国式矮房的旧城的旁边，出现了一个欧化的新城市，有宽阔的马路、广场，有栽着树木的柏油道，有两三层楼的洋房。这里还有小学、大学和医院！年青的国家在提高文化和科学方面做了许多工作。蒙古实施了普及的初等教育，欧洲的医学也深入到了游牧部落，并且非常普遍。早自一九二一年，就成立了科学委员会——这是蒙古科学研究的中心，在发现国内的天然资源和研究蒙古的历史及民族语言方面有很大的成就。一九四二年设立了第一个高等专门大学——蒙古国立大学，其主要任务就是大量培养熟练的专家，以应国内经济和文化发展之需要。

蒙古人民共和国的创立者和领袖是勇敢的苏海巴托尔，一个平常的蒙古牧人，他把自己的一生献给了蒙古的解放和独立斗争。苏海巴罗托尔是一位杰出的统帅和政治家。苏海巴托尔死于一九二三年。他的最亲近的同志是曹巴〔尔〕山将军，现任蒙古总理。蒙古人民共和国与曹巴山的名字是不可分离的。蒙古的经济和文化发展与他的名字关联着，蒙古的武器的胜利也与他的名字关联着。一九三九年蒙古人民革命军在曹巴山的率领下参加了诺蒙亨战斗，而一九四五年在北满和内蒙追击了日本军团和师团。

蒙古人民知道并且重视苏联所给予它〔他〕们的援助。一九四六年二月廿七日在莫斯科签订的《苏蒙友好互助条约》，以及文化、经济合作的协定加强了苏蒙民族间的友谊；这种友谊将继续巩固和发展，它是远东和平的一个重要条件。

离开蒙古的国境后，我们愉快地回想着蒙古牧人的殷勤招待。

我们回想着单纯的，但是动人的，永远铭刻在旅人的记忆中的蒙古景色。北蒙牧场上的数不尽的畜群，一望无际的辽阔的原野、山丘、峡谷、高山和盆地，碧清的溪水和湖水，银白色的雪，乌伦巴托尔的电光、汽车和骑士——所有这些，仿佛一幅幅的图画似地在我们的眼前闪过去。

《时代杂志》（周刊）
上海苏商时代杂志社
1946 年 6 卷 46、47 期
（朱宪　整理）

外蒙古是怎样的一个国家?

一 青 撰

外蒙古的独立，我们已在本刊四十六期里面提及。对于这个国家，我国政府，在今年一月五日，已经正式加以承认。现在，我来把她介绍给小朋友们认识认识。

外蒙古是怎样的一个国家呢?

她的名称，在我国的地图上，一向叫做"蒙古地方"，现在的名称叫做"外蒙古人民共和国"。她底位置就在我国的北部。东、南、西三面都和我国接壤，北面和苏联的西伯利亚相连。

外蒙古里面有好多大沙漠，分布南部和东部。这些沙漠地方，四围都是白沙，水和草木都很少，全无人烟。冬天和夏天，都有暴风，吹得漫天沙石，很是可怕！但在晴和的时候，沙漠的上空，却有亭台楼阁和风景人物的反映，和海市蜃楼一样，很是美观。境内有阿尔泰、唐努、杭爱、肯特、萨彦岭等山脉，分布在西北部和中部。有克鲁伦河、鄂嫩河、色楞格河和乌鲁克木河分布在东部及北部。

她的面积有四百八十八万方里。

她的首都叫做库伦，现在政府的主席叫做蔡巴山。

她的人口有六百多万。

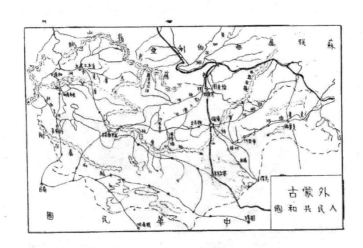

　　境内物产，动物有马、牛、羊、骆驼等家畜；有羚羊、猿、猴、熊、鹿、野猪、狐狸、狼、栗鼠、黄鼠、鹰、鸢、鹫、鹙、雉等兽类和鸟类；植物有松、杉、柏、枞、杨、桦、黄蓍、大黄等；矿物以库伦、库苏古尔泊和阿尔泰山等地的金最有名，其他如银、铜、铁、铅等也很多。

　　蒙古人的性情很勇敢，对于骑马和射箭很是精练。元代成吉思汗崛起，称雄欧、亚两洲的时候，最能表现她这种尚武精神。直到我国清朝时候，她才被康熙皇帝征服，成了中国的藩属。

　　原来，外蒙古是一个落后的封建的民族，阶级分得很严。活佛、王公、贵族、喇嘛，都是些特殊阶级，他们经常欺压平民。自被满清统治后，平民更受尽种种的压迫。后来，俄国和日本也时常来侵略他们，他们所受的痛苦更深。

　　在一九一七年的时候，俄国发生革命，我国的北京政府趁着这个机会，就派兵"侵入"外蒙古。到一九一九年，帝俄的残余军队（白俄）又攻入外蒙古，排除了我国北京政府的势力。

　　这时，外蒙古的人民已经觉醒了。他们在恰克图集合自己的军队，组织外蒙古国民革命政府，并请苏联派红军来帮忙，把白俄军队肃清了。

在一九一九年的夏天，外蒙古人民共和国正式成立。

由于外蒙古人民的彻底革命，他们推翻了宗教（活佛和喇嘛）和封建（王公和贵族）的势力，把政权交给人民，成立了"国民议会"。人民不再受那些特殊阶级的压迫，男女平等，民族平等，言论、思想、集会、结社都是自由的。

在生产上，他们运用了科学的方法，使家畜的数量增加得很快，使农业发展为国营农场和集体农场，耕种都用机器。人民使用土地可以不纳地租，还可以向政府借钱、借种子和农具来耕种，因此，收获一年多过一年。工业方面，由政府有计划地推动，采用现代化的技术，设立了各种各样的工厂，实行八小时工作制。商业方面，从前是以物换物的，现已改成了货币交易，实行关税自主，禁止走私，办了许多合作社，并已和外国通起商来了。

这样一来，外蒙古人民的生活改善了。过去，他们住的是蒙古包，现已改住砖瓦造成的房屋了。过去交通很不方面，全仗骆驼队来运输，现在却有了汽车、火车、飞机和轮船，邮政、电信也很普遍。过去在教育和医药卫生上，平民差不多全没机会享受的，现在不但每个人都有受教育的机会，还由国家设立许多文化教育和医药卫生的场所，人民可以完全免费享用。

外蒙古人民的军队有着强大的实力和现代新式的装备的，尤其是他们的骑兵是特别精锐。这一支人民的军队最先打过了白俄军队，"九一八"以后，他们屡次抵抗了日本的侵略。一九四五年八月八日，他们更起而对日本宣战，成为和我们并肩作战的友军。

廿六年来，外蒙古人民用自己的力量，创造了自己的幸福和自由，使世界上多一个民主的国家，这是值得我们敬仰的。

《新儿童》（半月刊）

桂林教育出版社

1946 年 10 卷 3 期

（朱宪　整理）

"巴帖鲁·哈鲁库·苏木"

——百灵庙速写

梁　燕　撰

民国二十五年，冰雪严封着蒙古草原的时候，绥远健儿曾经从归绥向西北方出发，闪电似地跑了三百六十里的路子，疾风样地光复了"百灵庙"。壮士底血把"百灵庙"这个喇嘛召煊〔渲〕染向全国底每叶报章；慰劳团、视察团，都"到百灵庙!"、"到百灵庙去!"……

从飞机上做个空中鸟瞰的话，百灵庙简直是个梦境里底王城。夏天，飞越"武川"底山峰后，眼底是一片青浪起伏的大草海，百灵庙就是天海相连的绿色高原之中，陡然凸出的一座白垩伽蓝。童话似的诗意，梦境似的壮观，这个喇嘛教的城廓，不但能给过着毡包生活的蒙胞一个可尊崇的印象，就是都市的我们，也只有感到一种带些感伤意味的肃穆。

"百灵庙"是它底汉名，蒙古名叫做"巴帖鲁·哈鲁库·苏木"，意思是"庙门坚固的寺"；这里有一种蒙古特有的大云雀，恐怕这就是汉名"百灵庙"底由来所自了。

喇嘛召在蒙古地带也像内地底庙院似地，点散在草原底这里那里，较著名的有德庙、贝子庙、鄂伦庙、锡拉摩利逊庙……百灵庙是这里面最大的一个。它面着一条叫做"爱巴干·郭鲁"的溪流，在北面一座丘陵上耸立着。屋宇是一座座有西洋风味的立体式建筑，只有屋顶和喇嘛塔是西藏气息最浓厚的东西。这座堂皇大伽蓝的正面高悬着一个匾额"广福寺"，旁边也有蒙文的匾幅。本来蒙古地带冬季最讨厌的是劲峭的西北风，恰巧庙的西北方是一个较高的地形，造成了一个天然屏风。也许这是建庙当时特别选择过的吧；因为，喇嘛教圣都"拉萨"的位置在西南方，照例庙里每座建筑，都是应该朝着那个方向的。

庙的中央有两座伽蓝殿。前面的一座是一个广厅，可以容纳几百个喇嘛；墙上画满了奇怪的佛像，色调、情致都很丑恶，没有一幅雄浑美丽的杰作。后面的一座中央安坐着佛陀，两边照例也有几座侧佛，都涂抹着艳红鲜绿的极色，看过去是那样不谐调得刺眼；横面塑着一座欢喜佛，痉挛着异样的面孔，抱着一个女人，这珍奇的景像足可使人感到一种羞惭的不安。据说超人的"活佛"便是这里率领着喇嘛们念经的。

庙院里最惹人眼目的是朱红的门扉，朱红的窗台，朱红的彩柱，然而推开喇嘛的庵室，却是黯黑、阴湿、恶臭得使人却步；草原的佛教使徒便终年终月地消耗着同胞底精髓，又把鲜红的血液喂饱这些僧房里多得可怕的虱子。

在三十六年前推翻满清的飓风里，库伦底清兵被喀尔喀底外蒙军击溃，逃过这里时，那些散兵流勇在抢掠之后，又用一把火把百灵庙烧光；后来袁世凯为了缓和内蒙同胞的激愤，拨发大批款项，才使它恢复旧观，并且在原庙的周遭附近，修建了许多小的庙院，中间有着蜿蜿蜒蜒的小道，蛛网似地彼此连结着。这些本庙和点在的僧房，平时只有四五百个喇嘛，据说最多曾经有过两三千人，在寂寥的草原上，两三千人的大集团，想像来一定是个壮观的宗教王国呢！

《西北之声》（月刊）

张家口西北之声月刊社

1947 年 1 期

（朱宪　整理）

后套之恋

后套，在抗战中是保卫我们大西北一座坚强的堡垒，在今后，她可以做为我们建设国防上的一个乳房，因为那里有无穷的河水浇着那肥得发紫的土地，每年足可以挤出够百万人以上食用的乳汁。

（一）后套风景线

　　三十里明沙二十里水。
　　五十里的路途来盹妹妹。
　　哥哥上马妹妹爬上房，
　　手扶着烟筒泪汪汪。
　　百龄鸟儿饶天飞，
　　你是哥哥的小宝贝。
　　……

朋友，你是否也是来自后套？近来，我是格外的怀念着那一个地区，因为是夏季来到了，那是后套黄金季节的开始。

你听，那连续不断的情歌！爬山调该是唱得多么响亮而诱人啊！

尤其是在日落将近黄昏的时分，那情歌也更会□□动人，那情歌是出自在归途上的牧童，也许是荷锄还家的农夫，还有那将要靠岸休息了的水手……闲散而又愉快的唱着，向着他们那温暖的熟悉的冒着炊烟的家屋走去。

黄昏的后套，那声音是杂乱的，尤其是在一个乡村的附近，孩子与狗特别的活跃，这会引得大人们和将要入窝的鸡都不安静，吃饱了的羊、牛、马，嗓子也格外有力些，燕雀虽已入巢了，天空的百龄、大雁的游兴还像很浓……直到乌拉山上染上青色，这些声音才会慢慢降低，在这杂乱声响的交奏中，是难以隐埋起那嘹亮的情歌，那是在向他的意中人招唤，听到了吗？为什么不出来迎接我！

你骑着马，或是散步在渠梁上，便能看到纵横的渠水，中间铺满了绿油油的秋禾，不是晚风稍有些凉意，你怎能不信是置身在江南的郊野？

跟着夏天，后套的原野，由绿色转为浅黄，待进入中秋，各种秋禾，都至成熟的时候，大地与河水一样，闪射着金黄色的光芒，那里永远没有旱灾，每年都是照例的要丰收。

夏，先使后套获得"塞上江南"的美誉，然后又丰满了这"塞上粮库"。

夏来了，怎能使人不恋念后套啊！

（二）拓荒者

说后套是"塞上粮库"，这并不是过分的夸奖。

说这话，就在九年以前吧，后套的地上，每年不知道要腐烂多少食粮，纵然是一个乞丐，他的住处也有存粮的地窖。

那里的人少，地多，并且肥沃，耕种容易，再加上交通的不方便，谁能有办法不使粮腐烂在地上？

　　假若说中国有地主的话，只有后套有些人家才有资格。有百顷土地的只能算是小康之家，占有三五百顷地的人是不稀罕的，甚至还有很多人，根本就不知道他有多少地？

　　那里的土地，在版图上虽然是属于国家的，在昔日，政府并没有力量来控制经营开发，那辽阔的草原只是作了一部分蒙古同胞的牧场。自从内地垦荒的人群到了后套，那些土地才与私人发生了关系，谁的脚先踏上那块土地，那块土地便归谁所有，腿快而勤勉的人，便能在很短的时间内，使很□的土地挂上他的名字。后到的人老从他们手中分到一部分土地，那只付出很少的代价便可以买一顷，在民国三十年的时候，一顷地不过才值七八百元，那时在内地各处，就像四川成都附近吧，已经是五十元以上才能买到一亩地。在名义上你虽是买了一顷，但实际上那面积绝不仅那么恰当，卖主把你领到地上，用手指给你，从这土疙瘩起，到那渠边止，就是这一块吧！这面积只能多绝不会少于一顷，也或者是用马跑一个圈子。

　　后套的很多村庄，是叫什么"疙瘩"，什么"柜"，什么"牛犋"，"圐圙"，上边再加上一个姓氏，毫无疑问的，这一个村庄内一定是有一个较大的地主，他们家屋的外围多半是有一座高大的院墙，同时也少不了牛群、羊群及马群。"柜"是别人对地主的一种尊称，他们也是那一个村庄实际的统治者。

　　在今天，有好多人对地主表示羡慕，但提起他们的发家，每一个人都有他们每一个人的艰苦奋斗史。是他自己，也或许是他的祖父，父亲，在最初来后套时，只是带来了一个包袱和两只手，还有一个简单的铁器，先挖下一个小土窑，便成了他们的家，找到这一个固定的位置后，便开始与风沙，冰雪，狐狼，水草来斗争，一寸一寸的，一步一步的，一丈一丈的，一亩一亩的，来开展拓殖他们的田园，再集合起后来的垦荒者，经过几十年的奋斗，引来河水，使沙地草原变成了肥沃的耕地。

"黄河百害，唯富一套"，这句话，是用几十万人的血汗写成的。

说起这，河渠总神王同春先生，在后套是永远使人不能忘怀的一位人物。

他并不是什么水利专家，他只是善于观察水流和地势，渠怎样开掘，黄河的水才能通到乌加河去，南北先有了主要干渠，东西才生出了条条的支渠，交错纵横，才织成了这一个绵密的水网，黄河以北，乌拉山以南，人头山以东，乌拉素海以西，这一千五百万亩的面积，整个都笼罩在水网之中，假若没有这广大奇巧的水网，我们怎能捞出这许多食粮？

后套，已经出产过多少粮食？这虽然没有一个精确的统计，但在抗战期间，那里是供给了部队七百万石以上的食粮，做为保卫大西北最可歌颂的一股力量！

（三）后套的人民

在保卫后套八年的奋斗中，在日寇投降后东进的战斗中，在保卫绥、包不变色的苦撑中，在集宁之战及"克复"张家口的伟大胜利中，我们不能否认，也无法否认，后套娃娃，在每一次战役中，是表现了永不可埋没的英勇，和永远值得夸耀的战绩！

假若塞上没有傅作义将军，没有后套娃娃，我们纵然不能说中国早已亡国，但黄河以北将要变成一个怎样可怕的局面！那真是令人难以想像了！

我们可以这样说，后套的人民，是创造建设新中国的一支坐〔生〕力军！

你应当知道，在二十世纪的进步中，战斗中，为什么美国人民会建立了光荣神圣的功绩？这理由不难找出，今日的美国人民，多半是西欧移民的后代，他们的祖先，是富于机警、进取、冒险、创造奋斗的精神，没有这种精神，他们便没有勇气离开故乡，在一个荒野的地区去创造理想。后套的人民，足可以与美国人的祖先和今日的美国群众来媲美！

后套的人民，多半都是由陕北、晋北、河北及山东各省移去的，这几个地区的人民，传统上便具备着刻苦耐劳的风气，再加上地理方面接近的关系，当他们在故乡遇到灾害走头〔投〕无路的时候，他们便开始了向边疆发展，在死难中去创造新生！

谁也知道，在后套中求生是很容易的，只要是你不是懒得不想动的人，找一块土地，播上种，把渠水引进去，便可以等着收获，解决了一年的生活问题，可是，那里的人民，并没有因为生活容易而偷懒，先人奋斗的事迹时时在鞭策着他们，奋斗呀，奋斗，唯有奋斗才能获得理想的现实，这也是人类争取进步的指针，和铁一般的定理。

后套的人民，经过了几十年的奋斗，和八年的训练，在未来建国的过程中，他们一定会贡献出更大的力量来！

（四）男女之间

"冬暖夏凉的羊皮袄"（注一），"嫖客跳墙狗不咬"，"蛤蟆（注二）打墙墙不倒"，这是后套的三件宝物和宝事，除此三宝外，后套之内还有"三套"，一是"黄套"，二是"红套"，三是"黑套"。"黑套"是指鸦片，现已绝迹，"红套"是指女人，土地则为"黄套"。走到那里的人，说不定会陷到哪一个"套"中，难以拔出腿来。

这"嫖客跳墙狗不咬"及"红套"的形成，亦是后套独特的风俗之一，过多的情歌，也是这种风俗的说明。

在我未到后套以前，有人便给我说过这样的故事：一个家中有母子二人，还有一个媳妇，儿子外出夜未归，晚上留下婆媳二人，至半夜，有人来拨门，婆媳二人皆听见，婆婆认为有人来找媳妇，媳妇认为有人来找婆婆，二人皆装作没听见，并各蒙起头来掩住耳朵，而进来的人，却是一个小偷，将门后的锅拨走，第二天天明，二人醒来发觉锅被人偷去，婆媳二人才互相埋怨起来！

也有人这样说：后套的年青女人，有五个"伙计"的，就算是最贞节的了，便有资格给她立"贞节牌坊"！

但据我到后套的观察，那里的女人，并不像传说中那么无耻，只是较别处的女人风流些，多情些，男女间的关系不似别处划分得那么呆板。

造成这种风气，是有着几方面的原因：到那里垦荒的男女，多半是逃难去的，难民与难民之间，容易接近而建立情感，并且在最初，是男多女少，在风沙冰雪中的男子，是需要着女人温暖的。因为气候较冷的关系，直到现在树木还很少，这样，在修盖房子上，便发生了很大的困难，很多人家，只有一间房，父母儿女兄妹媳妇都睡在一个大炕上。抗战以前，那里也经常有军队驻扎，军队与老〈百〉姓住在一起，军人又是一群远离家乡的光棍汉；同时，蒙古同胞自由恋的情调，对这一点也不能说没有影响。

朋友，后套里，是不是还有人在恋念你？

（五）　塞上的名城

后套通后方有三条路，一条是黄河，黄河东岸在伊克昭盟的西边有一条公路，在黄河西岸有一条大道，在抗战中，只有这三条平行的路维系着与内地的交通，在春冬，黄河这条水路便不能再利用。

你要是第一次到后套去，到宁夏，再向北行，不论乘汽车，大车，骑骆驼，骑马，或是坐木船，及羊皮划子，都要穿过八百里路沙漠和草地，八九十里路以上，才能看到少数的人家，沿途上，很难看到几棵长成身的树，这时候，你不由得要想到：后套还在北方，那里，将不知道更要荒凉枯寂到什么样子——假若是你预先对后套一点也不认识的话。

这一种想法，在你过了磴口后，也或许更要加重，可是当望到了三圣公的树林，及至过了黄羊木头村，你便会感到你在路途上的想法是错了，当你踏进了"抗战圣地"的陕坝市时，恐怕你将要怀疑自己不是置身在塞外了，尤其是当夏秋两季。

陕坝，在九年前，只是一个在后套中较大的村镇，自抗战开始，第八战区副长官所属各机关及省府各机关到了那里后，这一个村镇便开始红起来，胖起来，不到三年的工夫，人口和商家与日俱增，面积比从前大了三倍。

那里建立了精神堡垒，那里有高大庄严的中山堂，那里有规模宏大的干训团，那里有像花园似的教堂，那里有新兴的皮毛工厂，那里有建筑别致的"塞上新舍"，那里有为抗战干部而成立的奋斗中小学校……尤其是自三十三年起，马路加宽，门面重建，整齐，新鲜，一律，除了缺少了电力外，陕坝，不用说在塞外，就在全国说，也可以称为是一个模范的城市了！

陕坝位于后套的西南，五原站立在后套的东北，五原是抗战名城，这两个地方可以称为姊妹地，这两个城市，是维系着中国大西北的安危的。

五原战役，在内地各省几乎没有一个人不知道的，日寇进攻五原，想以后套为根据地，将势力伸入我们的西北，我们为了保卫大西北，在外无援兵，兵力单薄，武器缺乏，极端困苦艰险的情况下，终于又将五原从敌人的手中夺回，才保卫住了中国大西北的门户，若那时没有像傅长官这样英明的将领，抗战的局面，和今日的形势，那真是令人不敢想像了！

五原北部烈士公墓的忠魂，将永远值得我们来歌颂崇拜。

在往昔和今日，西去宁夏，东走绥、包，五原是必经之地，外货进套，后套的粮、毛出口，都以五原为集散地，公路之外，又有水路之便。

义和渠由五原的中间穿过，桥东和桥西，是商家的集中地，抗战中虽与绥、包的交通阻断，但仍没有减去往日的繁荣，想今日，那里或者也可吃到天津的鸭儿梨，和江南的蜜柑了！

蛮会和百川堡，也都是后套的名地，都能引起人无限的恋意。

（六）我们的生长

共产党说："傅作义的部队，在后套睡了八年大觉，今天也出来装人了！"这种说法，是未免有些客气！共军失败在我们这一群睡鬼中，这也未免有些太煞风景了！

相反的，我们在后套八年中，不但没有睡大觉，却几乎是没有一时一刻不在加倍的警惕着，戒备着，训练着，奋斗着！回味起来，那该是多么艰险的一个地区，受着几方面的压迫和包围，那真可以说是在惊涛怒浪中的一座孤岛！

我们与日寇奸伪来斗争，还要与风沙冰雪穷苦来斗争，没有一天是离开过坚苦与奋斗，为保卫大西北，建设大西北，开发大西北而忘掉了我们自己，傅将军是如此，每一个干部，每一个战友和人民都是如此。

日寇投降以后，我们这一股力量，像似一支铁流，冲破击溃了建国的障碍，与平、津和华北、海上握起了手，从这一点便可以充分的证明了，在八年抗战中，我们在后套倒〔到〕底是干了些什么！永远没有睡过觉的八路军，对我们又可奈何？

今天，我们虽然保卫了我们的大西北，我们并不以此而满足骄傲，我们只有更加倍的警惕和努力，准备担起更艰巨的任务，去迎击更顽强的敌人。我们的东来，是来迎接有志于服务边疆的人们，请到西北来，请到后套去，那里仍需要我们，那里在期待着我们，那里的乳汁，能把我们养得更壮些，再培养起一股铁的力量，准备冲向他方，我们的国防线，是在遥远的草原上！

朋友！只要我们忘不下后套，到那里去修铁路，发展水利，建设工业，建立学校……后套，便能生出更多更大的力量。

朋友，听！后套的情歌又在荡漾！

（注一）"冬暖夏凉的羊皮袄"——后套不产棉，故布甚缺。人民冬夏多着老羊皮袄，冬日毛向里，夏日毛朝外，光硬的皮板，似有凉意。

（注二）蛤蟆——草名，多刺而有韧性。

作者按：本来，在过去有许多报导和杂志以及地理著述上，对后套已有过过多的介绍和记载。这些材料，并不新奇。可是，今年个人曾两次到北平及去天津一次，与许多亲友谈起，他们大多数都对后套陌生的很，故草草写此，以告关怀西北的读者。过去对后套的种种曾搜集过一些材料，因不在手下，故难详尽，错误简陋之处，尚希读者原谅。

三十六年六月底于柴沟堡

《西北之声》（月刊）

张家口西北之声月刊社

1947 年 2 期

（李红权　整理）

清水河县的过去现在与未来

王甄敏　撰

绥南的清水河，是全省首屈一指、久负盛名的贫乏之区。境内山峦重叠，丘陵起伏，并且有很多地方，还是沙漠地带。又兼地处偏僻，交通不便，除了军事方面，占着本省的重要位置外（例如本年元月清河被奸匪攻陷后，紧接着和林、托县、萨县、归绥等地，都受了严重的威胁），这一角落，是很少被人重视过，年来因接近匪区，所以情况是相当恶劣。慢说外籍的人士不敢问津，就是政府的官吏，也把这地方视为畏途。地瘠民贫，出产有限，不啻是它的全部写照，那就无怪乎一般人把"穷山饿石头"做了清河的代名词。县内共分一镇、七乡、五四保，约有人口五万余人，不论年头儿丰歉，都是节衣缩食、勤俭朴实地度着艰苦的生活，煎熬着〔漫〕长的岁月。既没有奢侈的习惯，更无所谓好吃懒做的惰性。民情忠厚，赋性和平，决没有像其他各地动不动就要群起械斗的风气。它们老是安分守己，保持着一贯的守法精神。

惨绝人寰的七七事变勃发以后，这里也随着省垣的陷落而沦为敌人前进的据点了。八年的沦陷，人民受尽了敌伪的蹂躏压榨，和狗仗人势的汉奸之勒索敲诈，已经是奄奄一息，堕入无底深渊了。

是一个将近农历年关季节，笔者亲眼见过县城西方五十多里的一个村庄里的人民，无分男女，都是面带菜色，衣不蔽体；小孩子不穿衣裳，那是司空见惯的事，就连十四五岁的姑娘们，差不多也是赤裸裸的一丝不挂。据一位老农对我说："我们这儿都是沙地，不宜于种植庄稼，刨闹上点粮食，自己不吃也得交官粮，打闹上几个钱，自己受冷冻也得交官款，要不然，我们的乡长高老爷就要人的命，所以我们只好挨饿受冻。"言下不胜愤慨唏嘘。可见他（她）们的生活，已经不是人的生活了，他（她）的人生，已经没有意味了，他（她）们忘却羞耻，他（她）们隔离了世界，他（她）们只有痛苦的呻吟，和饥寒的战栗。

胜利了，人们憧憬着的胜利！胜利之花是那么美丽，胜利之果是那么甘甜。人们的脸上都泛起了微微地笑容，人们的心上都激起了愉快地波纹。然而这一切的一切，都成了幻想，变成了泡影，而被野心家给践踏的粉碎了。如果我们不是健忘的话，总可以回想到刚胜利时的那一出滑稽戏吧?! 当日本无条件投降之后，所有各地的敌军，本来可以就地解除武装。但是国共两方为了争城夺地，虽然把敌人给包围起了，可是枪口并不是朝着敌人的屁股，而是瞄准了同胞的脑袋。就这样的在城外以河为界，两山对峙的火拼起来了。老百姓是瞠目咋舌惊奇万分，日本军却在城楼上眦牙裂嘴的冷笑不已，因此就给敌人制造了一个绝好的逃窜机会。并且在退却之前，居然把无数枪械、弹药一股脑儿堆积在人民付出半年的血汗和四千万建筑费造成的县内唯一大建筑物——营坊——从从容容的放了一把火，烧了个一干二净。

敌人退却之后，国军是捷足先登的入城了。共军呢? 却才抽调大军，集中火力，要给国军一个颜色看。经过一昼夜的攻击，直把个小小县城，打了个墙倒屋塌，体无完肤。就在这拉锯式的战争下，由于"共匪"的肆意掠夺和乱军的乘火打劫，不知葬送了多少人民的生命财产。笔者写到这里，实在伤心万分，不禁为老百姓放声一哭。

　　一年以来，清〈水〉河的老百姓，压根儿就喘不过气来，偏偏是祸不单行，正在人们兴高彩烈的庆祝胜利后的第二个新年之夜，"共匪"又发动了万余大军，配备着若干日俘，攻占了县城。它明知道站脚不稳，只好拿老百姓来出气，焚烧劫掠，毁城拆房算账啦，斗争啦，凡是惨害人民，破坏地方的手段，无所不用其极①。于是把全县弄得乌烟瘴气，昏天黑地。人们为了求生，不得不噙着满眶热泪，忍痛抛弃了家业，扶老携幼，像潮也似地涌向了省垣，逃难在各地，度着凄惶的流亡生活，这是多么凄惨的一幅流亡图啊！

　　现在呢？经国军的维护，和政府的开展工作，总算平静多了。然而劫后的现象，是十室十空，普遍的无衣无食。在春耕时期，由于天灾人祸双重造成的恶果，不仅缺乏籽种，和土地亢旱，实际就根本无力经营，所以都是一筹莫展，坐误了大好时机。政府方面为了大量增产，也曾尽了最大的努力，并且还发放过一次贷款。但是杯水车薪，实在无补实际，只不过像注射了一针强心剂，得以苟延残喘的多受几天活罪罢了。再一方面，为了救济难民，而实施了移民办法，可是据笔者所知，移过去的才仅仅三百余户，而大多数的人民还都是呻吟在饥饿线上，扎挣于死亡边缘，怀着颤抖的心情，肩荷着沉重的负担；尤其是最近摊派出来的本年度下半年县乡经费数字的惊人，更是一个致命之伤。因此不但流亡的难民不敢回家，就是一向稳坐县内的人们，也感觉到有点头疼而逃亡哩。这种情形，实在是一个严重现象，所以我们希望政府和地方人士要正视这一问题，设法挽救，千万不要等闲视之，任其演变。如果等到狂澜既倒，那就恐怕不堪设想了。

_____

　　① 原文如此。——整理者注

　　过去的就让它过去吧，未来的一连串漫长日子，究竟该怎么安排呢？这实在大有检讨的必要。我们知道政府的救济，固然可以苟活一时，但是一想到转瞬夏去秋来，紧跟着就是一个冰天雪地的冷酷面貌时，就不禁毛骨悚然，心悸不已。那么救济农村，改善民生的责任，显然还是有待政府的有效措施了。人！既不能不吃饭，不穿衣，自然也不肯坐以待毙，我们为了避免人力、物力的无谓损失，与消弭未来社会的动荡起见，似乎在这青黄不接、秋收失望的季节里，就要妥筹善后。最好还是借予大量贷款，由乡镇保甲辅导其办理生产事业！一方面请求工赈面粉，以工代赈，发动农民积极开渠、凿井、淤地、打坝，庶几标本兼顾，可以一劳永逸，这未始不是复兴农村的一个根本要着呢。

《农村周刊》
归绥中国生产促进会绥远分会大黑河实验区委员会
1947 年 3、4 期合刊
（李红权　整理）

伊克昭盟的自然与人文

张印堂　撰　　吉作哲　译

伊克昭盟，一称鄂尔多斯高尔（Ordos plateau），因位置偏僻，景象荒凉，虽介于晋、秦、宁、绥四省之间，面积和江苏省那样大的一块地方，而闭塞程度，有如茫洋大海中一个孤岛。抗战时期，她曾肩负了拱卫国防北线的责任，而今而后，或将有其更重要的建国使命。早在清末民初，虽已有一些外国学者，研究及此，但是国人对于本区之首先予以系统论述者，当推张印堂先生（现任清华大学地理系主任）。兹摘译其原著 The Economic Development and prospects of In-ner Mongolia（pp25—）数段如次，以为吾人研究之基础。

照普通的意义，鄂尔多斯，只是指那位置在黄河大湾里的区域（按即绥远所谓"河西"），但从地理观点上看，如果拿她的外围山垒作境界，要较黄河河道好些。这样在鄂尔多斯的西面为贺兰山（宁），西北面为哈拉那林乌拉岭（宁），北面为阴山系的狼山、陕定乌拉山与大青山（均在绥），东面仍以黄河河道为界，南面止于沿着高原边境的长城，有一连串的深沟，向南开口，切成了属于秦岭系的六盘山脉（陇秦境界）。

李希霍芬（Richthofen）在一八七二年（同治一一年）说过："鄂尔多斯有一个隆起的南部边缘，大体上和长城一致，是若干黄河支流和高原上没有外流流域水系的分水岭。那些支流向南、向

东或向西，都有组极深的河谷，割裂着黄土层。……高原本身却
向北降低。"（这段话曾被喀理氏（W. R. Carles）引用到他那篇
Probems in Exploration—Ordos 里，刊在一九〇九年的 Geographical
Journal 上）

　　从地质上说，鄂尔多斯区域只是蒙古高原的延展，所以她的基
层岩石，仍和蒙古高原一样，同为太古的高度变质的水成岩。她
的西北部，有古生代变质结晶岩形成的箕盘山（俗称卓资山），比
高约达三千呎，其余广大平坦的高原面，概属中生代灰色砂岩，
少水的黄土堆积，可以在西南部若干低地发现。她是一个包括着
多少湖沼和若干干燥了的湖盆地的大高原。查丁（P. Teilhard de
Chardin）与李斯特（E Liceut）说："鄂尔多斯特别是平铺着野草
和沙丘。"（L'Ordos est, Par excellence . un Pays flat. Convert de
steppeset de dunes—Observations geslogiques sur La bordure occidental
et m'eridiona de ordos, Buletin Soci'ete Geologique de France, Ser. 4,
24, 1924.）

　　她的坡度向北渐减，南部高于北部约五千呎，北部低至三百二
十呎，大部为黄沙掩盖。而灌溉工作，若干世纪以来，即在西南
部黄河左岸（黄河与贺兰山之间，按即宁夏沃野，俗称"西口"
或"西套"），与北部黄河旧道（按即"后套"平原）进行。工程
虽极简陋，但由于灌溉所消耗的多量河水，可使黄河下游水位低
落，减少泛滥之灾，所以这两个区域（按指"西套"与"后
套"），一方面可使鄂尔多斯沙漠部分改变为灌溉良田，他方面且
使黄河下游对于华北"化凶为吉"（blessinginstead of acurse）。

　　鄂尔多斯高原，可分为下列四副区：（一）东部草原，（二）
西部沙漠，（三）后套平原，（四）宁夏沃野。

　　关于"后套平原"与"宁夏沃野"，由于人工灌溉发达，已可
各自形成地理单位。这里所谈，只限于上述（一）（二）两副区，

亦即真正黄河大湾里边那块伊克昭盟地方，绥远人管她叫"河西"或"梁外"。

　　材料的少而不太正确，固是没有问题的事，更惭愧的是作者虽已旅绥九年，也没有找到一次机会深入过这块荒原达百里以上，只是曾经和多少位熟悉伊盟的蒙汉〔汉〕朋友谈问谈问，而我所注意的特别是她的自然景观，难免有隔靴搔痒之感。现在这块荒原，正遭遇着空前的荒旱，察绥乃至全国人士，无论从什么观点，都在注意着她，更或正积极的进行着目前救济与根本建设的工作。那么我把和朋友们的谈话写成这篇小文，谅亦不无小补。

　　伊盟为蒙古七盟之一，位置最偏西南，这还不算特点，特别的是成吉思汗死后，不葬于最初发祥之地斡难河畔（在外蒙肯特山东北），不葬于其他各盟，却埋在伊盟的伊金霍洛（在郡王旗境，北距包头的〔约〕二百余里）。据说就是因为一代人杰的铁木真，早在未死之前已看到这块地方的重要，所以遗嘱葬此，这是如何远大的眼光！

　　也许元初（约当今七百年前）伊盟，水草更丰，即以清康熙征准部时（约当今三百年前），曾驻跸伊盟，手谕监国太子曰"朕在鄂尔多斯地方，见其人皆有礼貌，不失旧时蒙古规模，各旗和睦如一体，无盗贼，驼、马、牛不必防守，生计周全，牲畜蕃盛，较他蒙古殷富，围猎娴熟，鸡、兔复多，所献马极驯，放马不用竿，随手执之，水土食物，皆甚宜"而论，当时伊盟，似亦较今日为优。

　　再据黄奋生编《蒙藏新志》（上册九七面），谈及伊盟蒙人口数谓：清初伊盟蒙人：二，〇五五，〇〇〇，现在（廿二年）绥省府统计：九三一，三三〇，较清初减少55％，今日（据一般估计）：五〇〇，〇〇〇，较清初减少75%，较廿二年减少46%。①

固然蒙人在各盟，多亦日减，而伊盟所减之比例独高，显然是受风沙侵袭，水草枯衰，为其主因。至于汉人之日增，固属事实，但多从事垦荒耕种，似难以影响游牧人口之减少。

考之史籍，伊盟之地，入于中国，实远自三代以前。中间秦、汉、唐、宋，均曾极力经营，视为国防重地。元初始为蒙人所据，明清乃称伊克昭盟。故初仅为蒙人牧地，不及稼穑，纵亦有少数汉人，北来垦殖，亦皆"游装〔牧〕"性质，春来夏种，秋收冬去，所谓跑"青牛犋"而已。迟至光绪二十八年，由于张之洞之提倡，岑春煊之条议，清廷始派贻谷为垦务大臣，驻绥督办边蒙垦务。故伊盟之放垦经过，约分以下两期（三十一年伊盟守备司令部统计）。

第一期：光绪二十八年至宣统三年，计此期各旗共丈放垦地约七，四〇〇顷，另有王爱召养召地丈放一，四〇〇顷，达拉特旗永租地二，〇〇〇顷，合计第一期垦地共一〇，八〇〇顷。

第二期：民国元年至二十二年，计此期丈放：

鄂托克旗月牙湖地		九，二七〇顷
郡王旗	草界牌地	四，三四〇顷
扎莎〔萨〕克旗		
乌审旗		
各旗报垦地共		一二，二一〇顷
另各旗养召地及台站		四，〇〇〇顷
合计第二期垦地共		二九，八二〇顷
总计两期共丈放垦地		四〇，六二〇顷

———————

① 这三个数字，分别应为二〇五，五〇〇、九三，一三三、五〇，〇〇〇。——整理者注

民国二十三年起，各旗暂停放垦。

兹将伊盟各旗面积与土地利用概况，列表如次（三十一年伊盟守备司令部统计）：

名称	面积 （Km²）	报垦地 （顷）	未报可耕地 （顷）	已放地 （顷）	已报未放地 （顷）
伊克昭盟	103，875	46，150	49，200	35，009	11，141
准格尔旗	10，800	1，580	2，400	1，580	0
达拉特旗	14，500	13，480	2，000	11，610	1，870
郡王旗	2，200	9，630	800	9，630	0
乌审旗	10，500	1，930	800	1，930	0
杭锦旗	20，925	7，360	2，400	7，360	0
鄂托克旗	44，200	10，000	40，000	729	9，271
扎莎〔萨〕克旗	750	2，170	800	2，170	0

问题是这些耕地，都凭天雨维持生命，而伊盟的天雨，又是那样不可靠，东部最多，不过平均二五〇公厘，西部最少，且在一〇〇公厘以下，年变差之大，常达百分之百。如今年迄今仍无点雨，旱灾岂能幸免！在这样艰苦的条件下，辛勤的伊盟农民（百分之九十以上为汉人），为了生活，至少在下述各方面求适应：（一）工作上，深耕勤耘，企求所谓锄头上的"三分水"。（二）作物种类上，选择生期短促而又耐旱的谷子、糜子、"嗅芥"（似胡麻）等。(三）技术上，疏间禾苗，把一苗苗的谷子，间隔成尺数远，加土围根，当树似的栽。（四）轮种、施肥。但是单位面积的生产量，仍是有限的很！据估计，平均每年一么〔亩〕地收粮不过五升！如以上表所列已放地约三万五千顷计算，每年收粮不过十七万五千石，每人平均每年需粮一石七斗五（糜子）计，共能养十万人，但是现在伊盟的人口，最低估计亦为二十万，列表

如次：

名称	汉人	蒙人	总人口	每方公里人口密度	备考
伊盟	150，000	50，000	200，000	二人	
达旗		15，000	15，000	三人	本旗汉人悉归组训处，故缺
准旗	25，000	15，000	40，000	六人	
乌旗	5，000	6，000	11，000	一人	
杭旗	5，000	5，000	10，000	0.5人	本旗汉人部分归桃力民办事处，故少
鄂旗	6，000	5，000	11，000	0.5人	同
郡旗	5，000	2，000	7，000	三人	
扎旗	4，000	2，000	6，000	八人	为今日伊盟政教中心，故公务人员颇占数目
东胜县	40，000		40，000	一人	民十九年建城，初管伊盟所有汉人，现管东部各旗汉人
桃力民办事处	30，000		30，000	一人	民廿九年设处，管有杭、鄂两旗垦殖汉人
达拉特组训处	30，000		30，000	三人	民卅一年设处，管有达旗垦殖汉人

所以，就在平常年分，也有十万人要另谋生计，就中即以八万人从事游牧（蒙人五万，汉人三万），则至少尚有两万人依靠商业或充任军政工作生活。兹将伊盟各旗特产估计，列表如次（三十一年伊盟守备司令〈部〉统计）：

特产 盟旗	羊毛 （万斤）	羊皮 （万张）	牛皮 （万张）	盐 （千担）	碱 （万斤）	药材 （十万斤）	矿产	其它	备考
扎萨克旗	4	3	5	5	20			石炭	
郡王旗	19	15	10				石炭		

续表

特产 盟旗	羊毛 （万斤）	羊皮 （万张）	牛皮 （万张）	盐 （千担）	碱 （万斤）	药材 （十万斤）	矿产	其它	备考
准格 尔旗	50	28	10				石炭		
达拉 特旗	60	37	15			甘草九 百万斤	白土三 百万斤		
杭锦旗	120	220	50	10	400	甘草 一〇			
鄂托 克旗	150	150	95	500	140	甘草一	金矿、石 炭、银铅	发菜 六万斤	
乌审旗	50	47	10	3	8	柴胡 九万斤		蘑菇 三千斤	
总计	400	500	200	918	550	柴胡 九万斤			

　　即看上列各特产物数字，其价值已可观矣！何况其产于地上者，技术有待于改进，藏于地下者，储量尚无正确估计。伊盟今日真是捧着金碗讨饭吃！惜哉！

　　建设伊盟，如无实地科学考察测量根据，自难奢言计划。但就理论上言，发展交通，改良牧畜，当为首要易举之事，采掘矿藏、黄河灌溉（？），或为他日根本之图。而一切的基础，据吾友伊盟通高君明言，皆视伊盟蒙汉同胞教育文化程度之能否提高，言之有理。请参阅本刊下期其文。

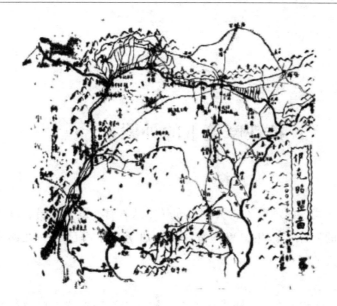

《西北之声》（月刊）

张家口西北之声月刊社

1947 年 4 期

（朱宪　整理）

拉铁摩笔下的外蒙古

柳达仁　撰

在蒙古的苏联人，大都是充任军队教官，政府雇员，新兴工业的专家，医生，兽医等。……唐努乌梁海已于一九四四年并入苏联……

《新闻天地》第二十期中，曾有一篇文章介绍东蒙人民自治运动真象。读后联想到，已经号称独立的外蒙——蒙古人民共和国，真象究竟如何？关于外蒙情形，国内所知太少了。三十四年冬天，外蒙举行公民投票，中央政府曾派一个代表团前往视察，由雷法章率领，好像中央社曾派了一位记者随行，但其后却未见什么报道。最近，美国太平洋学会出版的《远东观察杂志》中，曾揭载拉铁摩一文：《今天的蒙古人民共和国》，对外蒙情形略有介绍。

拉铁摩是美国的中国通，与中国曾有密切关系，尤其他对中国的边疆情形，颇为熟悉。据说他的蒙古话讲得非常流利。他在这篇文章中叙述了蒙古共和国的进步（《远东观察杂志》在美国的态度一向亲苏，它揭载此文自有它的道理）。

蒙古的角逐

拉铁摩叙述外蒙的过去，认为自中华民国成立以后的蒙古，即是蒙古人民独立运动的发展。其实，在他的叙述中，即很清楚看出外蒙古是如何成为帝俄、日本、中国，最后加上苏联的角逐之场。我们且看拉铁摩的叙述。

自一九一一年满清颠覆后，蒙古人就自称独立，称为"自治的蒙古"。蒙古人民政府于一九二一年成立。从一九一一到一九二一这十年间，是中国军阀混乱内部分裂的时期，外蒙古先曾倒入沙俄的怀中；一九一六年以后，日本则利用白俄和中国的安福系，一部分侵入到蒙古。安福系是中国的腐败军人政客集团，受日本军阀、财阀的支持，一九一九年，在徐树铮的领导下，曾计划重新占领外蒙。

外蒙自治政府在最初十年中，由喇嘛活佛统治。一九一八年以后，外蒙古出现一个强有力的革命党，不仅主张抵抗中国的统治，且主张取消一切黄色（教士）和黑色（平民）的封建贵族。这运动由萨西巴图领导。一九二〇年，外蒙又出现另一革命领袖——现蒙古共和国领袖柴保山，他曾受苏联革命和马克思理论的强烈影响。

一九二〇年，徐树铮想用军事高压和移殖汉籍农民到外蒙的方法，重新征服外蒙，结果使外蒙各地发生骚动。蒙古人起而反对，萨西巴图和柴保山以及其他人们组织代表团，到西伯利亚要求苏联革命党援助，反抗中国军队和"疯子男爵"斯坦堡所率领的白俄——斯坦堡正对外蒙施行恐吓，想从徐树铮手中夺去外蒙统治权。这件事是代表人民去请命的，他们同时还向美国与日本提出呼吁。

一九二一年二月，斯坦堡从徐树铮手中夺去库伦，但终被红军与萨西巴图及柴保山所领导的游击队击败，六月里被枪决。但他们未建立左倾的共和国，仅承认由库伦活佛出而领导他们的"蒙古人民政府"。

以后许多年，政府内部左右派间似有过激烈斗争，这期间，一个未成功的集体化企图被放弃，仍转回承认鼓励私有财产制度。一九二三年，活佛派一位喇嘛医生把萨西巴图用毒药毒死。一九二四年活佛死去，未宣布继承人，后来由柴保山任总理，外蒙改称蒙古人民共和国，首都库伦改称乌伦巴图。

一九二一年苏联正式承认蒙古人民政府为蒙古唯一合法政府，放弃领事裁判权，组混合委员会，办理划界事宜。一九二五年中苏签约，宣布"苏联承认外蒙古为中华民国之领土，并尊重中国之主权"。然而不到一年，苏联外长齐邱林对报界发表声明："苏联政府虽承认蒙古为中国领土，但蒙古仍享有自治，可以拒绝中国干涉其内政……经过多次危机后，蒙古内部问题已解决，并根据与苏联制度相似的基础巩固起来。"

在一九二七年中国大革命以前，中国仍与外蒙不断保持联系，中国不断有关于外蒙状况及发展的报告发表，详细叙述蒙古的教育，公共卫生，反喇嘛迷信运动，所受苏联顾问的影响等等。到一九二七年以后，关于外蒙内部情况，就很少传到外边来了。

与苏联的关系

拉铁摩曾叙述外蒙与苏联的关系，意思是苏联并无将外蒙并入苏联的目标。但他却不能不在叙述唐努乌梁海（外蒙古之一部分）已并入苏联这件事上表示了一点点惊讶之意。因而，从这里可以透视外蒙与苏联的关系。拉铁摩写道：

一九三〇年以后，外蒙与苏联都受着日本侵略的威胁，发生过许多次边界上的冲突，致使苏蒙之间的联系日趋密切。一九三六年后，苏军开入蒙古，中国政府并未提出抗议，因为那时让苏联占领，总比让日本占领好些。

　　如果苏联想把蒙古人民共和国并入苏联，她可以已经兼并了，这虽似明显的事，但她毕竟没有这么做，苏联也没有在蒙古境内实行殖民地化。据曼斯费托夫在一九四五年十月《外交季刊》上发表的文章说，苏联在蒙古的农户已减少，"在蒙古的苏联人，大都是充任军队教官，政府雇员，新兴工业的专家，医生，兽医等。苏联曾经竭尽力量，使上述的苏联人能由蒙古人代替。"

　　曼斯费托夫相信，外蒙与中国共产党间并无接触。"虽然受苏联支持的泛蒙古主义的宣传，可作有力的武器，把内蒙、新疆、西藏等，都从中国分离，而并入苏联（如果苏联目标如此），但泛蒙古主义在蒙古人民共和国和苏联的蒙古共和国内，都受着压制。"换句话说："虽然苏联政府为了实利的目的，可以对蒙古人民共和国采取为所欲为的政策，但实际上却在谨慎地避免有可能引起对华敌对关系的任何行动。"

　　另一方面，邻近的小独立邦唐努乌梁海，已于一九四四年并入苏联。不过，英语国家直到去冬唐努乌梁海的名字出现于苏联选举册上时才知道。在满清时代，直到一九二一年以前，唐努乌梁海都被视为外蒙的一部分。一九二一年，唐努乌梁海宣布独立，苏联和蒙古人民政府均予以承认。唐努乌梁海人口不到七万五千，有一大半是苏联人，富于自然资源。

宪法与政治

　　在这篇文章中，拉铁摩约略介绍了一点外蒙宪法——这还是世界上很少被人知道的宪法。但从宪法中不能看到实际情形，拉氏也表示同意。他说：

　　蒙古人民共和国目前的宪法是一九四零年所订。美国得到的第一份抄本，是一九四四年华莱士访问乌伦巴图时带回来的。据说这本宪法那时未译成任何外国文字，连俄文也未翻译。

这本宪法规定，凡土地、自然资源、工厂、矿山、金属工厂、交通、银行、机械轧草站，都为国有；牲畜、装备、器具、帐幕等等，由个人私有。有两个议会，一个由地方政府选举，称"大虎勒"（译音），一个由大虎勒选举产生，称"小虎勒"。政府经常事务由陆军部长、外交部长、牲畜及农业部长、劳工部长、交通部长、商务部长、财政部长、内政部长、教育部长及司法部长等所组织的会议处理。地方政府也由选举产生。男女达十八岁时有选举权。宪法保障每个公民都有工作、休息、教育及社会安全的权利。

不过，一种政治上的组织，并不是经常依照所宣布的宪法去进行工作。究竟蒙古人民共和国的实际生活是怎样？还很少人知道。只有一部分关于外蒙内部情况的报道曾见之于中苏报纸和广播。虽然这些报道的内容很少，且是"官方"的，因无其他报道，也就莫〔益〕令人感觉兴趣的了。

生活的报道

外蒙人民生活情形既如此难于知道，拉铁摩只好引用各方面的报道作资料，至于真实情形是否与报道相符合，自难找到实证。拉氏的引用根据中、蒙、苏三方面：

根据中苏协议，中国曾于一九四五年十月派代表赴外蒙参观独立问题的公民投票，中国内政部次长雷法章任代表团长。他在广播中称乌伦巴图已有"近代化城市的基础，有很多许多层的石建楼房，文化事业及学校等，有一个大学，还有博物馆，戏院等。音乐艺术非常发达，电气及电灯设备，城中随处可见。我已看到蒙古人民在文化方面的伟大进步"。

一九四六年二月，蒙古副总统沙兰盖布等代表蒙古赴重庆和中国政府缔结友好条约。他广播演说："蒙古人民正过一种自由而独立的生活。牲畜增加三倍，设有兽医站四百所和兽医院三十所，发展了国家合作工业及其他企业数百种，医院、疗养所、药房等设有五百余所，初级学校五百所，技术高等专科学校五十所，出版报纸十七种，杂志十种，有国立大学一所，国立音乐戏剧院一所，马戏场一所，俱乐部十三所，文化机关二百五十所，图书馆十九所。四十九万四千九百六十个举行公民投票的公民中，有四十八万七千四百零九人投票赞成外蒙独立。"

据蒙古代表告美国驻渝记者说，外蒙已有机械化的陆军、空军，和苏联互通商业航空。乌伦巴图是一部分具有水汀的近代化都市，有高大的四层建筑。柴保山大学有学生六百人，教职员六十人，约有半数是苏联人，高级课程都由苏人用俄语教授。小学教育规定三年，俄语为中学必修课程。

另据一九四五年十二月某俄文杂志载，蒙古人民共和国人口九十万，每二平方公里有一人，乌伦巴图人口十万。……一九四四年有小学二百八十五所，中学三十六所，技术专科学校八所，牧畜学校一百九十所。一九四一年有牲畜二千七百万头，羊占半数。耕地约有十六万三千英亩，均用现代化技术。一九四一年工业生产共值六千四百万塔利布（每塔利布约值一个卢布）。

美国的关心

美国对外蒙局势显然有着关心。拉铁摩文中所表现的关心，不过是其中之一部分。拉氏曾叙述外蒙加入联合国的经过，其中几段写道：

早在去夏，蒙古人民共和国就申请加入联合国，其理由是曾贡献物质资源，参加联合国方面对法西斯国家斗争，一九四五年八月十日对日宣战，并参加军事活动。……到八月廿九日，中、法、墨西哥、波兰、苏联、巴西，都投票赞成蒙古共和国加入联合国，荷兰、英、美都投票反对，埃及和澳洲弃权。

　　虽然一般的认为蒙古人民共和国加入联合国，纵然不是在一切问题上，也必然是在大多数问题上投票时与苏联一致，其实她的加入联合国，也不会转变了对于我们的投票均势。因为，同时加入的还有我们友邦瑞典、冰岛、阿富汗等。一部分研究亚洲问题的学者，认为外蒙加入还可于我们有利，因为可以把她当作苏联的附庸国，而把她的投票对销掉。

　　在一九三〇年以后，外蒙与苏联成立互助公约时，外蒙曾在边界击败日本各次攻击，这一点是对我们有利，也对中国有利。如果在珍珠港事变以前，日军竟然深入蒙古平原，他们将会在中国的后方切断中国军队的主力，中国的战争恐怕已经完结。而目前的蒙古能有一个稳定的政府，无论私人的或国家的企业都能受到普遍的支援——这是我们愿意在亚洲与之往来的国家。

　　准许外蒙加入联合国，可以改善我们与苏联的关系。因为一个有抉择的"强硬"的政策，要比毫无抉择反对苏联所需要的任何一切政策有效得多。

我们的看法

　　由于中苏条约的缔结，以及以后的所谓公民投票，外蒙古是"独立"了，且成为联合国的一分子。这，即使中国人心中有些不舒服，却也不能说些什么。正相反，今后却应该特别注意外蒙，了解外蒙，尽可能找到关于外蒙实况的材料。拉铁摩这篇文章是站在美国人的立场写的，他的"公正"仍为其主观立场所限制。

但在此文内，我们至少可以看出：

外蒙古怎样能够成为独立国？

外蒙古怎样处理和她强大邻国苏联的关系？

由唐努乌梁海看外蒙古前途究将如何？

这不是问题，至少在于拉铁摩一文中，可以找到答案。

最后，让我引用一段中央大学教授吴其昌的话，作为结尾：

> 外蒙如果要自治，要独立，都应该由外蒙自己派代表与中央政府接洽，绝不该由另一国代他要求，以国际条约来准其投票独立。……外蒙与中国的关系，实在至少应该像乌克兰、白俄罗斯与苏联一样。甚至北爱尔兰与英联合国一样都可以。至少不该脱离宗主国的关系。我们可以承认他高度自治，互派使节，建立外交关系。但他是中国领土的一部分。像在联合国一类国际机构中，他可以派代表出席，对外永远为中国的与国。现在外蒙之独立，是否为真正蒙古人民之意志我们且不说，但决非外蒙以外的中国人民之意志则可断言。

《新闻天地》（周刊）

香港新闻天地社

1947 年 24 期

（李红权 整理）

归绥散描：至今青冢在，边草伴芳魂

锦　霞　撰

地居西北中枢的绥远，虽是边徼荒丘，却也有历史性的名胜古迹保存。

归绥是绥远省会，人口三十万，称为塞外大都会之一。它包括了新城（即旧绥远城）和旧城（即旧归北〔化〕城）两部分。

本来，绥远的教育，在战前已经落后得可怜，目前为了战事与经济关系，更显得贫弱。归绥境内，国立、省立的学校，校址狭小，只有天主教以及其他慈善团体办理的中小学还略具规模。

归绥一共只有日报两家和晚报一家。不过居然也有"女记者"好几个，实在出人意料。

离归绥旧城南面约二十里处，便是汉朝的王昭君墓。墓高二丈余，阔五十亩，有土径可以拾级登顶，墓前有碑八座，其中两座是近人所立。墓的周围草色独青，所以又名"青冢"。碑上多题有诗句〔句〕，辞语慷慨凄凉，动人肝肠。

旧城的大召街，有"无量寺"，建于清初，寺址周围四里余，雄伟庄严，全盛时期，曾住有喇嘛数千人。寺门前题有"九边第一泉"的遍〔匾〕额，系指在寺前百余步的玉泉井，井上覆有巨石，凿孔八个，泉水味清甘，四季不竭。

现在，归绥市面虽然逐渐恢复繁荣，但是物价高涨，白面在本月初已经要卖三千多元一斤，衣服、日用物品更不必说起，许多由乡间专诚到城里买东西的庄稼人，多半问了问价钱，摸摸钱袋便悄悄地走开去。

不景气也流入归绥！

《礼拜六》

上海礼拜六报馆

1947 年 97 期

（丁冉　整理）

进犯新疆的外蒙

曹禹成　撰

外蒙古，面积一百五十万方公里，人口约为九十万，平均每两方公里上约住一个人。住民中百分之九十为喀尔喀蒙古人。库伦人口，约为十万人。在一九二七年以前，外蒙古瘟疫流行，人口大为减少；直至一九二七年俄国的卫生设备输入蒙古，蒙古人口始渐增加。现在外蒙古已有九十个医院，五十二个药房，二百三十四个其他各种医药设备。

在教育方面，一九二一年时，外蒙古只有一个学校，到了一九四四年，已增至二百八十五个小学校，三十个初级学校，八个技术学校，一百九十个游牧学校，识字的人，几乎增加了百分之三十五。

几年来，外蒙政府似乎特别注意基本经济的发展，牲畜的饲养，刈草的改良，兽医的发展，井源与仓廪的建筑。一九一八年时，一个普通的蒙古家庭，只有牲畜六十头，到了一九四一年则增至一百三十头，即是说每人平均有三二·六头。一九四一年，全国牲畜的总数为二七，〇〇〇，〇〇〇头，其中一半为羊，羊的饲料便是那片碧绿的野草，蒙古人称之为"羊的面包"。

三十年前，外蒙古几无农业可言；然而，到了现在，外蒙可耕之地，已达一六三，〇〇〇亩，且有使用现代技术之大规模国营稻田。国家合作生产正在普遍发展。第一个制革厂创办于一九二五年，当时只限于硝皮，到了一九三四年，硝皮、洗毛、漂洗、制毯便联合在一起工作。其后，食品装包厂、锯木厂，以及造砖厂，都先后建筑成立。在过去四五年里面，电力厂、汽车修理场、煤矿、金矿，以及现代的印刷工场均已成立。一九四一年，外蒙古的工业生产达到六四，〇〇〇，〇〇〇脱立克（一个 Tugnrik 之价值不到一个卢布），约当一九二七年之八十五倍。至于一九四〇年的手工业合作生产，世增加到一九，〇〇〇，〇〇〇脱立克。

以上是外蒙古的一般情形。但是，不管外蒙古如何改造，此种改造总是在苏联的指导之下进行。库伦的电台和气象台都聘有俄国的技术家。外蒙古各报纸的印刷机均由俄国供给。库伦国立却拜尔生大学有六百个学生，六十个教职员。教职员中有一半是俄国人，凡是高级课程均由俄国人以俄文教授。在中学里面，俄文列为必修课。外蒙古有一个血精厂，是制造消毒牲畜的牛瘟苗的，这个血精厂便是经过莫斯科训练的细茵〔菌〕学家所设立。库伦戏院里面且特别印一份俄文的节目单和说明书。

外蒙古的宪法，几乎大部抄袭了苏维埃联邦共和国的宪法。其第一条"蒙古人民共和国为消灭专制封建压迫，进入社会主义，而以无产阶级掌理国家事务之劳动人民（牧人、工人、学者）独立国家"，这与苏联宪法之第一条，同为马克斯理论之法典化，马克斯说过："在资本主义社会与共产主义社会之间，有一个革命的转变期，因之，又有一个政治的过渡期与之相应，这时候的国家，乃是无产阶级的独裁。"苏俄实现无产阶级独裁的方法，乃是剥夺资产阶级的参政权，而把参政权给与劳动阶级。蒙古人民共和国的宪法也规定"收取利润，利用劳力者，拥有附庸之资本家、呼图克图、呼毕勒牟〔罕〕、大喇嘛、实任扎萨克、间散之汗主〔王〕、贝勒、贝子、公等以及严厉压迫所属人民之台吉、管旗之僧徒化官、巫师、加入白军及有力反革命者"，均不得享受选举权，而将全部政权给与城市及乡村的劳动者，这与苏联宪法同出于一个模型。

外蒙古是一个游牧民族，其马、牛、羊及营帐为私人所有，而土地则为集体的部落所有。此种双重的所有权制度与苏联的共产制度实有其不同之处。因此，外蒙古的马克斯主义者固然是反帝国主义的，反封建的；但外蒙古的社会离开共产主义的世界，其路程依然非常遥远，就是普通的社会主义也还谈不上。

外蒙是独立了。外蒙独立，对于我国经济上的损失还小，但是对于我国国防上的威胁，是非常严重；外蒙在名义上虽是一个独立国，但是由于苏、蒙军事上的攻守同盟，蒙古实在已变成苏联的一个附庸。中国境城〔域〕，原像一张秋海棠叶，自从外蒙独立以后，我国版图，变成一只头尾高翘的老母鸡，以外蒙为根据，东向可以威胁我们的东北九省，四〔西〕进可以截取我们的新疆、宁、甘，南下则经由热、察、绥可以直趋平、津、晋、陕，外蒙好像一个楔子，插入我国版图之内，外蒙成为苏联在东远的前进基地，中国从此无宁日矣。

远在抗战以前，外蒙即有侵占阿尔泰的企图，一九四五年，拟订中苏条约的时候，苏联即拟将阿尔泰划入外蒙境内，以后苏、蒙飞机，一度轰炸阿尔泰，边警时起，而我中央与地方政府始终讳疾忌医，对内对外，完全不敢声张。最近以来，阿山全区，几已被占殆尽，中央亦未透露丝毫消息，直至北塔山被攻，始发表其事。北塔山为阿山全区最东南之站台，北塔山如再有失，则奇台、迪化立受威胁，新疆大局乃不堪问闻，望我全国上下，勿再以边哨细事目之，速醒速醒！

《社会公论》（半月刊）

南京社会公论社

1947 年 1 卷 1 期

（朱宪　整理）

阿拉善旗概况

本社资料室　撰

一　地理环境

阿拉善旗位于宁夏省中部，在贺兰山西，龙首山北，东北滨黄河、乌拉河，与绥远境内之伊克昭盟及乌兰察布盟接壤，东〔西〕以弱水界额济纳旗，南与甘肃之民勤、永昌、山丹、张掖、金塔等县毗连，实为河西屏障，北逾沙漠可达外蒙古三音诺颜、迭立克尔等地，面积约五十万方公里，几占宁夏全省面积五分之三强。

境内山势崇高，大部为沙漠，间亦有丘岗。夏季酷热，冬季严寒，然虽在夏日，因土地保热力过小，夜间仍甚寒冷，全年平均温度在摄氏十至十五度之间。其他当春多大风，六月末即感秋凉，全年雨量稀少（二五五〇公里〔厘〕），空气极干燥，纯系大陆性气候。沙漠间草原颇多，适于畜牧，从整个地方与气候观察，宜于农业之区甚少，且开发过迟，迄及今日，农田面积，尤属有限。

就整个区域而言，海拔平均在二三千公尺之间，农田均在东部与北部，杂以草地。中部与西部沙漠绵亘，盐湖星罗，其西北角之居延海面积最大。

二　历史简述

　　阿拉善系贺兰山之讹音，原系蒙古语，意为"骏马"，为历代民族间角逐场。明季叶，新疆四卫拉特中之准噶尔部渐强，霍硕特部常被侵掠。清初，霍硕特部酉长顾实汉（有子十六人）因避准噶尔，率部移牧宁夏，其长子和啰哩、次子和卢，率幕万余，避居大草滩。

　　一六八六年，该部上表清廷，请赐牧地，清圣祖划予定远营附近地域，并给札萨克印，编制左〔佐〕领，封郡王一、镇国公二，称为卫拉特霍硕特蒙古，是为编旗之始。溯其始祖，系元太祖成吉思汗之弟哈巴图哈萨尔。

　　和啰哩子阿宝，与孙罗布藏多尔济，随清军颇著战功。阿宝曾从年羹尧平定西藏，罗布藏多尔济于讨平阿睦尔萨纳（准噶尔酉）一役中，尤多战绩，故当时清廷对阿拉善旗，特加优渥，远在诸卫拉特之上。

　　清廷初既以定远营赐阿宝，继复以娥掌郡主赐配罗布藏多尔济，并晋封亲王，建王府于北京，称罗王府。罗布藏多尔济勇敢善战，颇有名于当时。故现今阿旗沙金套海一带，尚有从征时所受降卒之哈萨克人，归化日久，一如旗民，惟其中一部尚奉回教，所持戒律仍同回俗。兹将阿旗历代世系，分述如左：

　　一、初封和啰哩，康熙三十六年封札萨克多罗贝勒，四十六年卒。

　　二、阿宝，和啰哩第三子，康熙四十八年袭札萨克多罗贝勒，雍正元年晋多罗郡王，七年以罪降贝勒，九年复爵，乾隆四年卒，在位三十一年。

　　三、罗布藏多尔济，阿宝次子，乾隆四年袭札萨克多罗贝勒，二十二年晋多罗郡王，三十年晋和硕郡〔亲〕王，四十七年诏袭勿替，四十八年卒，在位四十四年。

四、旺沁班巴尔，罗布藏多尔济长子，初受公，品级一等台吉，乾隆四十八年袭札萨克和硕亲王，在位三十三年，嘉庆九年卒。

五、吗哈巴啦，旺沁班巴尔之弟，因有战功，嘉庆九年袭爵，道光十二年卒。在位二十九年。

六、囊多布苏音，吗哈巴啦子，道光十二年袭爵，二十四年卒，在位十二年。

七、贡桑珠尔默特，囊多布苏音子，道光二十四年袭爵，在位三十五年。

八、多罗特色楞，贡桑珠尔默特子，光绪二年袭爵，在位三十年。

九、塔旺布鲁克札勒，多罗特色楞子，宣统二年袭爵，在位三十五年。

十、达理札雅，塔旺布鲁克札勒长子，民国二十年〈蒙〉藏委员会任命为阿拉善霍硕特旗政府札萨克，并兼阿拉善霍硕特旗区防司令，民国三十四年当选中央执行委员。

三　行政概况

阿拉善旗为一独立特别旗，不隶于盟部，直属中央行政院，受蒙藏委员会之指挥。该旗行政组织与其他蒙旗不同，全旗最高行政机关为旗政府。旗政府设札萨克一人、协理二人、副协理一人、管旗章京一人、副章京一人、梅伦章京一人、副梅伦章京一人、参领二人、副参领二人、长史一人、佐领八人、骁骑校八人、四品仪典一人、五品仪典一人，副官无定额，书记若干人。除协理、副协理及管旗章京终年任职外，其余人员，均系每年六月换班轮流办公。

民国三十年九月，札萨克达理札雅由兰州返旗，锐意更新，参照中央规定，制定旗政府组织规程、办事细则、工作奖惩办法、值日条例，并呈报蒙藏委员会备案。复划旗组织为政务、秘书、财政、教育四处，各处设主任一人，秘书主任一人，秘书一人至二人，掌管各部工作，此外尚有理事官厅、稽查局等。自整顿施行以来，一切具有长足进步。

当札萨克达理札雅旅居兰州之数年间，旗府政务由协理罗巴图孟轲主持，彼对于加强边疆工作以及地方各项兴革，均能斟酌轻重，别其缓急，次第举办，成绩甚优。

札萨克回旗后，感觉地方干部人员之智能缺乏，乃于三四年十一月，举办边官训练班，调训边官、卡长及寺庙喇嘛，施以短期训练。其教材分为国父遗教、党团活动、地方须知、中华民族、调查报告、旗政要务、宗教礼俗等等，均以蒙语教授，成绩颇佳。并继办干部训练班，调训旗府各处人员及佐领保希呼等，以期加强行政机构，充实旗政府力量，其励精图治，建设工作，无不日益进步。同时蒙民颇能服从及拥护旗府，政令推行，不感障碍，故阿旗已可谓为模范旗。

四　民族

阿旗居民，民族复杂。总数约三万五千余人。兹分述如次：

蒙族　为阿旗之主要居民，根据已知之巴格户口（苏木图巴格四十余户，宗别立巴格四十余户，土克木巴格一百五十余户，厢根达赖巴格一百一十余户）估计，平均约每巴格为八十户，每户为五口，全旗约一万四千四百人，另加喇嘛约四千，定远营蒙民约二千，东达公旗人（住巴伦沙尔扎北郊）二百余人，外蒙古人（居于沿外蒙边境之各巴格内）约一百人，前马鬃山蒙人（住艾立布盖及雅布赖巴格）约二百人，则蒙族总数约二万一千人。

汉族　多山西及甘肃民勤籍，寄居定远营者数量较多，大部经商，间亦有在各巴格内作行商与凭体力谋生者。据初步调查所得，居定远营者六千人，散于各巴格内经商者约五百人，为蒙人做雇农之民勤人约五千人，总计约一万一千五百人。

满族　多为满清时随公主下嫁及派来监视之满人遗族，居于定远营之西花园附近，共约五十余户。

回族　多为蒙人信奉回教者，人数无多，居住于吉兰泰盐池附近。

藏人　多为喇嘛，住各庙传经，人数亦少。

五　经济

（一）农业　阿旗面积广大，惟以境内地势崇高，沙漠绵亘，雨量稀少，虽有可耕之地，其已开垦者仍属有限。已垦之地，全赖渠水灌溉，人民经济穷困，渠道不修，发展匪易，维持亦艰。该旗境内各处耕地，计定远营附近一，〇〇〇亩，巴伦必勒巴格六〇〇亩，厢根达赖巴格三〇亩，沙尔布立都巴格二〇〇亩，布吉图巴格九〇〇亩，乌图巴格一，一〇〇亩，宗别立巴格二〇〇亩，磴口巴格一，五〇〇亩，多伦素海巴格三，〇〇〇亩，哈拉好呢图巴格二一，〇〇〇亩，沙金套海巴格二〇，〇〇〇亩，总计四九，五三〇亩。

阿拉善旗各处渠道名称一览表

渠道名称	渠道地点	灌溉田亩	备考
三盛公渠	多伦素海巴格	三，〇〇〇亩	

渠道名称	渠道地点	灌溉田亩	备考
大滩渠	哈拉好呢图巴格	三，〇〇〇亩	
广庆之渠	同右	三，〇〇〇亩	
渡口堂渠	同右	三，〇〇〇亩	
补龙脑渠	同右	一二，〇〇〇亩	
乌拉河	沙金套海巴格	一五，〇〇〇亩	
总计	六处	三九，〇〇〇亩	

（二）矿产　阿旗境内，沿贺兰山一带，产煤著名。但其他若金、铜、铅、矾、硼砂等藏量亦富，惜未经专家勘测，故亦难言究竟。现旗下仅有用土法开采之煤，矿工分"挖手"与"背手"两类，挖手系技术工人，专管挖掘煤炭，背手系负炭工人。产量均丰富。煤之销路，除供定远营及该旗各处外，其余大多数均供给宁夏及附近各县之需要。

阿拉善旗已开采之各炭井一览表

炭井名	所在巴格地点	品质	备考
河拐子炭井	宗别立巴格	烟炭	
呼鲁苏图炭井	同右	石炭	
古龙鄂博炭井	乌图巴格	干炭	
正木关炭井	巴伦必立巴格	煤炭	
白头石炭井	厢根达赖巴格	烟炭	
大岱炭井	同右	烟炭	
套赖区图井	艾尔布盖巴格	磖炭	
擦汗套赖炭井	同右	磖炭	

附记：以上开采炭井共计九〔八〕处，其余未经开采者，不在其列。

（三）盐井　查阿旗为西北著名产盐区域，各盐池所产之盐，向例为蒙民在沿边近地，易换粮食，并无课税。其后以私贩日多，任意潜销，由近而远。前清咸丰八年，经地方奏准，先将汗布鲁克盐池划归旗有，经商人张兴全者，领帖承办，不准杂贩私至盐池拦〔阑〕运行销。所有其他各地，亦一律在封禁之例。

自盐池大小十三处租与西北盐务管理局……有过之无不及，实为西北各省民食所赖。

阿拉善旗各盐池一览表

盐池名称	所在地点	产盐面积	取盐方法
擦汗布鲁克盐池	擦汗布鲁克巴格	周围三十余华里	捞盐
和屯盐池	库克布拉都巴格	周围二十余华里	捞盐
雅布赖盐池	雅布赖巴格	周围三十余华里	捞盐
昭化盐池	和依尔都呼巴格	周围十余华里	刮盐
同湖盐池	同湖巴格	周围八华里	刮盐
大鼓海盐池	巴丹吉林巴格	周围七华里	刮盐
角鹿海盐池	巴丹吉林巴格	周围五华里	刮盐
色拉盐池	擦汗布鲁克巴格	周围十华里	刮盐
那林哈格盐池	擦汗布鲁克巴格	周围八华里	刮盐
札格图盐池	擦汗布鲁克巴格	周围六华里	刮盐
巴音达〈赖〉盐池	克别那木成巴格	周围五华里	刮盐
巴音布鲁克盐池	通湖巴格	周围四华里	刮盐
努尔图布鲁克盐池	艾尔克哈希哈巴格	周围七华里	刮盐
吉兰泰盐池	吉兰泰巴格	周围六华里	捞盐
色鲁盐池	克布尔巴格	周围二华里	捞盐
擦汉盐池	克布尔巴格	周围六华里	刮盐

附记：上列各盐池，除色鲁汗①由旗府封闭，吉兰泰盐池由旗府自办，供给西北盐务局运销外，其余十三个盐池，均租归财政部西北盐务管理局开办，运销西北各省，供军民之需要。

---

① 原文如此。似指色鲁盐池和擦汉盐池。——整理者注

（四）手工业　蒙民既以畜牧为生，并无正式从事手工业者，其仅有之制羊毛毡者，亦多供自用。外来汉民到该旗定远经营工业者，多为简单之手工业，并无大规模工厂，经营技术与方法，粗浅幼稚。据调查，定远营计有毡匠房二十五家，口袋匠房十四家，毯匠房六家。产品除供给该旗人民之用外，其大部均输往宁夏中卫等处销售。

甲、线〔织〕毯业　取羊毛去其杂物，以弓弹之，便成绒毛，再用纺车纺成细线，染成各种颜色，然后在织毯机加以经线（棉线），再依染色毛绒依次夹于经线之上，用力割为寸许长，用纬线（棉线）压紧，织成地毯、床毯、马褥子、椅垫子等类。

乙、织口袋业　取山羊毛去其杂物弹之（棉毛不适用），再用捻线机捻成细线，织成一尺宽之长布，缝成口袋，或马褡裢子等类。

丙、织毡业　取羊毛除其杂物，弹之使成绒毛，然后均匀铺于细竹帘上，用热水浇后，捍〔擀〕之，即成毛毡。

六　交通

阿旗位处沙漠，除三关至定远营，由定远营至泥紫湖一带之道路可通行车辆外，其余各路线多不便车行，向以骆驼、马、驴为交通之主要工具。兹将定远营东南西北直达边境暨经过巴格路站交通情形，分述如左：

甲、由定远营东南至宁夏大小路线各一　一、小路：由定远营至樊家营子三十里，苏峪口三十里，镇北堡四十里，宁夏六十里，共计路程一百六十里。二、大路：由定远营至周家田二十里，腰坝五十里，长流水四十里，三关二十里，宁夏五十里，共计路程一百八十里，可通汽车。

乙、定远营南至一条山路程　中经套笋艾音一百里，厢根达赖六十里，昭化寺六十里，西立格拉达兰四十里，哈沙图七十里，大格达七十里，一条山六十里，共计路程四百六十里，可通驼马。

丙、定远营西至甘肃民勤县路程　中经哈沙图六十里，尔德尼套拉盖六十里，快克步尔都艾肯呼都格六十里，厢根达赖五十里，罗家四十里，快图三十里，至民勤界八十里，共计路程三百八十里，可通驼马。

丁、定远营西至额济纳路程　中经里阿兰诺尔六十里，察汗造立素六十里，棍呼都格六十里，库列图庙六十里，体隆呼都格六十里，乌兰哈格尔四十里，铁盖尔木图五十里，布拉套拉盖七十里，吉尔乃高拉一百二十里，色拉存吉一百一十里，拉白立格六十里，额济纳沟边四十里，共计七百九十里，通驼马。

戊、定远营北至班定路程　中经当铺八十里，素布尔格八十里，乌兰呼都格四十里，那林素海图五十里，迭尔吉阿木七十里，巴艾乌素八十里，雅拉木格四十里，巴音图都四十里，哈尔木格台六十里，戈顺套赖六十里，班定四十里，可通汽车，惟中有沙程四十余里难行，共计路程六百四十里。

己、定远营至乌拉特旗路程　中经察哈〔汗〕尔八十里，铁尔立格八十里，吉兰盐池四十里，古岱七十里，布尔趣素台六十里，图克庙七十里，乌拉特旗边四十里，共计路程四百四十里。

庚、由定远营北至沙金套海路程　中经察汗尔八十里，阿木乌素八十里，哈沙图六十里，哈拉俄卜六十里，沙拉俄哈拉卜七十里，素海俄卜七十里，吗呢图庙八十里，察察尔图七十里，札诺尔三十里，乌兰沟三十里，共计路程六百三十里，可通骆〔驼〕马。

辛、由定远营至磴口路程　中经伊克呼都格六十里，莪却百六十里，迭布铁尔七十里，素台五十里，艾利延套立盖二十里，都图克图拉五十里，察汗套海三十里，磴口四十里，共计路程三百八十里，可通驼马。

以上路线沿途均有水井。

七　宗教

阿旗蒙人昔自青海徙至贺兰山阴时，不下千余户，人口六万余，内喇嘛颇少。现该旗人口不足四万，喇嘛已占五千余，足见数百年来，并无繁殖，喇嘛教对蒙民之影响可谓极大。

喇嘛庙宇分为大寺、小寺。大寺中僧徒五六百人，小寺中二三百人不等。每大寺设有大喇嘛一人，掌管全寺财政、人事事宜；二喇嘛一人，辅助大喇嘛，掌管全寺事宜；三喇嘛一人，掌管僧徒纪律、皈依事宜；笔帖式喇嘛一人，管理账目、文书事宜；除大、二、三、笔帖式喇嘛外，另有僧官一人，专司经会纪律之责，副僧官一人，为辅助僧官管理寺内经会诸事。各寺掌事喇嘛，均系由各寺选举，并经旗政府核准，任职期为一年。

近来该旗当局，深感喇嘛教之妨害蒙民生殖，曾限制旗民儿童充当喇嘛，并于三十四年勒令全旗不论喇嘛及俗人，凡有儿童，均送旗立蒙文学校读书。据调查，三十四年度该旗自八岁至十五岁之儿童，统计五百余名，内喇嘛竟占五分之四强。自蒙民儿童送入旗立学校后，旗府当局选其优秀者，着令还俗，凡体格病废者，仍充当喇嘛，今后该旗人口之增加，当有希望。兹将该旗寺庙负责人、僧徒数额列表于后：

阿拉善旗各寺庙名称及其大喇嘛姓名、僧徒数额一览表

寺庙名称	所在地点	大喇嘛姓名	僧额
延福寺	定远营		二五八人
广宗寺	定远营	端迪布	五五八人
福因寺	乌图	达呢西尔	五六九人
昭化寺	号伊尔呼都格	贡其格达布哈	三六二人

续表

寺庙名称	所在地点	大喇嘛姓名	僧额
承庆寺	擦汗布鲁格	桑吉西尔布	三〇〇人
方等寺	树贵	依喜桑巴	二七八人
妙化寺	图克木	依喜土布丹	二五九人
宗乘寺	哈鲁乃	达喜	二二四人
那林努尔	通湖	依喜金巴	八五八人
擦汗高拉	图兰台	依喜土布登	一二〇人
艾尔白盖庙	艾尔白盖	那万藏布	六七人
巴丹吉楞庙	巴丹吉楞		七六人
乌图海庙		班子尔棚楚格	二六人
魁尔木图庙	雅布赖	敖子儿	七八人
沙尔嘎	巴音呢拉棍	希尔布却吞	二二六人
沙尔套拉艾	宗乃	鹏楚格	五三人
沙尔札庙	宗沙尔札	那姆吉尔	二四七人
巴尔棍布尔四台	红颂尔维愣	脑格四尔	五五人
达儿艾可	巴音布尔都	巧羊	二三六人
贵喜庙	沙金套海	丹巴	四三人
赛盖尔庙	磴口	丹比瓦拉吉尔	七八人
共计		四，二一六人	

八　教育

阿拉善旗向无学校，其能识汉文或蒙文者，多系出自私塾。自民国二十四年始有学校之设立，然内部空虚，仍若昔者之私塾，嗣后因屡奉中枢命令，于民国三十年稍加扩充，成立简易师范，复因经费拮据，乃于民国三十四年男女合校，改名为旗立中心小学校，校址在定远营城内。其组织正、副校长各一人，教务、训导主任各一人，文书兼会计一人，庶务一人。校舍设备亦简陋，教室二十四间、礼堂三间、办公室三间、成绩室一间、宿舍九间、储藏室二间、厨房二间。学生计一年级甲男生二十一名、一年级乙男生四十一名、女生十一名；二年级男生三十六名、女生七名；三年级男生二十七名、女生七名；四年级男生二十四名、女生四名；五年级男生十五名、女生十名；六年级男生十四名，共计学生二百一十七名（其中汉籍子弟居多）。经费数额每年（三十五年度）四百余万，由旗政府筹拨，另加给教职员每人每月黄米一斗，面粉四十五斤。除旗立中心小学校外，另有旗立蒙文实验学校一所，系民国三十年成立，教材以蒙文为主。学生多自乡间招来，纯系蒙古子弟。其校址亦在城内，组织与旗立小学同，现有学生二百余名。其经费每年自旗政府拨给一百四十万元（三十五年度），米面、津贴亦与旗立小学同。此外，在克伯尔巴格有小学一所，名为旗立克伯尔小学校，其教材与蒙古实验学校相同，惟学生仅二十余名，质量极差。国立宁夏定远营实验小学校，设于定远营城外，学生二百四十名，内部充实，惟蒙民学生因受特殊关系影响，不能投入。所有学生均系居住定远营之汉民子弟，另有民众识字班，有名无实。此为阿旗教育之概况。

《西北论坛》（月刊）

兰州西北论坛社

1947 年 1 卷 1 期

（朱宪　整理）

西套蒙古之二特别旗

自从外蒙古独立以后，中国的边疆情势马上有了很大的变化。一方面是国境线的内移，在一个弯弓形的地带上，除兴安、新疆二省与邻国接壤的界线大形延长以外，从东达西，辽北、察哈尔、绥远、宁夏和甘肃的极北部都成了直接的边界地区，整个国势因此变换了面目。再方面是边疆民族的杌陧不安，所谓"东蒙自治"是最显著的例子。此外整个内蒙和新疆的情形，也许较前更费周章。民国立国以来最大的缺憾是对边疆地区的长期忽视，尤其是西北甘、宁、青、新诸省，更似乎被置于政府和国人注意范围之外，以致造成了许多复杂繁难的边疆问题，而且若干难题，眼看还要继续来临，言念之下，真是感慨万端。在这里要介绍的两个蒙旗，恐怕一般人连名字都很少听说过，但是在今日情势之下，万不容再为国人们所忽视了。

在地图上和一般人观念中，总以为宁夏省全境是一个单纯的行政单位，整个受宁夏省政府管辖。殊不知在此境域之内，自始即有三个平行的行政单位。这另外的两个就是蒙古"阿拉善〔旗〕和硕特旗"和"额济纳旧土耳〔尔〕扈特旗"，而且这两旗管他〔地〕占宁夏全境面积十分之七以上，宁夏省政府直辖地区不过仅为沿黄河的一条狭长地带而已。目下宁夏与外蒙的界线，全部都在二旗的地界，加之居民皆系蒙民，在国防与民族问题之立场上，其地位实倍极重要。

阿、额两旗，通称西套蒙古，在习惯上视为内蒙之一部分。阿旗面积约五十余万方公里，位置宁夏省直辖区域与额旗之间，人口约二万余人，除以牧畜业为主外，近年已渐知兼农业，已垦地达三万五千余亩，多在东部。其地尤富藏池盐与煤矿，惜均未经新法大量开采，煤产量年仅四百五十余万斤。盐池共计十三处，产盐分青、红、白三种，著名者计有吉兰泰、查汉布鲁克、和屯、雅布赖、同湖等五处，年产在二十万担以上，输出供给宁、甘两省食用之一部分，故人民尚较富裕。额旗面积约二十余万方公里，半属戈壁不毛之地，人口仅二千余人，生计颇感困难。

至于二旗之历史渊源，则各有千秋，须分别述之。

阿旗之历史，可溯至明末，当时厄鲁特蒙古和硕特部部长固始汗骤强，为厄鲁特诸部部长（当时之部为蒙古之政治单位，操军政大权），曾征服康、藏，即以青海为根据地。清初新疆之准噶尔部勃兴，随时侵扰和硕特部，固始汗之子和罗理当政，于康熙十六年大败一仗之后，逃入今之宁夏境。二十五年上书求给牧地，诏于宁夏甘州边外以阿拉善山为界，许其游牧，编入内蒙四十九旗，颁扎萨克印。其孙汪亲巴勒巴尔勇敢善战，曾助清庭〔廷〕征服准部有功，被封为"和硕亲王"，驻定远营，历代世袭，已达十传。故其名称实由阿拉善山（即贺兰山）而来，其血统与今日青海厄鲁特蒙古同源。

额济纳旗蒙民为额鲁特蒙古（即元时之四卫拉特）之另一部——即土尔扈特部之后裔。其祖先原住新疆之伊犁，明末因不堪准噶尔部之压迫，其首领率部逃入俄境，别建一部，名曰土尔扈特。清康熙时，曾入藏朝谒达赖喇嘛，归途准部不许通过，遂留居嘉峪关外，派人至京师请求内属，赐牧于青海、新疆边境之色尔腾。更因畏惧准部，更内徙，即定居于额济纳河畔，因以为旗名。康熙四十三年封其首领拉布珠尔为"固山贝子",世袭至今。

其次,两旗之行政制度,有一共同之特点,即二者皆为特别旗,不隶于盟,而直隶中央,犹如今之院辖市制度。按蒙古传统之行政组织,在满清未入关以前,略谓部、盟、旗三级制,迨后"部"渐失其政治意味,仅表示血统关系,盟、旗二级制遂成为今日蒙古地方制度之通则。旗为自治单位,设扎萨克,合若干旗而成盟,设盟长一人,副盟长一人或二人,由各旗扎萨克轮流担任。但阿、额两旗则为例外,因二旗蒙民当初皆系游离原属之部落而流徙至今地,故其上无盟管辖。清时其扎萨克直属驻扎宁夏之理藩院理事司员及陕甘总督管理,民国初年属甘肃〔边〕宁夏护军使,后属宁夏道尹,十七年将其地割入宁夏省境,但与宁夏省府始终并未建立隶属之关系,故其地位实相当于盟,依惯例与省平行。现两旗直属行政院,而受蒙藏委员会之管理。阿旗旗政府现设于定远营,内分政务、典仪二处及理事官厅。政务处设护印协理台吉、记名协理台吉各一员,正副管旗章京、正副梅林各二员,正副参领四员,佐领八员,管理政务,设饶〔骁〕骑校八员,管理军事。典仪处司典礼及用品。理事官厅设总管达拉古十至十二人,管全旗民刑事诉讼。地方基层组织为"巴格",相当于内地之保。全旗分为三十六巴格,分由八个佐领管辖。内中除磴口及多伦索海、哈拉合尼图及沙金套海各合设总管一人外,余每巴格皆设大小边官、稽查、事务员等,数目不定。巴格之下为"什长",相当于甲长。额旗组织较为简单,旗政府设于二里子河,内仅设旗务会议,下设正副台吉各一人,总管全旗内政,正副梅林各一人,协管内政,外仅有少数办事人员。至下级组织,因人民稀少,全境仅分置二十四"什长"而已。二旗旗政府之外,另有防守司令部,为抗战时期所设立,由各该扎萨克兼任司令,尚有前军事委员会设置之军事专员办事处,负军事指挥责任。

　　二旗皆行"民兵合一制"，人人有当兵、纳税之任务，阿旗现有常备保安队数百人，旗政府之开支，皆由蒙民摊纳，外尚须供给扎萨克及王公等之差役。阿旗现任扎萨克名达理扎雅，为清宣统帝溥仪之妹丈，自幼生长北平，英明有为，抗战时期迭受敌人压迫利诱，卒未为所动，惟前因与宁夏省府间发生权限争执，故双方颇有嫌隙。额旗现任扎萨克名塔旺嘉布，为前扎萨克图布升巴雅尔之胞弟，图王曾受日人愚弄设置特务机关于东庙，死后中央令由塔王承袭。塔王笃信喇嘛教，不喜俗务，政事多由旗务会议处决。

　　两旗现状，现下尚称安谧，但当此蒙旗地位争论未决之时，省、旗间之权限必须先期划清，庶免无穷麻烦。且两旗人民生活贫苦，知识未开，加之国境门户洞开，迄今尚无固定界线，野心者跃跃欲试，此处实为最大之漏洞。若不急从经济、交通、教育、军事各方面同时着手建设，则此处平静之日期，想亦不久矣。

《西北通讯》（月刊）

南京西北通讯月刊社

1947 年 1 卷 3 期

（张婷　整理）

国防前线之阿拉善旗

本刊特约记者

中国今后命运一半系于边疆

（本刊特约宁夏通信）我们展开宁夏省的地图，会发现只在黄河两岸有十几个县份，其余十分之六七以上都是片片沙漠，沙漠几乎把整个宁夏省掩盖了。可是这片片沙漠在古代曾经是英雄们角逐的场所，在今天又成了保卫甘、宁、青，尤其是保卫河西走廊的国防前线了。宁夏全省面积九一一，六一二方里，而大部则为额济纳旗与阿拉善旗的牧地，前者在该省之西北部，以额济纳河（俗称二里子河）与后者分界，后者则由额济纳河一直东展到贺兰山西，这两块地方平沙广漠，中间不乏绿洲，因为从汉、唐以来就历代经营，还不太荒凉，而新绥路通车后，又于二旗内建立了若干站口，若班定陶赖盖、乌兰爱尔根、二里子河、马鬃山都成了交通要点，抗战之后，益形重要。记者于本年秋初曾往马鬃山，冬初又自兰州经宁夏省城西去定远营，在阿拉善旗内走了十几天，虽然好似走马观花，但愿把耳目所积，介绍与国人。当此内地高谈民主、自由之日，希望大众把眼光往边疆移一下。我们还记得，辛亥革命之后，全地人士高谈革命、法统、内阁制度、议会制度……结果外蒙离析而莫顾，边疆为军阀们割据而莫能复，卒造成后日的祸患。智识分子，手无枪杆，固不能有大作为，但宣传之影响却足以左右一时之人心与视听。在今天已经不是空谈的时期，中国今后的命运，一半系于边疆之守卫与开发，边疆的动态，该来认识，也必须去认识。

虽然半在沙漠并不绝对荒寒

阿拉善是贺兰山的译名（意为骏马），在宁夏省的中部，贺兰山西，龙首山北，东北隔黄河和鄂托克旗、乌拉特旗相望，西与额济纳旗毗连，南与甘肃之高台、临泽、张掖、山丹、永昌、民勤等县接壤，北逾沙漠通外蒙的三音诺颜。平均在海拔一千尺至一千五百尺，最高处海拔二千尺。面积约五十余万方里，占宁夏省五分之三，由北纬三十七度至四十二度。气候属纯大陆性，干燥而寒期较长。沙漠约分碎石戈壁与细沙地带二种，中间散着含有高度碱性的土壤区，雨量极少，冬季风多，雪不太大，天然植物有咸葱、猪尾巴、蒿、黄花菜、紫花苜蓿、野苜蓿、芨芨草、臭梧桐树、索索柴（沙漠上生长之灌木，干燥易燃），及出名的发菜，农作物有燕麦、胡麻、高粱、豌豆、黑豆、大麦、玉蜀黍、荞麦、马铃薯、青稞、大麻、芝麻、菜蔬与甜瓜，此外，尚产药草。

贺兰山的西麓是阿拉善旗的农作区，也是人口最密的地方，这儿地势较高。北部磴口（已改县治），正临黄河，为通归绥的要站。在东部沙漠中，有若干盐池，吉兰泰盐池周围有六七十里，其余大大小小的盐池还有许多。

直属中央的旗制未来问题正多

在这儿居住的人主要是和硕特蒙古。和硕特本是厄鲁特蒙古的一支，明末，其酋固始汗征服了康、藏，以青海为根据地，向外发展。清初准噶尔兴，时时进扰，和硕特部酋和罗理战败于西套，逃至近边，最初常在大草滩一带劫掠，康熙二十五年上书清政府求地，清廷诏于宁夏、甘州边外，阿拉善山为界，许其住牧，编入四十九旗，给扎萨克印，其孙汪亲巴勒巴尔勇敢善战，从征准噶尔有功，封和硕亲王，驻定远。他们这一部落虽与青海厄鲁特蒙古同族，但不隶盟部，成独立特别旗，现在直属中央行政院，据罗家伦氏的报告，有人口二万余，但据该旗自报则为八万人，其间相去太远。

这一旗的组织，最高为扎萨克，由现在的达理扎雅亲王兼任。达亲王有四十余岁，久住北平，幼年长于清宫，因此能讲一口很好的京话，智识也很丰富，精干而有魄力。其下有协理二员，管旗章京一员，梅林、副〈梅〉林各一员，参领、副参领各二员，佐领八员，书记、骁旗〔骑〕校、典仪副官等各一员。

蒙旗是军政合一的组织，除喇嘛之外，其余壮丁皆兵，但常备兵不过四百，过去曾有防守司令部的组织，司令系达亲王，十年前因为同宁夏省政府发生一回冲突，司令部裁撤。旗的基本组织为巴格（等于吾人之保），阿拉善旗共有三十六个巴格，每巴格内设有大边官一人，小边官若干人，领催若干人，办理巴格内的一切政务；巴格之上为苏木，三十六个巴格分隶于八个苏木，每个苏木内设有佐领一人，催领若干人。

这儿的蒙民，知识很低，喇嘛就占七千三百余名，他们的生活和他们的祖先一样，很少有进步，而且经过层层官吏的剥削，生产不克有剩余，一代一代地在沙漠边上挨着。在定远营有城郭，背山面水，周围有一百四十余丈，但城内住着的是亲王，府第建修得很可观，还住着寄生阶层喇嘛（他们的寺叫延福寺，也很宏大），及六七十家商人（多数汉人及少数回人），一般蒙古人只有作交易才进城。

蒙古在历史上曾以成吉思汗为代表显赫过一时，但是他们的生活则从未改进。在外蒙，二十年来，固然有许多建设，但是那里没有自由，人们还未享到幸福，享到人应该享的幸福。在内蒙，自由空气虽多些，可是旧有的剥削形态还存在着。阿拉善的地理环境，如果开发得宜，居民会渐得富庶，但是旗当局不愿改土归流，尤其不愿宁夏省当局过问他们的事务。抗战之后，因其接近绥远，地方形势重要，中央政府在定远营设有军事专员，对日寇作军事上的准备。抗战胜利后，外蒙与这里的关系，不能不令我们注意。第一，外蒙人民过去因不堪外蒙当局的控制，先后逃来阿拉善与额济纳二地方的人很多，到现在单以阿拉善一旗而论，其中有外蒙逃民一三九幕，七七七人，所有财富为羊四，五九五只，牛、马、驼二百余匹、头，这在外蒙方面是不会漠然置之的。其次，在东蒙一带现正流行着分裂运动，无论这种运动其背影为何及蒙民之反应为何，但对于整个国家前途是不利的，蒙古同胞之纯朴虽不若哈萨克同胞之浮动易为政治野心家所利用，但是一直到现在政府对他们的生活上还未尽提携帮助之力，在教育上还未竟开展领导之功，则来日的问题，我们不能不说是相当严重。

第一次世界大战后，人类尚存有一些正义感，国际间的问题，均获得了暂时解决，这一次大战结束那天，却正是问题开端的日子，也许各国的政治家从历史上学得更乖巧，更聪明，耍弄弱小民族，给自己创造斗争资本，前途真不堪想像。

这里有农田盐湖工商业略具雏形

阿拉善旗内有许多农田，很有开展的希望，据定远营的统计：

定远营	四，〇〇〇亩	无渠
白石头	二〇〇亩	无渠
紫泥湖	二〇〇亩	有渠
大　滩	四，八〇〇亩	在黄河沿有渠
四　坝	一五，〇〇〇亩	沿乌拉河水利最佳
周家田	一〇〇亩	无渠
长流水	一〇〇亩	无渠
磴　口	一，〇五〇亩	第一区无渠，第四区有渠
渡口堂	二，五〇〇亩	黄河沿有渠
腰　坝	三〇〇亩	
上　海	一〇〇亩	
三盛公	一，二〇〇亩	黄河沿有渠
补龙淖	五，〇〇〇亩	属磴口县，二、三两区有渠
共　计	三四，五五〇亩	

此外可开垦的荒地，及已开垦而又荒废了的土地，总计尚有十五万亩。上述的耕地均属旗府所有，汉民白〔自〕旗府租地耕作的也不少。平均年产小麦万石以上，玉蜀黍五六千石。

至于牧畜，全旗共有羊二十二万余只，驼十余万头，马八千匹，牛三千头，驴二千八百余头，年产羊毛九十万斤，驼毛八十余万斤，羊皮五万张，牛皮五百余张。宁夏的羔皮统不若青海之出名，然亦轻暖。

盐是阿拉善的主要出产，自满清以来就很出名。这里的盐行销范围远及晋、绥，产盐之地计有吉阑泰、察罕布鲁克、和屯、雅布赖、昭化（即红盐池）、同湖、大鼓海、角鹿沟、梧桐诸地，均系湖沼盐。每年三五月间，湖水渐干，表面结成盐块，蒙人雇汉民凿取，堆积湖畔，以驼、驴运往各处。平均每年产盐七十余万担（每担二百四十老斤），因运输力不足，年有积存。此外还有煤窑若干，古龙鄂博、白石头、玉木关、河拐子、呼鲁苏图等处，前二者产无烟煤，后三者产烟煤，平均年产无烟煤二百余万斤，有烟煤二百五十余万斤，供给宁夏省城及他县烧用。在矿产方面还有白矾、硼砂、金、银、铜等，尚未开发。

当地的手工业多系汉人经营，定远营有羊毛毡毯房三十一家，口袋房十四家，每年出产量，毯子七八千方尺，毡二千五百条，口袋一千四百条。商业亦均系汉、回经营，输入以日用品、食粮、布匹、茶砖、糖、酒为大宗，输出以皮毛、甘草、苁蓉、盐等为大宗。抗战期间，一时曾为走私的大本营，日货由绥远不断输入此地，再转入甘、青。

蒙民的教育非常可怜，二万余人的户口，在抗战之前只有旗府小学一处，抗战后，在这里设有国立中心小学，学生不足百名，内中蒙民子弟，还未占半数，在磴口县四坝亦设小学一处，学生不足五十名。只是经旗府保送内地受军事教育者却有数百名，这也许对将来的旗府教育文化上有些帮助。

"在抗战时，人们高喊着开发西北，大部分人士为生活与环境所迫也都到西北来工作，可是胜利后，有办法的人又回到内地去，享受物质上的幸福，留下的□多注意于金钱之获取，西北漠边的情形，谁还来注意呢？"我从定远营的梨树丛骑行走向贺兰山的三关，望着边塞形胜，心里这样想着。

《观察》（半月刊）

上海观察社

1947 年 1 卷 21 期

（李红权　整理）

论赤峰之形势及其未来

卢凤阁 撰

三月一日，国民政府与中常会联席会议，通过热河省会迁移赤峰一案。在内地人视之，不感何等兴趣，惟我热河人以及华北人民对此兴味盎然，咸来问讯"将来热河省会果迁赤峰，究与国防设施及省政推行，有何利害"？笔者虽为热河土著，但对热河的赤峰则为一陌生地，今欲作详细问答，殊有隔靴搔痒之嫌。

不过根据文献所记与夫战略上至当判断，预想将来究至何种程度，尚有一二把握，故不避卤莽之讥，爰将赤峰之形势及其未来作一简略叙述，以为热人参考。设我乡贤父老群策群力，襄助政府建设赤峰至理想之境，则岂仅笔者之幸，而热河全省人民以及国家社会幸利赖焉。

赤峰之形势与战迹

热河省形状为一芍药叶，赤峰适居叶之中心，地当东经一百一十九度，北纬四十二度一十八分之交，位居西辽河支流老哈河上游，西通林西，与察哈尔省北部浩济特旗遥应；东经开鲁，与辽北省之四平街衔接；西沿峰多铁路至多伦；东沿叶峰铁路、锦承铁路通葫芦岛；西南经锦承铁路可达平津。四通八达，形胜天成，古为塞北血战之地，今日犹未丧失居中控制四围之价值。

赤峰自契丹建国之后，成为军事重要地区，金占上京，始乘势南下，而契丹所建之大辽国亦从此灭亡。及元朝肇兴，亦以赤峰得失为两族兴废之关键。明初用兵漠北，亦常以赤峰为进兵孔道。迨夫满清讨伐林丹汗，系溯辽河西进，在赤峰会合喀尔沁投诚诸部后，再逾兴安岭攻略察哈尔，林丹汗因之以亡，满清亦由是坐大。故赤峰一地为北族兴废有关之地。

准噶尔族由外蒙侵入滇〔漠〕南，曾由浩济特旗进抵赤峰附近（史称乌兰布通），圣祖别遣一将讨之，准噶尔族以骆驼万匹结成方阵，阻止清兵前进。清兵以火枪射杀骆驼，阵乃大破，准噶尔首领噶尔丹突围西窜，终至败亡，赤峰之捷致之也。民初外蒙古军队入侵，其目标似为赤峰，我于林西、经棚两役，挫敌锐锋，终使战祸未致扩大，而我当时之根据地则为赤峰。

九一八事变爆发，东北相继沦陷，惟对我热河，日本尚未敢染指。殆以当时省政废弛，贪污横行，人民怨恨而无人予以同情，于是日本借口除暴安良，大举侵犯热河，南路由北票向平泉进军，北路则由开鲁直捣赤峰。虽孙殿英部奋勇抵御，但南路已失，不得不退守多伦，热河则从此陷敌达十二年半之久，当为人所能记忆。

赤峰之过去与现在

据史籍所载，赤峰一地在西汉以前为东胡所居，自东汉至东晋为鲜卑族繁殖地区，及至后魏建国，契丹族乘运而兴，并将此改为上京道。金灭契丹，并乘胜侵入中国，遂将上京道改为北京路。直至元朝勃兴，始改为游牧地区。明逐元，统一华夏，将此地赠给兀良哈三卫，清朝肇建，又改为翁牛特部左右两旗，乾隆四十三年设赤峰县，宣统二年升为赤峰直隶州，民国二年后改为赤峰县，属热河特别区，十七年又改属热河省。

赤峰现有人口四十五万，计汉人四十二万五千七百十五人，蒙古一万七千六百八十三人。县城分老城与商埠区两处。县城东西长约三公里，有大街六条，南北长约一公里，有大街二条。商埠区在县城北半公里许，东西七公里，南北十四公里，总面积一百方公里，为民国三年自动开放，亦是本省唯一对外商埠地，九一八前曾有日本领事馆在此开设。民国二十一年输出谷物二十四万四千石，面粉十八万斤，兽皮九十四万六千张，兽毛三百万斤，牲畜三万三千头，药材七十三万斤。至于元宝山之煤，则供附近各县之用。

本县虽与罗马同在一条纬度线上，但以距海过远之故，纯为大陆气候，每至严冬，寒气甚剧，较承德、朝阳二地，尤有过之，惟在夏季较为凉爽，平均雨量亦较南部与东部为少。不过对于人类尚为最适于静养之区，非如以北率皆沙漠地可比，故内地人士居此，颇无不适之感。当日伪解体之际，叶赤铁路依然通行无阻，及中共势力"侵入"，遂被其破坏殆尽。国军进驻赤峰之后，以建平孙明首篆斯县，孙氏则严整保甲，抚辑流亡，修茸民居，暂复旧况，然与以前比，则有不及之感，只为事实所限，亦徒唤奈何而已。

赤峰之建设与未来

赤峰既为热河未来省会，则其将来必有无限之前途与发展，且永为国防上重要地区，但为达成上述之要求，须视是否能够顺利完成建设而定，兹一言建设之需要如次。

（一）造林　赤峰位居老哈河上游，受白岔山余脉围绕，地势平坦，风沙稍多，若能普遍植林，则风沙之患可免，不仅增加风景之美观，且能调节干湿之度，兹提倡造林，实为当务之急。

（二）水利　老哈河水流所经，造成广大河床，数万顷良田，均因之无用，令人惋惜不止。设能束之以堤，使流线趋直，截之以闸，使流速减小，则有广大淤田将归我用，岂非幸事，故应讲求水利。

（三）组织集团农场　现代虽为工业世纪，但农业仍居重要地位，尤其以国防立场而言，足食仍为战胜之根本原因。至于今异于昔者，不过以机械代替兽力、人力而已。赤峰地势平坦，耕作面积广大，使用机械较宜于各地，如能普遍提倡集团生产，则收效尤为迅速。况且以此集团便于施教，更能改变国民素质，又能构成抵抗单位，一举两得，应速谋之。

（四）兴建铁路交通　"原料赶着动力走"，为不朽之言。赤峰农业进步须有良好之交通网为运输，目前亟应恢复叶赤路通车，从速完成赤多路之建设，洮热铁路仍有战略价值，赤林（西）铁路亦有兴建之必要。以上如能由国家建筑更佳，否则热河人民务以全力行之，此与热省繁荣攸关，非为他人作嫁，想家乡父老定能接受此一建议。

（五）美化乡村建筑　现代以空军逞能，原子弹破坏太大之故，其建设特征为由都市转为乡村，一切采取疏散配置，赤峰既为热河省会，其建设应有示范作用。为迎头赶上时代，将建设重点置于美化乡村之上，虽不能如孟子所云"五亩之宅，树之以桑"，但每一农民家庭，必须有合乎卫生之房舍及院落，且有足供食用之菜圃，集若干农民家庭（一保或数保），有一公共建筑，以为教育、娱乐、集会之用，所有政府机关建筑亦采疏散原则，最好与人民一样，不使有特殊之分。

以上五事，为建设赤峰、展望未来之先决条件，故简述大要，以为参考，至于将来如何，胥视吾人努力程度如何而定。

国父孙中山先生云"知难行易"，今既知之，必能行之。预想十年后必有一个新赤峰，以为全省之模范，盼主其事者，时时向此目标迈进。或者问："汝所提之事，皆非钱莫属，此钱究自何处产生？"笔者以为我热河人民素以勤俭著称，设能风不为灾，水不为害，产品有出路，则以上经费百分七十可自筹，余仰政府补助可也。

一点愿望

赤峰全县四十五万人口中，有蒙胞一万八千人在内，为求大家密切合作，则每人均不许分有畛域与优越之感，设有不便之处，亦可自行集结一起，以为集团农场之先倡，务以避免摩擦、严防拨弄为主。不过据笔者实地观察所得，蒙汉交处二百年，早已互通婚媾，辅车伴行，相依为命，或不致有何意外事件发生。假如有不幸冲突发生，则凡占有优势数字之汉胞以忍让为本，静待国家公论以求解决，切莫便出轻信浮动，令渔人收利，招致外人笑也！

《现代军事》（月刊）

重庆陆军大学编译处

1947 年 2 卷 6 期

（李红权　整理）

关于"热河蒙古盟旗来源"之研究

卢凤阁 撰

去年国民大会制宪期中，突有蒙古代表提出关于聚居一地之少数民族自治，须于宪法中予以明文保障之要求，曾惹起激烈论战，卒以蒙古代表让步，留诸自治法中解决，始使此轩然大波暂为平息。但当各种法规草案已订立、交付立法院审定之际，中央社于三月七日由归绥与承德传来下述消息：

白部长五日晚在绥听取报告，对蒙旗问题表示谓："在不影响国家民族利益原则下，中央对盟旗自治将充分予以援助，现中央已决心予蒙旗以县级地位，但盟不能等于省，过去蒙政会组织应予撤销。"继由傅长官作义称："对蒙旗问题呼吁执行白部长决策，因为此一决策，深合盟旗广大舆情，足以改善蒙旗生活"云云。

继之又有承德电讯：

热河民政厅长李守廉氏，就地方政治问题，对记者发表谈话："……至于保甲户口，一切均依法令进行中，惟朝阳、平泉、赤峰、凌源、承德、阜新、绥东等七县，除县政府外，另有旗政府之组织，由蒙胞任旗长，此即所谓蒙古自治。惜其对于保甲、自卫、户籍等，多未能遵行国家法令，并拒绝县府从事编组调查，此对于防范宵小及地方治安维持上，最易发生不良影响。按民族自治宪法定有专条，吾人固以极端支持蒙胞自治之说，但自治非分裂，在中央法令下，仍须相互合作，否则分持一说，各自为政，不惟两败俱伤，且无异阻碍国家之统一，此点实值得注意者也"云云。

上述二事，一代表中央决策，一代表地方意见，惟因均系出自官方，故无人提出质问。及笔者发表《游热观感》，始有华北、华南关心边疆之士提出"热河盟旗来源"问题，亦即蒙古势力几时迁入热河、盟旗制度系由何时开始二大问题。但此问题曾由傅孟真先生《驳盟等于省，旗等于县》一文宣扬于前，此时再无添足余地。

不过热河一省拥有七百余万人口，内有汉人六百八十余万，一向处于黑暗地位，全凭其械斗、暗杀等手段解决本身困难，故有"九反"之称，而因此惹起可笑可悯之悲惨历史，亦不止一次，例如光绪十七年之"学好"（一名金丹散）暴动，蒙汉双方死伤十余万人。民国二十二年，借外力驱逐汤玉麟等幼稚行动，致肇十二年来之沦陷，均值借鉴。今白部长既宣表"中央已决定予蒙旗以县级的地位"，而热河民政厅长在承德曾言及热河七个县份的县旗并立之利害，是则亦有若干技术问题须待解决。故基于以上所述，今后究竟去旗留县，抑废县复旗，或使旗县并立，均应速作决策，稍一因循，便足酿成民族纠纷，何况尚有中共及××环伺于后，并且此一决策亦须兼顾舆情，不能随便牺牲任何一方的利益，致招将来祸患。笔者生于是乡，见闻较切，流落异乡二十年，无日不在争取热河人民应享有之权利（含双方兼顾）。兹当审定自治法规之顷，爰本古人芹献之义，谨陈研究所得如次，如果尚能堪作立法诸君参考之资，实为边疆人民一大喜讯。

蒙古民族侵入热河之嚆矢

热河处于内兴安岭以东，受太平洋气流影响，可耕可牧，亦可从事狩猎，凡渤海北岸之河流，悉发源于热河境内，故热河一区自古以来为耕、牧、猎三种方式并存之地，古所谓山戎、乌桓、鲜卑、契丹等族，繁殖是乡，文化甚高，亦有城郭，非如游牧民族所谓"行国"者可比。惟自金源末季，世宗之孙爱王叛于五国城（今合江省依兰县），世宗讨之。爱王为张其声威，乞援于蒙古部长铁木真（后为成吉思汗），蒙古势力始伸入热河，虽爱王领有今凌源以东地区，但热河西北部分则受蒙古羁縻。及至公元一二三三年，南宋与蒙古联合伐金，金势大挫，以腹背受敌，次年遂亡，蒙古乘机大伸其势力于兴安岭以东，几经奋斗，始获立足。成吉思汗乃分封诸弟（共有四人）于热河及辽东，以为屏藩。元世祖之顷，辽东乃颜据险以叛，世祖大破之于西辽河附近，东北稍稳。及元顺帝立，国势大衰，群雄逐鹿，朱元璋得之。于是明兵追元顺帝行踪，北略漠地，热河一区再归返汉族怀抱，此为公元一三七二年之事。明之势力已达今之外蒙古首府库伦附近，热河乃为进兵漠北之唯一孔道。

热河蒙古盟旗之由来

明太祖既占领热河形胜之地，遂封其第十四子朱权为宁王，镇守今之宁城县，拥有重兵，雄视北疆，时有突厥遗族之兀良哈部（一称乌梁海），远居今之浩齐特旗附近，不敢越内兴安岭牧马。会燕王朱棣举兵靖难，拟先铲除宁王，遂招致兀良哈部南下夹击大宁，结局宁王被擒，朱棣大功告成，以功赠兀良哈平泉附近地，形成兀良哈三卫（朵颜、泰宁、福余），是为北族再入热河之始。公元一四二三年（明成祖永乐二〇年），元朝后裔鞑靼部族之阿鲁台为乱边疆，兀良哈暗中助之。成祖亲征击败阿鲁台，回兵猛击兀良哈，以为勾结鞑靼部之惩处，兀良哈不支败去。

然兀良哈去而复返，为患益剧，公元一四四一——四二年（明英宗正统六——七年），占有大凌河上游一带（今凌源附近），酿成明朝北疆之巨患。公元一五三二年以降，嘉靖在位、严嵩为相时代，察哈尔部称雄于今之归绥，向西北占领宁夏，向东侵略朵颜卫，兀良哈不支，避居外蒙，察哈尔部遂鹊巢鸠占，是为热河蒙古开拓之始。及清太祖崛兴东北，明朝采以夷制夷策略，用金钱买通蒙古，攻清侧背，热河蒙古亦屡预其役。公元一六二七年清太祖即位，决定征服蒙古，会蒙古察哈尔部部长林丹汗称雄塞北，鞭策热河蒙古与清敌对，并予以种种虐待，热河蒙古处于两大之间，无法以固其围。公元一六三二年清太宗率兵西征林丹汗，而热河蒙古率族请降于清军之前，清遂按八旗制度以安插投降部众，共有九部十七旗（以后增加二旗），每旗成立简史如次。

一、喀喇沁部　该部始祖塔布囊，为察哈尔部之懿亲，据有兀良哈之朵颜卫地，自称喀喇沁部。公元一六三二年（清太宗天聪六年）部长苏布地率众降清，清封其子古鲁思起布为贝子辖右旗（今平泉县），其弟塞冷为镇国公辖左旗（今凌源、凌南两县）。至康熙中年，又令其增设一中旗（今宁城县）。各旗皆系子孙世袭（以下仿此）。

二、土默特部　察哈尔部占据泰宁卫，是为热河蒙古侵入东部之始，创始者称为土默特部。及至清朝勃兴，该部之台吉鄂木布偕塔木囊善巴降清，清封塔木囊为贝勒，辖左旗（今阜新县），封鄂木布为贝子，辖土默特部右旗（今朝阳县），至康熙时，外蒙古喀尔巴勒布冰图率众来降，清封为多罗贝勒，附属于左旗，统辖锡埒图库伦喇嘛游牧地。此地最初称唐古特喀尔喀，虽有土地而不称旗，以后亦自立为旗。

三、敖罕部　原为元朝辽王封地，嗣被喀尔喀侵占，即封给其胞弟，号称敖罕部（今建平县）。清初首先来降，清封部长塞臣卓礼克图为郡士，以示优异，兼广招徕。按敖罕一语，义为首先，是否表示先降意义，尚待考证。

四、奈曼部　喀尔喀占据后，封其弟于此，号奈曼部（今绥东县）。清初部长衮楚克巴图鲁，率众请降，亦封为郡王。

外有漠北来降之喀尔喀左旗，亦在此一部内，该右旗在绥远境内。

五、巴林部　明朝时为顺义王俺答第五子巴林所据，号称巴林部。清初贝勒塞特里及台吉满朱习礼一同来降。清封塞特里之子塞布腾为郡王，辖巴林右旗；满朱习礼为贝子，辖巴林左旗（今林东县）。

六、扎鲁特部　该部久已降清，惟叛顺无常。清乃用擒纵术，诱内齐及色本来归。清封内齐为贝勒，辖左旗；色本亦为贝勒，辖右旗（今为开鲁鲁北附近地）。

七、阿鲁科尔沁部　为明之外藩。清初林丹汗侵扰，部长达赖率子穆章降清，清封穆章为贝勒，辖该部——一旗（今天山县）。

八、翁牛特部　原为元朝鲁王封地。明置卫为藩，藩主自称翁牛特部。清天聪七年，吉囊索音及贝勒东降清，清封索音为郡王，辖右旗；东为贝勒，辖左旗（今为赤峰县）。

九、克什克腾部　原为明朝清平镇，以后为该部侵占。清初来降，封为台吉，并得世袭。该部仅一旗（今经棚县）。

清朝虽用分化手段，将蒙古各部分成若干旗，使其不能再有所作为；但每年秋季，清帝赴木兰（今围场）狩猎，恒令附近各旗前来赶围，并举一代表在皇帝御前听差。于是喀土尔部适在热南，形成一组，称曰卓索图盟；其余各部在热北，称曰昭乌达盟。每盟自举代表，轮流出席，称代表为盟长，以盟长之旗地为会聚之所。平时各盟隶属于热河都统之下，故盟无机构，亦无专任之人，其性质类似军队中之值星官，惟盟长则为值年之扎萨克而已。以上为热河蒙古盟旗之由来，亦即清廷的一种羁縻政策。

目前热河盟旗之实况

热河蒙古盟旗制度施行之后，清廷犹不放心，自乾隆以来，即逐渐设县，迄清末，已名存实废，不复再有任何作用，而全省中几为汉人所占。据日伪于民国二十九年调查，热河总人口共有七百一十三万二千二百一十二人，内中仅有蒙胞三十三万一千八百二十七人。惟日本为表彰其满蒙政策业已成功，遂继僭号之后，取销热河许多原有县名，改以为旗，并行旗区调整，增为十九旗，旗长以蒙古王公任之，但不得世袭。于是虽然名目上似在提高蒙人政治地位，实际上在暗中剥夺其世袭特权。故日本投降后，蒙古人不感有何失望。

因为有上述曲折，故日伪解体，热河即恢复各县旧名，蒙汉人民曾表示极大欣慰，盖成〔咸〕以从此再无蒙汉界限。讵知去年三月以后，热河盟旗废而复立，形成双重组织，县政府不能执行职权于所谓蒙民家庭，而旗政府亦不能使汉民听其号令，于是产生一种双重身份之人，逍遥任何法令之外。又有一种不幸之事，即每逢中共走后，必有县旗权限之争，一遇中共卷土重来，多因权限不清，坐视中共得利，致使蒙汉富有之家被瓜分者，比比皆是。

中国人民对政治素不感兴趣，而在沦陷十年后之热河尤然，既尝尽了一切苦头，必能增长进步知识，故热河人民一致要求："或县或旗，必须有一个政府，不问蒙人、汉人，能为民兴利除害者，就是好人，否则皆所反对。"换言之，纵以蒙人充任热河官吏，只要为人民服务，亦能听其指挥，因为蒙古人亦为中华民国一份公民。现今热河教育厅长刘克廉即系蒙古人，然人民并无歧视之意。

至于热河蒙汉人民分布状况，以前无详细数字，惟在日伪统治时代，曾于伪康德七年十月一日，亦即我中华民国二十九年十月一日举行国势调查，是日严禁人民外出，故所得数字颇为正确，兹分述如次：

热河人口统计（伪康德七年十月一日国势调查）

县别（旗别）	总人口数	汉人口数	蒙人口数	满、回及其他
承德（伪满留县）	三二八，四二四	三一二，四六七	二九二	一五，四八五
滦平（伪满留县）	二四九，三二五	二二九，八九七	二四	一九，四〇四
丰宁（伪满留县）	二七〇，四一五	二四九，四二九	三，五三六	一七，四五〇
隆化（伪满留县）	一九二，二三九	一六六，四九〇	一，七三四	二四，〇一五
围场（伪满留县）	二八〇，四八一	二七四，五七二	二〇一	五，七〇八
赤峰（翁牛特左旗）	三一二，七四二	三〇一，七三五	五，五二〇	五，四八七
赤峰（翁牛特右旗）	一三〇，七〇二	一一八，三八六	一二，一六三	一五三
建平（敖罕旗）	三〇一，〇四七	二八七，二六四	一三，〇二六	七五七
平泉（喀喇沁右旗）	五八五，五七四	五五二，一九七	二九，〇八五	四，二九二

续表

县别（旗别）	总人口数	汉人口数	蒙人口数	满、回及其他
宁城 （喀喇沁中旗）	五二五，八三四	四八五，二五九	二三，七八一	六，七九四
凌源、凌南 （喀沁喇左旗）	七七五，〇八八	七三二，二一一	三五，四八三	七，三四九
朝阳（吐〔土〕 默特右旗）	四四九，五六九	四三〇，二四一	一八，五三三	七九五
朝阳（吐〔土〕 默特中旗）	三六六，七六五	三四四，一四三	二〇，九二〇	一，七〇二
阜新 （市区）	一三一，八七六	一二三，一六一	五，五九八	二，九一七
阜新（吐〔土〕 默特左旗）	三六一，〇九九	二八七，一四九	七二，四〇二	一，五三〇
开鲁 （伪满留县）				
鲁北（扎 鲁特右翼旗）				
天山（阿 鲁科尔沁旗）				
林东（巴 林左翼旗）	一，八七〇，〇三二 （内中含有劳工）	一，六一七， 七四六	七九，五一一	一七二，七七五
林西 （伪满留县）				
经棚 （克什克腾旗）				
绥东（奈 曼、库伦两旗）				

续表

县别（旗别）	总人口数	汉人口数	蒙人口数	满回及其他
全省	二十县总计人口： 七，一三一，二三①	六，五一二， 七二七	三三一，八二七	二八六，六五八

　　至承德、滦平、丰宁、隆化、围场五县，原无蒙古踪迹，故日伪未设旗政府，今阅民政厅李厅长发表谈话，知承德已设旗政府，是以预测热河完全收复之日，亦即旗政府与县政府普遍对立之时。吾人在内地尚不感若何危险，一到热河各县，所见所闻人民之愤愤态度与言论，真有不寒而栗之感。但希望内地的人士，再到热河看一看。不过应到东部各县，在西部是无旗政府之县，绝对看不出危险情形。俗所谓"九反朝阳"之地，正是便于观察的地方。

　　俗谚有云："跑掉的鱼都是大的。"惜世人恒不能检讨"跑掉"之原因。但笔者一回忆十五年前热河未陷落之景况，真是不堪痛心之至，人民对现状不满，而无人肯下决心打破现状，及至日本挂起除暴安良伪招牌，吾人欲想补救，惜时机已过。今日又到危险时机，笔者鉴于以往历史，故不得不以研究立场，再促醒有关当局及时予以挽救。不知是否能为国人接受此一呼吁？

《现代军事》（月刊）
重庆陆军大学编译处
1947 年 2 卷 11 期
（李红权　整理）

---

　　①　应为七，一三二，二一二人。——整理者注

今日额济纳旗地位之重要

孔宪珂　撰

　　额济纳旗北邻外蒙，西通新疆，东毗阿拉善旗，南与甘肃之金塔鼎新接壤，今兹外蒙独立，新疆动荡，察、绥共党纵横，额济纳旗之地位因以益形重要，约略言之不外下列五项：

　　一、额旗为西北边防之前哨　自外蒙独立，额旗即为国家之边界，国防之前哨。

　　二、额旗为河西走廊之屏障　河西走廊为西去新疆必经之大道，为新疆与中原联络之大动脉，其地西控新疆，南镇青海，北□蒙古，东通中原。考诸历代经营西北者，莫不以河西为根据地，现额旗为河西走廊北面的屏障，若河西走廊之屏障——额旗不安，则河西走廊必受影响，新疆与中原之交通亦将有困难，则新疆孤悬在外，无法接济，何以建设？故安定新疆必先安定河西走廊，并巩固其北面之屏障——额济纳旗。

　　三、额旗为沟通外蒙之桥梁　外蒙的历史、文化、血统、宗教都与中国有密切的关系，就是她独立以后，彼此仍要发生密切的关系，陈澄之所译美国名记者史诺的《蒙古内幕》一文里有："我们的历史和文化都跟中国有密切的关系而不容分割的，我们所希望的是永远跟中苏站在一条阵线上，相互谅解，相互协助，共同努力。"

现在我们应本着平等的原则，作应有的联系，额旗地接外蒙，实为双方沟通之桥梁。

四、额旗为新疆通绥远及西北各省之捷径　民国二十一年新疆商人朱炳为发展新疆与绥远及北方各省之商务，特组织新绥汽车公司，由新疆迪化经额济纳、阿拉善、乌兰察布盟直达绥远之省会归绥，以与平绥铁路相衔接，使新疆与绥远西北各省发生密切的联系。文化之交流，商务之发展，北方各省过剩人口之流动，皆因此路之畅通而益形便利。于此可见额旗在今后西北经济建设上之重要地位。

五、额旗为东西蒙旗之联络站　额旗地居东西各盟旗之间，由此东经阿拉善旗与绥远境内之伊克昭盟及乌兰察布盟相连，西与新疆境内之蒙旗相接，南越祁连山与青海境内之蒙旗消息相通。在抗战以前，日本即在此地设立特务机关，借以联络东西各蒙旗，分化我民族之团结，而今抗战胜利，我们必须要建国，建设西北为建国工作中的重要一环；要建设西北，必须团结我中华民族整个之力量共同努力，蒙胞在西北所居的地方甚广，散居各处，必使他们都集中力量来为建国工作而努力。额旗地位适中，实负有联络东西蒙旗之责任。

今日额旗地位之重要既如上述，要建设西北，必须建设额济纳旗，然后西北的建设才有适当的保障，至于如何建设新额济纳旗，容另文论及之。

《边疆通讯》（月刊）

南京蒙藏委员会编译室

1947 年 4 卷 4 期

（朱宪　整理）

今日的察哈尔

更　生　撰

提起"察哈尔"三个字，国人常误为"哈尔滨"，其实二地遥隔数千里，前者为省，后者设市，两地相距殊远。容易混淆是因二者只有一字一音之差；加以两地均位于幅员广大的我国北方边缘上，缺少地理常识的人民，自然难免掉这种错误。不过由此足可以证明以往内地同胞对边缘地方旳生疏，同时这也不能不说是政府对边地施政未能引起大众注意的结果；不过，边地知识分子缺少广泛的自己家乡介绍，也是引以为憾的事实。

察省——察哈尔省简称——的大部位于北纬四〇度至四六度，东经一一二至一二〇度之间，它的四周，东邻兴安、辽北、热河三省，南界河北省，西与绥东、晋北相接，北和外蒙古的车臣汗部毗连，自从外蒙成为独立共和国后，这块目为荒凉不毛之沙土，也就提高了身价，一跃而为国防第一线上的要塞，谁敢说："这是故意夸大其辞?!"同时谁都晓得敌人曾大量投资经营过此地，地下的富藏，致被开掘发现，加以目前国际间的磨擦关系，不但引起了当局的特别注意，就是科学家也不敢渺视它的自然资源，对将来的重工业建设的伟大贡献。

察省的面积，各书有不同的纪载，根据最近亚光舆地学社出版的《中国分省精图录》为廿七万八千九百余方公里，这个统计虽然不一定十分准确，但与日本人发表的勘测数字相近，笔者认此数字比较准确，也是因为敌人为了满蒙的侵占，曾经下过一番苦心的测量，提此，我们该以为耻，同时也应时作警惕，以免外人的二次觊觎。

察哈尔是蒙字 ᠵᠠ 的译音，顾名思意，自然是蒙古同胞的居留地，对此，笔者也不敢加以否认，但以目前情形观察，蒙胞不过占全省人口总数的百分之四，根据卅三年的伪《蒙疆年鉴》所载，我们知道在面积十七万八千平万公里的锡林郭勒盟的砂质壤土上，住有蒙胞一万一千七百一十八户，计男二万五千八百五十名，女二万六千九百零六名；这个地区在察省占的面积最大，居民最少，是蒙胞的畜牧园地；汉人仅九百八十二户，计三千五百五十三名男子，一千八百三十二名女子，可谓纯蒙游牧区；内设十一个行政区，即十一个蒙旗的行政组织，计有乌珠穆沁左右翼两旗，浩济特左右翼两旗，阿巴噶左右翼两旗，苏尼特左右翼两旗及阿巴哈那尔左右翼两旗，共为十旗，旗内居民的生活方式，仍然停留在游牧线上，保持着封建形态的王公制度，迷信宗教。天赋予的宝库，著名的乌珠穆沁右旗之大青盐池，珍贵的蘑菇，不知加以采用，丰富的资源，任外人来盗窃，成为日寇的拿手杰作，我们哪能［不］说这不是国家民族的财富损失?! 此外还有一伯里亚特旗，位于浩齐特右旗与阿巴噶左旗之间，居民系在十八年由外蒙被迫流落进来，民国十九年请准设旗，人口不过一千百八人，但我们不应忽视这少数内向心坚强的人，他们时在怀念祖国怀抱的温暖，当然，我们也不该让他们失望。另外，还有一达里冈崖牧扬，直属军政部，并未计算在内。

察哈尔部是外长城以北的地区，这块大地同样地与锡盟属于蒙古高原，拔海均在一千三百公尺左右，气候察全境都属大陆性，人民系汉、蒙、回、满杂居。汉人十二万九千一百一十二户，计男三十六万五千九百二十五，女二十五万五千七百四十名，蒙胞六千八百九十五户，男一万六千一百七十八名，女一万五千一百四十一名，回族一千六百七十三户，男有三千一百一十七，女为二千三百六十五，满族最少，仅一百零五户，男为一百三十五，女为七十三，他们虽是杂处，但相处的感情特别融洽。蒙胞的生活方式，改为半农半牧制，流动性的蒙古包，改装为恒定的住屋，并且集中团聚，不像过去纯游牧式的流动迁移，加上与他族居民的合作，肥沃的草地，也开垦为农作物的生产场。不过，这块大地有两个不同的行政组织，蒙胞居住地由商都、厢〔镶〕黄、正白、厢〔镶〕白、正蓝、明安、太卜寺右翼、太卜寺左翼、多伦诺尔等九旗，及一台丁牧场所统治，汉、回、满等人民之住宅区，则设张北、尚义、商都、康保、宝昌、沽源、多伦、崇礼、新民等九县来管理，在目前拥嚷内蒙古自治声中，这一区域的划分，的确，是一件大伤脑筋的事。

察南地区是过去的直隶省辖的口北道十县，民国十七年划归察哈尔特别区；由于十县的划入，也就改变成省的颜色；这块地方非蒙胞住宅区，即有蒙胞，不过是张家口市的小贩子与政府官吏，走到各县区，是不会找到蒙胞的踪影的。这区面积小，人口最多，计汉人有三十四万七千四百三十五户，计男九十九万三千七百四十一名，女七十六万一千零一十二名；回族三千零五户，男有六千六百零八，女为五千七百七十五，满是八百零六户，男占二千五百零二，女占一千三百四十九名，总计全省人口将近二百五十万左右，与内政部发表之数字仍少三十余万，究竟哪一个数字符合实际情形，笔者自己也不敢断定，仅可表明数字的由来，完全根据伪《蒙〈疆〉年鉴》，因而只好存疑。

讲到察哈尔的教育，就亿〔涉〕及三个不同的居民区域。察南旧属河北，靠近北平，属商农业区，文化水准老实说并不较内地为差，抗战前的义教推行，小学林立，堪可与内地小学比美，遗憾者，中等教育设置学校太少，专科以上学校，未有成立一处，可是事变后，日寇控制的伪蒙政权倒设医学院一所；但胜利后即告瓦解，客秋国军进驻张垣，察南光复，目前复员的学校，除省立张家口中学、张家口女子师范、宣化中学、宣化师范及宣化女中与柴沟堡联立乡师外，教育部新设国立蒙旗师范与拟设兽医专科各一，出产牲畜的地方，省教育当局也在张北恢复了畜牧学校，后者实施畜牧教育，前者灌输医治畜病的智识，在这块广大的草原上，因地需要，积极从事科学教育，的确，是生产改进的建设。总之，目前的教育复员，在中等学校的恢复，虽与抗战的情形相差并不太远，但与实际的需要，满足察省青年的愿望，仍有很长的距离，这都是因为过去军阀的割据，地方上特别贫困，人民受到惨重的牺牲，而招致的恶果，自然，目前的治安未能确保，缺乏人材，也是主要的因素。

察哈尔部目前情形更复杂，治安不好，许多地区仍为共党所控制，在军事时期谈不到教育复员。锡盟未有光复一旗，根本就不能谈复员，不过事变前察部各县所办小学太少，各旗仅有省立一小学，锡盟各旗之一小学均属私塾性质，但在伪蒙政府时期除原有学校外，并于贝子庙、张北县分别设置蒙古青年中学与察盟立青年中学；今日负责教育当局，似乎该注意及此，否则，自己人替自己同胞办事，反而不及敌寇，那才真惭愧。

塞内外之大地，过去国人均目为荒凉原野，可是，事实告诉我们，这种观念完全错误，今日谁都晓得察省的铁藏量，除东北外，当列为首，加以还有煤、硫黄、银、石绵等丰富的矿藏，都知道这是建设工业国不可少的物质，尤其是铁，不谈重工业建设则已，如想迎头赶上欧美，缺此则少建国的条件；自然其他的农产物，麦、高头、谷、豆类、高粱等食物除足供自给还有大量的输出；

以及另外的大量牲畜马、羊、皮革、毛等物资，也是不可渺视的物产。总之，察省地下富源，似应及早开掘，地上物资早该利用，这是摆在眼前的真实事项。

最后，想起了交通。不可否认的事实，日本统治了八年多，的确曾有过伟大的建筑，关于交通，更有不少的成绩。旧有的平绥铁路，固然曾加以积极改筑过，就是为了开掘宣化之龙烟铁矿也新建有经过赵川堡而通达杨家坪的铁路，公路之辟建，更属惊人，察南察北的各地区，为了日军的军事便利，大村小镇，都有公路连络，尤其与平绥铁路平行的四丈宽由平直达包头之公路建筑，更是敌人对我国的贡献，不幸胜利后，都为共党所"破坏"，谈起来，国人恐怕都要感叹痛心，觉得有些可惜，因为这不是察省地方的交通毁灭，而是国家的损失，思一思，想一想，不知这批从事"内乱"者，还有何面目来对国人?!

《边疆通讯》（月刊）

南京蒙藏委员会编译室

1947 年 4 卷 12 期

（朱宪　整理）

绥远河北村巡礼

谷钟秀　齐振林　撰

河北移民协会，办理冀南灾移民赴绥垦荒，业已办竣二批，计移民七百六十五人，于包头及萨县一带组有河北村，实为开垦之先河。国人于此，记载甚少，兹承冀省府民政厅友人将河北移民协会董事谷钟秀、齐振林二氏之视察报告赐刊，诚属荣幸焉。

——编者

甲、第一次移至包头新河北村之灾民现在情形

一、村舍：去冬临时急造草舍，专为御寒，今春复经改造，周围筑成土寨高约八尺，秋后拟再增高四尺。内分五家为邻，连邻成巷，分植树株，通力合作。房屋已成十之六七，现值农忙，其未成之房，须俟秋收续行工作。然彼此通融，均有住所，已无露宿之虞。惟春间栽植树木九百余株，皆因天旱未活，为可惜耳。

二、沟渠：沟渠为农田命脉，首拟于黄河上游，约距河北村三十里掘挖干渠，渠口水位较高，可为一劳永逸之计，然用款甚巨，允拨之款又一时不能凑手，未敢冒然兴工。乃变更计划，缩小范围，就较近之处，掘挖干渠两道，支渠八道，只以渠口水位平低，对于河北村之地，不能直行上水。复特挖蓄水池，由干渠引入该池，再以电力机吸引，改良水车，由该池吸入支渠，灌溉田地。

该机已经购到，正在装设，秋季即可试行。三、田苗：河北村共买地六十余顷，按户五十亩分配，下余十数顷，暂作合村公有。各户所分之地，因春旱未全开出，已耕种者约十七八顷。现时禾苗茂盛，可望丰收，而寨外园圃，试种各种菜蔬，其茂盛者不亚垦熟之田圃，今后河北村所住之人，已无饥馑之虞。四、教育：移到之民，皆系贫家，向无教育，饱暖之后，难保一体循良，故该村编定就绪，不论男女老幼，均施以相当之教育。其教育方法，不限文字，随时随地，相机为之。惟对于适龄男女学童，尤注意知行合一，凡堂内所讲授者，在堂外均使一一实做。曾见学童在园圃拔草，一遇长者过临，各有相当礼貌，与普通村童，迥不相同。此种教育深合中国国情，可为侈谈外洋教育者之镜鉴也。五、合作事业：初建新村，各种事业，必须合作，方克有成，故对于消费、纺织、牛乳、缝纫、运输等应时需要之事项，均由本会垫款组织合作社，计毛线纺车四十余辆，已早实行数月，颇有收入，织布机七架，织袜机六副，方在试习，均由妇女经理。此外乳牛十七头，种牛一头，牛犊十六头，每日所出牛乳，分运包市，临时倾销。缝纫机、案板各一，大车多辆，每日包揽生意，轮流运输。此虽仅系农家副业，各有收获，裨益良多，尤可提起村民兴味。六，困难经过：所移灾民平日均非素识，习惯不同，性情各异，初行聚居，纷扰争执，往往出乎常理之外。赖干事长段君承泽，持之以静，待之以诚，苦口婆心，不辞劳怨，又加其妻女同居村中，深入灾民之群，蔬食布衣，领导辅翼，故能得有上述之成绩也。

乙、第二次移至萨县新农场之灾民现在情形

当时因款难筹，未能再照移民实施办法，继续迁移。适萨拉齐

新农试验场，需要此类农民，乃由本会与之订立合同，将灾民作为佃户，按三七分账，佃七地三，房屋衣食，先由场主借垫，秋后归还。迨三月间灾民移到，农期已促，又加各灾民环境生疏，若令即时垦新，恐有困难。为便利灾民计，遂临时变更办法，将新农试验场已经耕种之地，拨予灾民，令其锄耘，收获按四六折〔析〕分，计：高粮〔粱〕一项共有二十四顷，此外自行垦种黍、稷复有十数顷，禾稼油油，大有丰收之象。询之场主，此后决无饥饿之虞。惟该地冬季寒冷，尚无御寒之具，言之场主，亦允为设法，早事筹备。所有住房，间有渗漏，农隙无难修补。所种之田，皆距农场甚近，锄耘收获，尚称便利。该场场长任建三君，对于此项灾民，照料体恤，无不备至。而段干事长承泽，亦时常到此照料，故各灾民现均安居乐业，含无限感激之意。本会两次移民绥省，官宪亦竭诚怀来，去税免差，种种优待，此等德意，尤可深感者也。

移民协会建设河北村各项开支数目，计自开始至二十四年七月底止，计：一、衣服：皮衣、毡鞋、棉花、单衣等，需款一，三四八·〇六元。二、粮食：计自二十三年十一月一日，至二十四年九月三十日，足十一个月，需款五，六〇六·九四元。三、地价：需款五，四八三·〇〇元。四、牲畜：骡马、耕牛，共九十匹，需款四，二五二·〇〇元。五、马料：计自二十三年十一月一日，至二十四年九月三十日，足十一个月，用款二，一六八·〇〇元。六、车辆：计大车三十辆，需款一，二〇〇·〇〇元。七、围堡：现已筑成围堡三百一十丈，高七尺，拟再加高环墙四尺，需款三二五·五〇元。八、房屋：计筑成民房九十六间，公用房四十八间，需款三，四五六·一〇元。九、挖渠：干渠二道，计长一千一百七十丈，支渠八道，共计长五千五百八十丈，需款三，四六三·六五元。十、电气水利设备：电杆线一千九百八十

丈，水车三十八辆，需款六，〇八五·四〇元。十一、农具需款
八九二·五〇元。十二、医药：需款三四八·三〇元。十三、第
一次移民旅费一，三七〇·〇〇元（送王元龙二百元在内）。十
四、第二次移民旅费六四五·二〇元。十五、杂费：村公所办事
人六人维持费（村长除外）、办公费及灯油费等需款六四三·〇〇
元。十六、消费合作社垫款二〇〇·〇〇元。十七、纺织合作社：
纺车四十三辆，织布机七架，织袜机六副，需款二〇〇·〇〇元。
十八、牛乳合作社垫款；乳牛十七头，种牛一头，牛犊十六头，
需款三五〇·〇〇元。十九、缝纫合作社垫款：缝纫机一架，案
板一方，需款一五〇·〇〇元。二十、运输合作社垫款：大车四
辆，需款一〇〇·〇〇元。总计需款三八，三八七·七五元。

丙、未完工程

　　一、围堡：炮楼四座，警钟一座，堡门二座，围堡加高四尺泥
工等，需款四八〇·〇〇元。二、挖渠：支渠一道，五百四十丈，
挡山水坝一道，长七百二十丈，需款三六六·二一元。三、电气
水利设备费，需款二，四〇〇·〇〇元。四、吸水场建筑工料费，
需款八六〇·〇〇元，打场用农具，需款三〇〇·〇〇元，总计
需款四，四〇六·〇〇元。再，此计划所用之六十匹马力电气马
达，系借用包头电气公司之物，将来试有成效，再行购买。该公
司允按原价三千元八折让给。

《边疆通讯》（月刊）
南京蒙藏委员会编译室
1947 年 4 卷 12 期
（李红权　整理）

中国的乌克兰——河套

张 晨 撰

抗战胜利，给我们的国土带来了很大的变更，在胜利中收回了阔别祖国五十年之台湾与沦陷十四载之东北，同时在胜利中又失掉了北疆卫士的外蒙。绥远就在这样的变化中而成了今日国防之最前线。今后绥远的安危，直接、间接关系着整个国家的命运，河套也就随着绥远重要性的增加而益形重要了。

一提到河套，大家总会连想到"黄河百害，惟富一套"这句赞美河套的话，其实这句话虽然说明了河套得天独厚、独沾黄河之利的好处，但它并未说出河套富庶的究竟。我现在举个很小的事例，大家就不难借此对河套之富，得一个梗概的认识了。在抗战八年中，河套一地一直肩负着左翼战线前卫的重任，翼蔽了整个的大西北，保障了西北国际路线的安全。这种伟大的供献，固然是傅主席作义指挥得宜、苦心经营之功，然仅以绥西一角能供十万大军之军粮，与二万军马之草料，一直不虞匮乏，此就不能不说是有赖河套地利之富了。

河套为一冲积土平原，北边为大青山绵亘之所在，界分了沙漠、草原与河套平原，阻杀了西北利亚之寒风；其南为滚滚东向之黄河，乳饮着整个河套沃野。东起安北县城，西至宁忧〔夏〕磴口县境，长约七百余华里；南北界在大青山与黄河之间，宽约百数十里、数十里不等。在这样广漠无垠的沃原上，流着永济、义和、沙河、长胜、长济、福民、生民、通济等八条干渠，这是河套的大动脉，此外还有成千成万蜘蛛网般、小血管似的支渠小渠，接送着渠水到平原上的每一个角落。渠道虽然缺乏科学的设备，不能控制自如，而使每一亩可耕的土地都能达到灌溉的目的，但渠水小时，可以灌溉较低的耕地，渠水大时，低地虽被淹没，较高而可耕之地却因此得以灌溉，且以土地肥沃，出产丰富，所以不论渠水大小，其所能灌溉之地的粮产，除供当地居民食用外，总还是有剩余输出的。所以在此地无论任何人，只要肯工作的话，生活决不致发生问题，至其贫富之分，亦不过是在温饱线以上享受上的差别而已。"乐岁终身饱，凶年得免于死亡"的这句话，惟有河套真才可以当之无愧！

河套向有"西北粮食仓库"之称，而河套富源的大部亦即在此。河套有可耕地一〇六，三四七，七〇〇亩，但未耕者即占六，六三四，七七〇亩，所以河套现在还算一个半处女地带，也可以说是一个极富有潜在力的地带。此地土质肥腴，生长力极强，每亩平均产量为四市石，以现耕地一，八〇〇，〇〇〇亩（已耕地虽有四，〇〇〇，四三〇亩，但以人力缺乏，故现耕者仅如上数），在土法的耕种下，其产量尚可供当地食用而有余，假使能将全部可耕之地，利用机器耕种，施以化学肥料，加以科学管理的话，其产粮的数额，将是一个极大的数字。那时所能容纳的人口，亦必可数倍或十数倍于今了。现在许多内地省份正在闹着人口过剩的问题，而河套这末一块肥沃的土地，又因人力不够而在半荒芜着，这种人不能尽其才、地不能尽其利的失调的现象，在一般组织严密的国家看来，真是一个天大的笑话！所以今后解决人口过剩问题，河套仍不失为理想地带之一。

说到人力，我们就要谈到当地的居民，在一般不明了边疆的内地人士，总以为河套在内蒙地区，当地居民也就是蒙古人，至少蒙胞要占绝大多数。其实想不到组成河套三十万人口之主体，而系来自冀、晋、鲁、豫、陕等各个省区，其中尤以山西之河曲与陕西之府谷为最多。此区内固然仍有一小部分汉化之土著蒙胞杂居其间，但为数甚微，不及百一，同时彼此皆能和睦相处，并无民族之歧视与隔阂（此区内尚有少数满、回同胞，率皆聚居于城市中）。河套居民因系由各省移殖而来，故其民性、语言、风俗、习惯等，亦系由各省之特质，在河套的大熔炉中，熔铸成一种新的形态。它可以说近于任何一省，但它决不同于任何一省。所以内地朋友们来到此地时，无论在语言、风俗任何一方面，绝不会发生格格不入之困难。且当地人民多系由各省移殖而来之贫农，现在虽然多以吃苦耐劳而致富，但其诚实、敦厚、热情、俭朴、苦干、硬干等优良性格，一直在保留着。他们没有丝毫的排外思想，而且还极其欢迎内地朋友们多多前去，和他们共同肩起这副开发河套的担子。

河套的土地虽然已完全掌控在大地主们的手里，但以租佃制度的良好，地主与佃农皆各安其生，他们彼此间不特不对立，而且还很合作。我现在举个租佃的例子，大家就会憬悟到其所以合作的原因了。例如佃农向地主租到一百亩地，佃农负责耕耘，地主负责税捐，土地的收获，各占百分之五十。佃农虽仅得到了百分之五十的收益，但自己除出劳力外，再别无其他负担，地主虽不劳而获了百分之五十的收益，但他却负担着一切的税捐，与更大一笔开渠洗渠的费用（洗渠即疏浚渠也）。河套为一胶质黏土地带，生长力极强，土质亦极硬，非经渠水灌溉，任凭天雨多大，也是不能耕种的。同时黄河水中，含夹泥沙太多，而无科学设备，予以控制，因此渠道年年淤塞，年年挖修，地主的收入多为此项庞大的支出而花用了，有时甚至还得举债来修渠，所以说佃农并不见得都穷，而地主也不见得都富，因此他们便在相依为命的情形下，而各安其业了。

河套因为人口与财富的关系，故其政治〔治〕区分在战前仅有五原、临河、安北三县。抗战期间，人口激增，基于事实之需要，于是将原来之临河县划分为今之临河、狼山、米仓三县，将原来之五原县划分为今之五原与晏江二县。其时安北因半个县区尚在敌人控制中，故未变更。又临河之陕坝镇为战时省府所在地，因此将该镇也擢升为市。故河套现今之行政区为六县一市。

河套虽然僻处西北，但因有平绥路交通之便，所以在文化方面并不闭塞，更不落伍，尽管在文化之普及上尚还不及内地。河套因开发较晚，虽然缺乏旧文化的遗产根基，但也没有旧文化残渣的障碍。所以新的文化一经输入，即可毫无阻拦的发展成长。河套学校教师，非为来自晋、冀之人士，即为毕业于平、津之地方青年，因此其学风泰半受着平、津之影响，也可以说其学风为前进的，崭新的，适合时代的。至于目前之学校，小学教育除各大乡、保均有中心国民学校与保国民学校外，现有的中等学校计有省立五原简易师范、省立五原中学、私立普爱中学、私立唯识中学等校，同时为了加强社会教育，各县、市均设有民众教育馆。

河套虽然得天独厚，具有一副先天的好体质，但是经过了八年抗战的煎熬，与胜利后两年来的"戡乱"折磨，现在也现出了许多虚弱内伤的征兆，年富力强的青年壮丁，全部脱离生产，离开了农村，参加了"戡乱"的阵营，多少良田沃土因无人耕种而变成了荒野，农村破产，工业凋敝，交通失修，疾病流行，全国各地目前所害的种种疾病，一无例外的都交集于这位巨人之身上。董主席（其武）看出了这种危机，关心着人民的痛苦，于是在复兴绥远的原则下，拟定了复兴河套的计划：

（一）农业部分

1．扩大耕地面积，由现耕地四，〇〇〇，〇〇〇亩，增耕到六，二〇〇，〇〇〇亩。

2. 河套土地肥沃平整，每人可耕五〇亩，现在增加耕地二，二〇〇，〇〇〇亩，可使四四，〇〇〇农人恢复战前之生产工作，同时可增产粮食一，七六〇，〇〇〇市石。

3. 农具、耕牛、籽种，与农人之食粮、耕牛之饲料，政府为体贴民困，均拟由联总救济项下，或申请或购置各物，发给人民。

4. 自三十六年八月份起，至三十七年二月份止，为完成准备时期，自三十七年三月一日起开始实行，在三十七年一年内完成此项计划。

（二）工业部分

1. 设立面粉厂　临河、米仓两县为河套小麦生产最富之区域，战前所产之小麦，运往包头加工后，转运平、津供销，现拟在陕坝市设立面粉厂一所，以每日能磨粉一，四〇〇袋为标准。

2. 设立毛呢厂　河套草原肥美，畜牧经营仅次于作物之栽培，蒙汉牧民年产羊毛不下三百万斤，故拟在羊毛聚集中心之五原，设立毛呢纺织厂一所，以应民生之需。

3. 设立皮革厂　河套之牛马皮张，产量甚夥，抗战时十二战区长官部曾在狼山县之太华乡设手工皮革厂一所，胜利后因不能适应而淘汰，现拟在五原设立新式皮革厂一所，一则可供军需之皮革，再则可以刺激畜牧业之发展。

（三）兽医防治部分

河套兽医防治工作，关系蒙汉人民福利至巨，为了事实的需要，特编组一兽医防治大队，循回工作。

（四）交通部分

河套为一粮食仓库，增加耕地面积后，粮食产量亦必大增，为了货畅其流，供销其他地区计，特拟完成一河套公路网，其路线系统如左：

1．包宁公路：由包头至宁夏，经过河套之安北、五原、晏江、临河等县（此路战前即有）。

2．陕五公路：由陕坝到五原，全长一〇一公里。

3．陕太公路：由陕坝至太阳庙，全长四五公里。

4．陕东公路：由陕坝至东吴盖，全长四七公里。

5．陕杨公路：由陕坝至平政乡，全长二〇公里。

6．同阿公路：由同义隆至阿善，全长六〇公里。

7．临百公路：由临河至百川堡，全长三五公里。

8．临黄公路：由临河至黄羊木头，全长二〇公里。

9．碱万公路：由碱柜至万和昌，全长七〇公里。

10．沿山公路：由乌不浪口至太阳庙，全长三五〇公里。

总之，今日河套，正在董主席辛勤领导的建设下复兴中，将来它的建设之成功，不仅是河套人民之福，绥远人民之福，也就是整个国家之福。所以希望全国人士，皆能直接、间接予以精神上之支援与物质上之协助，使它能够迅速成长壮大，得以担当时代所赋于它的使命，成为保卫祖国、戍守边防的一座坚强堡垒——名副其实的中国之乌克兰。

《中国边疆建设集刊》（不定期）

南京中央国立大学中国边疆建设学会

1948 年 1 期

（孟越　整理）

布利亚蒙古建国二十五周年

作者不详

布利亚蒙古自治苏维埃社会主义共和国建国第二十五周年，苏联部长会议和苏联共产党中央委员会，特向布利亚蒙古共和国的工人、集体农民及智识分子们发出贺电，指出：在共产党（布尔什维克）的领导下，由伟大俄罗斯人民协助，与苏联所有各民族人民亲密合作，布利亚蒙古人民，在苏维埃社会主义制度的基础上，已变成苏联各民族人民亲爱大家庭中的平等的成员，变成社会主义生活的自由的建设人了。

布利亚蒙古人民，已经创造了而且巩固了自己的国家，培养出自己的民族干部。在过去二十五年间，布利亚蒙古自治苏维埃社会主义共和国的劳动人民，已把他们往日落后的国土，变成了工业与农业都很发达的苏维埃共和国了。

在斯大林五年计划下，共和国中已创立了成百的工业企业。新的工业纷纷兴起而发展起来了。

农业方面呈现出优良的进步。由于集体耕耘制度的胜利，在布利亚蒙古共和国中，落后的游牧的和半游牧的农业，已变成用现代机器装备的那种前进的社会主义的农业了。

在苏维埃政权年代间，布利亚蒙古人民，也已呈现出伟大的文化上的进步。在伟大十月社会主义革命以前，布利亚蒙古人，连本民族的文字都没有，差不多所有的居民都是文盲。目前共和国中已有六百多所中小学校，数万儿童在校求学，有三所高等教育机关，十所工业学校及其他专门学校，以及文化与经济的科学研究所。共和国中开办着三百多处俱乐部，三处剧场，一个戏剧与音乐学校，和一个音乐院。

革命前，只有二所医院与几位医师助手，为全境民众服务。而目前，共和国中已创设六百多处医务机关。

布利亚蒙古人民已教养出自己的知识分子，他们从人民中间兴起，忠实地为社会主义事业服务。

在伟大的卫国战争期间，布利亚蒙古人民，和苏联所有各民族人民一同，对德国法西斯侵略者积极奋战。布利亚蒙古人民的儿子们，在战斗中表现出刚毅而英勇，其中有成千人荣膺了苏联的勋章与奖状。

目前，布利亚蒙古人民，正为完成并超过战后五年计划而奋不顾身地工作着，集中一切努力，来促进本共和国的经济与文化的发展。

苏联部长会议与苏联共产党中央委员会，欣逢布利亚蒙古共和国建国第二十五周年，特向苏维埃布利亚蒙古的工人、集体农民及智识分子电贺，并表示确信，由布尔雪〔什〕维克党领导的布利亚蒙古人民，今后也必将奋不顾身地努力工作，以确保本共和国民族经济与文化的更进一步的发展，确保苏维埃社会主义祖国的繁荣与国力之更进一步的成长。

×　　　　×　　　　×

莫斯科各报均以显著地位揭载在布利亚蒙古自治苏维埃社会主义共和国立国二十五周年，苏联部长会议、苏联共产党以及苏联最高苏维埃会议致送该共和国的贺电。

《真理报》发表社论，论及布利亚蒙古共和国二十五周年称：布利亚蒙古共和国在苏维埃时代进行了出色的文化革命。

　　在目前，布利亚蒙古共和国拥有学校六百余所，技术学校十一所，最高学府三所，无数的俱乐部、戏院、图书馆及其他文化机关，布利亚蒙古共和国创造了自己的文学，自己的艺术，最近在莫斯科举行过特别的艺术节，就可以看到他们在这方面的惊人的成就。在苏维埃时代中，产生了无数的民族智识分子，农业经营家、教师、科学家及艺术家等。

　　这一切成就都是资本主义制度下所不可想像而且不可能做到的。这些是我国社会主义胜利的果实，也是一贯地推行列宁——斯大林民族政策的结果。

（塔斯社莫斯科电）

《新闻类编》

南京苏联大使馆新闻处

1948 年 1657 期

（朱宪　整理）

伊盟所见与所闻

曹梦樵　撰

入伊盟仅半月，来往行程八百里，而犹未尽全盟之半，所见不广，所闻不多，半月间生活琐琐，已别为《风尘旅途》一文志其详。兹篇所叙，就见闻所及，择其重要者，或成为问题者，拉杂绍介，稍加评议，有不是处，谓为一孔之见可也。

伊盟形势

包头人称伊盟为"河西"，实则自包头渡河，允称河南。伊盟东、北、西三面均环河，东南、正南、西南依旧长城，与山西、陕西、宁夏为界，经界方整，成一自然区域，踞秦、晋、绥、宁四省边鄙之要冲。惜黄河少舟楫之利，境内多沙砾之区，交通梗阻，行旅裹足，据冲要而反成死角，如其交通建设不能及时进展，伊盟旧貌，难期改观。

沙地王宫

伊盟为定牧区域，居民蒙汉参半，而各有居室，大抵泥墙板筑，蓬顶泥垩，低矮简陋，仅足以蔽风雨而已。惟大侣庙则异乎寻常，砖墙碧瓦，画栋雕梁，极尽工致，菩萨画像，悉用绫罗裱背，蒲团楹柱，均用裁绒铺张。喇嘛亦养尊处优，盖悉索民力以赴之，而民意竟无难色！推其故，则有清二百余年柔化政策为之厉也。清高宗尝言："黄教柔训蒙古，中国之上计也。为蒙古计，与其为匈奴、突厥之凭陵飘忽，九边枕锋镝，原野厌膏血，何如水草寝讹，休养生息，是则以慈悲销杀伐，以因果导犷狠……因势推移，不独明塞息五十年之烽火，且本朝开二百年之太平。"蒙古同胞中其计而不知其非，至于今日，迄未大改，民智塞，民力困，民生大敝矣！余遏〔过〕伊盟著名大庙展旦侣，虽木料悉为敌伪军拆毁，而残垣败壁，犹留昔日规制，崙丽堂皇，想当年缔造之匪易，现伊盟中学就其遗址，改建新校舍，异日桃李春风，必然一改过去面目。其事足传，其意义尤为深远。吊古迎新，曾胡诌一律云："千里风沙万斛尘，开荒创仰仕艰辛。丹墀粉壁依然在，画栋雕梁劫犹新。空有慈祥导犷悍，更无神策退顽兵。欣看黉舍规前制，弦诵声锁呗咒声。"整个伊盟，苟能循此转变之迹，积极兴教育，启民智，才有前途；如其狃于积习，一成不变，则消费日增，人口日盛，行见沙地王宫，将自就塌废耳。

边教设施

伊盟蒙汉杂居，语言方面，大抵汉人能讲简单蒙语，蒙人亦能讲简单汉语，谈笑相通，尚无多大隔阂。惟之文字方面，汉人不读蒙文，蒙人亦甚少读汉文者，故公事往返，必转辗互译，费时废事。近来生活繁，利用文字之处日多，感于环境之必需，遣送子弟入学，渐成风气，此实为好现象。困难之点，厥在蒙旗人口稀疏，散居无村落，学校又少，儿童入学路程，数十里或一二百里，不足为奇，走读为不可能，入学即须住宿，住宿即须自携食粮，每月的小米四十市斤左右。而学童多超龄，一般均届生产之年，如放牧牛羊，便可节省成人工作，一入学校，不但不能生产，反须大量消费，此为经济环境相当艰苦之家庭所不能忍受，因此入学儿童，大多半途而废，或时断时续，能完成六年国民教育者，为数极少。如此事倍功半，决非妥当办法。因思伊盟教育设施（其他蒙旗，或其他边地，有同一情形者，同此办理），实有详予检讨、重于调整之必要。余认为小学在学期间，四年已足，余二年或可采"小先生"制，使教授家人或邻人若干人，每人识若干字，届满两年时，召集受教育者，予以测验，合乎标准者，即认该小先生有高级小学程度，发给毕业证书。如此办法，可减轻家庭负担，完成学生资历，兼使家人、邻人以有识字之机会，加速扫除文盲之工作。另一办得〔法〕，则在学期间不变，每年上课日缩短，遇田野工作繁忙之际，酌量放假，使学生回家协助操作工。空闲季节，照常上课，不必拘于寒假暑假。此亦完成学业而不影响生产之权宜办法。至于一般行政上所重视之设校地点问题，在蒙旗方面，相差数十里，亦无所谓，仅仅属次要问题而已。

蒙汉问题

蒙汉间无问题，过去然，现在然，将来亦然。方余自京出发也，某某等团体方印发联合宣言，请中央彻底实行二中全会对边疆决议，恢复蒙政会，充实中央的边政机构，其言有曰："最近我们西蒙的蒙胞，不但生命、身体，毫无保障，就是平常走路的权利，也都被剥夺了。"余存记之，怀于西蒙同胞之亟，不能自存也。及抵绥、包，转入伊盟，随予访查，深感其言之羌无故实。伊盟原为畜牧之区，土地任天生牧草，不许随便开垦，号称"暗地"。其地权悉在蒙旗政府或王公富户之手，如由汉人移住，向蒙旗政府或蒙古王公富户租赁土地、开垦种植者，号称"明地"，按年纳租，虽历数代数十年，而不能取得地权。故就地权分配一端而论，汉人之在蒙旗者，无论居位〔住〕明地，抑暗地，悉皆受制于蒙人。暗地所行蒙旗旧制，凡扎萨克、协理台吉、管旗章京、参领、佐领导〔等〕官制，一仍其旧，无论藏汉居民，皆受其约束；明地已开始保甲编制，已设县者，由县府主办，未设县者，由省府直属之"组训处"主办，其权限仅及于汉人。故在伊盟□旗中受双重管制、荷双重负担者，是汉人，而非蒙人。然以蒙汉杂居，相处已久，人类同情，油然自生，彼此之间，融洽无间，从不分畛域，作比较。汉人叫苦，蒙人倨傲，世代积久者，直不复以蒙汉族类自辨。故曰蒙汉间无问题。有之，则为旗府与组训处少数好事之徒，短见者流，争权夺利，无风作浪，或乃张大其词，刻意宣传，引为口实，耸人听闻，要而言之，实与老百姓无关。

大饥荒

本年伊盟大饥荒。始苦旱，四至六月间不雨，牧草不生，种植不育，继而苦潦，七、八月霪雨不止，黄水大发，近河摊〔滩〕地（伊盟有沙梁，沙梁以北靠黄河一带，号称"摊〔滩〕上"，沙梁以南，统称"梁外"）已生牧草，悉被淹没。致人畜、食粮，一无收成，人民衣不蔽体，食不得饱，小米有钱无买处，贫户乃以草为食，面皆菜色。牛马草料不给，行将瘦死，乃纷纷出售，马一匹易小米二担许，亦不得脱手也。梁外人民，赶牲口走七八〈里〉至包头或后套运粮，每驮约六七十斤，供一家数口之食，不足一月之量，狼狈可知。杭锦、鄂托克等旗产碱，碱价贵，以碱易米，幸得稍抒〔纾〕。然牛车一辆，只拖三百斤左右，每日行三十里许，走十余日，始约〔得〕至包头，往返兼旬。除赶车者盘缠、零用及牲口饲料外，所赢亦殊有限，且须以相当资本及持久劳力换得者，固非易之事。一般预料今冬或明春青黄不接之际，可能发生严重问题。民以食为天，大饥荒诚足以召乱。余入伊盟之际，闻善救分署正设法拨粮赈济，返包途中，已见牛车运大豆粉源源入盟分赈，深愿德惠普沾，点滴归民，弭患于未然，为西蒙保留元气，亦大西北安定局面之所系焉。

《西北文化》（月刊）

南京西北文化社

1948 年 1 卷 5 期

（李红权　整理）

索伦族与鄂伦春族

钟吕恩　撰

索伦与鄂伦春两族，有谓系同族，有谓系异族者，如西清《黑龙江外纪》："黑龙江索伦地，今所居不尽索伦，满洲、汉军，徙自吉林；巴尔呼、鄂勒特，归自蒙古；达呼尔、俄伦春、毕喇尔，则其同乡而别为部落者。"日本学者多主鄂伦春为北通古斯族（西伯利亚通古斯）的一支，而索伦与达胡尔则同属于蒙古通古斯族。

一　索伦族

索伦族实近似鄂伦春族，惟较之略为进步，为兴安岭原住民之一种，有古东北文化民族之称。该族系辽，亦即鲜卑、契丹之遗裔。其在兴安省西部地方者，自元朝以后，已渐为蒙古所同化。其东部地方，则与达胡尔族混血，而成为满洲族化。

索伦族当清初时，即与达胡尔族、鄂伦春族相率归附清朝，曾参加罗刹（哥萨克）之战，其骁勇闻天下。其一部则与达胡尔、鄂伦春两族同编为布特哈八旗，居住于兴安岭东部斜面之嫩江、松花江沿岸等地，其他大部则编为呼伦贝尔地方之索伦八旗，邻接于陈、新两巴尔虎蒙古人及达胡尔人而居。

索伦人之体质概况，身躯高大，骨骼粗大而坚强，头为椭圆形，发黑，须髯皆少，面圆额广，眼细而黑，颧骨秀，颚广，作钝角形，鼻低，口大，唇厚，性情勇猛。

呼伦贝尔之索伦族，其进化较速，现已脱去原始通古斯族之状态。居住于嫩江、松花江沿岸之布特哈索伦，则与之相反，文化发达较迟。惟清初嫩江沿岸之索伦族，于森林地带之未开化通古斯诸族中，颇占优势，毋宁可谓为通古斯诸小种族之代表。此等小种族，总称为索伦族，以迄于今。

现在彼等之居住区域为兴安省之东部阿荣、巴彦、莫力达瓦、布特哈、喜扎嘎尔等旗及海拉尔南之索伦旗，其总人口推定大约为六千人，近年已不复存在如鄂伦春之特性矣。其主要生业，在昔为狩猎，嗣后因野兽渐少，生活颇感威胁，伪满当局曾使彼等从事于木材之采伐及运搬等劳动事业，同时并奖励农耕，尤以阿荣旗内索伦族约二千五百人，多已形成农业部落，布特哈旗境之索伦族，亦多由狩猎转向农业。

索伦人多信奉萨瞒教。土语则近于满洲语，现大多数均能解汉语。就学儿童，亦逐年增加。今后其文化及经济方面，当能较鄂伦春族有迅速之发展。清初，索伦族因屡建大功，清廷对之优遇有加，较达呼尔人，有过之而无不及。但达呼尔人文化日趋发达，屡产生卓越之政治人材；索伦族则反是，始终保守其固有狩猎生活，竟逐渐降为达呼尔族之附庸。故少数索伦族之先进人士，热切从事复兴本族之工作。伪满成立初期，伪兴安东省曾有一索伦籍之旗长，隐然为索伦人之领袖，其后该旗长不幸病逝，致遗留无限悲哀于索伦人心中；现索伦族有不少智识青年，努力于农耕及教育文化事业云。

二　鄂伦春族

鄂伦春族之"鄂伦"一语，为驯鹿之意，于我国历史上称之为"林木中百姓"、"林木地野人"、"树中人"、"俄伦"、"诺罗"等，其居住地区为苏联后贝加尔沿海州、日本库页岛、东北大小兴安岭一带，即今兴安省额尔克纳左右翼两旗之西北部，与巴彦、莫力特瓦、布特哈、索伦等旗之大兴安岭森林中，以及黑龙江省漠河、瑷珲等县以南之山林中。逮乎近代，当地人民均称之为"栖林人"。并以其役马及役驯鹿而分别为"使马鄂伦春部"及"使鹿鄂伦春部"，后者人口较少，仅散居额尔克纳左右翼两旗境内。

鄂伦春族体质之特征。体格较索伦族及蒙古族为小，对身长之比例，除躯干长大外，其他部分则较小，头亦小。颜幅较头幅广阔，然较巴尔虎、索伦、布里雅特等族，则又稍狭长。身躯多为瘦型，瞳黑，头发黑而直，须髭极少。皮肤因受自然之曝晒，多作黄褐色；眉细成弦形，鼻扁平，略向上方，唇薄，耳成多角形。鄂伦春人颜面之表情大体善良，而带懒惰之神情，然其实则骄慢强悍，性且凶暴，但其反面，复富于亲切之热情，对于信仰者，则极为柔顺。

公元一六二〇年时，西伯利亚之达呼尔族归附清太祖，移住于嫩江沿岸。其时鄂伦春族散在于外兴安岭与内兴安岭一带，因与达呼尔族亲近之故，亦相率降清。康熙三十四年，达呼尔族、索伦族均依满洲八旗制，编为布特哈部（"布特哈"，满洲语狩猎之意），于黑龙江将军下设置布特哈总管，统辖达呼尔族之三旗三十九佐领、索伦族之五旗四十七佐领、鄂伦春族之十一佐领。此十一佐领，系由骑兵六佐领、步兵三佐领，及另外二佐领而成。鄂伦春族之佐领，设骁骑校一名，领催一名，马甲十五名，乃共十七名之小部队。

按满清旗制，普通一佐领，系以马甲二百名编成者，而布特哈以少数人编为佐领，乃清朝对该部优遇之佐证。盖因该部擅长骑射，深晓兴安岭山中之地理，于捍卫边防上有莫大之重要性；且马甲每名须贡貂皮一张之故，惟清季以还，俄人势力南侵，兼以达呼尔、汉人等势力膨涨之结果，彼等遂不得不逃避于深山中，仍渡其原始的狩猎生活，每况愈下，不堪设想。民国二十四年，东北鄂伦春族人口分布状况，经伪满调查，其大致如左：

省县　　　　旗别	户数	人口
伪兴安东省	一七九	七七五
布特哈旗	三六	一三六
阿荣旗	四	二七
莫力达瓦旗	四三	一九三
巴彦旗	九六	四一九
兴安北省	四二	一五三
索伦旗	四二	一五三
龙江省	四一	一七二
嫩江县	三六	一四七
讷河县	二	一五
龙镇县	二	一〇
清江省	一四	四六
铁骊县	一〇	三八
绥楞县	四	八
三江省	三〇	一五二
汤原县	三〇	一五二
黑河省	三二八	一，六五〇
佛山县	二七	一一四

省县　　旗别	户数	人口
乌云县	三五	一七四
逊阿县	五五	二五七
奇克县	四	一八
呼玛县	一四一	五五一
鸥浦县	六六	二六三
瑷珲县	六六	二六三
合计	六三四	二，九四八

（以上系伪满洲国时省制）

综观东北鄂伦春族之总人口，不过三千人左右，一九一七年调查时为四千一百零一人，一九三四年为三千七百名，由此可知其人口数字已有显著之减少，此系由于鄂伦春族人口之自然减少及调查方法之差异所致。但鄂伦春族之现住人口，大致以上表所调查者为最确。而其人口逐年减少，亦系事实。

此种鄂伦春族，始终迄今，仍渡其辗转于森林中之狩猎生活，其生活状态完全系原始的，即普通以三四户为限，分散于森林中温暖之河岸附近，张设帐幕，或居住于有类马棚之小屋中。其帐幕之构造，系以数根圆锥形之圆木组成，周围覆以枯草、白桦及皮毛等，不论降雨刮风，均有如居于木荫之中。衣服亦以兽皮为之，兽肉为彼等之主食品，有时或以狩猎所得换取面粉、粟类等混食，又或于山中之河川捕鱼而食。彼等持有极旧式之枪及山刀，煮食则用铁锅一口而已。狩猎用之枪、弹，均为手制品。彼等之日常生活，真可谓栉风沐雨，履冰冒雪，榛榛狂狂，了此一生。

其言语则近于索伦语，及达呼尔语，间有其独特之土语，多能解国语，少数则通晓俄语。

其宗教系信奉萨瞒教，出发狩猎时之方向，或迁移住所及婚丧、葬祭等，必须听从巫女（往昔均由女性充当，现多系男性）之祈神所示，苟若违背，则神罚必临。其迷信之深，可见一斑。又崇拜太阳，举行任何仪式，均须向太阳礼拜，可谓与乌拉尔、阿尔泰民族同为崇拜太阳原始宗教之民族。彼等之祝祭日，为阴历正月元旦、五月五日、八月十五日，于此等日，均各携酒及食物，共集深山，张设宴会，且歌且舞，兴尽始归。

鄂伦春族对射击之精巧，实堪惊人，无不百发百中。彼等最爱猎鹿，若获得有茸角之鹿时，即可维持一家一年之生活。昔时则以捕貂为贵，现今兴安岭中，貂类绝迹，使彼等生活感受一大威胁；鄂伦春族所需之粮食及兽类，以随森林之开发，而逐年减少，供不应求矣。

至于鄂伦春之行政，系基于清朝之八旗制，由佐领统率部众，以构成其山中之自治社会。伪满时，日人曾屡加调查，而鄂伦春族人充任伪警察、官吏者，颇不乏人，惟对于鄂伦春之行政组织，则依然保持其佐领之旧制，佐领人选，或世袭罔替，或由部民公推之。

最近数年来，由于狡猾之商人，贩运鸦片至鄂伦春族境内，多有吸用生阿片者，遗害不浅，且不论男女老幼，均酷嗜烟、酒、茶等刺激物；且因居住不洁，狩猎业式微，饥馑荐至，以及缺乏医疗设施之种种原因，而使死亡率增大，出生率显著低减。苟政府今后若不予以注意，长此放任，行见此鄂伦春族惟有与古西伯利亚各族，同沦于种族灭亡之一途而已。

《边政公论》（季刊）

南京中国边政协会边政公论社

1948 年 7 卷 2 期

（王芳　整理）

兴安省之轮廓

宋瑞楠　撰

一　绪言

在东三省时代，我们听不见"兴安省"这名称，直到民国二十三年十月十日，伪满受日本之嗾使，非法变更我国东北四省省制，而将旧兴安屯垦区改组为兴安东、南、西、北四省，这是"兴安省"之名出现于历史的第一次。可是，现在之兴安省，并非就是伪满时代兴安四省的混合产物，因为伪满的兴安四省，北起额尔古纳河，南迄亚喇木伦河，东自金长春边堡，西至外蒙古边境，实包括旧黑龙江省之西部，旧辽宁省及热河省之北部，而今日之兴安省则仅为旧黑龙江省之西部，范围已缩小多多。

兴安省在东九省之西北部，东以嫩江与新黑龙江省为邻，西南略以金长春边堡与嫩江省毗连，正南及正西依旧黑龙江省界与辽北省、察哈尔省，及外蒙古人民共和国为邻，西北大致依额尔古纳河与苏联交界，正北则以依勒呼里山山脊与黑龙江省为界。全面积计二五八，三五二平方公里，为东九省中面积最广之一省，计辖奇乾、呼伦、室韦、胪滨、雅鲁、布西、索伦七县，并辖索伦旗、新巴尔虎左翼、新巴尔虎右翼、陈巴尔虎、额尔克纳左翼、额尔克纳右翼、巴彦旗、莫力达瓦旗、布特右旗、阿荣旗、喜扎葛尔旗等十一旗，省会设海拉尔市。

二 地形与天候

兴安省在行政区域上讲起来，通常是归纳到东北九省这一类型中的，可是就地形学的观点而言，它却是蒙古高原西〔东〕部的一个局部盆地。因为事实上蒙古高原，东包大兴安岭，西逾阿尔泰山，西南抵祁连山，正南则越过阴山而伸入晋、陕北境，所以本省实为蒙古高原之边鄙，东以大兴安岭与嫩江平原为界，而其中部则因有呼伦池、贝尔池两湖泊，而陷落成一广大之盆地。

作为本省东界的大兴安岭，本为满语"金阿林"之音转，意即黄金山脉，因其地质以太古代及元古代之变质岩分布最广，线金、砂金，所在多有，故有此名。此山自察哈尔省蜿蜒而来，斜行于嫩江与额尔古纳河之间，长约一千四百公里，宽约四公里，拔海平均在千公尺左右，最高峰达二千公尺左右。东麓降落峻急，自嫩江河谷西上，高度遽自三百公尺升至一千公尺，故觉山形颇陡。吾人试乘中国长春铁路（即旧中东路），循雅鲁河河谷向西作一巡礼，至扎兰屯车站，即见山岩雄峻，再西进至博克多车站，须经五里长之隧道，隧道海拔已达九百四十公尺，附近山顶则在一千一百公尺以上。但兴安岭西部则倾斜甚缓，山峰高出地平面不过数百公尺而已。由此可以证实，大兴安岭实为蒙古高原之东缘，有数处，与其称为山岳，不如称为高原之东坡，较为确切。

大兴安岭既为蒙古高原之东坡，故此山以西之高地，地理学上特称之为巴尔噶高原。其地平畴开敞，一望无际，仅有沙丘垒垒，起伏其间。此高原之中部有呼伦、贝尔两湖，海拔皆在一千公尺以下，附近遂形成一广大之盆地。

此一盆地因为海拔既高，位置又北，西南与蒙古大沙漠为邻，东有兴安岭山脉的障隔，海风不能深入，所以气候的大陆性，特别明显。在本省的省会海拉尔，温度每年平均有半年在冰点以下，河道冰封的日期竟达九个月之多。本省其他各地，亦均冬令严寒而冗长，夏季温良而短促，作物生长时期，不足一百天，即在夏季，地面下数尺之土壤，亦永久被冰冻结，实为我国最寒冷之一省。

至于雨量，自东徂西，渐次递减，可是由南而北，则变化不大。兴安岭东麓，约为四百公厘上下，故尚有寒带森林之分布，至海拉尔附近，因位于背风地带，雨量每年都在三百公厘以下，成为牧草萋萋的草原地带了。

三　狩猎与游牧

地形与气候的差别，决定了物产种类与生活形态。在大兴安岭的山地中，森林面积达一，四〇〇，〇〇〇，〇〇〇亩，木材的蓄积量计五六，〇〇〇，〇〇〇，〇〇〇石，木材以松为主，桦次之，桑、榆、槐、檞、楸、杨等也不少。崇山峻岭、长林茂草之间，禽兽必多，故本省山地住民，多兼依狩猎为生，大致每年霜降、立冬落雪后，农工得有余暇，即相率入山打猎，故狩猎产品，为数甚多。至于土著之中，如索伦人及鄂伦春人，且专赖狩猎以资生活。索伦人居住于大兴安岭东麓，以狩猎为活，性情极为勇敢，骑马射箭，是其长技。逊清康熙年间，曾编练索伦兵队，以北征罗刹。雍正、乾隆时，伊犁、卫藏之乱，索伦兵几乎无役不从，为当时的国防劲旅。鄂伦春人则多住于山谷之中，性质鲁悍，有步捕猛兽之勇，乘马使枪，百发百中，亦专以打牲为业。

至于大兴安岭以西的高原地带，因为气温的寒冷和雨量的稀少，所以形成了半干燥状态的草原。这一部分地面宽广而大致平坦，间或有些丘陵地，但彼此相隔较远，其余之地，细沙掺掺，每当夏季雨降，牧草怒长，荒凉之区，一变而为绿草如茵之原野，成为游牧部落之天堂乐园。古诗所谓"天苍苍，地茫茫，风吹草低见牛羊"，可为此一地带之绝妙写照。畜牧既为此一地带之主要生业，故牲畜一物，实为此区之唯一财富，不论完粮、纳税、交易、日用，无不仰赖之。此地除所产绵羊约占北满羊群总额百分之八十外，所产之马，尤为著名。呼伦贝尔所产之马，高约一·四〇公尺，体重约二七〇公斤，头短，目大而稍突，鼻孔阔大，鬐甲低而多鲤背，臀长，亦颇倾斜，蹄小而坚。其速度平均每一分钟常步九十公尺，速步一九〇公尺，驱步二四〇公尺，速率较世界最优良之高加索马为大，实为我国最有军用价值之马种也。

四 巴尔虎人

本省山地居民，已如上述，兹再进而研讨草原上的游牧民族。原来巴尔噶高原西与蒙古高原相毗连，而与其东之平原有大兴安岭之隔绝，此种地理形势，对人种之分布，影响极大。汉人逾岭而西者甚少，即前清盛时，满人亦以呼伦贝尔为最西界限，过此则纯为逐水草而居之蒙古人矣。

此种逐水草而居的蒙古人，其组成分子，亦颇为复杂，大别之可分为达呼尔人、布莱雅人、扎萨克图人、陈巴尔虎人、新巴尔虎人等数种。达呼尔人住于兴安岭山麓一带，布莱雅人住呼伦湖附近，扎萨克图人住呼伦湖西南，陈巴尔虎人冬日住海拉尔河上游，夏日沿其下游，新巴尔虎人则住于伊敏河之两岸。其中尤以陈、新两巴尔虎人为最重要。

陈巴尔虎人原住木兰围场，公元一七〇〇年归顺满清，遂徙住齐齐哈尔郊外，人数约一千九百余人。当时齐齐哈尔将军以为彼等无土着〔著〕之意，仍度其流浪掠夺生涯，乃于公元一七三二年命其退出兴安岭，移居于呼伦贝尔地方。一七三四年，建立海拉尔（呼伦），以为彼等之政治中心，该族自此即以其地之地主自命，而名其地为"巴虎"。一七三五年，复有一族自喀尔喀移牧于巴尔虎地方，归顺清廷，此即新巴尔虎人。

巴虎之地形，既为蒙古高原之一部，而其住民，则又同为蒙古人，故其政治动向，往往唯库伦之马首是瞻。公元一九一一年九月，外蒙乘我发生辛亥革命，擅告独立，巴尔虎人亦以武力占领海拉尔、胪滨及吉拉林诸要地，高举叛旗。到了俄国发生大革命，我国始派兵前往，胁其取消独立。

五 罗刹的魔手

巴尔虎人系一游牧民族，知识甚低，其所以有此独立自治惊人之举者，全受外人煽惑之故。此煽惑之外人非他，即北方之熊罗刹人。因为当满清初年，我国东北边疆东临海，北极外兴安岭以北，西至贝加尔湖，故除东北九省而外，实包有西伯利亚之东半部。及入关以后，致力于统一中原之工作，对东北一带，毫不介意，而罗刹人遂得寸进尺，蚕食我东北，经尼布楚、瑷珲、北京三次订约之后，乌苏里江以东、黑龙江以北、额尔古纳河以西之地丧失殆尽。但此一条国境线，乌苏里江两岸地势低洼而多湿地，黑龙江两岸崎岖而多丘陵，均不利于军事发展，仅额尔古纳河上游之巴尔噶高原，与西伯利亚之间，地势平坦，略无阻隔，实为罗刹魔手伸入东北之唯一既便且捷之途径。

罗刹自兴安省方面向我东北伸出魔手之后，其最大杰作即为中长路之完成。中国长春铁路，初名东清铁路，后改名中东铁路，清光绪二十二年，沙皇举行加冕典礼，清廷派李鸿章参加，在莫斯科订立《喀西尼密约》，许俄建筑此路，以制日本。全线西起西伯利亚大铁道上之开打罗倭站，至胪滨而入我国之兴安省，至松江省之绥芬河出国，而止于乌苏里铁道上之双城子，全长计达三千零六十华里，成为俄人侵略北满之大动脉。

俄人既拥有此交通利器作为其侵略东九省之工具，故对巴尔虎人多方拉拢，并极挑拨离间之能事，故巴尔虎人颇有数典忘祖、脱离我国加入俄籍者。辛亥革命时，俄人一面怂恿其加入库伦之独立运动，他方更照会我国中东路界不准有军事行动及以火车运兵。次年更与我订立《呼伦贝尔条约》，将巴虎地方划为特别区域，作为中俄缓冲地带。我国既不能直接派任官吏，亦不能驻扎国军，税收既不归缴国军，土地亦归巴虎人所有，一切的一切，俨同化外，而我国之国防线，实际上遂被迫退缩至大兴安岭一带。

六　中日苏之勾心斗角

针对着巴虎的特殊情势，我国遂有兴安屯垦区之筹设，企图移植内地难民，以保卫边疆国土。民国十七年，屯垦督办邹作华氏，拟定一屯垦计划，其范围南迄热河，西至察哈尔及外蒙古，北及中东铁路，东北以雅鲁河为界，东南与吉林省为邻，内包括索伦、景星、大赉、泰来、洮安、洮南、突泉、镇东、安广九县，扎萨克图、镇国公两蒙旗，而以索伦为其屯垦中心地，因其位于兴安岭南麓，故名之曰兴安屯垦区。此一地带实据满蒙之心脏地带，北控中东路，东制南满路，西可监视外蒙之动向，南可屏蔽汉〔漠〕南草原及关东平原，在军事上伸缩指顾，均足有为。

此一国防计划，因九一八事变之突发而成泡影，但日人为巩固东北国防计，不但将兴安屯垦区扩大而成四个行省，且加紧完成洮索路，进一步对俄采取主动攻势。此一铁路线，名义上起自洮安，止于索伦，但实际上已北上筑至阿尔山温泉，并拟展筑至海拉尔。洮索路南与洮大线、长大线、南满线相接，经大赉、长春，可径通大连。一旦日俄战起，不但日方可自大连直接运兵北上，且可攫取锡林郭勒盟，进据外蒙古，以抄袭俄方之后路。如果展筑至海拉尔，则俄人决不敢轻入国境，长驱哈尔滨，盖深恐日军利用此线向西猛攻赤塔，逐俄军于贝加尔湖以西。故此路一成，北满全盘战局，即当完全改观。

苏联目击日军之积极布置，亦不能不讲求战略上之对策。苏军除赋予东部西伯利亚中心城市赤塔以更大的政治权利而外，并尽量使赤塔成为一进可以攻入、退可以固守的军事重镇。原来苏联自一九三〇年废止行省，采用州区二级制之行政系统后，赤塔成为一区政府，行政范围，仅及于市区。一九三九年，为应付日本之攻势建设，遂急剧变更原来体制，将赤塔提升为州，下辖亚力山大洛丸渥特斯克等二十二区，州长之权利且超过前此之省长，使其在战时能够指挥如意。此外，并派遣步兵二师团、骑兵一师团、野战重炮兵一团，战车队、摩托兵各一队，空军一大队，常川驻于赤塔州境之达呼里、卡尔姆斯卡耶、斯脱莱顿斯克、纳尔钦斯克、伊尔库次克诸军事要隘，除担任突破兴安省之国防线及大兴安岭方面之主力战外，并对海拉尔、齐齐哈尔及哈尔滨，试行威胁。

七　海拉尔市及其前哨与后卫

以上数节，曾将兴安省之地形、天候、人民，及内忧外患，分别加以阐述，最后对本省之军事形胜，不能不略述其轮廓。

兴安省之军政重镇，首推海拉尔。海拉尔即呼伦，唐为室韦地，辽属上京路，金属北京路，明为索伦、达呼尔所居之地，罗刹人曾一度占领，和我国发生交涉，十八世纪末为我国领土，设旗自治。其地本一荒界，清初蒙古风气渐开，所用茶米、布货等，至龙江交易，往来甚艰，于是始勘得伊敏河左岸，筑土房数间，招山西行商，为蒙古之会集地。迨咸丰间，俄人东侵，始奏明在呼伦设总管衙门一所。光绪三十四年，乃设厅治，旋升为府。自中东路通，以其适当中俄及满蒙之交会点，贸易范围南自张垣，北迄苏俄，西通蒙古，东达海参崴，遂蔚成本省重镇。城频〔濒〕伊敏左岸，西北有北土山，西南有西土山，足资控扼，《朔方备乘》谓其"北控俄罗斯，南抚喀尔喀，山河险固，并重龙江"，其地之重要性，由此可见。

海拉尔之门户则为胪滨。其地土名"满洲里"，位于中苏交界处，当中东铁路入我国境之第一站，亦为兴安省出入西伯利亚之门户，故可称为国门锁钥。此地昔颇荒凉，自中东路通，始一跃而成本省最大之贸易市场，清宣统年间，升为胪滨府，民国三年，废府改县。县城四周多丘陵，其南复有大山岳、大湖泊，形成天然之保障。而其东复有著名之扎赉诺尔煤矿，年产曾达四十万吨，为本省最重要之国防资源。

自扎赉诺尔向东北，均以额尔古纳河为中俄天然之国防线。额尔古纳，蒙语"以手递物"之意。盖此河本为海拉尔河之下游，海拉尔河初西南流，继东北流，如手递物之势，故下游称为额尔古纳河。此河行于山地，两岸壁立，水势浩大，流速颇急，实为本省之天堑。沿河之国防要地有四：一为库克多博，在根河口，往昔俄籍之盗金矿工、流氓浪人，及偷运烈酒者，皆以此为要津；二为室韦，在吉拉林河口，土名吉拉林，以唐为室韦国，故名，亦为中苏边境重地；三为奇乾，土名珠尔干，在奇乾河口，境内盛产黄金，不特为边防重地，且亦为财源要区；四为雅克萨古城，在石勒格河口，罗刹人曾据此以经营黑龙江，而为清兵所数度攻毁，实为中俄最初接火之处。

本省之西境及西南，皆与外蒙古接壤，其界线大致北起石威尔达卡伦，西南行，至鄂努呼，而曲折东南行，至察侬布尔和苏台，又折向东北，至锡林呼都克，则沿哈勒欣河东南行，以迄于察哈尔边界。但呼伦贝尔与蒙古高原，在地形上本属一体，故此线殊乏险可守。一旦中蒙有事，我军如无力直捣库伦，则唯有以克鲁伦河至呼伦池之线，及阿尔顺果勒沙、贝尔池、哈勒欣河为第一、第二道防线矣。

兴安省南与辽北、察哈尔两省为界，其要地则有索伦。索伦土名卜木局子，位于洮儿河北岸，其地当东蒙、南北满之核心，可以控制中东、南满两路已成之势力，形势殊为重要。今有洮索铁路经此，日后并拟展筑至海拉尔。

本省东南与嫩江省为邻，适当兴安山地与嫩江平原之过渡地带，亦为东九省西北方之最后防线，金代曾筑有长春边堡，南起喜扎噶尔旗，北迄乌尔科，以防西北异族之侵扰，迄今残墙废垒，尚隐约可指。

兴安省之东及东北，均与黑龙江省为邻，大致以伊勒呼里山山脊及嫩江河谷为其界线。此一地带，地形峙〔崎〕岖，人烟稀少，但敌伪时代，曾南自黑龙江省之嫩城，北迄同省之漠沙，建有铁道，其三分之二，系假道本省之东境，对此一荒凉山岳地带之经济开发及国防形势，当有莫大之贡献。

《胜流》（半月刊）

杭州胜流半月刊社

1948 年 7 卷 10 期

（李宣莹　整理）

沙漠里的光明

——蒙古记行

阿夫德也夫 作　　王 飞 译

　　蒙古人民共和国面积有一百五十万平方公里，境内绵亘着荒凉的、但富于画意的蒙古阿尔泰山，山顶上经常积雪不化，像戴着一顶白帽子一样。这里还有一望无际的杭爱森林，和环流于平原肥沃草原地区的碧绿的克鲁伦河。它的南面是迤逦数千公里的大沙漠。这个沙漠之海，有时很平坦，有时卷起一道沙梁。居住这块地方的牧民们（蒙语叫拉特），生活是艰苦的。冬季凛冽的暴风雪和严寒，把土地冻的像石头一样的僵硬。人民这时都躲在蒙古包里，生起火来。当炉里悠然的跳跃着火头，锅里冒出强烈的茶香，浓密的骆驼乳嘟嘟地沸腾起来时候，暴风雪不但不可怕，而且简单朴素的幕篷里，简直又如天堂了。到了夏天，沙漠里有时热到摄氏六十至七十度，像一个火盆一样。这时候，水是和金子一样的贵重。因为，牲畜的健壮与否，要取决于水，而牲畜的健壮与兴旺，也就等于生活的全部。

　　蒙古在一个长时期中，曾经是中国的"殖民地"，受着"外国商人"残酷的剥削与劫掠。一九一八年，牧民们欠中国大商号债务达五千万金卢布。大神户（译音）一家公司一年所收的利息，即达羊和乳牛七十万头，其他牲畜五十万头。绝大部分的牲口都握在"外国资本家"和蒙古封建地主和喇嘛庙的手里。蒙古曾有喇嘛庙七百所，喇嘛十万人，占全部男丁的百分之四十。

　　一九二一年蒙古人民革命后，蒙古牧民们开始新的生活。他们变成了他们的国家、土地和牲畜的主人。沙漠、草原和山岳里出现了崭新的人——医生、教师、兽医和牧畜专家。在蒙古历史上，第一次出现了为人民的健康、福利与文化而服务的政府，开始改造旧的落后的生活方式。

　　饲养牧畜是蒙古国民经济的基础。一望无际的草原提供了发展牲畜的无限机会。蒙古人的物质条件是以其牲畜多寡来计算的。一九一八年蒙古平均每人有牲畜十八头，但其中绝大部分是属于封建地主、喇嘛和中国商人的。一九四七年，每人平均的牲畜增到三十头，每个牧民家庭平均有牲畜一百三十头，整个牲畜的数目增加了一倍多，其中百分之九十九属于牧民，国营牧场只占百分之一。国家帮助牧民们提倡牲畜的繁殖和饲养方法，建立成百所的兽医站、牲畜治疗研究所、生物试验所，改善牧场，开辟新水源，建立切草机器站。

　　蒙古——这块牧畜者天地，在不久以前，还从外面输入乳酪。今天，蒙古共和国具有头等装备的炼乳厂约一百八十所，年产上等乳酪十五万六千普特，乳酪在它的出口中已日益居于重要的地位了。

　　羊毛是蒙古的基本的出产之一。成千成万的骆驼，从秋季直至冬季，从各地驮着羊毛运到刷毛厂或运输站，然后又从这些地方运回各种货物。

　　蒙古的工业，主要是制造当地原料的工业，正逐年增长着。乌兰巴托（即库伦）区已经建立了许多工厂。其中有制革、鞍辔、制鞋、食品、纺毛、毛织及一个汽车机件制造厂和一个电力厂。此外，还有成百个手工业合作社。

　　蒙古年青的工人阶级已经数以万计。他们热切地学习新的技术，并为完成计划而相互展开竞赛。妇女也进入了工厂，涌出了一千五百名的妇女突击手，其中四百人得到了政府的奖章。

一九四七年十二月，发展国民经济与文化的第一个五年计划（从一九四八至一九五二）通过了。它的主要目标是全盘地发展国家的生产力，提高文化教育与保健工作，提高劳动人民的物质生活与政治水平。到了五年计划完成时，属于牧民的牲畜总数，将达三千一百零二万五千头，牲畜的繁殖率将被提高。这一极重要的经济部门，将不再允许它由盲目的自然来支配。国家将以十倍于现在的制草厂，即一百二十个厂，来帮助牧民储存饲草。它们同时帮助改良牲畜繁殖的方法。

在这五年中，在杭爱产毛区，将建筑牲畜冬季饲养棚四万所，大沙漠中草原地带的牧民将得到五万个这样活动的饲养棚，牧民们预备在放牧地区掘井二万孔，国家计划建筑的附有抽水机的一百孔水井，尚不计算在内。

如同过去一样，牲畜的饲养将主要建筑在个体牧民家庭的基础上。但是，政府已在采取更进步的饲养形式与方法。牧民生产合作社若干年来即已存在。这种合作社现在有一百个。他们一部分的牲畜是共有的。牧民很希望能扩大这种集体性，并在经济上和组织上加强它。

在五年之内，工业生产量预计增加百分之九十七，即几乎增加一倍。

供给蒙古首府煤斤的纳莱哈矿井，革命前每年产煤仅数千吨，而且是用原始的方法开采。在革命后，纳莱哈矿井已被现代化，至五年计划完成时，它将每年产煤五十四万二千吨。其他矿厂亦将加以勘测。

在南戈壁省，牧民们过去几年来的经济生活和文化生活已发生许多变化。人民的生活改善了，从而引起了文化水平的显著进步。政府拨了大笔款子来建立学校和普及教育。虽然在人民革命前能读能写的人不到百分之一，但现在已几乎有一半人能读能写了。过去，全国只有一所能容学生五十人的非喇嘛办的学校。今天，实际上每个蒙古包里的大人和儿童都在念书，即使在最偏僻的乡村也是如此。

我们访问了南戈壁的许多乡村，在每个地方，人们都可以人民的行动和对将来更好生活的希望中，看到新的健康的一代。人民对现存经济努力的方法和形式，已经提出批评。在诺岩村的一个会上，我们听到了要求更大规模地使用集体劳动方法的动人演说。许多区、村的牧民们也表示了同样的思想。

乌兰巴托（库伦）的市街在夏天的晚间，的确是很令人愉快的。白天的闷热在四周山中吹来的新鲜凉空气面前消失了，空气清爽而宁静。当街灯放光的时候，国立剧院的门口就显出光耀夺目的大字，今晚演出西蒙诺夫的《俄罗斯问题》。电影院放映着《士兵马特罗佐夫》与《阿里莎、纳伏伊》。蒙古制片厂也摄制了一个蒙古男女在完成五年计划〈光〉光荣事迹的新闻片子。

蒙古首都的建设，仍有很多工作待做，但是每天你都可以看见这座城市在被改善中。成千的劳动人民，男的和女的，参加自愿劳动日。在这些自愿参加的人们中，你可以看到有人民革命党的中央委员和共和国政府的委员们，他们和普通牧民们并肩地劳作。

蒙古人民正在充满信心地向前迈进。创造性的建设劳动正在改造这个国家，使它不经过资本主义阶段，直接由封建主义走向社会主义。在这方面，他们有强大而忠诚的邻邦——苏联，作他们的后盾，并正给他们以不断的兄弟般的帮助。

（节译自一九四九年《新时代》第一期）

《新华周报》

苏南新华书店

1949 年 2 卷 3 期

（朱宪　整理）